Zur Tätigkeit der Haupttreuhandstelle Ost,
Treuhandstelle Posen 1939 bis 1945

Europäische Hochschulschriften
Publications Universitaires Européennes
European University Studies

Reihe III
Geschichte und ihre Hilfswissenschaften

Série III   Series III
Histoire, sciences auxiliaires de l'histoire
History and Allied Studies

Bd./Vol. 955

PETER LANG
Frankfurt am Main · Berlin · Bern · Bruxelles · New York · Oxford · Wien

Jeanne Dingell

Zur Tätigkeit der Haupttreuhandstelle Ost, Treuhandstelle Posen 1939 bis 1945

PETER LANG
Europäischer Verlag der Wissenschaften

Bibliografische Information Der Deutschen Bibliothek
Die Deutsche Bibliothek verzeichnet diese Publikation in der
Deutschen Nationalbibliografie; detaillierte bibliografische
Daten sind im Internet über <http://dnb.ddb.de> abrufbar.

Zugl.: Berlin, Freie Univ., Diss., 2002

Gedruckt auf alterungsbeständigem,
säurefreiem Papier.

D 188
ISSN 0531-7320
ISBN 3-631-50569-8

© Peter Lang GmbH
Europäischer Verlag der Wissenschaften
Frankfurt am Main 2003
Alle Rechte vorbehalten.

Printed in Germany 1 2 3 4 5   7

www.peterlang.de

Meinem leider zu früh verstorbenen Mentor Prof. Dr. Czesław Łuczak gewidmet

Zur Tätigkeit der Haupttreuhandstelle Ost, Treuhandstelle Posen 1939 bis 1945

Einleitung

Die Haupttreuhandstelle Ost (HTO) war von 1939 bis 1945 eine Dienststelle im Dritten Reich.[1] Ihr Sitz befand sich in Berlin, Potsdamer Str. 28. Sie wurde durch den Erlaß des Beauftragten für den Vierjahresplan, Hermann Göring, vom 19.10.1939 ins Leben gerufen.[2] Ihre Aufgabe bestand a) in der Erfassung, Beschlagnahme und Verwaltung, respektive Verwertung und Verkauf des Vermögens des zerschlagenen polnischen Staates, b) das Geld- und Kreditwesen im Zuständigkeitsbereich zu regeln und c) sämtliche dafür erforderlichen wirtschaftlichen und finanztechnischen Maßnahmen zu ergreifen sowie die notwendigen Verhandlungen zu führen und die Verrechnungsoperationen vorzunehmen.[3]

Der Haupttreuhandstelle Ost unterstanden bei ihrer Gründung fünf Treuhandstellen: die Treuhandstelle Danzig für den Reichsgau Danzig-Westpreußen mit Sitz in Gotenhafen, die Treuhandstelle Posen (TP) für den Reichsgau Wartheland (Warthegau), die Treuhandstelle Zichenau für den Regierungsbezirk Zichenau und die Treuhandstelle Kattowitz für den Regierungsbezirk Kattowitz. Die Treuhandstelle Warschau war für ein nicht näher benanntes Teilgebiet des Generalgouvernements (GG) zuständig.[4]

Im Ergebnis der Beilegung eines Kompetenzkonfliktes zwischen Reichsmarschall Göring und Generalgouverneur Hans Frank erging am 15.11.1939 die Verordnung über die Errichtung einer Treuhandstelle für das Generalgouvernement. Danach wurde die Treuhandstelle im Generalgouvernement dem Generalgouverneur und seiner Verwaltung mit Sitz in Krakau unterstellt.[5] In einem späteren Abkommen einigten sich die Haupttreuhandstelle Ost und der Generalgouverneur darauf, daß das im Reich befindliche polnische Vermögen von der HTO verwaltet und verwertet werden sollte. Das im Generalgouvernement befindliche Vermögen – sowohl öffentlich-rechtliches als auch privates – dagegen fiel in die Kompetenz des Generalgouverneurs. Trotz dieser eindeutigen Regelung stritt man permanent über gegenseitige Forderungen und Kompetenzen. Dadurch wurde u. a. die Abwicklung größerer Firmen, Banken und Kreditinsti-

---

[1] Im Schriftverkehr wurde die Haupttreuhandstelle Ost in Berlin als Haupttreuhandstelle Ost oder als HTO bezeichnet. Die jeweiligen Treuhandstellen trugen offiziell den Vorsatz „Treuhandstelle Ost", so ergibt sich zum Beispiel die Bezeichnung „Haupttreuhandstelle Ost, Treuhandstelle Posen". Im Text der Arbeit wird zur Vereinfachung in der Regel von „Treuhandstelle Posen" bzw. von „TP" gesprochen.

[2] Bekanntmachung des Ministerpräsidenten Generalfeldmarschall Göring über die Errichtung einer Haupttreuhandstelle Ost. (Deutscher Reichsanzeiger und Preußischer Staatsanzeiger, Nr. 260/39) In: H. Göring, Beauftragter für den Vierjahresplan, Vorsitzender des Ministerrats für die Reichsverteidigung: Haupttreuhandstelle Ost. Materialsammlung zum inneren Dienstgebrauch. Nach dem Stand vom 10.1.1940. Archiwum Państwowe Poznań (APP), Treuhandstelle Posen (TP), nichtarchiviert, S. 5-6.

[3] Ebenda.

[4] Ebenda, S. 5.

[5] Verordnung über die Errichtung einer Treuhandstelle für das Generalgouvernement vom 15.11.1939 (Verordnungsblatt des Generalgouverneurs für die besetzten polnischen Gebiete, Nr. 6/39, S. 36). In: Materialsammlung, S. 6-7; Max du Prel: Das General-Gouvernement. Würzburg 1942, S. 110.

tute mit ihren vielen Filialen erschwert, sie konnte deshalb erst 1944 abgeschlossen werden.[6]

Am 20. Januar 1940 wurde das gesamte Vermögen, im Fachjargon als Beschlagnahmemasse bezeichnet, der Kreise Litzmannstadt und Litzmannstadt-Land der neueingerichteten Treuhand-Nebenstelle Litzmannstadt unterstellt. Diese Nebenstelle war mit besonderen Vollmachten ausgestattet und somit von der Treuhandstelle Posen unabhängig.[7]

Das Vermögen von polnischen Staatsangehörigen, die ausgewandert waren und deren letzter polizeilich gemeldeter Wohnsitz sich in den eingegliederten Gebieten befunden hatte, unterstand der Haupttreuhandstelle Ost, Sonderabteilung Altreich. Polen, die in Deutschland in seinen Grenzen vom 1.9.1939, oder in anderen, von der Wehrmacht besetzten Gebieten – vor allem in Frankreich und den Benelux-Ländern – ihren Wohnsitz hatten, waren von der Haupttreuhandstelle Ost zu enteignen. Diese Regelung kam auch dann in Anwendung, wenn sich deren Vermögen außerhalb Polens befand.[8]

Die Treuhandstelle Posen war hinsichtlich ihrer Struktur und Tätigkeit das Vorbild für andere Treuhandstellen, ihr gilt das Hauptinteresse der vorliegenden Arbeit. Ihr Einzugsbereich erstreckte sich zum größten Teil auf Gebiete, die zur Provinz Posen gehört hatten. Viele ihrer Beamten und Mitarbeiter, sowohl Volksdeutsche als auch Rücksiedler, stammten aus dem Posener Umland. Ihnen fiel die Aufgabe zu, bei der Kolonisierung des Warthegaus aktiv mitzuwirken und somit die Bestimmungen und Folgen des Versailler Vertrages außer Kraft zu setzen bzw. rückgängig zu machen. Die Verzahnung der Treuhandstelle Posen mit der Haupttreuhandstelle Ost bot eine günstige Grundlage für kriminelles Geschäftsgebaren riesigen Ausmaßes. Diese, dem Augenschein nach bescheidene Verwaltungsbehörde in Posen betrieb eine flächendeckende und systematische Ausbeutung und Plünderung, in diesem Sinn verübte sie Wirtschafts- und Kriegsverbrechen.

In der vorliegenden Arbeit wird zunächst die Kolonisierungssituation im Warthegau knapp beschrieben. In den drei folgenden Kapiteln, die den Hauptteil der Untersuchung ausmachen, wird die Tätigkeit der Treuhandstelle Posen beleuchtet, insbesondere als Reichsdienststelle im System der Haupttreuhandstelle Ost. Dabei ist auf die Rolle der Haupttreuhandstelle Ost, die Vielzahl der von ihr betreuten und geführten GmbH und auf andere mitbeteiligte Dienststellen einzugehen. Soweit es die Materiallage erlaubte, ist das leitende Personal in Kurzbiographien vorzustellen. Die einzelnen Referate der Treuhandstelle Posen erscheinen nach Aufgabenbereich und Tätigkeitsbeschreibung. Dazu werden die

[6] APP, HTO, 99, Bl. 10; Rechenschaftsbericht der Haupttreuhandstelle Ost über ihre Tätigkeit in den Jahren 1939-1942. In: Grabież Polskiego Mienia na Ziemiach Zachodnich Rzeczpospolitej „Wcielonych" do Rzeszy 1939-1945. Wydawnictwo Źródłowe. Przygotowany przez Czesław Łuczak. Poznań 1969, S. 61-62. Bundesarchiv Lichterfelde (BAL), Bestand HTO (R144), 337, Schreiben der Vermögensverwaltung vom 22.1. 1945, Abwicklung der Kreditinstitute im Warthegau. Dieser Bestand befindet sich gegenwärtig in Grünheide/Erkner.

[7] Hugo Ratzmann: Wesen und Aufgabe der Treuhandstelle Posen. Vortrag gehalten am 28.1.1940 anläßlich der ersten großen nationalsozialistischen Führertagung des Warthegaus in der Gauhauptstadt Posen, S. 10.

[8] BAL, R144, 125, Sonderabteilung Altreich.

Aktivitäten und erzielten Ergebnisse anhand von Geschäftsberichten und Statistiken der Fachreferate dokumentiert.

Polnische Staatsangehörige verschiedener Nationalität und der polnische Staat waren die Opfer der Haupttreuhandstelle Ost und der Treuhandstelle Posen. Im deutschen Verständnis galten „Polen" in erster Linie als ein politischer Kampfbegriff. Vom Reichskommissar für die Festigung des deutschen Volkstums wurden Juden, Zigeuner und einige Volksdeutsche ebenso in diese Kategorie eingestuft, somit deren Vermögen sämtlich zur Enteignung freigegeben. Dies ist ein Grund dafür, weshalb die Aktenführung der Treuhandstelle Posen nicht nach Nationalität erfolgte. Daraus ergibt sich, daß der Schwerpunkt der Untersuchung bei der institutionellen Enteignung von Polen liegt. Zudem ist weiterhin festzuhalten, daß der Anteil von Juden und Zigeunern an der Einwohnerzahl in Posen gering war.

Bislang gibt es über die Haupttreuhandstelle Ost keine monographische Untersuchung. In deutscher Sprache liegt lediglich das von Martin Broszat verfaßte Gutachten über die „Kompetenzen und Befugnisse der Haupttreuhandstelle Ost (HTO)" vor.[9] Karl Heinrich Ditz behandelte in einer juristischen Abhandlung „Die Haftung der Bundesrepublik Deutschland für Rückgriffsansprüche nach Artikel 39 des britischen Rückerstattungsgesetzes unter besonderer Berücksichtigung der Rechtslage hinsichtlich der sogenannten Haupttreuhandstelle Ost".[10] Werner Röhr veröffentlichte und kommentierte Dokumente über die Haupttreuhandstelle Ost und andere Treuhandstellen; er ist derzeit der einzige Historiker in Deutschland, der sich mit dieser Thematik beschäftigt.[11]

In der deutschen und internationalen historischen Literatur ist es üblich, daß die Verfasser selbst in größeren Abhandlungen oft nur knapp, zumeist summarisch die Haupttreuhandstelle Ost behandeln. In diesem Zusammenhang ist auf die verdienstvollen Arbeiten von Martin Broszat[12], Berthold Gerber[13], Stefan Lindner[14], Rolf-Dieter Müller[15], Otto Köhler[16], Ludolf Herbst[17], Hans-Erich

---

[9] Martin Broszat: Kompetenzen und Befugnisse der Haupttreuhandstelle Ost (HTO). In: Gutachten des Instituts für Zeitgeschichte. Band II. Stuttgart 1966, S. 235-239.

[10] Karl Heinrich Ditz: Die Haftung der Bundesrepublik Deutschland für Rückgriffsansprüche nach Artikel 39 des britischen Rückerstattungsgesetzes unter besonderer Berücksichtigung der Rechtslage hinsichtlich der sogenannten Haupttreuhandstelle Ost. Diss. Kiel 1954.

[11] Werner Röhr (Hg.): Europa unterm Hakenkreuz. Die faschistische Okkupationspolitik in Polen (1939-1945). Dokumentenauswahl und Einleitung. Berlin (Ost) 1989. Nachdruck unter dem Titel: Nacht über Europa. Dok. Köln 1989.

[12] Martin Broszat: Nationalsozialistische Polenpolitik 1939-1945. Stuttgart 1961.

[13] Berthold Gerber: Staatliche Wirtschaftslenkung in den besetzten und annektierten Ostgebieten während des Zweiten Weltkrieges unter bes. Berücksichtigung der treuhänderischen Verwaltung von Unternehmungen und Ostgesellschaften. Tübingen 1959.

[14] Stephan H. Lindner: Das Reichskommissariat für die Behandlung feindlichen Vermögens im Zweiten Weltkrieg. Diss. Stuttgart 1991.

[15] Rolf-Dieter Müller: Hitlers Ostkrieg und die deutsche Siedlungspolitik. Die Zusammenarbeit von Wehrmacht, Wirtschaft und SS. Frankfurt am Main 1991, S. 51-53.

[16] Otto Köhler: Die große Enteignung. Wie die Treuhand eine Volkswirtschaft liquidierte. München 1994, S. 88-121.

[17] Ludolf Herbst: Der totale Krieg und die Ordnung der Wirtschaft. Die Kriegswirtschaft im Spannungsfeld von Politik, Ideologie und Propaganda 1939-1945. Stuttgart 1983.

Volkmann[18], Diemut Majer[19], Susanne Heim und Götz Aly[20], Alfred Konieczny[21], Raul Hilberg[22], Avraham Barkai[23], Czesław Madajczyk[24], Czesław Łuczak[25], Alfred Sulik[26] und Wacław Długoborski[27] zu verweisen. Die Aktenbestände liegen nahezu vollständig vor, sie sind überaus ergiebig. Um so mehr erstaunt das bisher als gering einzuschätzende wissenschaftliche Interesse für diese Problematik. Der Bestand „Haupttreuhandstelle Ost, Treuhandstelle Posen" im Staatsarchiv von Poznań bildet den Grundstock für diese Dissertation, er gehört mit 14.000 Akteneinheiten zu den besterhaltenen NS-Verwaltungsbehörden in Polen. In Lodz und Kattowitz befinden sich weitere Akten der Haupttreuhandstelle Ost. Die Bestände „Haupttreuhandstelle Ost" (R 144) bzw. „Reichsminister der Finanzen, Beauftragter für Fragen der Haupttreuhandstelle Ost" (R 2 / BHTO) aus dem Potsdamer Staatsarchiv (jetzt Bundesarchiv Lichterfelde BAL) sind trotz Lücken im Schriftverkehr bzw. durch kriegsbedingte Schäden wichtige Ergänzungen. Wichtige zeitgenössische Literatur kann in der Bibliothek des Bundesarchivs Lichterfelde eingesehen werden.

Czesław Łuczak ist bei weitem der beste Kenner der Haupttreuhandstelle Ost. In seiner Arbeit als Wirtschaftshistoriker hat er sich immer wieder mit dem Verbleib des im Zweiten Weltkrieg verschollenen polnischen Vermögens beschäftigt. Seine Dokumentensammlung „Grabież Polskiego Mienia na Ziemiach Zachodnich Rzeczpospolitej „Wcielonych" do Rzeszy 1939-1945" ist der bislang wichtigste Beitrag dazu.[28] Stanisław Nawrocki ist Archivar im Staatsarchiv Poznań und Experte für den Polizeiapparat im Warthegau. Er hatte die Archivierung des Bestandes der Posener Treuhandstelle geleitet und die kritische Einleitung zu den Findbüchern geschrieben. Leider hat er über seine Erkenntnisse zur HTO und TP noch nicht publiziert.

Klaus Zernack danke ich für seine geduldige und freundliche Betreuung meiner Arbeit. Für die vielen anregenden Diskussionen danke ich Czesław Łuczak

---

18 Hans-Erich Volkmann: Zwischen Ideologie und Pragmatismus. Zur nationalsozialistischen Wirtschaftspolitik im Reichsgau Wartheland. In: Ostmitteleuropa. Berichte und Forschungen. Hg. von Haustein, Stroebel, Wagner. Stuttgart 1981, S. 422-441.

19 Diemut Majer: „Fremdvölkische" im Dritten Reich. Ein Beitrag zur nationalsozialistischen Rechtssetzung und Rechtspraxis in Verwaltung und Justiz. Boppard/Rhein 1993.

20 Susanne Heim/Götz Aly: Die Ökonomie der „Endlösung": Menschenvernichtung und wirtschaftliche Neuordnung. In: Beiträge zur nationalsozialistischen Gesundheits- und Sozialpolitik. Bd. 5. Sozialpolitik und Judenvernichtung. Gibt es eine Ökonomie der Endlösung? Berlin 1987, S. 11-90.

21 Alfred Konieczny: Die Zwangsarbeit der Juden in Schlesien im Rahmen der „Organisation Schmelt". In: Ebenda, S. 91-110.

22 Raul Hilberg: Die Vernichtung der europäischen Juden. Die Gesamtgeschichte des Holocaust. Berlin 1961, 1982, S. 338-378.

23 Avraham Barkai: Das Wirtschaftssystem des Nationalsozialismus. Der historische und ideologische Hintergrund 1933-1936. Köln 1977.

24 Czesław Madajczyk: Die Okkupationspolitik Nazideutschlands in Polen 1939-1945. Berlin (Ost) 1987, S. 541-612.

25 Czesław Łuczak: Pod niemieckim Jarzem (Kraj Warty 1939-1945). Poznań 1996, S. 92-101.

26 Alfred Sulik: Przemysł ciłżki rejencji katowickiej w gospodace Trzeciej Rzeszy (1939-1945). Katowice 1984.

27 Wacław Długoborski (red.): Położenie ludnośći w rejencji Katowickiej w latach 1939-1945. (= Documenta Occupationis Teutonicum XI). Poznań 1983.

28 Łuczak: Grabież (wie Anm. 5).

15

recht herzlich, der zugleich als Zweitgutachter tätig war. Stanisław Nawrocki, verdanke ich das Thema dieser Arbeit und manchen guten Rat. Wertvolle Hinweise habe ich von Werner Röhr erhalten. Den Mitarbeitern des Instytuts Zachodni, des Bundesarchivs Lichterfelde und vor allem des Wojewódzkie Archiwum Państwowe Poznań schulde ich großen Dank. Dank des Stipendiums der Tadeusz-Kosciuszko-Foundation in New York und des polnischen Bildungsministeriums war ich in der Lage, mein Forschungsjahr 1996-1997 zu bestreiten. Dafür bedanke ich mich nochmals. Last but not least, thanks to both Romies and Robin.

1. Die Haupttreuhandstelle Ost, die Treuhandstelle Posen und die Enteignungen im Dritten Reich

Die Haupttreuhandstelle Ost und die Treuhandstelle Posen waren Dienststellen des Deutschen Reiches, die polnisches Eigentum treuhänderisch verwalteten. Damit gehörten sie zu dem gewaltigen Enteignungsapparat, der aktiv und wo immer möglich polnische und andere Vermögenswerte in den eingegliederten Gebieten im Namen der Reichsregierung erfaßte, beschlagnahmte, vorübergehend verwaltete und schließlich verkaufte oder anderweitig verwertete.

Die in der Haupttreuhandstelle Ost tätigen Beamten waren für diese Aufgaben gut gerüstet. Bereits vor dem Ausbruch des Krieges hatten sie in den Finanz- und Wirtschaftsressorts der Ministerien des Deutschen Reiches mit erstaunlicher Phantasie und außerordentlichem Geschick immer neue Geldquellen erschlossen, nicht selten mit pseudolegalen Mitteln. Auf diese Art und Weise sollten Arbeitslosigkeit, Haushaltslücken, Außenhandelsdefizite und andere gravierende Probleme gelöst werden. Dabei wurden insbesondere Juden mit Sondersteuern und -abgaben belegt, dazu kamen zusätzliche Maßnahmen, die ihnen in diskriminierender Weise finanzielle Belastungen aufbürdeten. Die Auswirkungen der Weltwirtschaftskrise auf die deutsche Wirtschaft, die von den Nazis forciert betriebene Aufrüstung und schließlich die Kriegsfinanzierung brachten das Deutsche Reich in arge Bedrängnis. Während des Krieges zeichneten sich die Reichsbeamten jeglicher Finanz- und Wirtschaftsressorts dadurch aus, daß sie die Haushaltslücken rücksichtslos und mit radikalen Methoden zu stopfen versuchten. So verwundert es nicht, daß die Schwelle zur Hemmungslosigkeit schnell und ohne Skrupel überschritten wurde. Es ging dabei auch um ihre Existenz als Beamte auf Lebenszeit eines Staates, dem sie ihre uneingeschränkte Loyalität und ihr totales Engagement geschworen hatten. Als Rechtfertigung ihrer Tätigkeit beriefen sie sich zu jeder Zeit darauf, daß sie im Auftrag und in Übereinstimmung der vom Gesetzgeber verkündeten gesetzlichen Bestimmungen und Rahmenbedingungen gehandelt hätten. Diese Prämisse erlaubte keinen Platz für Zweifel oder eventuelle Schuldgefühle. Das NS-Regime hatte somit die willigen Vollstrecker in seinem Raub- und Plünderungsfeldzug in Europa, vor allem in Polen.

In diesem Kontext ist darauf zu verweisen, daß sich das Vorgehen der Haupttreuhandstelle Ost und der Treuhandstelle Posen bei den Enteignungen durch eine ungehinderte Radikalität auszeichnete, die alles, was davor auf diesem Gebiet geschah, in den Schatten stellte. Das in diesen Behörden beschäftigte Personal konnte dabei reichlich auf Erfahrungen zurückgreifen, so daß man durchaus von einer Kontinuität sprechen kann. In den 30er Jahren begnügte man sich noch mit hinterhältigen Arisierungs- und Wiedergutmachungsaktionen im Altreich und in Österreich. Nach dem Überfall auf Polen erfolgten die völkerrechtswidrige Auslöschung des polnischen Staates und die damit verbundene *Beschlagnahme* sämtlicher staatlicher und später auch privater Vermögens-

werte. Es lag in der Kontinuität, daß Polen jüdischen Glaubens zu den bevor-
zugten Opfern der Haupttreuhandstelle Ost und ihrer Dienststellen gehörten.
Das NS-Regime hatte von Anfang an Juden zur Diskriminierung und zur Enteignung ausersehen. Die Erweiterung des „Lebensraums im Osten" hatte dann
den Kreis der Enteignungsopfer vergrößert. In der ersten Kriegsphase mußten
Polen aller Nationalität – die Deutschen waren davon ausgenommen – ihr Hab
und Gut dem Reich entschädigungslos abtreten, um damit die Grundlage für
anzusiedelnde Volksdeutsche zu schaffen. In der zweiten Kriegsphase ging
Deutschland dann dazu über, die liquiden Summen, die durch die völkerrechtswidrige Nutzung, Verpachtung oder durch den Verkauf gestohlenen Eigentums
erzielt worden waren, für die Finanzierung der Rüstungsproduktion und der
Kriegführung zu verwenden. Mit dem Angriff auf die Sowjetunion am 22. Juni
1941 und der Kriegserklärung an die Vereinigten Staaten von Amerika am
10. Dezember 1941 hatte Deutschland den Weltkrieg derartig ausgedehnt, den
es früher oder später wegen mangelnder Ressourcen verlieren mußte.

Die vorher erwähnte personelle Kontinuität hinsichtlich des bei der HTO und
der TP tätigen Personals zeichnete sich durch eine eigentümliche Stabilität aus.
Es gehörte zur Finanzelite des Kaiserreichs, der Weimarer Republik, des Dritten
Reiches und zum Teil auch der Bundesrepublik Deutschland. Von einer Stunde
Null in Deutschland nach dem Krieg kann wirklich nicht die Rede sein. Einige
Bankiers, die bereits während der Weimarer Republik gute Geschäfte gemacht
hatten, unterstützten dann im Dritten Reich die Raubzüge in Polen. Später waren sie dann führend an dem wirtschaftlichen Aufschwung in der Bundesrepublik Deutschland, der allgemein als Wirtschaftswunder bezeichnet wird, beteiligt. Nicht wenige der Staatsbeamten, die mit der wirtschaftlichen Ausbeutung
der Juden in den 30er Jahren beschäftigt waren, beteiligten sich dann im Krieg
an der wirtschaftlichen Ausbeutung Polens. Einige bekleideten später verantwortungsvolle Positionen in der jungen BRD.

In diesem Zusammenhang stellt sich eine Reihe von Fragen: Inwiefern war
die Finanzelite des Deutschen Reiches an der illegalen Finanzierung des Krieges beteiligt, wie ist ihr Beitrag zur Vernichtung der Juden einzuschätzen? Welche Rolle spielten die Beamten? Führt der Staat ein Eigenleben, steht er über
den Dingen und ist er somit unantastbar? Können seine Beamten für ihr eigenes
Tun und Handeln zur Rechenschaft gezogen werden oder sind sie ebenso unan-
greifbar? Ist der Standpunkt zu akzeptieren, alles auf Führerbefehle zu reduzie-
ren, um sich von Schuld für Enteignungen und andere Wirtschaftsverbrechen
während der NS-Herrschaft frei zu sprechen? Ist den Staatsbeamten eine Schuld
für die Ruinierung der Existenz von Millionen von Menschen zuzuweisen? Ist
der Zusammenbruch Deutschlands zugleich als ein Freispruch von jeglicher
Mitschuld der beteiligten Beamten aufzufassen?[1]

Um auf diese und andere Fragen eingehen zu können, ist es zunächst erforderlich, auf die Art und Weise von Enteignungen einzugehen, die sowohl im

---

[1] Hans Buchheim: Die SS - das Herrschaftsinstrument: Befehl und Gehorsam. In: H. Buchheim, M. Broszat,
H. Jacobsen, H. Krausnick: Anatomie des SS-Staates. Band I. München 1967, S. 215-318.

Altreich und als auch später von den Treuhandstellen vorgenommen wurden. Dabei ist generell festzuhalten, daß die von der Haupttreuhandstelle Ost praktizierte Enteignungsprozedur dem bereits bewährten und bekannten Muster der 30er Jahre folgte. Danach können die zur Anwendung gebrachten Maßnahmen wie folgt systematisiert werden:

1. Entziehung der Menschen- und Bürgerrechte, Diskriminierung
2. Beschlagnahme des Vermögens
3. Einsetzung von kommissarischen Verwaltern oder von Ersatzbetriebsführern
4. Einziehung des Vermögens bzw. Schuldenabwicklung
5. Verkauf oder andere Verwertung des enteigneten Vermögens
6. Eintragung im Grundbuch, Bereinigung der Grundbücher
7. Physische und psychische Vernichtung des Opfers.[2]

Während in Deutschland in seinen Grenzen von 1937, es wurde im Sprachgebrauch der Nazis auch als Altreich bezeichnet, bei Enteignungen oder Beschlagnahmungen verschiedene Instanzen beteiligt gewesen waren, hatte der Beauftragte des Vierjahresplanes, Hermann Göring, nach Kriegsausbruch mit seiner Haupttreuhandstelle Ost alle Kompetenzen und Entscheidungsbefugnisse in einer Hand konzentriert. Auf diese Weise wurde ein hoher Effektivitätsgrad erreicht, da durch Kompetenzrivalität verursachte Reibungsverluste auf ein Minimum reduziert werden konnten.

Im sogenannten Altreich waren Enteignungen etappenweise durch verschiedene Ministerien und Dienststellen durchgeführt worden. Unter der Leitung des Innenministeriums nahmen die Polizeileitstellen oder der Sicherheitsdienst die *Beschlagnahme* des Eigentums vor. Die *Einziehung* und *Verwertung* des Vermögens fielen in die Kompetenz des Finanzministeriums: Die Oberfinanzpräsidenten waren in ihrem Zuständigkeitsbereich für die Einziehung des Vermögens verantwortlich, die Finanzämter führten per Verfügung die Enteignungen (Einziehungen) durch. Die erforderlichen *Eintragungen* in die Grundbücher war Angelegenheit des Justizministeriums. Die Grundbuchämter bei den Amtsgerichten führten die Geschäftsvorgänge auf der Grundlage der gültigen Grundbuchordnung aus.[3] Personen, die im Altreich als Reichsfeinde eingestuft und von den Polizeileitstellen als solche kenntlich gemacht wurden, hörten auf, handlungsfähige juristische Personen zu sein, ihr Vermögen unterlag der Beschlagnahme.[4] Das Vermögen wurde nur noch als Sache an sich behandelt. Immobilien wurden in der sogenannten Einziehungs- und Verwertungsphase lediglich nach Liegenschaft und Flurstück bezeichnet. Wertgegenstände wurden in Sammellisten verzeichnet, ohne die ehemaligen Besitzer namentlich zu nennen.

---

[2] Das Bundesfinanzministerium in Zusammenarbeit mit Walter Schwarz (Hg.): Die Wiedergutmachung nationalsozialistischen Unrechts durch die Bundesrepublik Deutschland. Bd.1-6. München 1974-1985.

[3] Das neue Grundbuchrecht. Die Grundbuchordnung vom 5. August 1935 mit Einleitung, sämtlichen Durchführungs- und Ergänzungsbestimmungen und den amtlichen Mustern. Mannheim 1935.

[4] Gisa Franke: Die Entziehung jüdischen Vermögens beim Oberfinanzpräsidenten Berlin-Brandenburg 1933-1945. Diplomarbeit an der Fachhochschule Potsdam, eingereicht am 20.12.1994, S. 6, Verordnung zur Behandlung des feindlichen Vermögens vom 15.1.1940.

In den Deutschland eingegliederten Gebieten waren in Enteignungsfragen die Haupttreuhandstelle Ost und die ihr unterstehenden Treuhandstellen die obersten Instanzen. Polnisches Vermögen unterlag generell der Meldepflicht und mußte bei der Haupttreuhandstelle Ost angezeigt werden.[5] Die Verfügungen zur *Beschlagnahme* wurden von den zuständigen Treuhandstellen ausgestellt und den Polizeileitstellen übergeben. Diese händigten dann den Betroffenen den amtlichen Bescheid aus. *Einziehung, Verwertung* und *Verkauf* des polnischen Vermögens gehörten zum Tätigkeitsbereich der Haupttreuhandstelle Ost sowie der Treuhandstellen. Das Staats- und Privatvermögen sowie die Betriebe wurden unter dem Namen des ehemaligen Besitzers bzw. unter der alten Bezeichnung geführt, ein kommissarischer Verwalter wurde zwecks Verwertung des ihm unterstellten Vermögens eingesetzt. Bis zum Zeitpunkt des Verkaufs oder einer anderen Verwertung gehörten diese Vermögenswerte der Haupttreuhandstelle Ost bzw. den Treuhandstellen und bildeten in ihrer Gesamtheit die sogenannte Vermögensmasse. Eintragungen in die *Grundbücher* wurden von den Grundbuchämtern im Auftrag der Haupttreuhandstelle Ost oder den Treuhandstellen bereinigt – u. a. durch Löschung von Hypotheken und Grundschulden – oder erstmals vorgenommen.[6]

1942 wurde eine Verkaufssperre für polnisches Vermögen angeordnet. Bis dahin machte der Verkauf den größten Teil der Geschäftstätigkeit der Treuhandstelle Posen aus, in dieser Hinsicht gehörte sie zu den aktivsten. Nunmehr führte sie nur noch die laufenden Geschäfte zu Ende. Der zunehmende Rückgang von Unabkömmlichkeitsbescheinigungen (UK) für die wehrdienstfähige männliche Bevölkerung sowie deren Einberufung in die Wehrmacht 1943 trugen wesentlich dazu bei, die Aktivitäten der Posener Dienststelle einzuschränken. Der Verkaufsstopp für ehemals polnische Vermögenswerte war auf Druck der Wehrmachtsführung zustande gekommen. Damit sollte erreicht werden, daß für die deutschen Frontkämpfer im Osten genügend Immobilien und andere Vermögen zum Erwerb reserviert blieben. Mit dieser Maßnahme sollte zugleich einer gewissen Unruhe in der Truppe entgegen gewirkt werden, daß es mit dem versprochenen Besitz im Osten doch nicht ganz mit rechten Dingen zugehe.[7] So wurden von der Haupttreuhandstelle Ost und den anderen Treuhandstellen nun Auffanggesellschaften für Kriegsteilnehmer gegründet, deren wichtigste Aufgabe darin bestand, geeignetes polnisches Vermögen für Wehrmachtsangehörige bis zum Kriegsende kommissarisch zu verwalten. Kriegsversehrte konnten noch während des Krieges ihre Ansprüche geltend machen.

---

[5] Verordnung des Beauftragten für den Vierjahresplan über die Sicherstellung des Vermögens des ehemaligen polnischen Staates vom 15.1.1940, RGBl. I, S. 174; Verordnung über die Behandlung von Vermögen der Angehörigen des ehemaligen polnischen Staates vom 17.9.1940, RGBl I. S. 516 (Polenvermögensverordnung).

[6] APP, HTO, nichtarchiviert; Grabież, S. 293-295.

[7] BAL, R2101, BHTO, B6172, Bl.3; BAL, R21.01, BHTO, B6171, Bl.226 Verkaufsstopp galt nicht im Altreich; BAL, R2101, BHTO, B6172: Verkaufssperre vom 18.1.1942; OKW Erlaß/Sperrvermerk Besitz in den eingegliederten Gebieten zugunsten siedlungswilliger Kriegsteilnehmer, BAL, R2101, BHTO, B6155, Arbeitstagung der TO bei der HTO, Berlin am 5./6.2.1940 in Berlin, S.4-5; Müller: Hitlers Ostkrieg, S. 51-54.

Dieses Verkaufsstopp bedeutete nun keineswegs eine Einschränkung der Geschäftstätigkeit der Haupttreuhandstelle Ost sowie der Treuhandstelle Posen, eher eine Umorientierung. Polnisches Vermögen wurde von den Treuhandstellen weiterhin bis zum Kriegsende beschlagnahmt, eingezogen, verwertet, verwaltet und verkauft. Das Hauptaugenmerk richtete sich nunmehr auf die sogenannten 500.000-RM-Betriebe. Auf diese Art und Weise gelangten erhebliche Geldbeträge auf die Konten der HTO. Die Haupttreuhandstelle Ost konnte auf eine erfolgreiche Geschäftstätigkeit verweisen. Nach eigenen Angaben hatte sie bis zum Sommer 1944 zwei Mrd. RM erwirtschaftet, davon bestand die Hälfte aus sofort verfügbaren Geldmitteln.[8] Bemerkenswert in diesem Zusammenhang ist die Tatsache, daß allein von der Treuhandstelle Posen über ein Viertel der gesamten Vermögensmasse bewegt worden war. Indes muß der Wert des beschlagnahmten, aber noch nicht veräußerten Vermögens wesentlich höher veranschlagt werden.

Dazu kommt, und dies ist unbedingt zu berücksichtigen, daß viele Vermögenswerte aus dem Geschäftsgang ausgesondert und anderen Dienststellen, Städten, Gemeinden, bzw. der NSDAP oder Gestapo unentgeltlich überlassen wurden. Dies geschah durch kostenlose Übereignungen aus der Beschlagnahmemasse oder durch pro forma-Verkaufsverträge. Andere Vermögenswerte sind ohne jegliche Dokumentation restlos vernichtet worden, zum Teil durch finanzielle Manipulationen. Schließlich unterschlugen sowohl kommissarische Verwalter als auch Beamte der Treuhandstellen in einem unbekanntem Maße liquide Vermögenswerte der polnischen Enteignungsopfer.

Hinzu kamen staatlich sanktionierte Methoden der Ausplünderung. Als effektiv erwies sich die Finanzmanipulation. Nach der Auflösung des polnischen Staates wurden die Vorkriegszloty als Zahlungsmittel in den eingegliederten Gebieten und im Generalgouvernement aus dem Verkehr gezogen. In den eingegliederten Gebieten wurde die Reichsmark als Zahlungsmittel eingeführt, im Generalgouvernement kam der sogenannte Besatzungszloty in Umlauf. Der Besatzungszloty verfügte über keine Deckung, weder mit Devisen noch mit Gold durch die Emissionsbank. Sowohl in den eingegliederten Gebieten als auch im Generalgouvernement galt ein Wechselkurs von 1 Reichsmark = 2 Zloty. Dies entsprach jedoch keineswegs den realen monetären Verhältnissen. Nach Schätzungen unabhängiger ausländischer Gutachter war die RM etwa um 50 bis 75 Prozent überbewertet worden.[9] Die Reichsmark war somit nur die Hälfte dessen wert, wie sie in Finanzoperationen verrechnet wurde. Ihre Kaufkraft war aber dagegen doppelt so hoch.

Der Außenhandel des Reiches basierte wegen Devisenmängel längst auf Pfund-, Dollar- oder Goldbasis in internationalen Clearings- bzw. Verrechnungen. In der Zwischenkriegszeit hatte sich Deutschland in einer verheerenden

---

[8] BAL, R21.01, BHTO, B6141 Bericht über die Tätigkeit der HTO vom 30.9.1944: Zum Juni 1944 ca. 2 Mrd. RM Gesamtbilanz; R144: 283, 284, 285, 531, 632.

[9] Vgl. Marian Muszkat: Polish Charges against German War Criminals (Excerpts from some of those) submitted to the United Nations War Commission. (Główny Komisja Badania Niemieckich Zbrodni Wojennych w Polsce). Warsaw 1948, S. 10-20.

Zahlungskrise befunden. 1936 kam die volkswirtschaftliche und statistische Abteilung der Reichsbank in einem geheimen Schreiben über die deutsche Wirtschaftslage zu dem Schluß, daß die finanzielle Situation des Reichs bis zum äußersten angespannt sei, die Gold und Devisenbestände der Reichsbank wären erschöpft. Zur Überwindung der Krise empfahl die Abteilung der Regierung: 1) eine Drosselung der Ausgaben vorzunehmen, 2) alle Aufrüstungsvorhaben zurückzustellen, 3) eine Zersplitterung von Geldern peinlichst zu meiden, 4) die steuerliche Belastbarkeit bis an die Grenze des Möglichen auszuschöpfen, 5) den Verwaltungsapparat auf das absolut Notwendige zu beschränken, 6) die Bevölkerung mit Nachdruck aufzufordern, stets und überall zu sparen.[10]

Trotz dieser eindeutigen Warnung wurde 1936 der Vierjahresplan beschlossen und unter der Leitung von Hermann Göring mit seiner Verwirklichung begonnen. Er war das Programm zur Ankurbelung der Kriegswirtschaft. Es wurde versucht, in großem Maßstab aufzurüsten, ohne eine Mangelwirtschaft zu erzeugen. Dies gelang jedoch nicht. Neben einem permanenten Mangel stellte sich in der Wirtschaft eine starke Bürokratisierung ein.[11]

In diesem Umfeld gewannen in Deutschland die sogenannte Arisierung des Eigentums von Juden, womit der Enteignungsvorgang verschleiert wurde, und nach dem 1. September 1939 die rücksichtslose wirtschaftliche Ausbeutung und Ausplünderung Polens zunehmend an Bedeutung, vor allem für die Rüstungswirtschaft. Dabei legten die deutschen Finanzbeamten in ihrer Dienstbeflissenheit einen Erfindungsreichtum an den Tag, der kaum noch Grenzen kannte. Der Kreis der Enteignungsopfer wurde im Laufe des Krieges ständig erweitert.

Das Reich mußte, wie bereits erwähnt, vor dem Krieg teure, goldgestützte Dollar, Pfund oder Franken kaufen, um bei Clearingsbanken seine internationalen Handelsschulden zu verrechnen bzw. zu begleichen. Nach dem Überfall auf Polen am 1.9.1939 entwickelte die Reichsregierung neue finanzielle Konstruktionen, um weitere Finanzlücken zu stopfen. Clearings hatten in den 30er Jahren das Reich zu einer strengen Devisenbewirtschaftung gezwungen. Im Krieg wurden mit der Einführung der Verrechnungsmark neue Clearings geschaffen. Die sogenannte Verrechnungsmark war das währungstechnisch wirksame Instrument, um die Wirtschaft der besetzten Länder Europas auszubeuten.

Wirtschaftsminister Walther Funk erklärte am 26. Juli 1940 in seiner berühmten Rede über die wirtschaftliche Neuordnung Europas, daß jene Clearingstechnik, mit der sich Deutschland das Volksvermögen der okkupierten Länder aneignete, „ein Warenaustausch durch Verrechnung war". Die neuen „Clearings" machten Geld, Gold und den Devisenverkehr im internationalen Handel überflüssig. Durch „Superclearings" war es sogar möglich, Verrechnungsguthaben im Außenhandel an Drittländer zu übertragen. Das neue Verrechnungssystem machte das Gold der USA künftig entbehrlich.[12] Das Ziel der NS-Währungspo-

---

[10] BAL, R2501, 7017, Die deutsche Wirtschaftslage 1936.

[11] Robert Vogler: Die Wirtschaftsverhandlungen zwischen der Schweiz und Deutschland 1940 und 1941. Basel 1997, S. 60-68; Martin Broszat: Der Staat Hitlers. München 1969, S. 370-379.

[12] BAL, R2501, 7178, Walther Funk: Die wirtschaftliche Neuordnung Europas, Rede vom 26.7.1940.

litik bestand in der „Wiederherstellung der unbedingten Vollwertigkeit der RM im internationalen Verkehr", wie es der Vizepräsident der Reichsbank, Emil Puhl, der auch als Architekt der „Neugestaltung der europäischen Währungsbeziehungen" galt, in seinem diesbezüglichen Vortrag am 27.11.1940 formulierte.[13]

Marian Muszkat bezeichnete dieses währungspolitische Konzept als „pillage by means of a criminal monetary policy".[14] Mit der Überbewertung der Reichsmark, der Manipulation der Wechselkurse und dem devisenlosen Außenhandel verschaffte sich Deutschland bei der Ausbeutung Polens und anderer europäischer Länder unanfechtbare Vorteile. Durch Produktions- und Exportkontingentierung, Preis- und Lohnüberwachung sowie die enge Zusammenarbeit von deutschen Kartellen mit den zuständigen Reichsbehörden wurde eine Knechtwirtschaft auf Clearingbasis aufgebaut, in der das besetzte Land immer mehr Produkte und Waren liefern mußte, um angebliche Außenhandelsschulden abzubauen. Durch diese „geräuschlose" Kriegsfinanzierung wurde die Landeswährung entwertet und im Warenverkehr entbehrlich. Im Ergebnis dieser Manipulation entstand eine verheerende Inflation, die die wirtschaftliche Substanz – und nicht nur diese – des besetzten Landes angriff und vernichtete.[15]

Die bisher von deutschen Autoren verfaßten Darstellungen über die Kriegsfinanzierung von 1933 bis 1945 können in dieser Hinsicht nicht befriedigen. Auf jeden Fall ist es schon als erstaunlich anzusehen, daß 50 Jahre nach Beendigung des Krieges immer noch so wenig exaktes Wissen über die tatsächlichen Ausgaben und Einnahmen Deutschlands im Finanzbereich für die Zeit von 1933 bis 1945 besteht. Jegliche Bemühungen, Probleme der Kriegsfinanzierung gründlich untersuchen zu wollen, stoßen aber auf objektive Grenzen: die damalige Geheimhaltung des Staatshaushaltes und der Kriegsausgaben sowie fehlende zeitgenössische Statistiken. Bislang sind keine überzeugenden und vor allem keine übereinstimmenden Zahlen publiziert worden.

Dem renommierten deutschen Nachschlagewerk Ploetz, Geschichte des Zweiten Weltkrieges, ist zu entnehmen, daß sich die gesamten Kriegsausgaben auf insgesamt 670 Mrd. RM beliefen, die sich zu 33% aus Inlandseinnahmen, zu 12% aus Beiträgen des Auslandes und zu 55% aus Schuldenaufnahmen zusammensetzten. Zu den Quellen wird ausgeführt, daß sich die Kriegsfinanzierung aus drei güterwirtschaftlichen Bereichen gespeist habe: 1) das Volkseinkommen, 2) das Volksvermögen und 3) Auslandsanleihen und Kriegskontributionen. Das Volkseinkommen wurde für 1939 mit 88 Mrd. RM angegeben. Schätzungen zufolge wurden davon höchstens 40 Mrd. RM für den Kriegsbedarf verwendet. Vom mobilisierbaren Teil des Volksvermögens wurden ebenfalls 30-40 Mrd. RM für die Kriegsfinanzierung zur Verfügung gestellt, wobei der Hauptteil auf Substanzverzehr fiel. Auslandsanleihen oder Auslandshilfen

---

[13] BAL, 2501, 7018, S. 28.

[14] Muszkat: Polish Charges, S. 10-20.

[15] Jeanne Dingell: The *Haupttreuhandstelle Ost*, the *Treuhandstelle Posen* and the Expropriation of Property during the Second World War (WWII). In: Studia Historiae Oeconomicae, Poznań 1999.

habe das Reich nicht erhalten. Statt dessen, wie es bei Ploetz so elegant heißt, machte sich das Reich „die finanziellen Hilfsquellen der besetzten Gebiete zunutze". Diese Hilfsquellen sollen 87 Mrd. RM betragen haben, was 12% der Gesamtkriegsfinanzierung ausmachte. Von Enteignung, Raub und Plünderung als Mittel der Kriegsfinanzierung ist in diesem Kontext nicht die Rede.[16]

Eckhard Wandel, dessen Beitrag „Das deutsche Bankwesen im Dritten Reich (1933-1945)" in der dreibändigen Geschichte der Deutschen Banken als Standardwerk gilt, vertritt die Auffassung, daß die genaue Summe der deutschen Aufrüstungskosten bis 1939 nicht bekannt ist. Er macht darauf aufmerksam, daß die diesbezüglichen Angaben stark schwanken. So habe Hitler von 90 Mrd. RM, Schacht von 34,2 Mrd. RM gesprochen. Die wesentlichen Methoden bei der Aufrüstungsfinanzierung sollen Kredit und Vorfinanzierung gewesen sein.[17]

Nach Wandel bediente sich die NS-Regierung zwischen 1939 und 1945 vor allem einer „geräuschlosen" Kriegsfinanzierung. Dazu gehörten die indirekte Kriegsfinanzierung und der Aufkauf von Reichsanleihen durch Banken und Kreditinstitutionen. Der größte Teil der Reichsanleihen wurde nicht direkt bei der Bevölkerung untergebracht, sondern mit deren erzwungenen „eisernen" Ersparnissen von den Banken und Kreditinstitutionen abgekauft. Bis zum Kriegsende waren 51,3 % der Reichsschuldtitel bei Banken und Kreditinstitutionen, 25,1 % bei der Reichsbank und 6,4 % bei Versicherungsunternehmen. Der Restanteil von 17,2 % fiel auf andere Geldgeber wie die Holländische Notenbank bzw. die Notenbanken des Protektorats und des GG. Diese Art von Finanzierung setzte vor allem Vertrauen der Bevölkerung voraus. Das Volk konnte über die Bezugsscheine hinaus nichts kaufen und war durch das gesetzliche Verbot des Hortens de facto zum Sparen gezwungen. Zudem wurde das Sparen durch Steuervergünstigungen attraktiv gemacht. Banken und Kreditinstitutionen ihrerseits waren in der Abwesenheit privater Nachfrage froh, ihr Geld in Reichsanleihen investieren zu können. Erst 1944 brach das Anleihespiel zusammen, als Vertriebene und Ausgebombte in großer Zahl versuchten, ihre Ersparnisse abzuheben. Infolgedessen griff die NS-Regierung zur Notenpresse. Es folgten eine rapide Geldvermehrung und Inflation, die zusammen mit dem geringen Warenangebot den über Jahre hinaus entstandenen Geldüberhang für alle endlich sichtbar machte.[18]

Nach Wandel wurde der Geldbedarf des Reiches während des Krieges durch 1) ordentliche Einnahmen aus Steuern und Zöllen (184,8 Mrd. RM) bzw. sonstige Einnahmen aus dem Inland (45 Mrd. RM) und dem Ausland (85 Mrd. RM) sowie 2) lang- und mittelfristige Kredite (117,1 Mrd. RM) und kurzfristige Kredite (225,5 Mrd. RM) befriedigt. Der gesamte Geldbedarf des Reiches habe insgesamt 657,4 Mrd. RM betragen. Nach Wandel handelte es sich bei den aus dem Ausland zugeflossenen Einnahmen ausschließlich um die Erstattung von

[16] A. G. Ploetz (Hg.): Geschichte des Zweiten Weltkrieges. Würzburg 1960, S. 28-30.
[17] Eckhard Wandel: Das deutsche Bankwesen im Dritten Reich (1933-1945). In: Deutsche Bankengeschichte. Bd. 3. Frankfurt am Main 1988, S. 163-167.
[18] Ebenda, S. 186-189.

Besatzungskosten durch die besetzten Länder (u. a. durch Kontributionen). Von Enteignung, Raub und Plünderung als Mittel der Kriegsfinanzierung war auch hier nicht die Rede.[19] In diesem Zusammenhang sind auf die von Hans Umbreit und Rolf-Dieter Müller verfaßten Studien in dem vom Militärgeschichtlichen Forschungsamt herausgegebenen mehrbändigen Werk „Das Deutsche Reich und der Zweite Weltkrieg" zu verweisen. In ihren Darlegungen haben sie das Hauptproblem ausführlich beschrieben: Das Modell für die wirtschaftliche Neuordnung des europäischen Kontinents war nach wie vor das Konzept des Großwirtschaftsraums. Aus diesem Wirtschaftsblock – einschließlich Kolonien in Afrika und vielleicht auch in Asien – ließen sich dann die nötigen Wirtschaftsgüter beziehen. In der Kriegssituation zählten zunächst Leistungen für die Kriegswirtschaft. Hierzu gehörten Plünderung und Ausbeutung der Wirtschaft in den besetzten Gebieten. Die zusätzliche Durchführung von Sonderaktionen sowie die Einführung einer Planwirtschaft versetzten die Besatzungsmacht in die Lage, den Mangel an Waren nicht ausufern zu lassen. Das Reich hatte ein besonderes Interesse, in den Besitz der Devisen- und Goldreserven der okkupierten Länder zu gelangen. Leider ist Hans Umbreit in seiner sorgfältig verfaßten Studie, die viele durch Statistiken gestützte Informationen bietet, nicht auf die Frage der Kriegsfinanzierung detailliert eingegangen.[20]

Wie Rolf-Dieter Müller zu Recht feststellte, litt das Reich infolge des Rußlandfeldzuges schon im Herbst 1941 unter einem erheblichen Mangel an Rohstoffen, Wirtschaftsgütern und Arbeitskräften für die weitere Rüstungsproduktion und Kriegführung. Man kann deshalb davon ausgehen, daß das Reich den Krieg praktisch schon 1941 verloren hatte. Die Expansion des SS-Sklavenstaates nach Kriegswende 1941/42 und der Einsatz von Häftlingen der Konzentrationslager für die Rüstungsproduktion dienten der deutschen wirtschaftlichen und militärischen Führung dazu, alle verfügbaren Mittel und Kräfte gegen die überlegenen Alliierten zu mobilisieren. „Der rasseideologisch motivierten „Endlösung der Judenfrage" wurde auf diese Weise", wie Müller konstatiert, „ein rüstungsökonomischer Nutzen abgewonnen."[21]

An dieser Stelle ist ebenso auf die Forschungsarbeit von Albrecht Ritschl einzugehen. Sowohl in seinem Aufsatz über die deutschen Außenhandelsbilanzen und den Devisenmangel von 1936 bis 1942[22] als auch seine gemeinsam mit Mark Spoerer angestellte Untersuchung über das Bruttosozialprodukt im Reich von 1933 bis 1945 sind von grundlegender Bedeutung für künftige Forschungen

19 Ebenda, S. 186; Ders.: Banken und Versicherungen im 19. und 20. Jahrhundert. München 1998, S. 34-36.

20 Hans Umbreit: Auf dem Weg zur Kontinentalherrschaft. In: Das Deutsche Reich und der Zweite Weltkrieg. Bd. 5/1. Stuttgart 1988, S. 3-264, insbes. S. 136-165 sowie S. 210-264.

21 Rolf-Dieter Müller: Das Scheitern der wirtschaftlichen „Blitzkriegstrategie". In: Ebenda, Bd. 4, Stuttgart 1983, S. 1025, vgl. auch S. 936-1029, vor allem S. 1022-1029.

22 Albrecht Ritschl: Die deutsche Zahlungsbilanz 1936-1941 und das Problem des Devisenmangels vor Kriegsbeginn. In: Vierteljahreshefte für Zeitgeschichte (VfZ), 39, Heft 1, Januar 1991, S. 103-122.

zum Problem der deutschen Kriegsfinanzierung.[23] Wenn sich das jährliche Bruttosozialprodukt des Reiches, die jährlichen diesbezüglichen Daten unterlagen der Geheimhaltung, zwischen 80-90 Mrd. RM bewegte und allein der Gewinn, den das Reich aus den Vernichtungslagern zog, mit schätzungsweise 8 Mrd. RM zu veranschlagen ist[24], so stellte dieser Ausbeutungs- und Vernichtungssektor etwa 10% des jährlichen Volkseinkommens. Dabei ist zu berücksichtigen, daß der Wert der eingezogenen Vermögenswerte um ein Vielfaches höher lag.

Ein bedeutender Teil der als ordentliche Einnahmen bezeichneten Finanzmittel war durch diskriminierende Steuern, Zölle und andere Abgaben zustande gekommen. Darunter hatten insbesondere Juden zu leiden. Allein die Verordnung des Beauftragten für den Vierjahresplan, Göring, über die Sühneleistung der Juden deutscher Staatsangehörigkeit vom 12.11.1938 sollte eine Mrd. RM der Reichskasse einbringen.[25] Während der Okkupationszeit stellten die deutschen Behörden dem besetzten Land die Erstattung von Besatzungskosten und die Leistung von Kontributionen in Rechnung, was der illegalen Kriegsfinanzierung zuzurechnen ist. Das besetzte Europa hatte nicht darum gebeten, überfallen zu werden, und die Kosten der Besatzung gehörten ohne weiteres zu den Kriegskosten im engeren Sinne. Nach den Bestimmungen der Haager Landkriegsordnung und nach Ansicht der Anklagevertretung in den Nürnberger Prozessen gegen die Kriegsverbrecher hatte ein besetztes Land solche Kosten auch nicht zu tragen.[26] Das, was die SS, die Haupttreuhandstelle Ost und andere Reichsdienststellen und Deutsche auf eigene Faust an Werten zusammenraubten, geht aus den Statistiken nicht hervor.[27] Wie in dieser Arbeit gezeigt wird, wurden Reichsschuldanleihen auch mit den in Polen erbeuteten Geldern finan-

---

[23] Albert Ritschl/Mark Spoerer: Das Bruttosozialprodukt in Deutschland nach den amtlichen Volkseinkommens- und Sozialproduktstatistiken 1901-1995. In: Jahrbuch für Wirtschaftsgeschichte. Volkswirtschaftliche Gesamtrechnungen im internationalen Vergleich. 1997/2, S. 27-54.

[24] Marilyn Henry: The Restitution of Jewish Property in Central and Eastern Europe. American Jewish Committee Publications 1998.

[25] RGBl. I, S. 1579.

[26] Dr. Rudolf Laun (Hg.): Die Haager Landkriegsordnung (HLO): Das Übereinkommen über die Gesetze und Gebrauch des Landkriegs. Textausgabe mit einer Einführung. Hannover 1950. S. 141-169. Der Prozeß gegen die Hauptkriegsverbrecher vor dem Internationalen Militärgerichtshof (IMT). Amtl. Text in deutscher Ausgabe (42 Bände. 1947-1949). Sir Hartley Shawcross, der Hauptankläger Großbritanniens beim IMT betrachtete diese Kriegsverbrechen gegen die Zivilbevölkerung als einen Verstoß gegen Artikel 46 und 52 der HLO. IMT, Band XIX, S. 523 f.
Die beiden Punkte der HLO von 1907, HLO , S. 165-67, haben folgenden Wortlaut:
Artikel 46: Die Ehre und Rechte der Familie, das Leben der Bürger und das Privateigentum sowie die religiösen Überzeugungen und gottesdienstlichen Handlungen sollen geachtet werden.
Das Privateigentum darf nicht eingezogen werden.
Artikel 52: Naturalleistungen und Dienstleistungen können von Gemeinden oder Einwohnern nur für die Bedürfnisse des Besatzungsheers gefordert werden. Sie müssen im Verhältnisse zu den Hilfsquellen des Landes stehen und solcher Art sein, daß sie nicht für die Bevölkerung die Verpflichtung enthalten, an Kriegsunternehmungen gegen ihr Vaterland teilzunehmen.
Derartige Natural- und Dienstleistungen können nur mit Ermächtigung des Befehlshabers der besetzten Örtlichkeit gefordert werden.
Die Naturalleistungen sind so viel wie möglich bar zu bezahlen. Anderenfalls sind dafür Empfangsbestätigungen auszustellen; die Zahlung der geschuldeten Summen soll möglichst bald bewirkt werden.

[27] IMT, Stichwort: Haupttreuhandstelle Ost: VIII, 14; XIII, 642 f., 652 f., 675 f., 679; PS-3947.

ziert. Einkommensgewinne durch die staatliche Besteuerung der Löhne von Millionen in reichseigenen Unternehmen und anderen deutschen Firmen beschäftigten Zwangsarbeitern, die, wenn überhaupt, ohnehin einen diskriminierenden Lohn erhielten, gehören auch zum Bereich der Kriegsfinanzierung. Die rücksichtslose Ausbeutung ging einher mit der Vernichtung von Menschenleben, was unter dem Aspekt der Kriegsfinanzierung ebenfalls zu berücksichtigen ist.[28]

Die Haupttreuhandstelle Ost und die ihr unterstehenden Treuhandstellen trugen ab dem Moment zur indirekten Kriegsfinanzierung bei, als polnische Vermögenswerte durch den bereits erwähnten Umrechnungskurs von Vorkriegszlotys zur – stark überbewerteten – Reichsmark zu einem extrem billigen Preis erworben werden konnten. Bei den späteren Liquidierungen, Verwertungen und Verkäufen von polnischen staatlichen und privaten Vermögenswerten handelte es sich um Totalplünderungen, die sowohl direkt als auch indirekt der Kriegsfinanzierung dienten. Hinzu kam die Vernichtung zahlreicher polnischer Vermögenswerte durch die Aussonderung und Liquidierung vieler Betriebe oder deren Verkauf unter dem eigentlichen *Good Will* oder unter dem Verkehrswert. In den von der Deutschen Umsiedlungstreuhand GmbH abgewickelten Geschäften wurde ohnehin nur der Ertragswert verrechnet.

Polnische Alteigentümer hätten ihre Betriebe, Banken, Grundstücke und ihr bewegliches Vermögen niemals freiwillig durch die Haupttreuhandstelle Ost oder die Treuhandstellen verwerten lassen. Für die ihnen zugefügten Zins- und Pachtverluste sind sie nie entschädigt worden. Nach dem Krieg galten sie als „Nationalgeschädigte", und damit waren sie von einer Entschädigung nach dem Bundesentschädigungsgesetz ausgeschlossen.[29] Dafür sollten für sie Mittel aus dem sehr bescheidenen Fond für Reparationszahlungen an Polen zur Verfügung gestellt werden. Wieviel diese geraubten Sachwerte auf dem freien Markt wert gewesen wären, kann schwer geschätzt werden. Ein lückenloses Inventar des Raubgutes gibt es nicht, und die Akten des Referats Maedel beim Reichsfinanzministerium,[30] die eine Gesamtkartei des enteigneten Vermögens enthielten, ist bislang nicht aufgefunden worden. Durch die politischen Umwälzungen nach dem Kriege bedingt, bekamen die polnischen Opfer der Haupttreuhandstelle Ost in den meisten Fällen nie wieder ihr Eigentum zurück.

---

[28] Anklageschrift des IMT: Anklagepunkt drei: Kriegsverbrechen;
B. Deportation der Zivilbevölkerungen von und aus besetzten Ländern zur Sklavenarbeit und für andere Zwecke: Die Politik der deutschen Regierung und des deutschen Oberkommandos bestand während der ganzen Dauer der Besetzung sowohl der westlichen als auch der östlichen Länder darin, dienstfähige Bürger solcher besetzten Länder nach Deutschland oder nach anderen besetzten Ländern zu verschleppen, um sie zu Sklavenarbeit an Verteidigungswerken, in Fabriken und zu anderen mit dem Deutschen Kriegseinsatz verbundenen Aufgaben zu verwenden.
In Verfolgung dieser Politik fanden Massendeportationen von allen westlichen und östlichen Ländern während der ganzen Dauer der Besetzung zu den genannten Zwecken statt.
Solche Deportationen verletzten die internationalen Konventionen, insbesondere Artikel 46 der Haager Bestimmungen von 1907, die Kriegsgesetze und -gebräuche, die allgemeinen Grundsätze des Strafrechtes wie sie sich von den Strafgesetzen aller zivilisierten Nationen herleiten, die Strafgesetze jener Länder, in denen solche Verbrechen verübt wurden und Artikel 6 (b) des Statuts. IMT, Band I, S. 54; HLO, Artikel 46 und 52, S. 165-167.
[29] Gerhard Kraus: Entschädigung für Nationalgeschädigte. In: Schwarz, S. 172-204.
[30] Siehe 3.2.4.2:„Zusammenarbeit mit anderen Referaten des RFM".

Die Abwicklung von Wertpapieren und Staatsanleihen war ein weiteres Betätigungsfeld. Aktien polnischer Firmen bzw. polnische Staatsanleihen wurden nicht verkauft, sondern im Rahmen der Schuldenabwicklung vernichtet. Lediglich deutsche Besitzer erhielten für ihre polnischen Wertpapiere eine Entschädigung ausgezahlt. Ausländische Aktien und Staatsanleihen wurden von den Treuhandstellen gesammelt. Im Auftrag der Haupttreuhandstelle Ost wurden die Depots bei der Reichsbank von der Deutschen Bank, der Dresdner Bank, der Reichsbank sowie von der Hardy Bank verwertet.[31] Diese Wertpapiere waren für einen Bruchteil ihres tatsächlichen Wertes verkauft worden. Die Banken haben für die Verwertung dieser Depots auch noch 100 RM Gebühr pro Transaktion verlangt, weil, so die Begründung, die Aktien aus fremdem Besitz stammten.[32] Die Verwertung bzw. die Destruktion von Wertpapieren und Versicherungspolicen bedeutete die unwiderrufliche Vernichtung von Vermögenswerten, um Aktiva möglichst schuldenfrei in deutsche Hände zu überführen. Die diesbezügliche Gesamtsumme ist nicht mehr zu ermitteln. Es ist davon auszugehen, daß die Summen, die auf die Sperrkonten der Haupttreuhandstelle Ost eingezahlt wurden bzw. in ihren Bilanzen erschienen, ebenfalls nur einen Bruchteil der tatsächlichen Werte wiedergaben.

Zum Repertoire der Vernichtung der bestehenden Rechtsverhältnisse in Polen gehörte die Schuldenabwicklung. Mit ihr wurden sowohl nationale als auch internationale Geschäftsbeziehungen zerstört. Das Vermögen des polnischen Staates, von Privatpersonen und von Betrieben wurde anhand ihrer Verschuldung abgewickelt. Hypotheken, Grundschulden und alle anderen Verpflichtungen wurden gelöscht, um die Aktiva möglichst schuldenfrei an Deutsche zu verkaufen. Durch diese Verkäufe konnten erhebliche Summen an Bargeld auf die Konten der Haupttreuhandstelle Ost und der Treuhandstellen eingezahlt werden. Zum Teil wurde dieses Geld in NS-Projekte investiert, ansonsten diente es der Kriegsfinanzierung, unter anderem durch den Kauf von Kriegsanleihen.

Auch ausländische Investoren wurden durch die Machenschaften der Haupttreuhandstelle Ost und der Reichsregierung stark geschädigt. Die ausländische Kapitalbeteiligung in Polen machte zum Zeitpunkt des Überfalls 1.442 Millionen Zloty aus. Das Kapital von polnischen Aktiengesellschaften befand sich zu etwa 50% in ausländischem Besitz. Diese Gesellschaften hatten insgesamt sieben Mrd. Zloty an ausländischen Verpflichtungen. Das ausländische Kapital war zu 80% allein in die Erdöl- und Elektroindustrie investiert worden. Hauptinvestoren waren Frankreich mit 391 Millionen Zloty und die USA mit 277 Millionen Zloty.[33] Der Schwerpunkt der ausländischen Investitionen lag im infrastrukturellen Bereich Polens. Diese Investitionen mußten wegen des Krieges als Totalverluste verbucht werden.[34]

---

[31] BAL, R144, 306, Korrespondenz mit der Deutschen Bank und der Hardy Bank betreffend die Verwertung von Saturn-Aktien; R144, 338, Ratzmann vom 26.3.1943 bezüglich Teilausschüttung aus der Treuhandmasse HTO – Auszahlungen an die Reichshauptkasse.

[32] Ebenda.

[33] BAL, R2501, 5524, Bl. 35, Neue Züricher Zeitung, 16.10.1939.

[34] BAL, R2501, 5512, Bl. 6, Berliner Lokalanzeiger, 7.10.1939.

Die Entrechtung und Enteignung der Juden und anderer Feinde des Reiches in den 30er Jahren kann im weiteren Sinn als Vorgeschichte für die Tätigkeit der Haupttreuhandstelle Ost und ihrer Dienststellen gelten. Die seinerzeitigen groben Enteignungsmethoden der Oberfinanzdirektionen und sonstiger Reichsverwaltungen wurden nun durch die Haupttreuhandstelle Ost verfeinert. Methoden der staatlich-gelenkten Existenzvernichtung, wovon Juden, aber auch Kommunisten, Sozialdemokraten und Aristokraten im Altreich betroffen waren, wurden auch in der ursprünglich grobschlächtigen Art von den Beamten der Treuhandstellen praktiziert. Nicht wenige dieser Beamten hatten einschlägige Erfahrungen auf diesem Gebiet bereits im Altreich gesammelt.[35]

Die Wiederaufrüstung hatte in den 30er Jahren, wie bereits erwähnt, die hohen zuständigen Reichsbeamten genötigt, neue Wege der Finanzierung ausfindig zu machen. Die Ausgrenzung und der Ausschluß der Reichsjuden aus dem Wirtschaftsleben bewirkte zwar kurzzeitig eine Belebung des Arbeitsmarktes, die damit propagierten Effekte in der Wirtschaft stellten sich aber nicht ein.[36] Später entdeckten die Beamten der Reichsfinanzverwaltung auf dem Gebiet der Steuergesetzgebung, aber auch im Raub von Wertgegenständen, Immobilien und in der Erfindung von Sonderabgaben neue und vor allem ergiebige Geldquellen.[37]

Die Reichsjuden standen seit der Machtgreifung der Nazis sofort im Mittelpunkt der Enteignungsbestrebungen der neuen Machthaber. Nach dem Überfall auf Polen legten die Nazis jegliche Zurückhaltung, sofern man davon überhaupt sprechen kann, gegenüber der jüdischen Bevölkerung ab. Die wirtschaftliche Ausbeutung und Ruinierung der polnischen Juden ging Hand in Hand mit deren Gettoisierung und Entrechtung. Die Vernichtung der europäischen, und vor allem der polnischen Juden stellte dann das letzte Stadium in der wirtschaftlichen Ausbeutung durch das Dritte Reich dar.

Angesichts der erwähnten Devisenkrise, die seit Mitte der 30er Jahre den Außenhandel Deutschlands stark beeinträchtigte,[38] waren alle Finanzressorts angewiesen worden, flüssige Vermögenswerte zu beschaffen. Trotz der Beseitigung der Arbeitslosigkeit fielen die Reallöhne rapide. Die Kaufkraft ging ebenfalls stark zurück. Spätestens mit der Einführung der Preisüberwachung und der

---

[35] Hilberg: Die Vernichtung, S.338-378; Ulrich Roeske: Der Bestand R 2107 OFP Berlin-Brandenburg: Funktion, Inhalt und Quellenwert. In: Mitteilungen des Bundesarchivs. 1/1993. Heft 3, S. 121-3; Gerlinde Grahm: Die Enteignung des Vermögens der Arbeiterbewegung und der politischen Emigration 1933-1945. In: Zeitschrift für Sozialgeschichte des 20. und 21. Jahrhunderts 3/97, S. 13-38; Franke: Die Entziehung, S. 1-44; Dorothea Reschwann: Die Vertreibung und Vernichtung der Juden im Spiegel der Akten des Finanzamtes Nordhausen. In: Geschichte, Erziehung, Politik. 7-8/96, S. 404-413; Dingell: Expropriation.

[36] Vgl. dazu das Gesetz zur Herstellung des Berufsbeamtentums vom 7.4.1933 (RGBl. I, S. 175), vom 23.6., 20.7. und 22.9.1934 (RGBl. I, S. 203, 604, 845) sowie die Verordnung vom 16.4.1940 (RGBl. I, S. 666); das Gesetz zur Änderung der Gewerbeordnung für das Deutsche Reich vom 6.7.1938 (RGBl. I, S. 823); die Verordnung zur Ausschaltung der Juden aus dem deutschen Wirtschaftsleben vom 12.11.1938 (RGBl. I, S. 1580); Hermann Zorn: Existenz-, Ausbildungs- und Versorgungsschäden. In: BFM/Schwarz, S. 55.

[37] Hans Giessler: Schaden an Eigentum und Vermögen. In: BFM/Schwarz, S. 1-68.

[38] Albrecht Ritschl: Die deutsche Zahlungsbilanz 1936-1941 und das Problem des Devisenmangels vor Kriegsbeginn. In: VfZ, 39, Heft 1, Januar 1991, S. 103-122.

Rationierung von knappen Waren wurde die Krise des Reiches und ihr Ausmaß deutlich vor Augen geführt.[39]

Opfer dieser Devisenkrise waren vor allem Juden. Ihre „rassische" Verfolgung stand in einem direkten Zusammenhang mit den finanziellen Interessen des Reiches. Die Verstrickung der Oberfinanzdirektionen in die Verfolgung und existentielle Ruinierung dieser Menschen durch die Aufbürdung von Sondersteuern, zusätzlichen Abgaben und Enteignungen verdeutlichen die wirtschaftlichen Motive, die die Nazis dazu bewegten, die Vernichtung der Juden in der bekannten Art vorzunehmen.[40] Der Rassenwahn war ideologisch determiniert, er kann aber nicht ausschließlich auf ideologische Prämissen zurückgeführt werden, ansonsten wäre es kaum zu erklären, wie ein Staatsapparat vollständig mobilisiert werden konnte, Millionen von Menschen systematisch zu erfassen, zu verfolgen, auszurauben und schließlich zu ermorden.

Die Juden in Polen waren en masse ärmer als die Reichsjuden.[41] In Polen gab es etwa 3,3 Millionen Juden, im Altreich waren es ca. 500.000. Polnische Juden, einige hatten einen relativ hohen Wohlstand erreicht, lebten vorwiegend in den Städten. In Warschau, Krakau, Lodz und auch in kleineren Städten gehörten Juden oft zu den Industriellen, Bankiers, Kaufleuten, Anwälten, Ärzten, Zahnärzten, Professoren und Lehrern. Als Teil des kleinen polnischen Mittelstandes waren viele von ihnen über Generationen in den Besitz von Mietshäusern, Immobilien, Fabriken, Wertgegenständen und anderen Vermögenswerten gelangt. Darauf hatten es die deutschen Beamten abgesehen.

Hinzu kamen 57.000 polnische Staatsangehörige jüdischen Glaubens, die vor dem Krieg ihren Wohnsitz in Deutschland gehabt hatten. Viele von ihnen hatten es bis zu ihrer Ausweisung 1938/39 zu einem bescheidenen Wohlstand gebracht. Nach der sogenannten Reichskristallnacht hatten die polnischen Konsulate täglich damit zu tun, die Rechte ihrer Staatsangehörigen jüdischen Glaubens im Reich und deren Eigentum vor deutschen Übergriffen zu schützen.[42] Schätzungen der Abteilung VI des Reichsfinanzministeriums zufolge, betrug der ehemalige polnische Grundbesitz im Altreich zum 18.3.1943 noch 130 Millionen RM.[43]

Unter den ermordeten europäischen Juden stellten polnische Juden mit über 3,2 Millionen Opfern die größte Gruppe dar. Es ist kein Zufall, daß die ersten, größten und meisten Vernichtungslager auf polnischem Boden gebaut wurden. Die Architekten der Endlösung hatten unter ökonomischen Gesichtspunkten ihre Pläne ausgearbeitet. Das Kohle- und Industriebecken in Ostoberschlesien

---

[39] BAL, R 2501, Nr. 7017: Die deutsche Wirtschaftslage 1936; Hans-Erich Volkmann: Die NS-Wirtschaft in Vorbereitung des Krieges. In: W. Deist/ M. Messerschmidt/H-E. Volkmann/W. Wette: Ursachen und Voraussetzungen des Zweiten Weltkrieges. Stuttgart 1989, S. 211-435; Bank der deutschen Arbeit AG: Kriegseinsatz der Wirtschaft: Finanzierung, Kapitalmarkt, Börse. Berlin 1940, S. 6.

[40] Roeske: Der Bestand, S. 121-123; Grahm: Die Enteignung, S. 13-38; Franke: Die Entziehung, S.1-44; Reschwann: Die Vertreibung, S. 404-413.

[41] Hilberg: Die Vernichtung, S. 338-378.

[42] Reschwann: Die Vertreibung, S. 404-413.

[43] BAL, R2101, B6171, Bl. 369.

– die benötigten Liegenschaften wurden der Beschlagnahmemasse der Haupttreuhandstelle Ost entnommen und der SS übergeben – entsprach den Nazis in
idealer Weise, Lebensraum durch Arbeit und Vernichtung zu schaffen und ihre
Vorstellungen von einer Großraumwirtschaft und eines von Deutschland be-
herrschten Europas.[44] Die Verfolgung und Vernichtung polnischer Juden war
Bestandteil des revanchistischen Konzepts der Nazis gegenüber Polen. Der polnische Staat sollte aufhören zu existieren, seine Staatsbürger hatten für die deutschen Eroberer Platz machen. Polen sollten sowohl zur Finanzierung des Krieges herangezogen werden als auch die deutsche Kolonisierung ihrer eigenen
Heimat zu unterstützen. Dafür mußten etwa sechs Millionen polnische Staatsbürger während des Krieges ihr Leben lassen.

In diesem Zusammenhang ist darauf zu verweisen, daß in einer Reichsbank-
clippingssammlung (Abteilung Volkswirtschaft) zum Thema „Polen unter deutscher Verwaltung" der berühmte Brief von Schmul Zygielboim, Mitglied der
polnischen Exilregierung in London, an den Herausgeber der Londoner Times
inmitten ausführlicher Artikel über die deutschen Treuhandverwaltungen im
Generalgouvernement und in den eingegliederten Gebiete abgelegt worden war.
In dem Brief vom 20.1.1943 stellte Zygielboim die entscheidenden zwei Fragen
der Zeit: 1) „Where have the millions of Jews been deported to?, 2) Where are,
and how many are still alive out of the nearly 3,500,000 Polish Jews and bet-
ween 500,000 and 700,000 Jews deported to Poland from other occupied coun-
tries during the year 1942?"[45]

Die polnischen Staatsangehörigen gehörten zu den Hauptopfern des Zweiten
Weltkrieges. Dabei ist zu berücksichtigen, daß die ersten Verfolgungsopfer der
Nazis, die ihr Vermögen hergeben mußten, politische Gegner des Regimes waren. Das Vermögen der SPD und KPD wurde vom Innenminister per Gesetz im
April 1933 beschlagnahmt und eingezogen. Ihre führenden Funktionäre wurden
auf der Grundlage des verhängten Parteiverbots in Konzentrationslager einge-
liefert, sie waren die ersten Häftlinge und Opfer.[46]

Unter den Opfern der Treuhandstelle Posen stellten die Juden jedoch eine
Minderheit dar. Die Erklärung dafür ist einfach. Nach dem Ersten Weltkrieg
machten die Posener Juden, die sich weitgehend mit dem Deutschtum identifi-
zierten, die von dem Versailler Friedensvertrag eingeräumte Möglichkeit einer
Option Gebrauch. Sie votierten mit eineinhalb Millionen Deutschen aus den sogenannten Abtretungsgebieten für Deutschland. Seit der Abtrennung der Nebenstelle Litzmannstadt gab es im Bereich der Treuhandstelle Posen fast keine
Juden mehr. Die Aktivitäten dieser Treuhandstelle bewegten sich deshalb vorwiegend in den Bahnen des deutsch-polnischen Volkstums- bzw. Existenz-
kampfes im Osten.

Da die Akten des Referats Maedel bei Kriegsende vernichtet oder verschollen
sind, müssen andere Hilfsmittel zu Rate gezogen und auch neue Rechercheme-

---

[44] Dingell: Expropriation.
[45] BAL, R2501, 5516, Bl. 186.
[46] Grahm: Die Enteignung, S. 13-38.

thoden entwickelt werden, um die wissenschaftliche Erschließung der noch existierenden Finanzakten aller Oberfinanzpräsidenten – vor allem des Oberfinanzpräsidenten von Berlin-Brandenburg –, der Finanzämter, des Wirtschaftshauptamtes des Reichssicherheitshauptamtes, der SS, des Reichskommissars für die Festigung des deutschen Volkstums usw. im Reich und in den besetzten Gebieten, vorzunehmen. Damit könnte ein zuverlässiger Näherungsgrad bei der Ermittlung der Gesamtsumme für die im Deutschen Reich von 1933 bis 1945 enteigneten Vermögenswerte erreicht werden. Hierbei bilden die Akten des Rechnungshofes des Deutschen Reiches eine wichtige Ergänzung. Mit modernen Rechnungsprogrammen, Scanning und Hochrechnungstechniken dürfte ein derartiges anspruchsvolles und arbeitsintensives Forschungsprojekt zu bewerkstelligen sein.

Obwohl die Haupttreuhandstelle Ost und ihre Gliederungen hauptsächlich mit der Kolonisierung der eingegliederten Gebiete beschäftigt waren, hatten sie spätestens nach dem Verkaufstopp 1942 auch verstärkt mit den Devisenbeschaffungsbestrebungen des Reiches und mit der Finanzierung von Projekten der öffentlichen Hand zu tun. Einem Zufall ist es zu verdanken, daß die Aktenbestände der Haupttreuhandstelle Ost, der Treuhandstelle Posen, des Beauftragten der HTO beim Reichsfinanzminister, Oberfinanzpräsident Casdorf, vollständig erhalten geblieben sind und somit der technische Abwicklungsvorgang des jeweiligen Geschäftsvorganges genau untersucht werden kann.

Doch trotz dieser günstigen Aktenlage bleiben noch viele Fragen unbeantwortet: Was ist mit dem jeweiligen geraubten polnischen Vermögen geschehen? Inwiefern und in welcher Höhe dienten die Raubzüge gegen den polnischen Staat und seine Bürger der Kriegsfinanzierung? Ebenso und mit Nachdruck ist zu untersuchen, was mit den Beamten der Haupttreuhandstelle Ost nach dem Krieg geschehen ist. Einige, die den Krieg überlebt hatten und nicht in Gefangenschaft geraten waren, fanden eine Anstellung in den neuen Verwaltungen in der Bizone und dann in der Bundesrepublik Deutschland.

Diejenigen, die nach der Flucht in Bückeburg ankamen, unterlagen nicht generell der Denazifizierung. Bückeburg befand sich in der britischen Besatzungszone. Die Briten teilten nicht den amerikanischen Standpunkt, daß alle erwachsenen Deutsche obligatorisch eine Anmeldung zur Denazifizierung vorzunehmen hatten. In der britischen Zone galt die Regel, die Denazifizierung mit der Arbeitssuche zu koppeln. Jeder, der sich für eine Stelle bewarb oder eine Arbeit aufnehmen wollte, mußte als Bedingung eine Denazifizierungsbescheinigung einholen und dem Arbeitgeber vorlegen. Zumindest in einem Fall ist bekannt, daß ein ranghoher Nazi dieses Verfahren umging und bei einem Bauer schwarz arbeitete. Es kann auch angenommen werden, daß einige ranghohe Funktionsträger der Nazis bis zur Staatsgründung vom schwarzen Markt ohne jegliche Anstellung lebten und damit das Entnazifizierungsverfahren und eine eventuelle Strafverfolgung umgehen konnten. Schließlich war festgelegt worden, die Denazifizierung in der britischen Zone an dem Ort vorzunehmen, wo der Betroffene während des Krieges polizeilich gemeldet war. Im Falle der Vertriebenen war es äußerst schwierig, die notwendigen Unterlagen zu beschaffen. Infolge-

33

dessen wurden in der unmittelbaren Nachkriegszeit viele der schlimmsten Wirtschaftsverbrecher im besetzten Polen weder denazifiziert noch zur Verantwortung gezogen.[47] Die Tatsache, daß viele dieser Fachleute verantwortungsvolle Positionen in den Verwaltungen und der freien Wirtschaft der jungen Bundesrepublik bekleideten, sich sogar an der Ausarbeitung des Grundgesetzes und des Bundesentschädigungsgesetzes sowie in ihrer weiteren Beamtenlaufbahn intensiv mit dem Problem der Wiedergutmachung und mit Restitutionsfällen befaßten, zeugt nicht gerade von einem politischen und historischen Taktgefühl.[48]

---

[47] Wolfgang Krüger: Entnazifiziert! Zur Praxis der politischen Säuberung in Nordrhein-Westfalen. Wuppertal 1982, insb. S. 9-72 u. 142-160.

[48] Braunbuch. Kriegs- und Naziverbrecher in der BRD. Berlin (Ost) 1965, S. 361-368; S.362: Ernst Feaux de la Croix: vor 1945 OLGR im Reichsjustizministerium; Richter beim Prisengericht; nach 1945 Ministerialdirigent im BFM, u.a. für Verteidigungslasten, für finanzielle Verteidigungsangelegenheiten im Rahmen der NATO und der WEU verantwortlich, zuletzt bei der Wiedergutmachungsbehörde tätig gewesen. Vgl. Feaux de la Croix, E.: Der Werdegang des Entschädigungsrechts unter nationalem Völkerrecht und politischen Aspekten. In: BFM/Schwarz: Wiedergutmachung, Bd. III, S. 1-310; S. 363: Eberhard Gramse: vor 1945 Regierungsrat beim Generalbevollmächtigten für die Wirtschaft, u.a. für Fragen der Finanzierung und Besteuerung des Gettos in Litzmannstadt verantwortlich; nach 1945 Ministerialrat und Referatsleiter im BFM; S. 364: Friedrich-Wilhelm Kurzwelly: vor 1945 Oberregierungsrat im Reichsarbeitsministerium, verantwortlich für zwischenstaatlichen Arbeitseinsatz, Durchführung des Arbeitseinsatzes außerhalb der Arbeitsverwaltung, 1944 beim Gouverneur des Distrikts Warschau, u.a. mitverantwortlich für die Deportation polnischer Zwangsarbeiter; nach 1945 Ministerialrat im BFM, verantwortlich für Kriegsfolgenhilfe und Arbeitslosenhilfe, Vertriebene, Flüchtlinge und Kriegsgeschädigte. etc.

2. Der Warthegau

Seit dem Mittelalter lebten Polen, Deutsche und Juden in Großpolen zusammen. Die Tragödie der Teilung Polens im 18. Jahrhundert und die Entnationalisierungsbestrebungen der drei absolutistischen Teilungsmächte führten im Laufe des 19. Jahrhunderts in den Teilungsgebieten zu verhärteten Kämpfen zwischen den Nationalitäten. Menschen, deren Vorfahren jahrhundertelang mehr oder weniger friedlich mit- oder nebeneinander gelebt hatten, fanden sich nicht mehr in der Lage, die Rechte der anderen Volksgruppen auf Wahrung ihrer Sitten und Sprachen zu respektieren. Wo früher die Nation aus mehreren Völkern bestand, war das „Volk" in den jeweiligen Wahrnehmungsprozessen zur „Nation" gereift. Die Nation, die sich im Sinne von Rousseaus Gesellschaftsvertrag zur Erhaltung ihrer Freiheit und Gleichheit in einem Staat zusammenschließen will, bildete sich in dem Nationsverständnis der damaligen Mitteleuropäer aus einem Volk im Sinne von Sprache, Kultur und anderen Merkmalen. Im ausgehenden 19. Jahrhundert beinhaltete in diesem Teil Mitteleuropas der Anspruch auf eine Nation zugleich das Bestreben ein ethnisch-homogenes Staatsvolk zu bilden.

In Großpolen, wo die Siedlungsgebiete der oben genannten Völker ineinander übergingen, konnte die Bildung eines solchen Nationalstaates nur die Absage an Minderheitenrechte bedeuten. Die Deklarierung ein homogenes Staatsvolk mußte eine zwangsweise herbeigeführte Assimilation und eine ethnische „Flurbereinigung" bewirken. Mit solchen Maßnahmen sollte geklärt werden, welches Volk das Recht auf eine Staatsgründung in dem betreffenden Gebiet habe. Nach der Logik des Nationalitätenkampfes kann letztlich nur ein Volk einen Staat auf einem entsprechenden Gebiet gründen. Zwangsläufig müssen die anderen Völker in diesem Prozeß als Verlierer ausgehen.[1]

Infolge des Ersten Weltkrieges war die nationale Frage in Großpolen vorerst von der Tagesordnung genommen. Im wiedererstandenen polnischen Staat sollte im Abtretungsgebiet nach Abzug der Mehrheit der Deutschen ein westliches Polen geschaffen werden. Während das deutsche und jüdische Bürgertum nach Deutschland übersiedelte, blieben radikalisierte, vom evangelischen und preußischen Gedankengut geprägte deutsche Grundbesitzer als Vertreter der deutschen Minderheit zurück.

Diese politisch aktive deutsche Minderheit in Polen verteidigte ihren Standpunkt über ihr Sejmbüro bzw. über die Deutsche Vereinigung e.V. in Bromberg. Auch Ende der 30er Jahre blieben sie im Sog der nationalsozialistischen Ideologie und Propaganda Preußen treu, was nicht unbedingt ein Widerspruch zu bedeuten hatte. Auf alle Fälle sehnten sie sich nach Preußen, vor allem dem der Vorkriegszeit, zurück.

Mit dem deutschen Überfall auf Polen und der völkerrechtswidrigen Zerschlagung des polnischen Staates waren die grundlegenden Bedingungen für

---

[1] Brigitte Balzer: Die Preußische Polenpolitik 1894-1908 und die Haltung der deutschen Konservativen und liberalen Parteien (unter besonderer Berücksichtigung der Provinz Posen). Diss. Frankfurt am Main 1990, S. 30-35.

eine ethnische „Flurbereinigung" im deutschen Sinne in Großpolen geschaffen worden. Die preußisch-deutsche und die volksdeutsche Elite arbeitete nun Hand in Hand mit den nationalsozialistischen Machthabern. Es einigte sie ihr unbändiger Haß auf das polnische Volk und seinen neuerstandenen Staat, den sie mit allen Mitteln beseitigen und kolonisieren wollten.

Schließlich konnte die NS-Polenpolitik auf traditionelles deutsches Gedankengut gegenüber Polen und auf eine erprobte Germanisierungsgesetzgebung im Deutschen Reich zurückgreifen.[2] Die Polenpolitik Preußens im 19. Jahrhundert war Gegenstand von zahlreichen NS-Denkschriften und diente den Nazis allgemein als Vorbild.[3] Die Entscheidung, polnisches Vermögen in deutsche Hände zu überführen, hatte somit ihre historischen Hintergründe und Vorläufer.

Aus diesem Kontext ergaben sich u. a. auch die Härte und die Konsequenz, mit der insbesondere die Haupttreuhandstelle Ost und Treuhandstelle Posen ihre Ziele verfolgte. Viele Besatzungsbeamte stammten aus Preußen. Nicht wenige waren aus dem Abtretungsgebiet ausgewandert und hatten in der Zwischenkriegszeit eine Karriere als Reichsbeamte eingeschlagen. Sie kannten sich gut in der deutschen Polenpolitik vor dem Ersten Weltkrieg aus. In der Regel hatten sie sich aktiv im sogenannten Volkstumskampf beteiligt. Ihr tiefer Polenhaß fand dann ein Ventil, indem sie in den Verwaltungen in den besetzten polnischen Gebieten ihren für das deutsche Beamtentum charakteristischen sachlichen und rationellen Tatendrang unter Beweis stellen konnten.

2.1 Der Warthegau als Kolonisierungsgebiet

Kurz nach der vollständigen Besetzung Polens durch Hitler-Deutschland und die Sowjetunion wurde mit der Eingliederung der eroberten polnischen Gebiete in das jeweilige Staatsgebiet begonnen.

Posen hat am 10.9.1939 kapituliert und der Stadtpräsident, Cyryl Ratajski, übergab am 14.9.1939 seine Geschäfte an den deutschen Befehlshaber Schenkendorff.[4] Chef der Zivilverwaltung bei der Militärregierung wurde Arthur Greiser. Die Zivilverwaltung hatte folgende Struktur:

Chef der Zivilverwaltung	Arthur Greiser
Stellvertreter	Min. Dir. August Jäger
Chef der Sicherheitspolizei	ORR Dr. Herbert Mehlhorn
Verkehr	ORR Eichmann
Geld, Finanz und Kreditwesen	Bankdirektor Hugo Ratzmann
Justiz	Staatsrat Froböss.[5]

---

[2] Ebenda, S. 11-22 und S. 58-142.
[3] Adolf Kraft: Die Preußische Polenpolitik. Folge 6. 1944. IZ, I-138.
[4] Wspomnienia z okresu urzedowanie przez Prezydent Miasta Cyryl Ratajski. In: IZ, I-641.
[5] Hans Umbreit: Auf dem Weg zur Kontinentalherrschaft. Polen. In: Das Deutsche Reich und der Zweite Weltkrieg. Band 5/1. Kriegsverwaltung, Wirtschaft und personelle Ressourcen. Stuttgart 1988, S. 28-45.

Dieser Verwaltungsaufbau sollte dann auch bei der späteren Verwaltung des Warthegaus wiederkehren.

Am 2.10.1939 hatten die letzten polnischen Verteidiger auf der Halbinsel Hel kapituliert. Der Reichsgau Posen (ab dem 29.1.1940 Reichsgau Wartheland) wurde am 8.10.1939 per Erlaß Hitlers zum festen Bestandteil des Großdeutschen Reiches erklärt. Die bisherige Militärverwaltung des Wehrkreises XXI wurde am 26.10.1939 durch Reichsstatthalter Greiser abgelöst.[6] Am 4.11.1939 setzte Hitler Generalgouverneur Hans Frank davon in Kenntnis, Lodz dem Reichsgau Posen anzugliedern. Zum Jahrestag des Münchener Putsches am 9.11.1939 wurde zudem bekannt, die Landkreise Gasten, Kutno, Lentschütz, Lask sowie die westlichen Teile Brzezin, Piotrkow und Radom ebenfalls Posen zuzuführen.[7]

Als eines der vier Ostgebiete, die ins Reich eingegliedert wurden, jedoch hinter einer Polizeigrenze lagen, konnte man in den Warthegau nur mit einem Passierschein einreisen. Teile der Wojewodschaften Krakau und Kielce wurden Oberschlesien zugeschlagen, Ostpreußen wurde nach Süden und Osten ausgeweitet, Danzig-Westpreußen sowie das Wartheland erstanden mit Verweis auf historische Ansprüche neu.[8]

Der Warthegau, er hatte eine Fläche von 43.942,49 km^2, entstand aus drei historisch nicht zusammenhängenden Regierungsbezirken (Posen, Hohensalza und Kalisch – ab 1940 Litzmannstadt) und 44 Kreisen. Er entsprach in groben Zügen der ehemaligen Provinz Posen, er war jedoch keineswegs eine Rückkehr, sondern mit ihm sollte ein neues Kapital in der Geschichte der deutschen Germanisierungsbestrebungen im Osten aufgeschlagen werden.[9] Schließlich hatten 23.993,60 km^2 vor 1918 zu Preußen gehört.[10] Im Bezirk Litzmannstadt hatten von den 14.062,12 km^2 sogar nur 2.372,52 km^2 früher der preußischen Verwaltung unterstanden. Im Vergleich dazu bestand der Bezirk Posen mit einer Fläche von 15.419,53 km^2 aus ausschließlich zur Provinz Posen gehörenden Gebieten. Der Bezirk Hohensalza bestand mit seinen 14.460,84 km^2 nicht ganz zur Hälfte (6.201,55 km^2) aus ehemals preußischen Gebieten.

Die Nazis unterschieden sich von ihren Vorgängern in den Ansprüchen, die sie insgesamt an das Gebiet stellten. Obgleich sich an der generellen Zielvorstellung, Siedlungsgebiete für Deutsche im Osten zu schaffen, nichts geändert hatte, so betrachteten die Nazis die Siedlungsfrage als integralen Bestandteil ihrer gesamten wirtschaftlichen Bestrebungen im Osten.[11] Am deutlichsten läßt

---

[6] IZ, I-856: Führererlaß vom 8.9.1939: Richtlinien für die Einrichtung einer Militärverwaltung im besetzten Ostgebiet. OKW WFA Nr. 39 LIV a.

[7] Czesław Łuczak: „Kraj Warty" 1939-1945. Studium Historyczno-Gospodarcze Okupacji Hitlerowskiej. Poznań 1972, S. 10-12.

[8] Madajczyk: Die Okkupationspolitik, S. 30-36.

[9] Ebenda.

[10] Łuczak: „Kraj Warty", S. 16.

[11] Himmlers erster „Generalplan" Ost vom Februar 1940: Der Reichsführer SS, Reichskommissar für die Festigung deutschen Volkstums, Planungshauptabteilung. Nur für den Dienstgebrauch. Anlage zu der Mitteilung des

sich dies anhand der Grenzfrage erkennen: Während Posen bis 1918 zum Reich gehört hatte, wurde der Bezirk Litzmannstadt am 7.11.1939 mit seinen willkürlich gezogenen Grenzen zum neu erschlossenen Lebensraum erklärt. Wegen Wohnraummangels für die Besatzungsbeamten wurde seine Hauptstadt von Kalisch in die Industriemetropole Lodz verlegt, das bald nach dem im Krieg gefallenen General Litzmann in Litzmannstadt umbenannt wurde. Die Grenze zwischen den Gauen Wartheland und Danzig-Westpreußen blieb umstritten. Das Provinzstädtchen Hohensalza wurde nun in den Rang eines Bezirkssitzes erhoben. In der Provinz Posen war Bromberg der Sitz des zweiten Regierungsbezirkes. Im Westen wurde die in Versailles gezogene Reichsgrenze für den neuen Gau beibehalten, unter Ausschluß der zeitweiligen Grenzmark Posen-Westpreußen.

2.2 Der Reichsstatthalter und die Verwaltung des Warthegaus

Die Verwaltung des Reichsstatthalters im Warthegau war gegliedert in eine Zentralverwaltung, sieben Hauptgruppen und ihnen unterstehende Referate. Die Hauptgruppen „Zentralverwaltung" (Z), „Allgemeine innere und finanzielle Verwaltung" (Abteilung I), „Gesundheitswesen und Volkspflege" (Abteilung II), „Erziehung, Unterricht, Kultur und Gemeinschaft" (Abteilung III), „Landwirtschaft, Siedlung und Wasserwirtschaft" (Abteilung IV), „Wirtschaft und Arbeit „(Abteilung V), „Forstwirtschaft und Jagdwesen" (Abteilung VI) sowie „Bauwesen" (Abteilung VII) waren mit verwaltungstechnischen Fragen der Finanzen, Wirtschaft, Gesundheit, Straßenbau, Kanalisation, Strom- und Wasserversorgung beschäftigt.[12] Auch die Treuhandstelle Posen unterstand ab 1941 der Wirtschaftsverwaltung des Reichsstatthalters. Das Referat „Volkstum", das der Hauptgruppe II „Allgemeine innere und finanzielle Verwaltung" unterstand, hatte eher mit der Logistik von An- und Aussiedlungen von Menschen zu tun, als sich mit der ideologischen Rechtfertigung von solchen Aktionen zu beschäftigen.

Reichsstatthalter Greiser war zugleich Gauleiter des Warthelandes. Nach dem Führerprinzip bekleidete der Gauleiter oft auch eine entsprechende staatliche Position. Die Entscheidungsträger der NSDAP erreichten ihre Machtpositionen nicht allein durch ihre Zugehörigkeit zur Partei, sondern erst im Geflecht ihrer Stellung in der Partei mit anderen wichtigen gesellschaftlichen oder staatlichen Positionen.[13]

Im Gegensatz zur Zivilverwaltung beschäftigten sich die Institutionen der Partei mit ideologischen und propagandistischen Aufgaben. Dabei stand die

OKW vom 8.3.1940 – Planungsgrundlagen für den Aufbau der Ostgebiete. In: Rolf-Dieter Müller: Hitlers Ostkrieg und die deutsche Siedlungspolitik: Die Zusammenarbeit von Wehrmacht, Wirtschaft und SS. Mit Dokumententeil. Frankfurt am Main 1991, Dokument Nr. 7, S. 130-138.

[12] APP, Inwentarz Reichsstatthalter, Einleitung von Stanislaw Nawrocki.

[13] Hans Buchheim: Die SS - das Herrschaftsinstrument. In: Anatomie des SS-Staates. Bd.1. München 1967, S. 15-30.

Propagierung und Überwachung von rassenpolitischen Dogmen und Gesetzen im Vordergrund. So sind zahlreiche Denkschriften über die Zukunft des War- thegaus als Kolonisierungsgebiet von Parteistellen verfaßt worden. Aktionen wie die Kontrolle von Kontakten zwischen Deutschen und „Fremdvölkischen" wurden ebenfalls von der Partei durchgeführt. Es versteht sich, daß die Partei nur ideologisch zuverlässige Beamte in entscheidungstragende Positionen auf- steigen ließ.[14] Der Warthegau bestand aus 40 Partei- und 44 Land- bzw. Stadt- kreisen. Die Diskrepanz zwischen den Verwaltungseinheiten von Partei und Staat erklärt sich durch die Zusammenlegung von vier Stadt- und Landkreisen für die Parteiorganisation.[15] Der Unterschied zwischen der Zivil- und Parteiver- waltung war nicht unbedeutend: Selbst wenn sie vom NS-Gedankengut geprägt war, blieb die staatliche Verwaltung ein preußischer Staatsapparat. Auch wenn Beamte Parteimitglied (PG) oder Mitglied einer NS-Gliederung werden mußten, blieb die Verwaltung ein praktisches Vollzugsorgan.

Arthur Greiser, geboren 1897 in Schroda und aufgewachsen in Hohensalza, ehemaliger Präsident des Danziger Senats, seit 1928 PG und Reaktionär in der Grenzfrage mit Polen, bekam die Position des Reichsstatthalters im Wartheland für seine Verdienste um die Partei zugesprochen. Radikaler als seine Amtskolle- gen in den benachbarten Gauen, vor allem als sein Rivale Forster, dem Gaulei- ter in Danzig-Westpreußen, setzte er sich von Anfang an in seiner Politik für eine kompromißlose Rassentrennung und -säuberung ein.[16] Im Unterschied zu Forster, der Protegé Hitlers war, genoß er lediglich den Schutz und das Ver- trauen Himmlers. Ganz im Geiste Himmlers Generalplan Ost strebte Greiser einen „judenfreien" deutschen Gau bereits während des Krieges an.[17] Nach seiner Auffassung vom Deutschsein mußten Volksdeutsche im Warthegau mehr als 50 Prozent deutsches Blut haben. Die Personen, die diesen Standard nicht aufweisen konnten, wurden als Fremdvölkische eingestuft und dementspre- chend diskriminiert.[18] Greisers Überzeugung, Deutsche streng abzusondern, entsprach den Absichten Himmlers, sämtliche Fremdvölkischen der Reihe nach zu vernichten.[19] Dies führte zu dem absurden, getrennten öffentlichen Leben

---

[14] Gauleitung Wartheland - Gauorganisationsamt in Zusammenarbeit mit dem Gauamt für Volkstumsfragen (Hg.): Die Dienstausrichtung. Ausgabe Nr. 2 vom 1.7.1944. In: IZ, I-254. In diesem Verteiler, der bis zum Blockleiter ausgehändigt wurde, war der Umgang von PGs und anderen Deutschen mit Fremdvölkischen defi- niert. Darin hieß es: „Der Pole ist hart und gerecht zu behandeln. Der Deutsche ist der Herr…Das deutsche Volk ringt um sein Leben. Die Polen begannen diesen Krieg. Sie haben ihn verloren und deshalb die Pflicht zu arbei- ten, um wieder gut zu machen. Deshalb muß rücksichtslos gegen Faulenzer und Arbeitsflüchtige vorgegangen werden (Meldungsamt!)".

[15] NSDAP. Gau Wartheland: Die Kreiseinteilung, IZ, I 266.

[16] Czesław Łuczak: Arthur Greiser. Poznań 1997; Madajczyk: Die Okkupationspolitik, S. 512-517; Robert Wistrich: Wer war wer im Dritten Reich? Ein biographisches Lexikon. Frankfurt am Main 1987, S. 123 f.

[17] Madajczyk: Die Okkupationspolitik, S. 513.

[18] Ebenda, S. 512-515; Bescheinigung zum Nachweis der Abstammung von mindestens 50 Prozent deutscher Vorfahren. In: IZ, I-119; IZ-9: Die Deutsche Volksliste in Posen. Bericht über ihre Entstehung und die Entwick- lung des Verfahrens. 2 Bände.

[19] Müller: Hitlers Ostkrieg, S. 130-138; Heinrich Himmler: Einige Gedanken über die Behandlung der Fremd- völkischen im Osten. (1943) In: VfZ 1956; Helmut Heiber: Der Generalplan Ost. In: VfZ 1957. Alexander Hohenstein: Wartheländisches Tagebuch aus den Jahren 1941/2. Stuttgart 1961. Denkschrift des Rassenpoliti-

der verschiedenen Völker in dem Land an der Warthe. Juden wurden in Gettos bzw. Sammelgettos zusammengedrängt. Bereits am 8.12.1941 fanden in Chelmno die ersten Judenvernichtungen in drei Sonderwagen statt.[20] In Chelmno kamen insgesamt 270.000 wartheländische Juden um, 75.000 wurden im Vernichtungslager Auschwitz umgebracht.[21] Polen wurden ausgesiedelt und durften sich irgendwo eine Ersatzwohnung suchen oder sich „freiwillig" zum Arbeitseinsatz im Reich melden. Deutsche mußten sich als Herrenmenschen zu erkennen geben und trugen kleine Hakenkreuze. Juden hatten den Davidsstern, Polen das P-Zeichen zu tragen. Kontakte zwischen den genannten Völkern waren streng verboten.[22]

Das Gauamt für Volkstumsfragen im Wartheland, es wurde von dem aus Stuttgart stammenden SS-Sturmbannführer Höppner geleitet, gab eine Denkschrift über „die Aufgaben des Gauamts für Volkstumsfragen im Reichsgau Wartheland" heraus. Darin hieß es: „Ziel der Abgrenzung der Deutschen von den Polen muß es also sein, diesem Blutsgedanken Geltung zu verschaffen und eine scharfe Grenze zwischen Deutschtum und Polentum aufzurichten".[23] Zu diesem Zweck wurde unter anderem die berüchtigte Deutsche Volksliste (DVL) geschaffen, auf die noch einzugehen ist. Fünf Lösungsmöglichkeiten im Volkstumskampf waren von diesem Amt vorgesehen: 1) Ausgleich im Sinne der Versöhnung, 2) Unterwerfung und Behandlung als sklavenartige Arbeitskräfte, 3) Umvolkung (Assimilierung im Sinne seelischer Vernichtung), 4) Verdrängung entweder teilweise oder ganz aus dem angestammten Siedlungsgebiet, 5) physische Vernichtung.[24]

Himmler entwickelte in seiner Denkschrift „Einige Gedanken über die Behandlung der Fremdvölkischen" im Osten dazu präzise Vorstellungen: „Schon in ganz wenigen Jahren – ich stelle mir vor, in 4 bis 5 Jahren – muß beispielsweise der Begriff der Kaschuben unbekannt sein, da es dann ein kaschubisches Volk nicht mehr gibt (das trifft besonders auch für die Westpreußen zu). Den Begriff Juden hoffe ich, durch die Möglichkeit einer großen Auswanderung sämtlicher Juden nach Afrika oder sonst in eine Kolonie völlig auslöschen zu sehen. Es muß in einer etwas längeren Zeit auch möglich sein, in unserem Gebiet die Volksbegriffe der Ukrainer, Goralen und Lemken verschwinden zu lassen. Dasselbe, was für diese Splittervölker gesagt ist, gilt in dem entsprechend größeren Rahmen für die Polen".[25]

schen Amtes über „Die Frage der Behandlung der Bevölkerung der ehemaligen polnischen Gebiete nach rassenpolitischen Gesichtspunkten" vom 25.11.1939. In: IZ, I-236.

[20] Case No. 1367, The Camp in Chelmno nad Nerem. In: Muszkat: Polish Charges, S. 197-214.

[21] Łuczak: „Kraj Warty", S. 36.

[22] Chef des SP/SD: Der Rassengedanke u. seine gesetzliche Gestaltung. Berlin 1941. In: IZ, I-126; Aufgaben des Amtes für Volkstumsfragen für die nächste Zeit vom 23.2.1943. In: IZ, I-67.

[23] Gauamt für Volkstumsfragen im Reichsgau Wartheland: Die Aufgaben des Gauamts für Volkstumsfragen im Reichsgau Wartheland. In: IZ, I-4.

[24] Ebenda.

[25] Himmler: Einige Gedanken, S. 197.

2.2.1 Der Regierungsbezirk Posen

Posen war Hauptstadt des Warthegaus und zugleich des Bezirks Posen. Die Stadt stand im Mittelpunkt der Volkstums- bzw. Germanisierungspolitik für den gesamten Osten: Himmler war in seiner Funktion als Reichskommissar für die Festigung des deutschen Volkstums in Posen vertreten. Die Umwanderungs- und die an sie gekoppelte Einwanderungszentrale hatten ihre Sitze ebenfalls in Posen.

Die Verwaltung des Reichsstatthalters war in zwei Gebäuden untergebracht: Im Deutschen Schloß hatten ihren Sitz Reichsstatthalter Arthur Greiser, sein Regierungspräsident für Posen, Dr. Viktor Böttcher, der Stadtkommissar von Posen, Dr. Gerard Scheffler, und andere wichtige Mitarbeiter wie sein Abteilungsleiter der Verwaltungsabteilung Volkstumspolitik, Heinz Höppner. Mitarbeiter wie Greisers ständiger Vertreter, Ministerialdirektor August Jäger, sowie Dr. Herbert Mehlhorn von der Abteilung I „innere und finanzielle Verwaltung", der sich mit Fragen des Sicherheitsdienstes beschäftigte, waren im Nebengebäude am Felix-Dahn-Platz untergebracht. Die Führung von SS und Polizei, die SS-Gruppenführer Wilhelm Koppe und Heinz Reinefarth, hatten ihren Sitz im Gestapo-Gebäude am Rande des Altmarkts.

Die deutsche Industrie hatte ein großes Interesse am polnischen Eigentum in Posen-Stadt. Fokker, Daimler Benz und Telefunken, um nur einige prominente Beispiele anzuführen, waren stark in der Stadt vertreten. Zahlreiche mittlere und kleinere deutsche Unternehmer nahmen auch an der wirtschaftlichen Ausbeutung von Posen teil: Alles fiel in deutsche Hände, von Friseur- und Schusterläden über Kaufhäuser und Großhandelsunternehmen bis hin zu Zucker- und Getreideverarbeitungsbetriebe.[26] Der Warthegau war ein attraktiver Standort für Rüstungsbetriebe. Mit Recht wurde angenommen, daß dieser Gau weniger als das Altreich von Luftangriffen bedroht werden könnte. Deshalb wurden viele Rüstungsbetriebe in den Warthegau verlegt oder errichtet.[27] Als repräsentatives Beispiel sei auf den Kauf und den Umbau des bedeutendsten Industriebetriebes in Posen, die metallurgischen Cegielski-Werke im Stadtteil Wilda, verwiesen. Die Cegielski-Werke wurden an die Deutsche Waffen- und Munitionsfabrik AG in Stuttgart verkauft und stark ausgebaut. Die Zahl der Beschäftigten stieg in der Besatzungszeit von 1.600 auf 14.000 an. In diesem Betrieb wurden Waffen und Munition von polnischen Zwangsarbeitern hergestellt.[28]

Posen-Stadt erlebte bis zum Frühjahr 1944 einen beträchtlichen Bevölkerungszuwachs, trotz zahlreicher Aussiedlungen. Die Bevölkerung stieg von 273.000 auf 324.000 Einwohner an. Dies entsprach einem prozentualen Zuwachs von etwa 20 Prozent. Ein Teil davon, etwa 15.000 Menschen, war jedoch auf die Eingemeindung von umliegenden Dörfern in die Stadt und nicht nur auf deutsche Zuwanderung zurückzuführen. Der deutsche Bevölkerungsanteil stieg

---

[26] Bibliothek des APP.

[27] Madajczyk: Die Okkupationspolitik , S. 574 f.

[28] APP, HTO, 76, Gutachten und verschiedene Angebote 1940.

jedoch von 6.000 auf 100.000 Personen im Laufe des Krieges an. 1943 lebten 45.000 Reichsdeutsche, 22.000 deutsche Umsiedler und 18.000 Volksdeutsche in Posen-Stadt. 1944 waren etwa 30 Prozent der Einwohner Deutsche.[29]
Der Bezirk Posen war mit einer Fläche von 15.420 km^2 der größte im Warthegau.[30] Er war nicht identisch mit dem seinerzeitigen preußischen Bezirk Posen, obwohl sämtliche Gebiete zur ehemaligen Provinz Posen gehört hatten. So fehlten die Kreise Kempen und Ostrowo, die dem Bezirk Litzmannstadt zugeschlagen worden waren. Die Kreiseinteilungen stimmten mit den alten preußischen auch nicht überein. 1.356.024 Menschen lebten 1943 im Bezirk Posen. Posen-Stadt war mit 310.272 Einwohnern das am dichtesten besiedelte Gebiet im Warthegau. Keiner der anderen 17 Stadt- und Landkreise im Bezirk Posen wies zu dieser Zeit über 100.000 Einwohner auf.[31]
Gerade diese Bevölkerungsarmut war der Anreiz, mit der Kolonisierung des Warthegaus zu beginnen. Im Verhältnis zum relativ dicht bevölkerten Schlesien gab es hier die Möglichkeit, mittel- bis großgrundbesitzende deutsche Bauern anzusiedeln. So kamen im September 1941 im Kreis Birnbaum 29.500 Einwohner auf 75.918 ha. Davon waren 8.000 Deutsche und 21.500 Polen. Dieser Kreis, der an das Altreich grenzte, war spärlich bevölkert, hügelig, abwechslungsreich und ländlich-idyllisch, Land- und Forstwirtschaft gaben ihm sein Gepräge. Betriebe wie Ziegeleien, Sägewerke und Wassermühlen lebten von den Aufträgen und Bedürfnissen der Landwirtschaft.[32] Im Kreis Kolmar, er befand sich im Norden des Bezirkes, lebten auf 89.331 ha nur 42.753 Menschen – davon 18.089 Deutsche und 24.664 Polen. Landwirtschaftlicher Besitz war fast zu gleichen Teilen auf kleine (insgesamt 21.288,69 ha) und mittlere (insgesamt 22.171,84 ha) Betriebe verteilt. Mit insgesamt 17.202,80 ha war der Großgrundbesitz in Kolmar stark vertreten. Im Vergleich zum Kreis Birnbaum waren Industrie und Handel weiter entwickelt. In Kolmar gab es Brennereien, Ziegeleien, Kartoffelverarbeitungsanlagen, Sägewerke, Getreidemühlen, Molkereien, Maschinen- und Glasfabriken. Im Kreis befanden sich 200 Einzelhandelsbetriebe und 501 Gewerbebetriebe. Die Nähe zu Bromberg, der Netze und der Weichsel mag als Erklärung für die besser entwickelte Wirtschaft Kolmars gelten.[33]
Im Kreis Jarotschin kamen 91.294 Einwohner auf 112.400 ha – davon 6.493 Deutsche, 84.797 Polen und vier Angehörige anderer Staaten.[34] Nur 16 Prozent des leicht welligen Landes waren mit Wald bedeckt.[35]
Mit Hilfe von Sondermitteln, die 1940 den Landräten zur Verfügung gestellt waren, wurden verschiedene Kolonisierungsprojekte in Angriff genommen und

[29] Madajczyk: Die Okkupationspolitik, S. 242.
[30] Beauftragte des RKV (Hg.): Der Warthegau in der Brieftasche. In: IZ, I-206.
[31] „Die Bevölkerung" vom 31.3.1943. In: IZ, I-229.
[32] Landrat Birnbaums an RSH Posen am 19.9.1941. In: IZ, I-491.
[33] Landrat Jarotschin an RSH Posen am 25.8. 1941. In: IZ, I-491.
[34] Wahrscheinlich Russen oder Polen mit russischer Staatsangehörigkeit.
[35] Landrat Jarotschin an RSH Posen am 25.8. 1941. In: IZ, I-491.

verwirklicht: Straßenausbau,[36] Umpflasterung,[37] Erweiterung der Vorflutrege-
lung der Warthe,[38] Anlage von Park- und Wanderwegen sowie der Bau von
Badeanstalten,[39] Grundräumung und Begradigung der Doyca mit Zuflüssen.[40]
    Eine dauerhafte Kolonisierungsmaßnahme der NS-Zeit in Großpolen war die
Umbettung der Warthe und anderer Flüsse im Warthegau.[41] In ihrem NS-Per-
fektions- und Veränderungswahn ließ die NS-Stadtverwaltung von Posen die
Warthe einige hundert Meter östlich ihres natürlichen Verlaufs umbetten. Danach wurde das Flußbett nach „deutscher" Art zubetoniert. Hinzu kam eine Reihe von Architektur-Denkmälern der deutschen Besatzung, so das Postamt und
die 1940 in ein Schwimmbad umgewandelte Synagoge in der Altstadt.

2.2.2 Der Regierungsbezirk Hohensalza

Mit 1.133.163 Menschen[42] auf 14.460,84 km² bestand der Bezirk Hohensalza
zur Hälfte aus Teilen des preußischen Bezirks Bromberg und Kongreßpolens.
Der südliche Netze-Distrikt wurde dem Gau Westpreußen zugeschlagen. Lediglich 6.201,55 der 14.460,84 km² des Bezirks hatten vor 1918 zu Preußen gehört.[43]
    Hohensalza war kein Regierungssitz in der Provinz Posen, sondern eine ver-
schlafene Provinzstadt mit wenig agrarischer Industrie. Die Ansprüche, Regie-
rungssitz für immerhin 15 Stadt- und Landkreise zu sein, überforderte die bescheidene Infrastruktur. Trotz Hitlers 1940 ausgesprochenem Verbot einer
Grenzrevision bis zum Kriegsende und des von ihm 1941 verkündeten Ver-
zichts, einen Ausbau der Infrastruktur vorzunehmen, war Widerstand seitens
des Bürgermeisters, des Landrates sowie des Regierungspräsidenten von
Hohensalza in den Jahren 1940 bis 1942 gegen diese Entscheidungen laut und
deutlich zu hören.
    In einem Schreiben vom 6.1.1942 an Reichsstatthalter Greiser argumentierte
der Regierungspräsident von Hohensalza, Burckhardt, daß nach der Wiederge-
winnung der Ostgebiete und der Schaffung des Warthegaus der ehemaligen
preußischen Kreisstadt Hohensalza erstmals die Funktionen eines Regierungs-
sitzes zugewiesen worden sei. Infolgedessen bestehe die größte Herausforde-
rung im Ausbau Hohensalzas. Vor der Machtübernahme hatte Hohensalza nur
35.000 Einwohner gehabt. Es mangelte vor allem an Diensträumen und Wohnungen für die zugezogenen Beamten. Burkhardt plädierte für die Wiederher-

---

[36] Landrat Krotoschin, IZ, I-491; Landrat Kolmar. In: IZ, I-491.
[37] Landrat Kosten. In: IZ, I-491. Englische Kriegsgefangene wurden hier eingesetzt.
[38] Landrat Schrimm. In: IZ, I-493. 300 Kriegsgefangene wurden hier eingesetzt.
[39] Landrat Wollstein. In: IZ, I-493.
[40] Ebenda. Einsatz von 400 Kriegsgefangenen.
[41] Wasserwirtschaftskarten für den Einsatzraum „Warthegau". In: IZ, I-386.
[42] „Die Bevölkerung" vom 31.3.1943. In: IZ, I-229.
[43] Luczak: „Kraj Warty", S. 18.

stellung der alten preußischen Grenzen und Bromberg wieder als Regierungs-
sitz zu erklären, da ein Ausbau der Stadt Hohensalza wegen der geographischen
Gegebenheiten mit großen Schwierigkeiten verbunden sei.[44]

Im Gegensatz dazu präsentierte die NS-Propaganda Hohensalza als Hoff-
nungsträger deutscher Aufbautätigkeit. Im Ostdeutschen Beobachter vom
3.4.1942 wurde über einen Vortrag von Stadtbaurat Rührig berichtet, der sich
mit den Plänen für die Umgestaltung der Stadt beschäftigte. Im Südwesten sollten neue Stadtteile mit Wohnraum für 40.000 Menschen entstehen. Umfangreiche Wohnbauten sollten ebenfalls im Südosten und Osten der Stadt errichtet
werden. Für die Zeit nach dem Krieg war die Errichtung von 45 bis 50 Verwal-
tungsgebäuden vorgesehen. Ein Solbad sollte gebaut und ein See geschaffen
werden. Der Hauptbahnhof sollte an einer anderen Stelle gebaut werden. Zugleich sollten neue Straßen angelegt werden.[45]

Aus dem Erlaß von Reichsstatthalter Greiser vom 9.8.1941 an die 44 Landräte der Kreise[46] ist zu entnehmen, daß die Ansiedlungspläne für den Bezirk
Hohensalza spätestens im Sommer 1941 ins Stocken geraten waren. In der
Reaktion der Landräte der zwölf Land- und der drei Stadtkreise Hohensalzas
auf den Erlaß wurde darauf verwiesen, daß dieses Gebiet ungeeignet sei, den
Ansprüchen der großzügigen NS-Kolonisierungsbestrebungen gerecht zu werden.

Der Bürgermeister und Landrat des Stadtkreises Leslau beklagte sich über die
ungünstigen Straßenverkehrswege bzw. die schwach entwickelte Infrastruktur
des Kreises, der bis 1918 unter russischer Herrschaft gestanden hatte. Mit Sondermitteln sollten verschiedene Kanalisationsprojekte sowie der Umbau von
Straßen finanziert werden. Durch die Rücksiedlung von Volksdeutschen machte
sich in Leslau die Wohnungsnot stark bemerkbar. Deswegen wollte die Stadtverwaltung die noch in der Stadt verbliebenen 3.329 Juden in das Sammelgetto
Litzmannstadt einliefern lassen, um die Stadt „judenfrei" zu machen und damit
Platz für die Unterbringung von Deutschen aus dem Buchenland zu schaffen.[47]

Im benachbarten Warthbrücken stand die Strom- und Wasserversorgung auf
der Tagesordnung.[48] In Mogilno war der Ausbau von sechs deutschen Häusern
vorgesehen.[49] In Gnesen wurden der Marktplatz gepflastert und außerdem andere dringende Umbauten durchgeführt.[50]

Es stellte sich also bald heraus, daß im Kreis Hohensalza der angestrebte
„Lebensraum im Osten" nicht so ohne weiteres zu schaffen war. Dabei stellten
sich die ungenügende Infrastruktur und die vorwiegend auf Agrarprodukte ausgerichtete Industrie als große Hindernisse heraus. Spätestens seit dem Überfall

---

[44] IZ, I-494.

[45] Ebenda.

[46] Erlaß des RSH betr. Übersicht über Struktur des Kreises, 9.8.1941. In: IZ, I-493.

[47] IZ, I-494.

[48] Landrat Warthebrücken. In: IZ, I-495.

[49] Landrat Mogilno. In: IZ, I-495.

[50] Landrat Gnesen. In: IZ, I-494.

auf die Sowjetunion im Sommer 1941 war die Kolonisierung dieses Gebietes zum Stillstand gekommen.

2.2.3 Der Regierungsbezirk Litzmannstadt

Am 4.11.1939 gab Hitler bekannt, Lodz – als Ausgleich für den Verlust des Netze-Distrikts – in den Warthegau einzugliedern. Am 9.11.1939 wurden Gasten, Kutno, Lask, Lodz-Umland, Lentschütz sowie die westlichen Gebiete von Brzezin, Piotrokow und Radom ebenfalls dem Warthegau angegliedert. Gasten und Kutno wurden dem Bezirk Hohensalza angeschlossen. Das Restgebiet wurde mit Ostrowo und Kempen dem Bezirk Kalisch unterstellt. Aus Mangel an geeigneten Diensträumen wurde am 1.4.1940 entschieden, den Sitz des Regierungspräsidenten Friedrich Übelhör von Kalisch nach Lodz zu verlegen.[51]

Die von Göring angestrebte Eingliederung von Lodz ins Reich war ein unrealistisches Unternehmen. Sogar Himmler sprach sich im April 1940 für die eventuelle Rückgliederung von Lodz ins Generalgouvernement aus.[52] Mit seinen 1.922.159 Einwohnern bestand der Bezirk Litzmannstadt vor allem aus rückständigen Gebieten, die früher zu Kongreßpolen gehört hatten. Nur 2.372,52 km² der 14.062,12 km² des Bezirks hatten vor 1918 zu Preußen gehört.[53]

Die mangelhafte Infrastruktur kommt in den Erinnerungen von Alexander Hohenstein, er war von 1941 bis 1942 Bürgermeister und Kreisleiter der NSDAP in Poddębice bei Pabianice, anschaulich zum Ausdruck. In seinem Wirkungskreis fehlten weitgehend sanitäre Einrichtungen, es gab auch keine Kanalisation. Die Strom- und Wasserversorgung – selbst in den größeren Städten – war mangelhaft. Außerhalb von Litzmannstadt gab es so gut wie kein öffentliches Verkehrswesen. Autos waren auf dem Lande eine Seltenheit. Pferde und Fahrräder waren ein der deutschen Bevölkerung vorbehaltenes Fortbewegungsmittel.[54]

Der Aufbau der Infrastruktur zum Zweck der deutschen Ansiedlung sowie die Anschaffung von Baumaterialien, Energieträgern und andere Dingen wurden aus Sondermitteln bezahlt. Angesichts der Kriegskosten und der Verluste im Rußlandfeldzug war eine derartige Finanzierung nach 1942 nicht mehr möglich. Arbeitskräfte waren für solche Maßnahmen vor allem Kriegsgefangene, KZ-Häftlinge und jüdische Zwangsarbeiter aus den Sammelgettos. Der Oberbürgermeister von Litzmannstadt, Dr. Leister, erwähnte in seinem Schreiben an den Reichsstatthalter über die Struktur des Kreises, daß die Erweiterung des Wasserwerkes in Litzmannstadt und der Ausbau der Adolf-Hitler-Straße durch den

---

[51] Łuczak: „Kraj Warty", S. 12.

[52] Madajczyk: Die Okkupationspolitik, S. 30.

[53] Łuczak: „Kraj Warty", S. 16.

[54] Hohenstein: Wartheländisches Tagebuch; Polizeiverordnung über die Benützung von Fahrrädern, Posen, 25.7.1941. In: IZ, I-423.

Einsatz von Kriegsgefangenen, von jüdischen und polnischen Zwangsarbeitern vorgenommen worden ist.[55] Der Oberbürgermeister von Kalisch zeichnete ein düsteres Bild von seinem Wirkungskreis. Wohnungsbaumaßnahmen waren dringend notwendig. Angesichts des erheblichen Mangels an Wohnraum seien Wohnungsbaumaßnahmen dringend nötig. Wegen des kriegsbedingten Materialmangels konnten aber keine Arbeiten von Bedeutung durchgeführt werden. In der Stadt gab es keine Kanalisation. Der Ausbau der Be- sowie Entwässerungsanlagen stellte die Verwaltung vor ein großes Problem. Nach seinen Angaben waren 80 Prozent der Todesfälle bei der polnischen Bevölkerung auf eine mangelnde Hygiene, bedingt durch fehlende sanitäre Einrichtungen, zurückzuführen.[56]

Zwar hatte Kalisch-Stadt Sondermittel zur Förderung des Kreises erhalten, aber die damit zufinanzierenden Projekte entsprachen keineswegs den dringenden Bedürfnissen der Stadt. Mittel wurden für folgende Projekte zur Verfügung gestellt: 1) Umbau von Bürgersteigen sowie die Anlage von Radwegen (dafür waren 60 Arbeitskräfte vorgesehen), 2) Abschachtung und Befestigung der Güntherstraße (25 Arbeitskräfte), 3) Regulierung des Geländes am alten Stadtgraben von der Prosna bis zur Gnesener Straße (100 Arbeitskräfte), 4) Neubefestigung der Bahnhofstraße in Kalisch (50 Arbeitskräfte), 5) Fertigstellung des Ausbaus der Litzmannstadter Straße in Kalisch (mit 100 Arbeitskräften).[57]

Je nach Zielsetzung und Ehrgeiz des jeweiligen Landrats oder Kreisleiters wurden die als Sondermittel zur Verfügung gestellten Finanzen zur Verbesserung der Strom- und Wasserversorgung, der Anlage einer Kanalisation – in vielen Fällen erstmalig –, zum Ausbau von Landstraßen, zur Umbettung oder zur Begradigung von Flüssen eingesetzt. Hinzu kam der Bau von Deutschen Häusern, Parteigebäuden, Postämtern und amtlichen Gebäuden.

Die fremdvölkischen Arbeiter, die in Kolonnen zur Realisierung von derartigen Sondermaßnahmen eingesetzt wurden, hatten damit vorerst eine Chance zum Überleben bekommen. Polnische Kriegsgefangene allerdings, die sich weigerten, ihren Soldatenstatus aufzugeben, wurden automatisch zu Leidensgenossen der jüdischen Bevölkerung. In breiten Kreisen der NSDAP sowie in Regierungsstellen war man sich bewußt, daß die Kolonisierung des rückständigen Bezirks Litzmannstadt nur mit einem großem Aufwand ermöglicht werden könne. Die Voraussetzung für die Durchführung von dazu erforderlichen Sondermaßnahmen mußte gewährleistet sein, über eine unerschöpfliche Quelle an billigen Arbeitskräften zu verfügen. Die Ziele und die Mittelbeanspruchung der NS-Kriegswirtschaft durchkreuzten die ehrgeizigen Kolonisierungspläne: Warthelländische Zwangsarbeiter wurden 1942 nach der veränderten Kriegslage nur noch in der Kriegsindustrie verwendet.

[55] OB Litzmannstadt an RSH. In: IZ, I-496.
[56] OB Kalisch an RSH. In: IZ, I-496.
[57] Ebenda.

2.3 Diskriminierung und Bevölkerungstransfer

Polnische Gebiete, die nie zu Deutschland gehört hatten, wurden von den Besatzern beansprucht. Die Umwanderungszentrale in Posen (und später in Litzmannstadt) sollte aufgebaut werden, um den Prozeß der sogenannten Umvolkung besser abzuwickeln.[58] Deutsche aus dem Baltikum, aus Wolhynien, Galizien und Donauschwaben bzw. Volksdeutsche aus dem Cholmer Land, aus Bessarabien und dem Buchenland sollten im Warthegau angesiedelt und fremde Völker evakuiert werden. Von einer „Abwehr fremden Volkstums im Osten" bzw. einer restlosen „Freimachung deutschen Bodens vom Polentum oder gar vom Judentum" war die Rede.[59]

Reichsstatthalter Greiser ordnete am 28.10.1939 die Einrichtung einer Deutschen Volksliste an. Einheimische sollten mittels der Volksliste ausgesondert werden. Die von Greiser verkündeten Richtlinien erwiesen sich als strenger als die in anderen Gauen gültigen Bestimmungen, eine Angleichung an das Reichsniveau erfolgte erst am 6.4.1941.[60] Die Grundlage der Deutschen Volksliste bildete die Einstufung von bekennenden „Deutschen" nach 1) Volkstumszugehörigkeit, 2) rassischer Zugehörigkeit und 3) politischer Orientierung. Anhand von „Kennkarten zur Untersuchung zur Volksliste" wurden vor allem Kandidaten der Deutschen Volksliste III und IV von Eignungsprüfern des Gauamtes für Volkstumsfragen untersucht.[61]

Die Deutsche Volksliste unterschied vier Kategorien von Volksdeutschen, die in Abteilungen zusammengefaßt wurden: Deutsche, die sich in der Zwischenkriegszeit aktiv zum Deutschtum bekannten (Abteilung I) bzw. Deutsche, die ihr Deutschtum nachweislich bewahrt hatten, jedoch nicht in die Partei aufgenommen werden konnten (Abteilung II). Beide Kategorien bekamen blaue Ausweise als Bescheinigung ihrer Volkstumsangehörigkeit. Deutsche, die a) frühere Bindungen zum Polentum, b) in Mischehen lebten, in denen der deutsche Teil sich durchgesetzt hatte, und c) völkisch unklarer Herkunft, aber blutsmäßig Deutsche waren (Abteilung III), bekamen grüne Ausweise und die „Staatsangehörigkeit auf Widerruf" zugesprochen, d. h. innerhalb von zehn Jahren konnten sie die deutsche Staatsangehörigkeit endgültig erwerben, wenn dagegen kein Einspruch erhoben wurde. Polonisierte Deutsche (Abteilung IV) wurden nicht eingebürgert, sie konnten aber bei Bewährung in die Abteilung III aufsteigen. Bei Versagen wurden sie aus der Deutschen Volksliste gestrichen. Sie erhielten einen roten Ausweis.[62]

Mit der Deutschen Volksliste wurde das Ziel verfolgt, „volkstumsentfremdete" Deutsche „rückzudeutschen" und sie zum Deutschtum zu erziehen. Eine Mitgliedschaft von Volksdeutschen der Abteilungen II und III in NS-Organisa-

---

[58] Erlaß des Chefs der SA und des SD über die Schaffung der UWZ Posen, 24.4.1940. In: IZ, I-570.

[59] Über den Aufbau, Entwicklung und Einsatz der UWZ im „Warthegau". In: IZ, I-570.

[60] Verordnung des RSH Posen über die Errichtung einer „DVL" vom 28.10.1939. In: IZ, I-119.

[61] Kennkarte zur „Untersuchung zur Volksliste". In: IZ, I-73.

[62] Gauleitung Wartheland (Hg.): Richtlinien für die politischen Leiter vom 21.10.1944. In: IZ, I-257; „Antrag auf Aufnahme in der Deutschen Volksliste". In: IZ, I-280.

tionen war ausdrücklich erwünscht, selbst dann, wenn sie noch nicht in die Partei aufgenommen werden konnten. Zahlreiche deutsche Familien der Abteilung IV, die im Laufe der Geschichte polonisiert worden waren, sollten wieder eingedeutscht werden. „Verlorengegangenes deutsches Blut soll dem Deutschtum zurückgewonnen werden", wie es in den Durchführungsbestimmungen hieß.[63]
Eine Beantragungsfrist für die Deutsche Volksliste war ursprünglich bis zum 31.3.1941 vorgesehen. Angesichts der sich verschlechternden Kriegslage nach Stalingrad wurde die Einbürgerung von Deutschstämmigen und von fremden Staatsangehörigen über dieses Datum hinaus verlängert.[64] Dabei spielte auch die Erkenntnis einiger Landräte eine Rolle, daß sich zweifelsfreie Deutsche nicht bei der Deutschen Volksliste meldeten, um damit der Einberufung zur Wehrmacht zu entgehen.[65]
Eine Bescheinigung zum Nachweis der Abstammung von mindestens 50 Prozent von deutschen Vorfahren sicherte dem Inhaber und seinen Familienangehörigen folgende Vorteile gegenüber den Fremdvölkischen: 1) Erwerb von Privatbesitz (Geschäfte, Wohnungen), 2) beschränkte Anstellungsmöglichkeiten, 3) für ihre Kinder den Besuch deutscher Volksschulen sowie Zulassung zur Lehre und zu Fachschulen, 4) Gleichstellung mit den Deutschen bezüglich der Inanspruchnahme der öffentlichen Fürsorge sowie Zuteilung von Lebensmitteln und 5) Auszahlung des Arbeitsentgeltes nach deutschen Tarifen.[66]
Polen mußten sich ebenfalls zu ihrem Volkstum erklären. In einer vorgedruckten „Erklärung" mußten sie bestätigen, daß 1) sie polnischer Volkszugehörigkeit sind, 2) keine Verwandten ersten Grades (Eltern, Geschwister, Kinder) deutscher Reichsangehörigkeit haben, 3) keine Verwandten ersten und zweiten Grades (Eltern, Kinder, Geschwister) augenblicklich in der Deutschen Wehrmacht sind und 4) die Angaben und die Unterschrift ohne Zwang von dritter Seite geleistet haben.
Damit wurden die Polen in ihrer eigenen Heimat zu einer diskriminierten Minderheit. Ihr Eigentum war nicht mehr sicher vor dem Zugriff des deutschen Staates. Zu Untermenschen abgestempelt, diente ihr Leben lediglich der Errichtung und Sicherung des Tausendjährigen Reiches.[67]
Der Besuch von Bildungseinrichtungen blieb Polen weitgehend untersagt. Ein Bruchteil der polnischen Kinder im schulpflichtigen Alter durfte sogenannte Polenschulen besuchen. Diese Einrichtungen brachten den Kindern in deutscher Sprache Rechnen, Zeichnen und Deutsch bis zur vierten Klasse sowie

[63] Ebenda.
[64] Führererlaß vom 19.5.1943 und Erlaß von Durchführungsbestimmungen über den Erwerb der deutschen Staatsangehörigkeit durch deutschstämmige Ausländer, die im deutschen Wehrdienst stehen bzw. in die Wehrmacht eintreten. In: IZ, I-240.
[65] Landrat Derschau aus Pless, Oberschlesien, 30.3.1942. Betrifft: Deutschstämmige, die ihre Eintragung in die Deutsche Volksliste nicht beantragen. In: IZ, I-117.
[66] RSH betreffend Bescheinigungen zum Nachweis der Abstammung von mindestens 50 Prozent deutschen Nachfahren. In: IZ, I-119.
[67] Erklärung polnischer Volkszugehörigkeit. In: IZ, I-73.

Grundkenntnisse ihrer Rolle als gehorsame Arbeitskräfte im Dritten Reich bei.[68] Ein Zehntel aller Kinder im Bezirk Litzmannstadt besuchte Polenschulen. 1943 besuchten in den Bezirken Posen und Hohensalza 99.000 Schüler solche Einrichtungen. Allerdings wurden diese Polenschulen oft dazu benutzt, um die Kinder schwere körperliche Arbeit verrichten zu lassen.[69]

In der Regel wurde Polen die Ausübung ihrer erlernten Berufe verwehrt. Generell wurden die Berufe in drei Kategorien eingeteilt: 1) Berufe, die für Deutsche vorbehalten waren, z.b. Uhrmacher, Elektrotechniker, Konditor und Buchdrucker; 2) Berufe, die auch Polen ausüben durften, z.b. Schlosser, Dreher, Tischler, Fleischer und Bäcker; 3) Berufe, die vor allem von Polen ausgeübt werden sollten, z.B. Straßenbauarbeiter, Schmied, Schuster, Schneider, Dachdecker, Zimmermann und Buchbinder. Landarbeiter benötigten keine besondere Ausbildung, und Dienstmädchen waren meistens ehemalige Oberschülerinnen.[70]

Polnische Intellektuelle und Politiker wurden als Förderer der nationalen Idee hart verfolgt. Bereits im Oktober 1939 war eine Aktion gegen bekannte polnische Personen durchgeführt worden. Vom 8.-11. November war eine zweite Welle der Verhaftungen durch den Sicherheitsdienst und den Volksdeutschen Selbstschutz geplant und durchgeführt worden. Freiberufler wie Anwälte, Ärzte und Buchhalter mußten ihre Büros dem Besatzungsregime übergeben. Bauern, die früher kleine und mittelgroße Betriebe besaßen, hatten zum Teil das Glück, als Knechte auf den eigenen Gütern zu bleiben.[71]

Vertreter der Kirche wurden ebenfalls verfolgt. Beinahe 90 Prozent der wartheländischen Geistlichen waren verhaftet oder ausgesiedelt worden. Viele endeten in dem berüchtigten Fort VII in Posen-Wola, das als Übergangs- und Arbeitserziehungslager sowie Polizeigefängnis der Sicherheitspolizei diente. Durch Verfolgung starben 752 Priester. Das Eigentum der Kirche, vor allem Wertsachen und Kunstgegenstände, wurde beschlagnahmt: 97 Prozent der religiösen Objekte im Warthegau sollen in den Magazinen der Okkupanten verschwunden sein.[72]

Polen, die keinen Verbleib wegen ihrer Unentbehrlichkeit für die Wirtschaft des Warthegaus erhielten, sahen sich ständig mit einer möglichen Aussiedlung oder Rekrutierung zum Reichseinsatz konfrontiert. Sie hatten in der NS-Rassenideologie nur Wert als Arbeitskräfte für das Reich. Im Verlauf des Krieges wurden sie als billige Arbeitskräfte immer wichtiger. Deshalb blieben diese Polen in den eingegliederten Gebieten vor einer direkten Vernichtung verschont.[73]

Im Falle einer Verweigerung zur Umsiedlung war nach einem Erlaß des RFSS Himmler vom 29.11.1939 eine sofortige standrechtliche Erschießung des

---

[68] Madajczyk: Die Okkupationspolitik, S. 344.

[69] Łuczak: „Kraj Warty", S. 20 f.

[70] Madajczyk: Die Okkupationspolitik, S. 220.

[71] Ebenda, S. 166-175.

[72] Łuczak: „Kraj Warty", S. 23; Stanisław Nawrocki: Policja hitlerowska w tzw. Kraju Warty. Poznań 1973, S. 37 f.

[73] Ebenda.

Verweigerers vorgesehen.[74] Da ihnen nur eine Viertelstunde zum Packen gegeben war, lebten viele Polen damit, das Allernötigste schon gepackt und bereit vor der Tür zu haben.

Im Alltag waren Polen stets Demütigung und Verfolgung ausgesetzt. Sie waren verpflichtet, Deutsche zu grüßen. Sie durften den Bürgersteig in der Anwesenheit eines Deutschen nicht betreten. Öffentliche Verkehrsmittel durften nur mit Sondergenehmigung und dazu in Sonderabteilen nur für den Weg zur Arbeit und zurück benutzt werden. Der Besitz von Fahrrädern war verboten,[75] ebenfalls die Benutzung von D-Zügen. Das Verlassen des Warthegaus, ob ins Altreich oder ins Generalgouvernement, war nur mit Passierschein gestattet. Gottesdienste für Polen wurden nur beschränkt abgehalten – sonn- und feiertags und nur vormittags. Der Bezug von polnischen Zeitungen und Zeitschriften, auch aus dem Generalgouvernement, waren im Warthegau verboten. Ehemalige polnische Kultureinrichtungen trugen nunmehr den Schriftzug „Nur für Deutsche". Bei Geschlechtsverkehr zwischen Deutschen und Polen drohte die Todesstrafe. Die polnische Staatsangehörigkeit wurde aufgehoben, Polen wurden zu „Schutzangehörigen" des Reiches degradiert.[76]

Polen erhielten nur einen Bruchteil der für Deutsche vorgesehenen Ration an Lebensmitteln, Kleidung und Heizmittel. Bezugsmarken für Textilien und Lederschuhe bekamen sie nicht. Für polnische Landarbeiter galten – in Abhängigkeit vom Arbeitsplatz und sofern überhaupt vorhanden – im August 1944 folgende Normen für die wöchentliche Lebensmittelzuteilung: drei kg Roggenbrot, 375 g Weizen oder Roggenmehl, 250 g Fleisch, 200 g Fett, 225 g Zucker, 175 g Marmelade und eine nicht bestimmte Menge Kaffee-Ersatz.[77]

Zum Zweck der „Umvolkung" wurde für evakuierte Polen und Juden in Glowno bei Posen ein Sammellager eingerichtet. Geld und Wertsachen über 10 Zloty (Juden) bzw. 20 Zloty (Polen) kamen auf ein Sonderkonto der Haupttreuhandstelle Ost. Polnisches und jüdisches Eigentum, das von der Treuhandstelle Posen verwaltet wurde, ist später an die im Warthegau angesiedelten Volksdeutschen und Wehrbauern veräußert worden.[78]

Im Oktober 1939 war der Beginn der „Heimführung" von Balten- und Galiziendeutschen auf Weisung Hitlers mit propagandistischem Pomp gefeiert worden. Nach dem Überfall auf die UdSSR ergoß sich ein großer Strom von umsiedlungswilligen Deutschen in den Warthegau, was schnell zu Komplikationen führte. Zuerst wurden diese Umsiedler in Lagern der Umwanderungszentrale bzw. der Volksdeutschen Mittelstelle in Mitteldeutschland, Brandenburg, Pommern und Danzig untergebracht. In der gesamten Aufnahme- und Vermittlungsprozedur stellte sich die Bürokratie als großes Hindernis heraus. In den Lagern mußten die Anträge auf eine Ansiedlung gestellt werden. Nach der Höhe ihres

---

[74] DOT, VIII, Dok.12, S. 17.

[75] Polizeiverordnung über die Benützung von Fahrrädern durch Polen, 25.7.1941. In: IZ, I-423.

[76] Luczak: „Kraj Warty", S. 22 f.

[77] DOT, IX, Dok.198, S. 308 f.

[78] Ebenda.

früheren Besitzes, der durch Urkunden zu beweisen war, bekamen die Siedler in Reichsmark vergütete Verrechnungsscheine der Deutschen Umsiedlertreuhand. Falls sie die amtlichen Anforderungen erfüllten, wurde ihnen von der Deutschen Umsiedlertreuhand oder der Ostdeutschen Landbewirtschaftungs GmbH (Ostland) ein enteignetes gleichwertiges Gut oder ein wertmäßig ähnlicher Betrieb angeboten. Die Landbewirtschaftungs GmbH verwaltete in den eingegliederten Gebieten den gesamtem beschlagnahmten landwirtschaftlichen Besitz – Güter, Betriebe von Groß-, Mittel- und Kleinbauern –, bis ein neuer geeigneter Besitzer gefunden werden konnte.[79] Der Bewerber mußte eine Probezeit als kommissarischer Verwalter absolvieren. Wenn er diese erfolgreich beenden konnte, wurde ihm ein Kaufvertrag angeboten. Die oben erwähnten Verrechnungsscheine der Deutschen Umsiedlertreuhand wurden mit dem Kaufpreis verrechnet. Meistens stimmten die Summen überein.[80] Bis Februar 1943 erhielten deutsche Umsiedler im Warthegau eine Nutzungsfläche von 683.831,39 ha als Äquivalent für die 323.057,36 ha zur Verfügung gestellt, die sie im Herkunftsland aufgegeben hatten.[81]

Galiziendeutsche waren im Vergleich zu den Deutschbalten zu spät „Heim ins Reich" gekommen und bekamen nur noch Reste angeboten. Die amtliche Aussiedlung von Baltendeutschen durch die Sowjets war bereits im Herbst 1939 erfolgt. Kurz darauf sollten sie ins Dritten Reich repatriiert werden. Eine Ansiedlung der Baltendeutschen war sofort vorgesehen und zum Teil auch durchgeführt worden. Als 1941 in größeren Zahlen die Galiziendeutschen im Warthegau angesiedelt werden sollten, waren die lukrativsten polnischen Güter und Unternehmen bereits vergeben. Deshalb mußten sie länger in den Lagern der Volksdeutschen Mittelstelle bleiben, sie bekamen kleinere Güter angeboten oder erhielten in den bereits beengten Städten vorübergehend einen Wohnraum zugewiesen.[82] Die zahlenmäßige Ansiedlung von Volksdeutschen im Warthegau wies zum 1.4.1944 folgenden Stand aus:

---

[79] Erik Thomson: Meine 960 Tage im „Reichsgau Wartheland". Lüneburg 1985, S. 9-11.
[80] BAL, R144, Nr. 515-517, DUT Verrechnungsschein-Belege.
[81] „Der Warthegau in der Brieftasche". In: IZ, I-206.
[82] Ebenda.

52

Volksgruppe	ländlich	städtisch	insgesamt
Balten	11.097	39.826	50.923
Wolhynien/ Galizien	75.235	17.044	92.279
Gen.Gouvernement	22.383	2.675	25.058
Bessarabien	39.394	2.243	41.637
N-Buchenland	3.906	9.406	13.312
S-Buchenland	8.776	3.250	12.026
Rumänien	25	165	190
Dobrudscha	5.286	474	5.760
Litauer	4	188	192
Hauländer	4.122	149	4.271
Afrika	54		54
Sonstige	5	204	209
Insgesamt	170.287	75.624	245.911

Bis 1944 waren 163.370 Schwarzmeerdeutsche sowie 420 Familien von Kriegsversehrten mit 1.411 Personen im Warthegau angesiedelt worden. Zum 1.4.1944
wurden im Warthegau 498.027 Antragsteller der Deutschen Volksliste gezählt.
Davon waren 219.480 Personen in die Abteilung I, 192.280 Personen in die Abteilung II, 68.183 Personen in die Abteilung III und 18.084 Antragsteller in die
Abteilung IV eingestuft worden.[83]
Zum 1.7.1944 waren 417.765 evakuierte, 177.730 verdrängte bzw. 16.757
„wiedereindeutschungsfähige" Polen vom Reichskommissariat für die Festigung des deutschen Volkstums registriert worden. Laut Statistik vom 1.4.1944
lebten im Warthegau 3.328.015 Polen (74,9 % der Einwohner) und 1.012.937
Deutsche (22,8 % der Bevölkerung), 19.880 Personen (0,5 % der Bevölkerung)
gehörten anderen Volksgruppen an. Zu diesem Zeitpunkt waren in Litzmannstadt 79.175 Juden registriert.[84] Als Vergleich dazu ist auf die deutsche Volks-
zählung von 1939 zu verweisen, nach der 325.000 Deutsche im Warthegau gelebt hatten.[85] Dies bedeutete, daß im Zeitraum von 1939 bis 1944 der Anteil der
deutschen Bevölkerung im Warthegau von 6,6 % auf 22,8 % anstieg.[86] Der polnische Bevölkerungsanteil im Warthegau sank im gleichen Zeitraum um
861.000 Menschen (20,5%).[87]
Trotz der angestrengten Aussiedlungsbemühungen von SS und höheren Poli-
zeiorganen blieb Wohnraum eine Mangelware. Viele Polen, die im Warthegau
verbleiben durften, wurden mehrmals im Laufe des Krieges umgesiedelt. Einerseits sollte Wohnraum für anzusiedelnde Volksdeutsche gewonnen werden,
andererseits wurden fremdvölkische Arbeitskräfte dringend gebraucht, da sonst

---

[83] Die Bevölkerung. Für den Dienstgebrauch. In: IZ, I-251.
[84] Ebenda.
[85] Madajczyk: Die Okkupationspolitik, S. 517.
[86] Ebenda, S. 242.
[87] Ebenda, S. 241.

die Rüstungsproduktion zum Stillstand gekommen wäre. Städtische Polen wurden in einem immer knapper werden Wohnraum zusammengedrängt, damit Volksdeutschen die frei gewordenen Wohnungen zugewiesen werden konnten. Auf dem Lande standen nur begrenzte Möglichkeiten zur Ansiedlung von Volksdeutschen zur Verfügung, da von der SS nur der Mittel- bzw. Großgrundbesitz für die ländliche Ansiedlung vorgesehen war.[88]

2.4 Ideologische Grundsätze

In der Materialsammlung „Haupttreuhandstelle Ost" von 1940 wurde die Errichtung der Haupttreuhandstelle Ost mit dem Zusammenbruch und der Auflösung des polnischen Staates gerechtfertigt. Damit war aus der Sicht des Beauftragten für den Vierjahresplan eine Klärung der alten Eigentumsverhältnisse und sonstigen Vermögenswerte einschließlich des Besitzes und der Ansprüche von feindlichen und neutralen Ausländern erforderlich geworden.[89]

Im „Rechenschaftsbericht der Haupttreuhandstelle Ost über ihre Tätigkeit in den Jahren 1939-1942" wurde das Bild von einer geordneten Verwaltung etwas schärfer gezeichnet: Das wirtschaftliche Chaos, das beim Einrücken der deutschen Truppen in Polen geherrscht habe, mußte beseitigt werden. Die Flucht der polnischen Verwaltungsbehörden mit ihren Unterlagen sowie der Unternehmer mit ihren Büchern bzw. die Mitnahme oder Zerstörung ihres Eigentums dienten als Argumente für die Rechtfertigung der Tätigkeit der Haupttreuhandstelle Ost und der ihr unterstehenden Treuhandstellen.[90] Zu diesem Zweck hatten diese Dienststellen des Reichs die Aufgabe, für das polnische Vermögen kommissarische Verwalter einzusetzen, es zu erfassen, zu beschlagnahmen, zu verwerten sowie zu verkaufen. Dem lag die ideologische Überzeugung zugrunde, eine strikte Trennung zwischen Polen und Deutschen vorzunehmen.

Dies läßt sich anhand von verschiedenen Aussagen verdeutlichen:
Regierungsrat Dr. Karl Albert Coulon, er leitete in Personalunion das Gauamt der NSDAP für Volkstumsfragen sowie beim Reichsstaathalter Gau Wartheland das Volkstumsreferat,[91] Referat V-50 (Allgemeine Wirtschaft: u. a. allgemeine gesetzliche Bestimmungen, Wirtschaftspolitik und Entjudung der Wirtschaft), stellte als Leiter der Deutschen Volksliste in seinem Schreiben vom 30.7.1941 an Greiser Grundsätze über den „gegenwärtigen Stand der Polen-Politik im Reichsgau Wartheland im Rahmen der gesamten Polenfrage" auf:
„II. Verhalten der deutschen Bevölkerung und der Behörden zur Polenfrage im Reichsgau Wartheland.
1. „Tradition", preußische Polenpolitik

---

[88] IZ, I-493.

[89] Göring: Haupttreuhandstelle Ost. Stand vom 10.1.1940.

[90] Czesław Łuczak weist darauf hin, daß dieses angebliche Chaos in vielerlei Hinsicht eine Einbildung der Nazis war. Viel mehr haben deutsche Truppen während des Krieges Einrichtungen zerstört bzw. selbst geplündert. Łuczak: Grabież Mienia, S. 43.

[91] Broszat: Nationalsozialistische Polenpolitik, S. 122.

In der Frage der Behandlung der Polen durch die deutsche Bevölkerung und die deutschen Behörden besteht eine Überlieferung, die keineswegs der Nachahmung wert ist. Es ist bekannt, daß die preußische Polenpolitik in 100 Jahren etwa 10 mal wechselte, einmal milder, einmal schärfer war, je nach der politischen Konstellation, sich aber niemals zu letzten Folgerungen durchringen konnte. Diese Unklarheit der Linie kam nur dem Gegner zugute. Bezeichnend ist es, wenn ein preußischer Beamter aus den dreißiger Jahren des vergangenen Jahrhunderts in einem Bericht an das Ministerium etwa schrieb, daß die deutsche Bevölkerung in Posen sich ja sehr bemühe, mit den Polen in gutem Verhältnis zu leben, die Polen lehnten es ab auf diese Art des Umganges einzugehen. Das Gesamtergebnis dieser Polenpolitik war denn auch, daß sich unter den Augen der deutschen Behörden ein starkes polnisches nationales Leben entwickelte und daß der Anteil der polnischen Bevölkerung an der Gesamtbevölkerung ständig zunahm...

l. Folgerungen aus der Kampflage

Nach der Niederwerfung des polnischen Staates geht der Kampf um den Lebensraum für das deutsche Volk auf dem ehemaligen polnischen Staatsgebiet weiter. Ziel ist die Erweiterung des deutschen Lebensraumes, also die Eindeutschung der neuen Ostgebiete. Um dieses Ziel zu erreichen, ist Zeit notwendig. Es wird noch für eine längere Reihe von Jahren notwendig sein, sich auf das Zusammenleben zwischen deutscher und polnischer Bevölkerung einzurichten. Auch nachher werden auf unabsehbare Zeit hinaus polnische Arbeitskräfte vorübergehend im Altreich eingesetzt werden müssen...[92]

2. Behandlung der polnischen Bevölkerung

a) Ziel und Methode

Das Ziel jeder deutschen Polenpolitik ist ganz klar vorgezeichnet. Der Pole ist als Arbeitskraft so lange auszubeuten, wie er gebraucht wird und dann sich selbst zu überlassen und zwar so, daß er wirklich nur auf seine eigenen unzulänglichen Kräfte angewiesen ist und nicht mehr in der Lage ist, mit fremder, insbesondere deutscher Hilfe, sich völkisch und politisch wieder aufzurichten. Alle Maßnahmen, die in irgendeiner Weise dem polnischen Volkstum zugute kommen, laufen dieser politischen Linie zuwider. Die Erhaltung der Arbeitskraft ist ein Gesichtspunkt, der gegenwärtig zwar von Bedeutung ist, aber an der Zielsetzung nichts ändern kann.

Man kann nun bei dem Erlaß von Anordnungen, welche die polnische Bevölkerung betreffen, entweder so verfahren, daß nach außen hin beide Völker gleich zu behandeln sind, dann muß die Praxis der unterschiedlichen Behandlung der Polen durch Ausnahmeklauseln erreicht werden. Diese Methode ist in den deutschen Ostgebieten nicht anwendbar, denn sie setzt ein volkstumspolitisch vollkommen geschlossenes Beamtentum und eine in volkstumspolitischen Dingen vollkommen ausgerichtete und instinktmäßig hervorragende Volksgemeinschaft voraus. Mit den im Gau Wartheland zur Verfügung stehenden Kräften ist aber eine solche Einstellung, Einheitlichkeit in jeder Einzelhandlung

---

[92] IZ, I-145, S. 6.

auch ohne Anweisung beim Vorgehen aller Dienststellen, voraussichtlich erst nach jahrelanger Auslese und Schulung zu erreichen. Im übrigen wäre diese Methode auch nur dann zweckmäßig, wenn außenpolitische Gründe es verbieten würden, die Dinge beim Namen zu nennen. Dieses ist aber heute nicht mehr der Fall. Die Frontstellungen sind außenpolitisch so klar, daß Rücksicht jetzt nur noch als Schwäche ausgelegt werden könnte.

Es kommt daher nur die zweite Methode in Betracht, die verschiedene Behandlung von deutschen und Polen auch gesetz- und verordnungsmäßig in jeder notwendigen Weise festzulegen. Geschehen ist das bereits in dem Erlaß des Herrn Reichsministers des Innern über die Schaffung der deutschen Volksliste, und in zahlreichen Erlassen u. a. des Reichswirtschaftsministers über die neue Spinnstoffbewirtschaftung für Polen, der auf eine Anregung der Behörde des Reichsstatthalters zurückzuführen ist und im Erlaß bzw. Entwurf über das Strafrecht gegen Polen und Juden.

Danach besteht auch an führenden Reichsdienststellen grundsätzlich die gleiche Auffassung bezüglich der Trennung von Deutschen und Polen, die eine Grundlage der Politik des Warthelandes von Anfang an war.

Es ist nun endlich notwendig, daß diese Grundlage der Politik vom letzten Beamten und der letzten Dienststelle erfaßt und praktisch ohne Ausnahme ständig berücksichtigt wird".[93]

Greiser erhob diese ideologischen Momente in den Rang von verbindlichen Bestandteilen in den Richtlinien für alle Behörden im Warthegau. In seiner Anweisung zum „Umgang der deutschen Bevölkerung der Reichsgaus Wartheland mit Polen" hieß es:

„In der politischen Linie des Reichsgaues Wartheland ist der Grundsatz der Trennung von Deutschtum und Polentum von Anfang an ständig beobachtet worden...Es ist daher notwendig, die deutsche Bevölkerung durch geeignete Maßnahmen auf die Notwendigkeit eines unbedingt einzuhaltenden persönlichen Abstandes von polnischen Volkszugehörigen hinzuweisen".[94]

Schließlich kam bei allen ideologischen Überzeugungen das bereits erläuterte preußische Gedankengut gegenüber Polen zum Vorschein. Im Volkstumskampf, so der Tenor, konnte nur ein Volk als Sieger hervorgehen, der Osten mußte deutsch werden. In diesem Sinne hatten viele der im Warthegau beschäftigten Beamten preußisch-korrekt gehandelt.

Dr. Otto Meibes, er war Geschäftsführer bei der Grundstücksgesellschaft der Haupttreuhandstelle Ost (GHTO) und eher den Nationalkonservativen zuzurechnen, stellte 1956 in seinem Tätigkeitsbericht folgendes fest: „Der verlorene Krieg hat schließlich diesen Auseinandersetzungen ebenso wie der Tätigkeit der GHTO und ihrer Tochtergesellschaften ein Ende gesetzt. Es darf festgestellt werden, dass die Arbeit der GHTO trotz aller Widerstände und der verhältnismäßig kurzen Zeit ihres Wirkens fühlbare Folgen zeigte. Ein großer Teil des be-

---

[93] Ebenda, S. 14-16.

[94] RSH, Posen den 25.9.1940. In: Georg Hansen (Hg.): Schulpolitik als Volkstumspolitik: Quellen zur Schulpolitik der Besatzer in Polen 1939-1945. NYC 1994. S. 36-38.

56

treuten Wohnraums erhielt, wenn ich diesen im Osten beliebten, oft mißbrauchten, Ausdruck benutzen darf, ein deutsches Gesicht. Immer mehr Menschen konnten sich in den von uns hergerichteten Wohnungen behaglich und heimisch fühlen. Bei Fortdauer dieser Arbeit hätte es gelingen können, in den betreuten Gebieten die Voraussetzung für die geplante Siedlungspolitik, wenn auch angesichts der vorgefundenen Verhältnisse erst in Jahren zu schaffen. Die Ergebnisse der Tätigkeit der GHTO kommen den Eigentümern der Grundstücke zugute. Insoweit hat die GHTO sichtbare Spuren, und zwar positive, hinterlassen.

Die GHTO war die größte Grundstücksgesellschaft, die es je gegeben hat. Sie war eine zeitbedingte Erscheinung, ein Experiment zugleich, die Probleme für ihre Leitung von unvorstellbarem Umfang und von größter Vielseitigkeit mit all ihren Licht- und Schattenseiten auslösten. Insoweit darf festgestellt werden, daß es sich für die Beteiligten und Verantwortlichen um eine der interessantesten Aufgaben handelte, die das Berufsleben stellen konnte. Zweifellos hat die GHTO beim Aufbau der von ihr betreuten Gebiete, bei der Instandsetzung des Wohnraums, bei dessen Ordnung und Anpassung an gewohnte deutsche Verhältnisse trotz eigener Aufbauschwierigkeiten und trotz der hauptsächlich politisch bedingten Widerstände in der Zeit ihres Bestehens sehr viel Gutes schaffen können".[95]

Es hat sich, und dies muß in aller Deutlichkeit gesagt werden, weder bei der Grundstücksgesellschaft der Haupttreuhandstelle Ost noch bei der Haupttreuhandstelle Ost um legitime, kriegsbedingte Dienststellen gehandelt, sondern um Einrichtungen, die die Kolonisierung, die Aneignung fremden Eigentums zum Ziel hatten und damit bewußt Verletzungen von grundlegenden demokratischen Rechten, das Recht auf Eigentum und auf Selbstbestimmung begingen.

---

[95] BAL-Hoppegarten, R140, Nr. 10, S. 31-2. Tätigkeitsbericht über die GHTO, geschrieben von Dr. Otto Meibes. Koblenz, Pfaffendorf 25.4.1956.

3. Die Verflechtung der Haupttreuhandstelle Ost mit der Treuhandstelle Posen

Die Tätigkeit der Treuhandstelle Posen bestand vornehmlich darin, polnisches Vermögen im Warthegau zu beschlagnahmen, zu verwalten, zu verwerten und in deutsche Hände zu überführen. Dies war eine mit umfassenden Vollmachten ausgestattete Dienststelle, die sämtliche entscheidenden Enteignungsphasen koordinierte und durchführte.[1] Die Beschlagnahme, Einziehung, Verwaltung, Verwertung, Schuldenabwicklung und der Verkauf von polnischem Vermögen, die folgende Eintragung im Grundbuch sowie die Bereinigung der Grundbücher erfolgten mit der Hilfe der Oberfinanzdirektionen (Finanzämter) bzw. Amtsgerichte (Grundbuchämter).

Die Entrechtung der Opfer vollzog sich auf der Grundlage von eigens dafür erlassenen Verordnungen und Gesetzen. Voraussetzung dafür war die Zerschlagung des polnischen Staates und die Aufhebung der polnischen Staatsangehörigkeit. Polen, sie galten nun als „Schutzangehörige" des Deutschen Reiches, wurden die Bürgerrechte, wie das Recht auf Eigentum, entzogen. Ihr Staat wurde für „nicht mehr existent" erklärt.[2] Voraussetzung für die Arbeit der Haupttreuhandstelle Ost und aller ihr unterstehenden Treuhandstellen war die Evakuierung und Beraubung der Polen katholischen und jüdischen Glaubens im Reich und in den eingegliederten Gebieten. Dies war der Treuhandleitung von Anfang an klar, in den gedruckten Protokollen der Treuhandstellenbesprechungen, zunächst im Protokoll vom 5. und 6. Februar 1940 in der Haupttreuhandstelle Ost in Berlin, kommt dies mehrfach und in aller Deutlichkeit zum Ausdruck.[3] Dabei ging man in den Vorstellungen sogar so weit, die Evakuierungen der Polen und der polnischen Juden aus der Treuhandmasse zu finanzieren. Ebenso war man sich in Berlin darüber bewußt, daß die evakuierten Polen und polnischen Juden durch die Beschlagnahme mittellos geworden waren. Auf der Treuhandtagung am 23. und 24. Juli 1940 wurden sogar Überlegungen geäußert, ob man Menschen, die durch die Beschlagnahme ihres Eigentums mittellos geworden waren, durch die Wohlfahrt helfen sollte. In dieser Frage war der Standpunkt der Haupttreuhandstelle Ost unmißverständlich: Für ehemalige polnische Staatsbürger gibt es keine Sozialhilfe.[4]

Die Treuhandstelle Posen koordinierte dann die Erfassung, Beschlagnahme, Verwaltung, Verwertung und den Verkauf des polnischen Vermögens. Die körperliche bzw. psychische Vernichtung der Opfer erfolgte zur gleichen Zeit durch die polizeiliche Verfolgung, Deportation zur Zwangsarbeit oder Einweisung in Konzentrationslager. Polizeiliche, administrative und gerichtliche Instanzen arbeiteten Hand in Hand, um diese Ziele zu realisieren.

---

[1] Abschrift Udo Milbradts Referat vom12.5.1943. In: R2101, B6151, Bl. 211-222.

[2] BAL, R2, BHTO, B 6155, Treuhandstellenbesprechung am 5. und 6. Februar 1940 in der HTO in Berlin, S. 7.

[3] Ebenda, S. 92-94.

[4] BAL, R144, 319, Treuhandbesprechung am 23. und 24.7.1940, S. 18.

3.1 Der Aufbau der Treuhandstelle Posen innerhalb der HTO

Die Haupttreuhandstelle Ost war zwischen 1939 und 1945 eine aktive Reichsdienststelle. Ihre Gründung erfolgte, wie bereits ausgeführt, durch den Erlaß des Beauftragten für den Vierjahresplan vom 19.10.1939. Zunächst bestand ihre Aufgabe darin, a) die Verwaltung des Vermögens des polnischen Staates zu übernehmen, b) das Geld- und Kreditwesen zu regeln und c) alle dazu erforderlichen wirtschaftlichen Maßnahmen zu ergreifen bzw. notwendigen Operationen und Verrechnungen durchzuführen. Zu ihrem Tätigkeitsfeld gehörte auch, die Beschlagnahme und Erfassung des gesamten polnischen Vermögens, sowohl des staatlichen als auch des privaten, vorzunehmen. Danach erfolgte dann die kommissarische Verwaltung des Vermögens und schließlich die Verwertung bzw. der Verkauf.[5]

Die Geschäftsleitung der Haupttreuhandstelle Ost verstand die Rechtsstellung dieser Behörde als die eines allgemeinen Konkursverwalters, der berechtigt war, seine Unkosten aus der Verwaltungsmasse zu decken. Dieses Selbstverständnis bildete die Grundlage, das Aufspüren und Erschließen von liquiden Mitteln in ihrer Einflußsphäre, auch nach solchen, die von anderen Reichsdienststellen als Beutegut bereits beschlagnahmt worden waren, zu rechtfertigen. Von Anfang an gehörte die Verwertung beweglicher polnischer Vermögenswerte zum Bestandteil der Haushaltsfinanzierung de Haupttreuhandstelle Ost.[6]

Dazu erging vom Leiter der Haupttreuhandstelle, Winkler, am 10.Oktober 1944 eine Anordnung zur Durchführung der zweiten Verordnung über die Behandlung von Vermögen der ehemaligen polnischen Staatsangehörigen vom 29. Februar 1944. Danach durften, ohne die Genehmigung des Reichsfinanzministeriums einholen zu müssen, aus den Treuhandmitteln Entschädigungen bis zu einer Höhe von 10.000 RM für folgende Fälle geleistet werden: 1) bei Billigkeits- und Härteentschädigungen für deutsche Reichsangehörige, für Angehörige der Abteilung III der Deutschen Volksliste und für nichtfeindliche Ausländer für deren Betriebe, Grundstücke und sonstige Vermögensgegenstände, bei Maßnahmen auf Grund der Polenvermögensverordnung vom 17.9.1940, 2) Zahlungen zum Ausgleich von Kriegssachschäden an kommissarisch verwalteten Vermögensmassen, an die Grundstücksgesellschaften der HTO und an die Hotel- und Gaststättengesellschaften in Anwendung der Kriegssachschädenverordnung vom 30.11.1940 (RGBl. I, S. 1547) sowie der entsprechenden Durchführungsverordnungen, 3) Gewährung von Darlehen und notfalls deren Umwandlung in verlorene Zuschüsse an kommissarisch verwaltete, aus kriegswirtschaftlichen Gründen stillgelegten Betrieben, 4) Gewährung von Darlehen und notfalls deren Umwandlung in verlorene Zuschüsse an kommissarisch verwaltete Betriebe und Vermögensmassen, soweit sie zur Erfüllung von Verbindlichkeiten aus der Zeit der kommissarischen Verwaltung dienen, 5) bei Billigkeits-

---

[5] Bekanntmachung über die Errichtung einer HTO,10.1.1940. In: Materialsammlung, S. 5 f.

[6] BAL, R2, BHTO, B 6155, Treuhandstellenbesprechung am 5. und 6. Februar 1940 in der HTO in Berlin, S. 100.

und Härteentschädigungen zur Vermeidung oder Milderung von Härten, die sich aus der Anwendung der Schuldenabwicklungsverordnung ergeben.[7] Die rechtlichen Grundlagen für die Tätigkeit der Haupttreuhandstelle Ost ergaben sich aus drei Verordnungen: a) Verordnung des Beauftragten für den Vierjahresplan über die Sicherstellung des Vermögens des ehemaligen polnischen Staates vom 15.1.1940; b) Verordnung über die Behandlung von Vermögen der Angehörigen des ehemaligen polnischen Staates vom 17.9.1940 (Polenvermögensverordnung); c) Verordnung über die Abwicklung der Forderungen und Schulden polnischer Vermögen (Schuldenabwicklungsverordnung) vom 15.8.1941.[8]

Die deutschen Enteignungen in den eingegliederten Gebieten erfolgten auf der Grundlage der Verordnung des Beauftragten für den Vierjahresplan über die Sicherstellung des Vermögens des ehemaligen polnischen Staates vom 15.1.1940. Mit dieser Verordnung wurde vor allem die Beschlagnahme geregelt, aber auch das Verfahren zur Anmeldung der staatlichen Vermögenswerte und zur Einsetzung von kommissarischen Verwaltern. Dazu wurde angeordnet: 1) Das gesamte unbewegliche und bewegliche Vermögen (nebst allem Zubehör) des bisherigen polnischen Staates einschließlich aller Forderungen, Beteiligungen, Rechte und Interessen ist sicherzustellen; 2) Dieses Vermögen ist zwecks Sicherstellung zu beschlagnahmen; 3) Mit der Beschlagnahme verlieren die bisherigen Eigentümer die Verfügungsgewalt über dieses Vermögen. Alle ehemaligen Besitzer, Pächter oder Nutznießer sind verpflichtet, derartiges Vermögen anzumelden. Es wurden die Ausnahmefälle genannt, für die die Meldepflicht anderer Reichsbehörden nicht bestand. Geregelt wurde die kommissarische Verwaltung der Vermögenswerte. Auf Verlangen der Haupttreuhandstelle Ost waren Behörden des Reiches verpflichtet, ihr polnische Vermögenswerte zu überlassen. Auch die Überführung von Vermögenswerten aus der Treuhandmasse in die Kompetenz anderer Reichsbehörden wurde hiermit geregelt. Auf Verlangen der Haupttreuhandstelle Ost konnte eine Eintragung über die Beschlagnahme, die Bestellung und Abberufung von Treuhändern in die Grundbücher bzw. in die Handelsregister vorgenommen werden. Dagegen war es verboten, Zwangsversteigerungen, Zwangsverwaltungen und Zwangsvollstreckungen des beschlagnahmten Vermögens während der Zeit Beschlagnahme vorzunehmen. Die Haupttreuhandstelle Ost konnte gemäß dieser Verordnung von jeder juristischen Person sachdienliche Informationen abverlangen. Verwaltungsbehörden und Gerichte waren zur Amtshilfe verpflichtet. Eine Unterschlagung von polnischen Vermögenswerten durch dritte Personen war verboten, sie wurde mit Gefängnis- und Geldstrafen, mit Zuchthaus, ja sogar mit der Todesstrafe geahndet. Bei Versäumnissen bei der Anmeldung von polnischen Vermögenswerten drohten Geld- oder Gefängnisstrafen. Die Haupttreuhandstelle Ost war bevollmächtigt, Ausführungsbestimmungen zu dieser Verordnung zu erlassen. Diese Verordnung trat mit dcm Tag ihrer Verkündung, dies war der

---

[7] BAL, R2, B 6162, Bl. 52-62; BGBl. I, S. 61.
[8] Rechenschaftsbericht, S. 51.

15.1.1940, in Kraft. Die Behandlung bereits beschlagnahmter Vermögenswerte wurde damit auch geregelt: Kommissarische Verwalter, die nach anderen Vorschriften eingesetzt worden waren, wurden spätestens am 31.3.1940 abberufen.[9] Die Verordnung über die Behandlung von Vermögen der Angehörigen des ehemaligen polnischen Staates vom 17.9.1940 (Polenvermögensverordnung) stellte mit ihren 24 Paragraphen eine technisch-organisatorische Anweisung zur Beschlagnahme, zur kommissarischen Verwaltung und zur Einziehung polnischen Vermögens in den eingegliederten Gebieten dar. Diese Verordnung beinhaltete unter anderem die Feststellung, daß die Vermögensbeschlagnahme a) bei Juden, b) bei Geflüchteten oder dauerhaft Abwesenden durchzuführen sei. Die Beschlagnahme konnte auch im Interesse des öffentlichen Wohls vorgenommen werden, wenn sie z.b. der Reichsverteidigung, der Festigung des deutschen Volkstums diente oder wenn der Eigentümer nach dem 1.10.1918 eingewandert war. Sie konnte auch auf einzelne Gegenstände angewandt werden, davon ausgenommen waren Gegenstände, die der persönlichen Lebensführung dienten, Bargeld, Bank- und Sparkassenguthaben sowie Wertpapiere bis zu einer Gesamthöhe von 1000 RM. Die kommissarische Verwaltung galt zugleich als Tatbestand für die Beschlagnahme. Die Prozedur bei der Bestellung und der Abberufung sowie die Pflichten und Rechte von kommissarischen Verwaltern wurden in dieser Verordnung ebenfalls geregelt. Es wurde der Grundsatz verkündet, daß beschlagnahmtes Vermögen nur von der zuständigen Stelle eingezogen werden konnte. Dazu ergingen ausführliche Festlegungen, u.a. zur Schuldenabwicklung.[10]

Die Verordnung über die Abwicklung der Forderungen und Schulden polnischer Vermögen (Schuldenabwicklungsverordnung) vom 15.8.1941 war die erste Rechtsvorschrift zu diesem Thema. Rechte, Grenzfälle und Vorgangsweisen der Schuldenabwicklung wurden festgelegt, die Befugnisse der Haupttreuhandstelle Ost und die Regelung der Kompetenzen zu anderen Dienststellen dargelegt. Der Status von Schuldnern und Gläubigern wurde beschrieben und das Verfahren beim Erlöschen von Forderungen und Rechten gegenüber der polnischen Vermögensmasse festgelegt. Unter polnischer Vermögensmasse verstand man nicht nur Immobilien, sondern auch Betriebsvermögen, Vermögen von juristischen Personen, von Gesellschaften, Vereinen, der öffentlichen Hand und vor allem von Banken, Kreditinstitutionen und Versicherungen. Auf Ersuchen der Haupttreuhandstelle Ost nahmen Dienststellen des Reichsjustizministeriums Eintragungen und Berichtigungen in den Grundbüchern vor. Die Befriedigung der Gläubiger sollte durch den kommissarischen Verwalter erfolgen. Zinssätze wurden festgelegt und Verteilungspläne aufgestellt. Diese und weitere Verordnungen zur Schuldenabwicklung und die dazugehörigen Durchführungs-

---

[9] Verordnung des Beauftragten für den Vierjahresplan über die Sicherstellung des Vermögens des ehemaligen polnischen Staates vom 15.1.1940. RGBl., I, S. 174. In: Materialsammlung, S. 18-20.

[10] Verordnung über die Behandlung von Vermögen der Angehörigen des ehemaligen polnischen Staates vom 17.9.1940. In: RGBl., I, S. 1270 und Mitteilungsblatt, Nr. 5, 1940, S. 176.

anordnungen wurden in einem Sonderheft zur Schuldenabwicklung[11] zusammengefaßt und veröffentlicht.[12]

In der ersten Hälfte des Krieges beschlagnahmten die Treuhandstellen auch das Vermögen der Volksdeutschen in der Abteilung III und IV der Deutschen Volksliste. Auf Druck des OKW und des Reichskommissars für die Festigung des deutschen Volkstums wurde dann diese Praxis revidiert. Im Herbst 1943 wurde entschieden, daß insbesondere Angehörige der Abteilung III ihr beschlagnahmtes Vermögen zurückbekommen sollten, falls es noch nicht weiterverkauft worden war. Dies galt insbesondere für Fälle, in der Volksdeutsche der Abt. III sich durch mehrjährigen Fronteinsatz bewährt hatten.[13] Auch für Volksdeutsche der Abteilung IV, deren Söhne in der Wehrmacht dienten, wurden 1944 die bisherigen vermögensrechtlichen Bestimmungen aufgelockert.[14] Diese Regelungen waren im Einvernehmen mit dem Reichskommissar für die Festigung des deutschen Volkstums getroffen worden. Auf dieser Grundlage erließ der Leiter der Haupttreuhandstelle Ost am 15. März 1944 eine Verordnung über die vermögensrechtliche Behandlung der Angehörigen der Abteilungen III und IV der Deutschen Volksliste.[15]

Zur Haupttreuhandstelle Ost gehörten fünf Treuhandstellen (TO): die TO Danzig-Westpreußen, die Treuhandstelle Posen, die TO Zichenau und die TO Kattowitz. Die TO Danzig-Westpreußen mit Sitz in Gotenhafen hatte vier Außenstellen: Bromberg, Graudenz, Gotenhafen und Thorn. Die TO Kattowitz hatte Außenstellen in Bendzin, Bielitz, Königshütte, Saybusch, Sosnowitz und Teschen. Die Nebenstelle Litzmannstadt, auf die noch näher einzugehen sein wird, war zwar der Treuhandstelle Posen offiziell unterstellt, jedoch weitgehend eine selbständig.[16] Die Untergliederung der Haupttreuhandstelle Ost in Treuhandstellen diente sowohl der Kontrolle und der Übersicht in der Tätigkeit der nachgeordneten Dienststellen als auch der Überschaubarkeit in der Erfassung und der kommissarischen Verwaltung von Vermögenswerten. Infrastrukturelle Projekte bzw. Investitionen, die parallel zu den Enteignungen durchgeführt wurden, unterstanden einer ortsnahen Verwaltung, die über die genauen Verhältnisse bestens informiert war. Bei der Entscheidung, Treuhandstellen einzurichten, spielte ein weiterer Faktor eine nicht geringe Rolle. Dies waren die sehr schlechten Kommunikationswege (vor allem litt die Postzustellung) zwischen dem Reich und den eingegliederten Gebieten.[17]

[11] Mitteilungsblatt, Sonderheft Schuldenabwicklung vom 8.6.1942.

[12] RGBl., I, S. 516; Mitteilungsblatt von Berlin, 25.7.1941, Nr. 6, S. 254-263.

[13] BAL, R144, 319, Niederschrift über die Treuhandstellenleitertagung vom 21. September 1943 in Posen, S. 2-4 ff.

[14] BAL, R144, 319, Treuhandstellenleitertagung vom 22. Februar 1944, S. 2.

[15] Ebenda.

[16] BAL, R2501, 5527, Bl. 90 f. Ostdeutscher Beobachter, vom 5.3.1941. Veränderungen in der HTO Organisation. Erhebliche Stärkung der Gauinstanz.

[17] BAL, R2, BHTO, B 6155, Treuhandstellenbesprechung am 5. und 6. Februar 1940 in der HTO in Berlin, S. 104.

Die Treuhandstelle in Warschau war für ein noch nicht definiertes Teilgebiet des Generalgouvernements durch die Haupttreuhandstelle Ost ins Leben gerufen worden.[18] Nach der Beilegung von Kompetenzstreitigkeiten mit Hans Frank wurde die Treuhandstelle in Warschau gemäß der Verordnung über die Errichtung einer Treuhandstelle für das Generalgouvernement vom 15.11.1939 dem Generalgouverneur unterstellt. Damit waren klare Verhältnisse für die Aneignung und Ausbeutung polnischen Vermögens geschaffen worden: Im Reich war die Haupttreuhandstelle Ost für das polnische Vermögen zuständig, im Generalgouvernement war es die Treuhandstelle Krakau.[19]

Die rechtliche Grundlage für die Gründung und die Tätigkeit der Treuhandstelle Krakau bildeten die vom Generalgouverneur erlassenen Verordnungen über die Beschlagnahme des Vermögens des früheren polnischen Staates in den Grenzen des Generalgouvernements vom 15.11.1939 sowie über die Beschlagnahme von privatem Vermögen im Generalgouvernement (Beschlagnahmeverordnung) vom 24.1.1940.[20] Außenstellen dieser Treuhandstelle befanden sich in den Distriktstädten Krakau, Lublin, Radom und Warschau.[21] Die Treuhandstelle Krakau war im Generalgouvernement verantwortlich für die Beschlagnahme, Einziehung und Verwertung des polnischen Staatsvermögens (nebst Zubehör, einschließlich aller Forderungen, Beteiligungen, Rechte und sonstiger Interessen). Die Beschlagnahme des polnischen Privatvermögens im Generalgouvernement fand – im Gegensatz zu den eingegliederten Gebieten – nur statt, wenn dies hinsichtlich gemeinnütziger Aufgaben notwendig erschien bzw. im Falle von herrenlosen Vermögenswerten. Diese nach Bedarf auslegbare Eingrenzung bedeutete, daß im Generalgouvernement polnische Vermögenswerte nicht ausnahmslos der Beschlagnahme unterlagen. In der Regel wurden Beschlagnahmungen von den Distriktschefs im Einvernehmen mit dem Leiter der Treuhandstelle Krakau vorgenommen. Jüdisches Eigentum unterlag generell einer Anmeldepflicht. Bei einer diesbezüglichen Verletzung wurden die Vermögenswerte wie herrenlose Vermögenswerte behandelt und eingezogen. Beschlagnahmte und eingezogene bewegliche Vermögenswerte wurden durch die vom Leiter der Treuhandstelle Krakau gegründete Treuhandverwertungs GmbH verwertet. Alle beschlagnahmten polnischen Immobilien – außer den jüdischen – im Generalgouvernement sollten im Gegensatz zur Praxis im Einflußbereich der Haupttreuhandstelle Ost verwaltet, nicht aber verkauft werden. Angesichts der Wohnraumknappheit im Generalgouvernement sollten jüdische Immobilien jedoch nach Möglichkeit verkauft werden.[22]

Einer Sonderregelung unterlag die Behandlung des Vermögens von Juden in den eingegliederten Ostgebieten, die nicht die polnische Staatsangehörigkeit be-

[18] Ebenda.

[19] Verordnung über die Errichtung einer Treuhandstelle für das Generalgouvernement vom 15.11.1939 (Verordnungsblatt des Generalgouverneurs für die besetzten polnischen Gebiete Nr. 6/39, S.36) In: Göring: HTO, S. 6 f; ferner: Max du Prel: Das General-Gouvernement. Würzburg 1942. S. 110.

[20] du Prel, S. 111; ferner Verordnungsblatt GGP, S. 37, S. 109.

[21] BAL, R2501, 5516, Bl. 170 f.

[22] du Prel, S. 110-114.

sessen hatten. Insoweit Vermögen Juden nichtpolnischer Staatsangehörigkeit gehörte, war die Haupttreuhandstelle Ost nicht befugt, dies zu beschlagnahmen und mußte daher 1) die Staatspolizeistelle benachrichtigen und 2) die bereits erfolgte Beschlagnahme mangels Zuständigkeit aufheben.[23]

Die Abwicklung größerer Firmen sowie Banken und Kreditinstitute mit Filialen im Generalgouvernement und in den eingegliederten Gebieten führte während des Krieges permanent zu Kompetenzstreitigkeiten. Die Abwicklung der polnischen Banken und Versicherungsgesellschaften konnte deshalb erst 1944 abgeschlossen werden, die der „durchschnittenen" dauerte bis zum Kriegsende an.[24]

Am 20.1.1940 wurde die Beschlagnahmemasse der Kreise Litzmannstadt-Stadt und -Land der neueingerichteten Nebenstelle Litzmannstadt übergeben, zum 1.1.1941 wurden die restlichen Kreise der Nebenstelle zugeführt.[25] Die Nebenstelle wurde mit besonderen Vollmachten ausgestattet und war somit weitgehend von der Treuhandstelle Posen unabhängig.[26] Abweichungen in der Buchhaltung der Nebenstelle Litzmannstadt und Reklamationen des Beauftragten für Fragen der Haupttreuhandstelle Ost beim Reichsfinanzministerium über Unregelmäßigkeiten bei der Berechnung von Gehältern sowie der Rechnungsführung verdeutlichen die Unterschiede und die Unabhängigkeit der Nebenstelle Litzmannstadt zur preußisch korrekten Treuhandstelle Posen.[27] Formell blieb die Nebenstelle Litzmannstadt der Treuhandstelle Posen unterstellt, doch alle Anordnungen der Haupttreuhandstelle Ost an die Nebenstelle Litzmannstadt liefen stets über Posen. Die jüdische Frage und der damit zusammenhängende Raubmord an den Juden waren weitgehend geographisch und administrativ von der polnischen Frage im Wartheland getrennt.

Die Treuhandstelle Posen behielt vorübergehend die Zuständigkeit für die Abwicklung von Banken, Versicherungsgesellschaften sowie von Unternehmen der Holzwirtschaft in Litzmannstadt. Ab 1941 war das Bankenreferat B I dann auf den Generalabwickler der polnischen Banken bei der Haupttreuhandstelle übergegangen. Mit der Regelung über die 500.000-RM-Betriebe ging die Abwicklung der Banken und Versicherungen endgültig auf die Haupttreuhandstelle Ost über.[28]

Polnische Vermögenswerte im Altreich und im Protektorat fielen unter die Zuständigkeit der Haupttreuhandstelle Ost. Unter „Altreich" verstand man zu diesem Zeitpunkt das Deutsche Reich in seinen Grenzen vom 1.9.1939. Die dor-

---

[23] Rundverfügung des Leiters der HTO Winkler betr. Behandlung des Vermögens von Juden in den eingegliederten Ostgebieten, die nicht die Angehörigkeit des ehemaligen polnischen Staates besitzen vom 19. Oktober 1940. In: R144, 317, ohne Blattzahl.

[24] Rechenschaftsbericht, S. 61 f.; BAL, R144, 337, Schreiben der Vermögensverwaltung (zur Zeit Grünheide/Erkner) vom 22.1.1945, Abwicklung der Kreditinstitute im Warthegau.

[25] APP, HTO, 100, Bl. 2.

[26] Hugo Ratzmann: Wesen und Aufgabe der Treuhandstelle Posen. Vortrag gehalten am 28.1.1940 anläßlich der ersten großen nationalsozialistischen Führertagung des Warthegaus in der Gauhauptstadt Posen, S. 10.

[27] BAL, BHTO, B 6155, Bl. 230-237.

[28] Udo Milbradt: Referat vom 12.5.1943 in Posen. In: BAL, R2101, B 6151, Bl. 215.

tige Sonderabteilung Altreich war zuständig für Vermögenswerte des polnischen Staates und von polnischen Staatsangehörigen, die sich im „Altreich" befanden. Unter polnischem Vermögen im „Altreich" verstand man vor allem Botschafts- und Konsularvermögen, aber auch sonstige Immobilien bzw. Forderungen gegen Unternehmen sowie Hausrat, Kontenguthaben und Forderungen polnischer Privatpersonen im Altreich.[29] Sowohl ausgewanderte polnische Staatsangehörige, deren letzter angemeldeter Wohnsitz in den eingegliederten Gebieten lag, als auch polnische Emigranten, die sich nicht nur im Altreich, sondern in anderen von der Wehrmacht besetzten Gebieten befanden, unterstanden der Sonderabteilung Altreich. 1943 war die Sonderabteilung Altreich in die Liquidation eingetreten. Zum 30.6.1943 betrugen die Gesamteinnahmen der Sonderabteilung 79.500.000 RM.[30]

In Deutschland befindliches polnisches öffentliches Vermögen wurde durch die bereits erwähnte Verordnung des Beauftragten für den Vierjahresplan vom 15.1.1940 beschlagnahmt. Davon ausgenommen waren Vermögenswerte, die wehrwirtschaftlichen Zwecken oder der „Reichsverteidigung" dienten. Diese Vermögen unterstanden dem OKW.[31] Außerdem übernahmen viele Reichsministerien und Reichsbehörden die Verfügungsgewalt über einen großen Teil des polnischen Staatseigentums. Die Reichsstraßenverwaltung erhielt das Vermögen der polnischen Wasserstraßenverwaltung zugesprochen. Der Reichsminister für Ernährung und Landwirtschaft (Abteilung Domänen) übernahm die Verwaltung der polnischen Staatsdomänen. Der Reichsforstmeister gliederte die Verwaltung der polnischen Staatsforsten in sein Ressort ein. Ein Teil der dem polnischen Staat gehörenden Grundstücke wurde an die Reichsfinanzverwaltung abgegeben. Die Deutsche Reichsbahn eignete sich das Betriebsvermögen der polnischen Staatsbahnen in den eingegliederten Gebieten an. Die Deutsche Reichspost brachte sich in den Besitz des Vermögens der polnischen Postverwaltung.[32]

Weitere Aussonderungen polnischer Vermögenswerte wurden im Rahmen einer Vereinbarung zwischen der Haupttreuhandstelle Ost und der NSDAP vom 29.10.1942 vorgenommen. Danach wurden der NSDAP grundsätzlich alle von ihr beanspruchten Grundstücke unentgeltlich überlassen, auch wenn sie von der Haupttreuhandstelle beschlagnahmt worden waren.[33] Dieser Sachverhalt stellte eine Ausnahmeregelung dar, denn in allen anderen Bereichen war die Haupttreuhandstelle Ost ohne Konkurrenz, zumal sie alle Kompetenzen in ihrer Hand vereinigt hatte. Alles – von der Beschlagnahme bis zum Verkauf des Vermögens – wurde von ihr oder den zu ihr gehörenden Treuhandstellen ausgeführt. Dabei trat die Haupttreuhandstelle Ost als ein Führungsorgan, das lenkte und anordnete, in Erscheinung. Die praktische Arbeit wurde von den Treuhandstel-

---

[29] Rechenschaftsbericht, S. 255.

[30] Stand der Liquidierung der Sonderabteilung per 30.6.1943, R144, 413, S. 2.

[31] Rechenschaftsbericht, S. 265.

[32] Text der Vereinbarung, In: R144, 317, ohne Blattzahl; Rechenschaftsbericht, S. 266-269.

[33] BAL, R144, 317, Text der Vereinbarung zwischen der HTO und NSDAP, München, 29.10.1942.

len erledigt, in diesem Sinne waren sie eher Vollzugsorgane. Hinsichtlich Organisation, Buchhaltung und Tatkraft war die Treuhandstelle Posen beispielgebend.

Sowohl die Haupttreuhandstelle Ost als auch die ihr unterstehenden Treuhandstellen verfügten über eine einheitliche Verwaltungsstruktur, die sich in Geschäftsleitung, Zentralbüro, Registratur, Kanzlei, den Verwaltungsstab und in den Wirtschaftsstab untergliederte. Der Verwaltungsstab, zu dem die sogenannten „A-Referate" gehörten, bearbeitete zugleich die erste Phase der systematischen Enteignungen und beschäftigte sich vor allem mit Aspekten der Erfassung und Verwaltung des Vermögens. Der Wirtschaftsstab, er bestand aus den sogenannten „B-Referaten", war für die zweite Phase zuständig und beschäftigte sich mit der Verwertung und dem Verkauf des Vermögens. Aus den Personalakten der Treuhandstelle Posen ist zu entnehmen, daß mit der Beendigung der Beschlagnahmeverfahren Mitarbeiter der A-Referate in den Geschäftsbereich der B-Referate umgesetzt wurden, dies erfolgte nicht zuletzt auf Grund des akuten Mangels an geeigneten Verwaltungsfachkräften.[34]

Zu Beginn ihrer Tätigkeit beschäftigten sich die Haupttreuhandstelle Ost und die Treuhandstellen zunächst mit der Erfassung und Beschlagnahme polnischer Vermögenswerte. Erst nach Görings Anordnung vom 12.6.1940 war die Haupttreuhandstelle Ost ermächtigt, bei Objekten mit einem Wert von über 20.000 RM zehn Prozent zu verwerten.[35] Nach einer Rundverfügung des Leiters der Haupttreuhandstelle Ost, Winkler, vom 12.8.1940 wurde die Verwertung von Betrieben mit einem Wert von über 500.000 RM in die Zuständigkeit der Haupttreuhandstelle überführt.[36] Für die Treuhandstelle Posen bedeutete diese Entscheidung, nicht nur die Zuständigkeiten über größere Industrie- oder Handelsbetriebe abzutreten, sondern auch die Ausgliederung der Verfügungsgewalt über Banken, Versicherungen sowie Zuckerfabriken und andere größere Lebensmittelbetriebe aus ihrem Geschäftsbereich.[37]

Die von den Treuhandstellen beschlagnahmten und erfaßten Wertpapiere und -sachen wurden auf ein Wertpapierdepot der Haupttreuhandstelle Ost bei der Reichsbank (Konto Nr. 133/55) überwiesen.[38] Damit gelangten große Summen an abrufbaren Finanzmitteln ohne Umwege auf die Konten der Haupttreuhandstelle Ost. Zudem wurden aus der Verwaltung und dem Verkauf der 500.000-RM-Betriebe und der Vermögenswerte der Sonderabteilung Altreich erhebliche Gewinne erzielt. Die Verwaltung und Verwertung der kleineren Objekte durch die Treuhandstellen diente der regionalen Kolonisierung, der Deckung der Verwaltungskosten und ebenfalls der Wertschöpfung.

In der Anfangsphase ihrer Tätigkeit wurde die Treuhandstelle Posen von Bankdirektor Hugo Ratzmann geleitet. Nach dem Abschluß der Erfassungen

---

[34] APP, HTO, 216-1093.

[35] BAL, R144, 319, Treuhandbesprechung am 23. und 24.7.1940, S. 1.

[36] Rundverfügung über den Beginn der Verwertung beschlagnahmten und kommissarisch verwalteten Vermögens. In: Mitteilungsblatt, 27.8.1940, Nr. 5, S. 156.

[37] APP, HTO,101, Bl. 6.

[38] APP, HTO, 2224, Bl. 3, 1-17, Einsammlung von Wertpapieren aus polnischer Hand, 9.4.1942.

ging er nach Berlin zurück, wo er als Geschäfts- und Betriebsführer der Hardy Bank & Co. GmbH Berlin weiterhin enge Kontakte zur Haupttreuhandstelle pflegte. Hauptsächlich war er mit der Verwertung der Wertpapiere beschäftigt, die in Depots der Haupttreuhandstelle bei der Reichsbank abgelegt waren.

Als im März 1941 Regierungsdirektor Alexander Weißker die Leitung der Treuhandstelle Posen und zugleich die Leitung des Landeswirtschaftsamtes übernahm, waren grundlegende administrative Veränderungen durchgeführt worden. So wurden nach der zweiten Anordnung über die Haupttreuhandstelle Ost vom 17.2.1941 einzelne Treuhandstellen den Reichsstatthaltern bzw. den Oberpräsidenten unterstellt.[39] Die Treuhandstelle Posen wurde dem Reichsstatthalter Wartheland unterstellt und sollte einen rein behördlichen Charakter annehmen. Hinsichtlich von Haushalts- und Personalfragen blieben die Treuhandstellen jedoch nach wie vor Bestandteile der Haupttreuhandstelle Ost. Diese Konstruktion war bereits bei den Oberfinanzpräsidenten und den Obergerichtspräsidenten eingeführt worden, als sie den Gauleitern, Reichsstatthaltern bzw. Oberpräsidenten unterstellt waren, um die Stellung der einzelnen Gaue in wirtschaftlichen und politischen Fragen zu stärken. Dabei blieben die Oberfinanzpräsidenten bezüglich Haushalt und Personal beim Reichsfinanzministerium, und die Obergerichtspräsidenten beim Reichsjustizministeriums.[40]

Zu dieser Zeit fiel auch die personelle Schwerpunktverlagerung in der Treuhandstelle Posen von dem Verwaltungsstab auf den Wirtschaftsstab. Kriegsbedingte Verwaltungsvereinfachungsmaßnahmen waren an der Tagesordnung. Mit den Verkaufs- bzw. Baustopps 1942 waren die Aktivitäten der B-Referate dann weitgehend lahmgelegt. Nur noch Verkäufe im bereits laufenden Geschäftsgang durften zu Ende geführt werden. Schließlich machte sich die Kriegswende auch hinsichtlich der personellen Ausstattung bei allen Behörden stark bemerkbar. Immer mehr männliche Behördenmitarbeiter verloren ihre Unabkömmlichkeitsstellung (UK) und wurden in die Wehrmacht eingezogen. Fortan waren „eisernes Sparen" und Notopfer wie unbezahlte Überstunden bei den Verwaltungen üblich.

Die Haupttreuhandstelle Ost und die Sonderabteilung Altreich waren nicht vom Verkaufsstopp betroffen. Auch nach der Verhängung des Verkaufsstopps konnten durch die kommissarische Verwaltung und auch durch den Verkauf der 500.000-RM-Betriebe erhebliche Summen in die Kasse der Haupttreuhandstelle Ost eingezahlt werden.

Nach dem Verkaufsstopp 1942 wollte sich Göring als Beauftragter des Vierjahresplanes die Haupttreuhandstelle Ost vom Halse schaffen, da es auf der Hand lag, daß mit ihr längerfristig keine einträglichen Geschäfte mehr zu machen waren. Es mußte davon ausgegangen werden, daß sich diese Dienststelle, die wie ein Unternehmen geführt wurde, sich nicht mehr selbst finanzieren konnte. Ohne Einnahmen war das zahlreiche Personal jedoch eine bedeutende Belastung für den Vierjahresplan.

---

[39] Deutscher Reichsanzeiger und Preußischer Staatsanzeiger (RA) vom 1.3.1941; BAL, R2501, 5527, Bl. 90f.

[40] BAL, R144, 319, Treuhandstellenleitertagung am 5. und 6.5.1941, S. 2.

Von Winkler wurden am 23.11.1943 auf einer Tagung der Treuhandstellenleiter zum ersten Mal die Absichten des Beauftragten für den Vierjahresplan
ausführlich dargelegt.[41] Nach langen und zähen Verhandlungen mit verschiedenen Ministerien – darunter auch mit dem Reichskommissar für die Festigung
deutschen Volkstums – übernahm 1944 das Reichsfinanzministerium die Haupttreuhandstelle Ost. Diese Lösung wurde sowohl von der Geschäftsleitung der
HTO als auch von dem Beauftragten für Fragen der HTO beim Reichsfinanzministerium begrüßt.[42] Im Rahmen von Verwaltungsvereinfachungsmaßnahmen
wurde die Sonderabteilung Altreich samt ihrer Außenstellen Breslau und Prag
zum 31. Dezember 1944 aufgelöst. Der Geschäftsbereich der Außenstelle Breslau wurde in die Verwaltung des Oberfinanzpräsidenten Niederschlesien übernommen, die Außenstelle Prag wurde dem Reichsprotektor von Böhmen und
Mähren unterstellt. Die übriggebliebenen Aufgaben der HTO wurden unter dem
RFM konsolidiert. Die Außenstellen Wien und Berlin wurden aufgelöst, ihre
Aufgaben übernahmen die zuständigen Oberfinanzpräsidenten.[43]

Die letzte Phase der Tätigkeit der Haupttreuhandstelle Ost läßt sich schwer
rekonstruieren, da die Gebäude durch Bombenangriffe oft zerstört wurden und
deshalb Umzüge vorgenommen werden mußten. Dadurch sind viele Akten vernichtet worden oder abhanden gekommen. So ist 1944 das Hauptquartier der
Haupttreuhandstelle Ost vorübergehend in die Ausweichstelle nach Ratibor in
die Kleistbaracken verlegt worden war.[44] Als diese Ausweichdienststelle von
der Wehrmacht in Anspruch genommen wurde, zogen die letzten Referate der
Haupttreuhandstelle Ost dann ins Berliner Umland: Das Personal- und das
Haushaltsreferat wurden zuerst nach Grünheide und dann nach Trebbin verlegt.
Die Rechts- und Grundsatzabteilung sowie die Industrieabteilung sollen nach
Friesack in der Mark verlegt worden sein. Die Vermögensverwaltung war in
Baracken in Grünheide untergebracht. Die der Abteilung II angegliederte De-
potbuchhaltung wurde der Vermögensverwaltung in Grünheide unterstellt.[45]

Die letzten Auffangstellen der Haupttreuhandstelle Ost, ihre Treuhandstellen
und die GmbH wurden im Berliner Umland bzw. in Westdeutschland eingerichtet. Bei Kriegsende befand sich die HTO in Bückeburg in der Bahnhofstraße 9a.
Die Treuhandstelle Posen und die Nebenstelle Litzmannstadt hatte man nach
Neubrandenburg in das Hotel „Zur goldenen Kugel" verlegt. Die Grundstücksgesellschaft für den Warthegau (GEWA) war nach Friesack in der Mark in die
Baracken an der Klessener Str. umgezogen. Die Treuhandstelle Kattowitz war
nach Rudolstadt umgelagert worden. Die Grundstücksgesellschaft für den Gau
Oberschlesien (GEOS) und die Hotel und Gaststättengesellschaft Oberschlesien
wurden in Berlin-Wilmersdorf, Jenaer Str. 5, untergebracht. Die Treuhandstelle
Gotenhafen und die Grundstücksgesellschaft für den Gau Danzig-Westpreußen

---

[41] BAL, R144, 319, Treuhandstellenleitertagung am 23. November 1943.
[42] BAL, R2, BHTO, B 6140, Auflösung der HTO, Bl. 161, 188 ff.
[43] Ebenda, Bl. 189.
[44] BAL, R2101, B 6144, Bl. 223-225.
[45] Ebenda; BAL, R144, 319, Treuhandstellenleitertagung vom 2. August 1944 in Berlin, S. 1-5.

68

(GEDEWE) fanden sich in Schwerin (Mecklenburg) im Hotel „Niederländischer Hof" wieder. Die Treuhandstelle Zichenau wurde nach Saalfeld an der Saale bzw. nach Cottbus in die Lausitzer Straße 11 verlegt. Die Grundstücksgesellschaft für den Gau Ostpreußen (GEOPE) verblieb bei der Regierung in Danzig (5a).[46]

Anhand des Tätigkeitsberichts der Haupttreuhandstelle Ost vom 15.1.1945, verfaßt in der vorletzten Ausweichstelle, in Grünheide bei Berlin, läßt sich ein genaues Bild der Personalentwicklung zeichnen.[47] Während die Haupttreuhandstelle Ost im November 1939 ihre Tätigkeit mit sechs männlichen Mitarbeitern und vier Sekretärinnen begann, erreichte 1941 der Personalbestand mit 190 männlichen und 166 weiblichen Mitarbeitern seinen Höhepunkt. 1943 nahmen die Personalzahlen nach Angaben des Verfassers schon stark ab, was allerdings nicht mit Zahlenmaterial belegt werden konnte, da die Unterlagen bei Bombenangriffen verbrannt worden sind. Am 1.1.1945 hatte die Haupttreuhandstelle Ost nur noch 61 männliche und 43 weibliche Mitarbeiter.[48]

Die letzte zur Verfügung stehende Gesamtbilanzsumme der Haupttreuhandstelle Ost, der Außenstellen und der Sonderabteilung Altreich stammt vom 30.9.1944 und betrug 2.081.943.559,47 RM.[49] Beim Ein- und Ausgang von Geldern wurden die kaufmännischen Regeln exakt eingehalten. In den Bilanzen wurde das Beutegut in Aktiva und in Passiva unterteilt, wie aus der folgenden Übersicht zu entnehmen ist:

Aktiva (in Mio. RM):

Guthaben bei Postscheck, Reichsbankkasse, Reichshauptkasse und sonstige Kreditinstitutionen	978
Anleihen, Verrechnungsscheine und sonstige Wertpapiere	224
laufende Konten und Verrechnungsscheinkonten	425
Forderungen	246
Beteiligungen, Gebäude, aus Treuhandmitteln erworbene Betriebe	34
Verwaltungskosten etc.	72
An das Reich abgeführtes eingezahltes Vermögen	102

Passiva (in Mio. RM)

Vermögen und Erträge	1273
Eingezahltes Vermögen, Überschüsse und Gewinnabführung	203
Vorl. gebuchte Einzahlungen	1
laufende Konten der Treuhandstellen	390
laufende Konten der angeschlossenen Gesellschaften	110
Verrechnungsscheinkonten	104

---

[46] BAL, R144, Nr. 413, Auffangstellen, 2 Seiten.
[47] BAL, R144, Nr. 413, Die Haupttreuhandstelle Ost, Grünheide, vom 15.1.1945, 10 Seiten.
[48] Ebenda, S. 8.
[49] Bü/Klw, Grünheide/Mark, den 9.1.1945, Bericht über die Tätigkeit der Vermögensverwaltung der Haupttreuhandstelle Ost in der Zeit vom 30.9.1943 bis 30.9.1944. R144, 413, S. 1-4.

69

Während die angeführten Summen keineswegs vollständig sind, sagt diese Bilanz viel über die Art der Geldwäsche aus, die von der Haupttreuhandstelle Ost mit den Beutegeldern aus Polen im Namen des Reiches betrieben wurde. Die HTO war spätestens im November 1942 vom Reichsfinanzminister angewiesen worden, ihre verfügbaren Geldmittel, sofern sie nicht als Betriebsmittel benutzt wurden, auf einem unverzinsten Guthabenkonto der Reichshauptkasse anzulegen. Zuvor hatte der Reichsfinanzminister einen anderen Standpunkt vertreten: die Anlage flüssiger Gelder in Reichsschatzanweisungen oder als Festgeld galt als ausdrücklich unerwünscht.[50] Winkler stimmte 1942 zunächst der ministeriellen Anordnung zu, allerdings wollte er, daß 25 Mio. RM als Betriebsmittel verbleiben und als Schatzanleihen angelegt werden. Er betrachtete es nämlich als seine kaufmännische Pflicht, die ihm anvertrauten Gelder verzinst anzulegen.[51] Das Reichsfinanzministerium bezog in dieser Frage eine andere Position, die durch die vom Krieg verursachten Finanzengpässe geprägt war. Dabei handelte es sich um nicht unerhebliche Summen: Zum 30. September 1944 betrugen die gesamten flüssigen Mittel der Haupttreuhandstelle Ost und der Treuhandstellen über eine Milliarde RM.

Im März 1944 schlug der Rechnungshof vor, daß das Finanzministerium die Abführung von Profiten aus den kommissarisch verwalteten Betrieben bei Überschreiten einer festgesetzten Grenzsumme direkt ans Reich vornehmen sollte. Bislang war es bei der Haupttreuhandstelle Ost üblich gewesen, derartige Übergewinne in die Treuhandmasse zurückzuführen. Mit der neuen Regelung wollte man von den kommissarisch verwalteten Betrieben und von der HTO sogar verlangen, daß die seit 1940 erzielten Übergewinne rückwirkend an das Reich abgeführt werden sollten.[52] Die erwähnten Anleihen, Verrechnungsscheine und sonstigen Wertpapiere dienten ebenfalls der unmittelbaren Kriegsfinanzierung. Hinzu kamen erbeutete Wertpapiere, die sich im Besitz der Haupttreuhandstelle Ost befanden. In dieser Summe sind auch die angerechneten Verrechnungsscheine von den Umsiedlern der Deutschen Umsiedlungstreuhand GmbH enthalten.[53]

Wie bereits erwähnt, kauften die Haupttreuhandstelle Ost und ihre Treuhandstellen solange Reichskriegs- und Schatzanleihen in großer Zahl als Investition, bis dies vom Reichsfinanzminister untersagt wurde. Nach der neuen Regelung mußten verzinsliche Schatzanweisungen nach 1942 an die Wertpapierabteilung der Deutschen Reichsbank abgeführt werden. Unverzinsliche Schatzanweisungen mußten an die Reichsschuldenverwaltung auf Rechnung des Reichsfinanzministeriums abgeführt werden.[54] Zum 30.3.1942 hatte die Haupttreuhandstelle Ost bereits 50 Mio. RM Schatzanweisungen an die Reichshauptkasse als Teil-

---

[50] BAL, R23.01, 5991, Bl. 99.
[51] BAL, R23.01, 5991, Bl. 89-91.
[52] BAL, R2, B 6162, Bl. 88 ff.
[53] BAL, R144, 353, Überblick über die Entwicklung der Bilanzsummen zum 31.5.1943.
[54] Ebenda, Bl. 96.

ausschüttung überwiesen.[55] Solche Schatzanweisungen stammten entweder aus
Raubgut oder sie wurden mit Raubgeldern bzw. Pacht- und Mietzinsen aus ge-
raubtem Eigentum gekauft. So waren bei Kriegsende immerhin Anleihen im
Wert von 102.000.000 RM an das Reichsfinanzministerium abgeführt worden.[56]
Die Guthaben auf Postscheckkonten, bei der Reichsbank, der Reichshauptkasse und sonstigen Kreditinstitutionen betrugen 978.000.000 RM. Die Haupttreuhandstelle Ost besaß außerdem Anleihen, Verrechnungsscheine und sonstige Wertpapiere im Wert von 224.000.000 RM. Auf laufenden Konten und Ver-
rechnungsscheinkonten verfügte sie über 425.000.000 RM. Auf der Passivseite
dagegen befanden sich Vermögen und Erträge in Höhe von 1.273.000.000 RM
sowie eingezogene Vermögensüberschüsse und Gewinnabführungen in Höhe
von 203.000.000 RM. Aus der Differenz aus diesen Aktiv- und Passivposten
sind die Bilanzzahlen der Haupttreuhandstelle Ost Bilanz hinsichtlich der flüssigen Mittel zu ermitteln.
Per 30.9.1944 betrug die Gesamtbilanzsumme der HTO bereits
1.522.095.524,57 RM. Die flüssigen Mittel machten am gleichen Stichtag schon
978.757.041,53 RM aus, d. h. ca. 47% der Gesamtbilanzsumme.[57] In die Gesamtsumme der Haupttreuhandstelle sind die 500.000-RM-Betriebe und die
Guthaben aus der Liquidierung der polnischen Banken, Kreditinstitutionen und
Versicherungen eingeflossen. Dabei ergab sich ein großer Erlös aus der Veräußerung der in Posen sehr stark vertretenen Betriebe und Banken. Allein die
Treuhandstelle Posen bewegte über ein Viertel der Treuhandmasse sämtlicher
Treuhandstellen. Aus den ihr unterstellten Banken und 500.000-RM-Betrieben
steuerte sie weit über ein Viertel zur Kapitalgesamtsumme der Haupttreuhandstelle Ost bei.
Um die Rolle der Treuhandstelle Posen im System der Treuhandstellen zu
veranschaulichen, ist die Aufmerksamkeit auf die letzte bekannte Bilanz zu len-
ken. Der Anteil der Treuhandstelle Posen und der Nebenstelle Litzmannstadt an
der gesamten Bilanzsumme zum 30.6.1943 war auch ohne die 500.000-RM-Be-
triebe beträchtlich:[58]

HTO Berlin	1.070.004.161,20 RM
Altreich	73.651.934,08 RM
Gotenhafen	75.308.629,48 RM
Kattowitz	57.516.988,65 RM
Posen	105.888.626,98 RM
Litzmannstadt	107.009.926,56 RM
Gesamtbilanz zum 30.6.43	1.497.457.316,96 RM

[55] Ebenda, Bl. 88.
[56] APP, HTO, 101, Bl. 13.
[57] Ebenda.
[58] R144, 413, Überblick über die Entwicklung der Bilanzsummen vom 30.6.1943, S. 2.

Die Abteilung Vermögensverwaltung hatte in einem Überblick über die Entwicklung der Bilanzsummen vom 30.6.1943 erwartet, daß die Haupttreuhandstelle Ost und ihre Außenstellen insgesamt RM 3,3 Mrd. im Laufe der Zeit verwerten sollen,[59] sie hatten ihr Ziel um 1,2 Mrd RM verfehlt. Die HTO wurde von 1945 bis 1948 abgewickelt. Die Aktenlage in den HTO-Restbeständen ist zwar dürftig, aber dennoch aussagefähig. Captain Blight und Major Warren vom Property Control Office des Military Government hielten sich spätestens am 7. Mai 1945 in den Räumen der Haupttreuhandstelle Ost in Bückeburg, Nordrhein-Westfalen, auf.[60] Aus dem Journal IX geht hervor, daß nach der militärischen Besetzung noch einige Einzahlungen auf Konten der HTO getätigt worden waren. Einige Abbuchungen für Gehälter lassen sich bis Herbst 1945 nachweisen. Darunter befindet sich im Oktober 1945 eine seltsame Gehaltsauszahlung an Rechtsanwalt Pfennig in Höhe von 9610 RM. Es ist nach wie vor unklar, was mit den Kontenresten der HTO geschehen ist. Eine Notiz im Journal IX deutet darauf hin, daß weitere Hinweise beim Property Control zu finden sind: „Stadthagen, 23.3.1947: Auf Anordnung der Militär-Regierung – Property Control – in Bückeburg wurden die Bücher und Bilanzen zum 25.5.1945 abgeschlossen. Es durften keine Buchungen mehr vorgenommen werden. Um die Umsätze nach dem 25.5.1945 buchmäßig festzuhalten, werden nach den Belegen und dem Bankauszug von 1946 der Kreissparkasse Bückeburg untenstehende Buchungen vorgenommen".[61]

3.2 Die Treuhandstelle Posen im Gefüge der Haupttreuhandstelle Ost und anderer Dienststellen

Die Haupttreuhandstelle Ost hatte gegenüber den Treuhandstellen vor allem eine Aufsichtsfunktion. Sie erteilte Richtlinien und Anordnungen, die ausgeführt werden mußten. Auch bei der Verwaltung und Verwertung der Betriebe mit einem Wert von über 500.000 RM, bei Verwertung von Wertpapierdepots und -sachen und flüssigen Mitteln sowie bei der Verteilung von Krediten der Deutschen Umsiedlungstreuhand[62] trat sie selbst aktiv in Erscheinung.[63]

Auch wenn die HTO eine große Handlungsfreiheit in der Ausbeutung der polnischen Wirtschaft in ihrem Einflußbereich besaß, handelte sie keineswegs allein. Der Reichskommissar für die Festigung des deutschen Volkstums traf grundlegende Regelungen in Staatsangehörigkeitsfragen sowie in der Rangfolgefrage der kommissarischen Verwalter. Das OKW meldete ständig seine Interessen bei Entscheidungen der Haupttreuhandstelle Ost an und war maßgeblich an dem Verkaufsstopp von 1942 beteiligt. Auch auf andere Reichsdienststellen

---

[59] R144, 413, Überblick über die Entwicklung der Bilanzsummen vom 15.9.1943, S. 4.

[60] BAL, R144, 342.

[61] BAL, R144, 487, S. 71.

[62] Rechenschaftsbericht, S. 63.

[63] BAL, R 144, 323, 337, 338, 339, 340.

72

mußte die HTO Rücksicht nehmen. Der Beauftragte für Fragen der HTO beim Reichsfinanzministerium (BHTO), Casdorf, verfolgte die Geschäfte der HTO aus nächster Nähe und war zum Teil besser informiert als viele Mitarbeiter in der HTO, er meldete sich oft bei Steuerfragen zu Wort. Reichswirtschaftsministerium und der Reichskommissar für Preisbildung stimmten gelegentlich bei Geschäften mit dem Vorgehen der HTO überein. Der Rechnungshof des Deutschen Reiches richtete auf Vorschlag der Geschäftsführung der HTO sogar ständige Dienststellen bei der HTO und den Treuhandstellen ein, um laufend deren Geschäfte kontrollieren zu können. Häufig mußten auch Erlasse des Reichsministers des Innern und der Justiz von der HTO und ihren Treuhandstellen berücksichtigt werden.

Um die Rolle und die Kompetenz der Treuhandstelle Posen besser zu verstehen, soll auf einige geschäftliche Aspekte der HTO – Sonderbereiche, Gesellschaften – und die wichtigsten der mit ihr zusammenarbeitenden Reichsdienststellen aufmerksam gemacht werden. Zunächst ist auf die Geschäftsverteilungspläne der HTO einzugehen. Damit kann die akribische und umfassende Organisation und sowie das eingesetzte intellektuelle Potential veranschaulicht werden, um dem die Wirtschaft Polens demontiert und verwertet wurde.

3.2.1 Der Geschäftsverteilungsplan der Haupttreuhandstelle Ost, Berlin

Leiter der HTO war der Bürgermeister a.D. Dr. Max Winkler. Sein erster Stellvertreter und zugleich Leiter der Abteilung I (Beschlagnahme, Erfassung und Verwertung des polnischen Vermögens) war Dr. Krahmer-Möllenberg. Winklers zweiter – und nach dem Tode von Krahmer-Möllenberg – alleiniger Stellvertreter war Rechtsanwalt Bruno Pfennig, der zugleich die Rechtsabteilung (Abteilung VII) leitete.[64] Persönlicher Referent des Leiters war Rechtsanwalt Braune. Rechtsanwalt Wagner war der Sonderbeauftragte des Leiters für die Inspektion der Treuhandstellen. Dr. Hermann Höpker-Aschoff leitete die Abteilung V (später IV bzw. II), die sich mit zentralen Fragen des öffentlichen Vermögens Polens und der Schuldenabwicklung beschäftigte.[65]

Die Haupttreuhandstelle Ost bestand aus der Zentrale, aus dem A) Verwaltungsstab und aus dem B) Wirtschaftstab sowie der Sonderabteilung Altreich. Die Struktur der Geschäftsverteilung sah 1940 folgendermaßen aus:
1. Zentrale in Berlin W9, Potsdamer Straße 28
   Leiter
   Persönlicher Referent
   Verbindungsführer zum Reichsführer SS und Chef der Deutschen Polizei
   Verbindungsoffizier zum OKW

Geschäftsverteilung der HTO (Februar 1941). In: Mitteilungsblatt, 31.1.1941, Nr. 1, S. 111 ff; Geschäftsverteilung der HTO vom 1.6.1940. In: Ebenda, 28.6.1940, Nr. 4, S. 18 ff.

Geschäftsverteilung der Haupttreuhandstelle Ost (Stand vom Februar 1941). In: Ebenda, 15.3.1941, Nr. 1, S. 111; R2101, B 6l44, Bl. 228.

A. Verwaltungsstab
Abteilung I: Vermögenserfassung und Verwaltung
a) Erfassung einschl. der zugehörigen Planungsarbeiten
b) Beschlagnahmen einschl. der zugehörigen Planungsarbeiten
c) Führung des Registers über beschlagnahmte Vermögenswerte
d) Treuhandwesen: Einsetzung, Abberufung, Richtlinien
e) Treuhandkontrolle (Revisionen)
f) Wohnungsmobiliar.
Abteilung II: Rechtsabteilung
a) Allgemeine Rechtsfragen, Mitzeichnung von Schreiben an Reichsministerien, den Chef des OKWs und Oberste Reichsbehörden
b) Entwürfe für Gesetze, Verordnungen, Angleichung des von deutschen Stellen in Polen gesetzten Rechts, Änderungen des Landesrechts
c) Beschlagnahmerecht, Treuhänder-Disziplinarsachen
d) Beschwerden
e) International-rechtliche Auseinandersetzungen
Sonderreferat: Ausland; Sonderreferat: Schuldenregelung
B. Wirtschaftsstab
Gruppe I: Geld- und Kreditwesen (einschl. Versicherungen)
Gruppe II: Überleitung der Landwirtschaft
Gruppe III: Überleitung der Forstwirtschaft
Gruppe IV: Neuordnung der Industrie einschl. Energiewirtschaft
Gruppe V: Neuordnung des Handels und Handwerks
2. Treuhandstellen
a) Treuhandstelle Danzig-Westpreußen, Danzig, Dominikswall 7
b) Treuhandstelle Kattowitz, Kattowitz, Bernhardstraße 44
c) Treuhandstelle Posen, Posen, Wilhelmsplatz 15
d) Nebenstelle Lodsch, Lodsch, Petrikauer Str. 74
e) Treuhandstelle Zichenau, Zichenau, Landratsamt[66]
Die Geschäftsverteilungspläne veränderten sich oft, mitunter in monatlichen Abständen. Dies lag daran, daß bis 1942 die Haupttreuhandstelle Ost expandierte. Die Arbeitsbelastung war zunächst gleichermaßen auf die A- und B-Referate verteilt. Mit dem Überfall auf die Sowjetunion und nach der Wende im Krieg nach der Schlacht um Stalingrad büßten immer mehr männliche Mitarbeiter ihre Unabkömmlichkeits-Stellung ein, sie wurden zur Wehrmacht eingezogen. Der Schwerpunkt der Arbeit verlagerte sich so auf die B-Referate. Nach 1943 setzte für die HTO ein rapider Schrumpfungsprozeß ein. Aus dem Vergleich der Geschäftsverteilungspläne bis zum 30.5.1941 ergibt sich eine zuverlässige Übersicht über die Entwicklung des Stellenplanes und der Geschäftsbereiche. Auch dadurch wird die totale Erfassung und Zergliederung der Wirtschaft Polens durch die HTO verdeutlicht.

---

[66] Göring, HTO, Materialsammlung, S. 20 f.

Krahmer-Möllenbergs Vertreter bei der Abteilung I war nach dem Stand vom 1.6.1940 der Berliner Diplom-Kaufmann Willi Imhof.[67] Die untergeordnete Gruppe a) wurde von Regierungsrat Lorenz geleitet. Die Gruppe a) beschäftigte sich verantwortlich mit Fragen der Erfassung von beschlagnahmtem Vermögen (Referat 1 unter Dr. Evert), mit Generalien der Beschlagnahme, der Verwaltung und Verwertung von Vermögenswerten und mit Generalien des Prüfungswesens (Referat 2 unter Dr. Schleweis) sowie mit anderen Angelegenheiten (Referat 3 unter Regierungsrat Lorenz).[68]

Einige Mitarbeiter der Abteilung I waren vorher in der Deutschen Stiftung tätig gewesen, Krahmer-Möllenberg war dort sogar geschäftsführendes Vorstandsmitglied. Regierungsrat Lorenz a. D. hatte ursprünglich dem Preußischen Finanzministerium angehört, bei der Deutschen Stiftung war er als Vertreter des Geschäftsführers in allen Angelegenheiten tätig gewesen. Dr. Evert war bei der Deutschen Stiftung als Fachreferent mit Zeichnungsrecht beschäftigt gewesen und bearbeitete Fragen der Berufsförderung und der berufsständischen Organisationen, des freien Bildungswesens, des Sports und der Jugendfragen, sowie Stipendien, der Pensionärsfürsorge und der Wohlfahrtspflege.[69]

Die Gruppe b) unter der Leitung von Dipl.-Kaufmann Imhof war zuständig für die Verwertung beschlagnahmter Waren (Referat 4 unter Imhof) sowie für Angelegenheiten des beschlagnahmten Privatvermögens aus polnischem und jüdischem Besitz mit Ausnahme des in die Zuständigkeit der Grundstücksgesellschaften der HTO fallenden Besitzes und auch des Mobiliars aus polnischer und jüdischer Hand (Referat 5 unter Dr. Thiele).[70] Referent Willi Imhof aus Berlin beschäftigte sich auch intensiv mit den kommissarischen Verwaltern und der Frage der Revision der Betriebe.[71] Er war zugleich Geschäftsführer der Verwaltungs- und Verwertungsgesellschaft der HTO (VVG).[72]

Bald kamen weitere Referenten zu der Abteilung I hinzu: Regierungsrat Kempa übernahm im Verbindungsstab den Posten als Verbindungsreferent zum Reichskommissar für Preisbildung. Zugleich nahm er die Verbindung zur Grundstücksgesellschaft der Haupttreuhandstelle Ost mbH (GHTO) in Preisbildungsfragen wahr. Diese Fragen waren zunächst in der Abteilung I, im neuen Referat 6 bearbeitet worden.[73] Das Referat I, 4 wurde auch neu eingerichtet. Dipl.-Kaufmann Golla leitete das Referat, das über die Verwaltung und Verwertung beschlagnahmter Waren und Wertpapiere einschließlich der von der Wirtschaftlichen Forschungsgesellschaft GmbH (Wifo) übernommenen VVG entschied. Es bearbeitete sämtliche zu Lasten der Treuhandstellen gehende Zah-

---

[67] Geschäftsverteilung der HTO vom 1.6.1940. In: Mitteilungsblatt vom 28.6.1940, Nr. 4, S. 18.

[68] Ebenda.

[69] Liste der bei der Deutschen Stiftung beschäftigten Personen, R8043, 62711.

[70] Geschäftsverteilung der HTO vom 1.6.1940. In: Mitteilungsblatt vom 28.6.1940, Nr. 4, S. 18.

[71] BAL, R2, BHTO, B 6155, Treuhandstellenbesprechung am 5. und 6. Februar 1940 in der HTO in Berlin. S. 57-59.

[72] Rechenschaftsbericht, S. 214.

[73] Rundverfügung über die zweite Änderung der Rundverfügung über die Neuordnung des Aufbaus und der Organisation der HTO vom 1.6.1940. In: Mitteilungsblatt vom 15.10.1940, Nr. 6, S. 210 f.

lungsanweisungen, die Generalien aller Gesellschaften, die von der HTO durch
Zuschüsse oder Kapitalbeteiligung abhängig waren, sowie alle Angelegenheiten
der Beschlagnahme und Verwertung des Mobiliars in den eingegliederten Ostgebieten.[74]
Nach dem Stand vom 30.5.1941 kamen folgende Referate hinzu: Das Referat I, 5 „Vorprüfung der Tätigkeit der Treuhandstellen bzw. Vorprüfung der Tätigkeit der Gesellschaften" war noch nicht besetzt. Das Referat I, 6 „Prüfung der
Betriebe" wurde zusätzlich von Schleweis übernommen. Kempa und sein Referat „Preisbildungsfragen" wurden dem Referat 7 unterstellt. Ein neues Referat 8
„Allgemeine Angelegenheiten des Handwerks" wurde unter der Leitung von Dr.
Neubauer geschaffen. Die Gruppe B wurde auch umgewandelt. Ihr Zuständigkeitsbereich war fortan der Handel. Das Referat I, 9 unter der Leitung von Dr.
Heinigs bearbeitete Grundsatzfragen des Groß- und Einzelhandels. Das Referat 10 unter Referent Warnholz beschäftigte sich mit der Verwaltung und Verwertung der in die Zuständigkeit der HTO fallenden Betriebe des Groß- und
Einzelhandels. Das Referat I, 11 unter Dr. Asshausen war für den Spolemverband verantwortlich.[75]
Die Abteilung II, „Geld und Kreditwesen", leitete Bankdirektor a.D. Merten.
Sein Stellvertreter, Oberregierungsrat Dr. Henckel, leitete das Referat II, 1 „Allgemeine Fragen von Geld- und Kreditwesen, insbesondere der Abwicklung polnischer Kreditinstitute und Überleitung auf deutsche Kreditinstitute" der Gruppe a) „Kredit und Versicherungswesen". Das Referat II, 2 „Besondere Angelegenheiten der Privatbanken und Sparkassen" wurde von Dr. Krier geleitet. Regierungsrat Dr. Fritsch leitete das Referat II, 3 „Besondere Angelegenheiten der
Kreditgenossenschaften". Krier leitete ebenfalls das Referat II, 4 „Allgemeine
und besondere Angelegenheiten des Versicherungswesens". Das Teilreferat II, 5
„Statistik des Kredit- und Versicherungswesens für den Gau Danzig-Westpreu
ßen sowie die Gebiete von Zichenau und Suwalki" wurde von Büchelin geleitet.
Für den Warthegau war Böttcher und für Oberschlesien Weber zuständig.[76]
Die Gruppe b) „Finanzwesen" (Geldverkehr) wurde von Bankdirektor a. D.
Merten geleitet. Das Referat 6 „Allgemeine Fragen des Geldverkehrs der kommissarisch verwalteten Betriebe" stand unter der Leitung von Oberregierungsrat
Dr. Henckel. Das Referat 7 „Besondere Angelegenheiten des Geldverkehrs der
kommissarisch verwalteten Betriebe; die Genehmigung der Aufnahme von Krediten sowie deren Überwachung" wurde von Hein geleitet. Das Referat 8 „Statistik und Kontrolle des Geldverkehrs in den einzelnen Gaus" wurde unter
Büchelin, Böttcher und Weber aufgeteilt.[77]
Die Gruppe II, c) „Vermögensverwaltung", von Merten geleitet, wurde in das
Referat 9 „Verwaltung der aus der Abwicklung beschlagnahmter Vermögen an-

---

[74] Geschäftsverteilung der HTO, vom Februar 1941.
[75] Geschäftsverteilung der HTO, Stand vom 30.5.1941.
[76] Geschäftsverteilung der HTO, Stand vom 1.6.1940.
[77] Ebenda, S. 19.

fallenden Erlöse" (Leiter: Dr. Weise) und in das Referat 10 „Statistik und Vermögenskontrolle" (Büchelin, Böttcher und Weber) nach Gaue aufgeteilt.[78]
Die Abteilung III wurde von Dr. Herle geleitet und beschäftigte sich mit den einzelnen Zweigen der Wirtschaft und der Industrie. Generalreferent für die wirtschaftspolitische Ausrichtung der Abteilung III war Oberregierungsrat Dr. Matthes. Die gesamte Gruppe a) wurde von Dr. Ulmer geleitet. Das Referat III, 1, das sich mit dem Bergbau befaßte, sowie die Referate III, 2 „Eisen schaffende Industrie" und III, 2, II „Metallindustrie (Metallhalbzeug-Industrie, Metall erzeugende Industrie)" wurden ebenfalls von Dr. Ulmer geleitet. Das Referat III, 3 „Gießerei-Industrie (Eisengießereien, Stahlformgießereien, Tempergießereien, Metallgießereien)" leitete Dr. Weiß.[79]
Die Gruppe b) wurde von zur Nieden geleitet. Das Referat 4 „Eisen- und Metall verarbeitende Industrien" unter der Leitung von Rechtsanwalt Meulemann wurde in fünf weitere Geschäftsbereiche untergliedert: I. „Stahl und Eisenbau (einschließlich Eisenbahnwagenbau)", II. „Maschinenabau", III. „Fahrzeugindustrie", IV. „Luftfahrtindustrie", und V. „Wertstoffverfeinerung". Das Referat 5 „Feinmechanik und Optik" unter Dr. Weiß wurde untergliedert in: I. „Eisen-, Stahl- und Blechwarenindustrie" und II. „Metallwaren und verwandte Industriezweige". Das Referat 6 „Elektroindustrie und Elektrizitätsunternehmungen" wurde ebenfalls von zur Nieden geleitet.[80]
Die Gruppe c), geleitet von Dr. Weiß, wurde wie folgt aufgeteilt: Das Referat 7 „Chemische Industrie mit Kraftstoffindustrie" unter der Leitung von Rechtsanwalt Meulemann, die Referate 8, I „Papiererzeugung" und 8, II „Papier-, Pappen, Zellstoff- und Holzstofferzeugung" unter der Leitung von Dr. Weiß sowie das Referat 9 „Druck" unter Dr. Woitschel.[81]
Die Gruppe d) „Nahrungs- und Genußmittelbetriebe" unter Dr. Fritsch war wie folgt strukturiert: Das Referat 10 „Mühlen" unter Dr. Hauschild, das Referat 11 „Kartoffelverwertungsbetriebe und Spiritusindustrie" unter Regierungsrat Dr. Fritsch, das Referat 12 „ Brauindustrie, einschl. Mineralwasserindustrie" unter Dr. Hauschild, das Referat 13 „Zuckerindustrie" unter Dr. Dittloff sowie das Referat 14 „Fleischwaren-, Fisch-, Milch-, Margarine-, Obst-, Gemüse-, Kühl-, Nährmittel-, Futtermittel-, Tabak-, Kaffeemittel- und Süßwaren-Industrien" unter Bösche.[82]
Die Gruppe e), Referat 15, unter der Leitung von Meulemann wurde in I. „Textilindustrie", II. „Bekleidungsindustrie", III. „Lederindustrie" untergliedert.[83]

---

[78] Ebenda.
[79] Ebenda.
[80] Ebenda.
[81] Ebenda.
[82] Ebenda.
[83] Ebenda.

Die Gruppe f), Referat 16, unter der Leitung von Czulius bestand aus I. „Steine und Erden", II. „Bauindustrie", III. „Glasindustrie", IV. „Keramische Industrie".[84]

Zur Gruppe g) unter der Leitung von Regierungsrat Dr. Gräbener, gehörte das Referat 17, I. „Sägeindustrie", II „Holzverarbeitende Industrie (Kistenfabrikation und verw. Betriebe, Faßholz und Fahrzeugteile aus Holz, Sperrholz- und Holzfaserplattenindustrie, Holzstanzwaren- und Spanindustrie)" und III „Restliche Holz verarbeitende Industrie" unter der Leitung von Dr. Weiß.[85]

Die Gruppe h), Referat 18 „Verkehrsunternehmungen" wurde ebenfalls von zur Nieden geleitet. Das Referat 19 „Fremdenverkehrsgewerbe (einschließlich Gaststätten") leitete Dr. Ringer.

Die Gruppe i), Referat 20 „Verbindung mit der Reichsgruppe Industrie und deren Wirtschafts- und Fachgruppen" leitete Dr. Weiß. Dem Referat 21 „Marktordnung und Kartellreferat" stand Dr. Kübel vor. Die Leitung des Referats 22 „Betriebswirtschaftliche Beratung - Finanzierungsvorschläge gegenüber der Abteilung II" hatte Pühlmann inne.[86]

Die Abteilung IV sowie die Gruppe a), Referat 1 „Angelegenheiten des Handels" wurden von Dr. Günther geleitet. Die Leitungsstelle der Gruppe b), Referat 2 „Angelegenheiten des Handwerks" war nicht besetzt, sie figuriert als N.N.[87]

Höpker-Aschoff leitete die Abteilung V, ebenso die Gruppe a) Referat 1 „Angelegenheiten des Vermögens des polnischen Staates einschließlich der Staatsmonopole und der öffentlichen Kreditinstitute (bei diesen im Einvernehmen mit Abteilung II) der polnischen Gemeinden und Gemeindeverbände" wurde von Rank geleitet. Unter seiner Leitung stand auch das Referat 2 „Angelegenheiten des Vermögens sonstiger öffentlich-rechtlicher Körperschaften, Kirchen, Stiftungen". Die Gruppe b) fiel wiederum in die Kompetenz von Höpker-Aschoff. Das Referat 3 „Generalien der Abwicklung von Schulden und Forderungen beschlagnahmter Vermögen" unterstand Dr. Elsholz. Er leitete zugleich das Referat 4 „Spezialien der Abwicklung von Schulden und Forderungen beschlagnahmter Vermögen mit Ausnahme derjenigen des neutralen und feindlichen Auslandes". Die Gruppe c) „ Land- und Forstwirtschaft, soweit sie zur Zuständigkeit der HTO gehört" wurde von Regierungsrat Dr. Fritsch geleitet. Er stand zu gleich an der Spitze von Referat 5 „Angelegenheiten der Landwirtschaft einschl. landwirtschaftlicher Genossenschaften, soweit diese Fragen in die Zuständigkeit der HTO fallen, ferner Angelegenheiten der Molkereibetriebe und des Landwarenhandels". Oberforstmeister Kausch leitete das Referat 6 „Angelegenheiten der Forstwirtschaft, soweit diese in die Zuständigkeit der HTO fallen".[88]

---

[84] Ebenda, S. 20.
[85] Ebenda.
[86] Ebenda.
[87] Ebenda.
[88] Ebenda.

Nach der Geschäftsverteilung der HTO vom 6.10.1942 [89] wurde Höpker-Aschoff durch die Zusammenlegung bzw. Neuordnung der Abteilungen mittlerweile Leiter der Abteilung IV. Somit war die Gruppe A zuständig für die „Verwaltung des öffentlichen Vermögens", die Gruppe B für die „Abwicklung von Schulden und Forderungen". Die Referate, die sich mit land- und forstwirtschaftlichen Betrieben befaßten, wurden aufgelöst. Hinzu kamen die Referate der Gruppe C „Forderungen und Schulden des Auslandes" mit zwei Länderreferaten. Das Referat 6, Länderreferat I, wurde von Dr. Joost geleitet. Das Referat 6, das sich mit der Abwicklung der Schulden und Forderungen des Auslands beschäftigte, war folgendermaßen untergliedert: 1) Amerika, mit Ausnahme der USA, 2) Dänemark, 3) Finnland, 4) Irland, 5) Norwegen, 6) Ostasien, 7) Portugal, 8) Schweden, 9) Schweiz, 10) Spanien, 11) Ungarn, 12) Feindstaaten: a) Vereinigtes Königreich von Großbritannien und Nordirland mit den überseeischen Besitzungen, Kolonien, Protektoraten und Mandatsgebieten sowie die Dominions Kanada, Australischer Bund, Neuseeland und Südafrikanische Union, b) Frankreich einschl. seiner Besitzungen, Kolonien, Protektorate und Mandatsgebiete, c) Ägypten, d) Sudan, e) Irak, f) UdSSR. Das Referat 7, Länderreferat II unter der Leitung von Dr. Siebenhaar war wie folgt strukturiert: 1) Albanien, 2) Belgien, 3) Bulgarien, 4) Griechenland, 5) Iran, 6) Italien, 7) Jugoslawien, 8) Niederlande, 9) Rumänien, 10) Slowakei, 11) Türkei, 12) USA.[90]

Nach dem Geschäftsverteilungsplan vom 15.3.1943 war die von Höpker-Aschoff geleitete Abteilung II, Öffentliches Vermögen und Schuldenabwicklung, zuständig für folgende Fachgebiete: Referat 1: Verwaltung des öffentlichen Vermögens, Vermögen des polnischen Staates, öffentliche Anleihen und Forderungen und Schulden der öffentlichen Hand; Referat 2: Grundsatzfragen der Schuldenabwicklung, Rechtsvorschriften und Rundverfügungen auf dem Gebiet der Schuldenabwicklung, Verhandlungen mit dem Generalgouvernement und Schuldenabwicklung für Betriebe im Warthegau sowie die Spolem-Betriebe; Referat 3: Schuldenabwicklung für Betriebe in Danzig-Westpreußen und Zichenau; Referat 4: Schuldabwicklung für Betriebe in Oberschlesien; Referat 4: Forderungen und Schulden des Auslandes; Referat 6: Grundsatzfragen, Bankenabwicklung, Rembours- und Akkreditivfragen; Auseinandersetzung mit dem Generalgouvernement, Abwicklung der Privat- und Aktienbanken; Referat 7: Abwicklung der Versicherungsgesellschaften; Referat 8: Abwicklung der Staatsbanken, Sparkassen und Kreditgenossenschaften.[91]

Die Rechtsabteilung stand unter der Leitung von Rechtsanwalt Bruno Pfennig. Sie war in drei Gruppen unterteilt: Gruppe A „Allgemeine Rechtsangelegenheiten", Gruppe B „Steuerrecht" und Gruppe C „Behördenverwaltung".[92]

---

[89] BAL, R144, 414, Geschäftsverteilung der HTO (Vorläufige Fassung vom 6.10.1942).

[90] Ebenda.

[91] BAL, R144, 317, Geschäftsverteilung nach dem Stand vom 15.3.1943. Ohne Blattzahl.

[92] Geschäftsverteilung der HTO, Stand vom 30.5. 1941. In: Mitteilungsblatt vom 25.6.1941, S. 231-233.

Dr. Reetz leitete die Sonderabteilung Altreich. Dr. Rebe war für Erfassung zuständig, Dr. Brohl für Rechtsangelegenheiten. Dr. Venske leitete die Verwaltung des Vermögens der im Ausland lebenden polnischen Staatsangehörigen.[93]

3.2.2 Die Geschäftsleitung der Haupttreuhandstelle Ost, Berlin

Die Geschäftsleitung der HTO war geprägt vom preußisch-deutschen Geist des Volkstumskampfes der Zwischenkriegszeit. Sowohl Bürgermeister a. D. Max Winkler als auch Krahmer-Möllenberg waren prominente Aktivisten in der staatlichen Organisation und Betreuung der Auslandsdeutschen nach dem Versailler Vertrag. Beide zeigten sich stets als höfliche, über gute Manieren verfügende Vertreter der preußisch-deutschen Oberschicht. Beide bewegten sich sowohl in der Geschäfts- als auch in der Beamtenwelt. Beim Studium der von ihnen verfaßten Vorträge auf den Tagungen der Treuhandstelle kann man fast den Eindruck gewinnen, daß sie lediglich gewandte, korrekte, anständige preußisch-deutsche Geschäftsführer waren, denen es nach dem erfolgreichen Polenfeldzug einzig und allein darum gegangen sei, die ehemals abgetretenen preußischen Gebiete wieder ins Reich einzugliedern. Dies Bild täuscht, wie bereits angedeutet. Aus dem Aktenstudium ergibt sich eindeutig, daß sowohl Winkler, Krahmer-Möllenberg als auch Höpker-Aschoff Schlüsselfiguren in der Zerstörung des polnischen Staates, bei dem Raub polnischen Eigentums und bei dem Raubmord an den polnischen Juden waren.

Rechtsanwalt Bruno Pfennig, der ebenfalls zum inneren Kreis der HTO zählte, war nicht ganz so vorsichtig in seinem Auftreten. Er bevorzugte eine gröbere Art, was er u.a. durch saloppe antisemitische Bemerkungen unterstrich.

3.2.2.1 Max Winkler

Der Leiter der Haupttreuhandstelle Ost, Dr. h.c. Max Winkler, Bürgermeister a.D.,[94] war am 7.9.1875 in Karresch, Kr. Rosenberg/Westpreußen geboren. Vor dem Ersten Weltkrieg war er Bürgermeister von Graudenz. 1920 übergab er die Stadt in polnische Verwaltung. Danach arbeitete er für die Stärkung des Deutschtums im Osten. In den zwanziger Jahren war er für die Demokratische Partei Abgeordneter im Preußischen Landtag. Dort leitete er den „Ost-Ausschuß". Er war Sachverständiger für Minderheitsfragen, für die deutsche Presse, Schule und Kirche im Ausland. 1931 sanierte er Bankinstitute.

---

[93] Geschäftsverteilungsplan vom 30.5.1941.

[94] Winkler, Max, Dr. h.c. Bürgermeister a. D. Berlin NW 87, Brückenallee 3, geb. 7.9.1875;
Leiter: Haupttreuhandstelle Ost, Berlin
Persönlichhaftender Gesellschafter: Deutscher Verlag, Berlin
Beirat: Deutsche Reichsbank, Berlin
Aus: Wer leitet? 1941/42, S. 1099

Er war Treuhänder des Reichsbesitzes an Zeitungsverlagen und Reichstreuhänder für den geheimen Ostlandsfonds, der u.a. Grenzlandzeitungen unterstützte. Er setzte nach der Machtergreifung Hitlers 1933 diese Tätigkeit fort. Bei der Überführung von Zeitungen und Buchverlagen sowie der Filmgesellschaften Tobis und Ufa in den Besitz von NS-gesteuerter Unternehmen hatte er Gelegenheit, sich auszuzeichnen.[95]

Am 19.10.1939 wurde Winkler zum Leiter der Haupttreuhandstelle Ost berufen. In seiner Trauerrede für Dr. Krahmer-Möllenberg am 4.11.1942 ging er auch auf die Bedeutung und die Aufgabenstellung der HTO ein. Er sagte: „Der Führer und sein herrliches Heer haben die deutschen Grenzen von 1918 nicht nur wiederhergestellt und haben unsere Volksdeutschen heimgeholt, sie haben auch den von uns betreuten Balten, Wolhynier, Buchenländer, Bessarabier und vielen anderen notleidenden deutschen Minderheiten ihre Heimat zurückgewonnen... Da berief mich am 19. Oktober 1939 der Reichsmarschall des Großdeutschen Reiches zum Leiter der Haupttreuhandstelle Ost, d.h. zum Verwalter des polnischen Vermögens, das durch Raub und Ungerechtigkeit auf Grund der Auswirkungen des Versailler Schamvertrages den Deutschen genommen war. Ich habe mit großer Dankbarkeit dieses Amt angenommen in der Hoffnung, weiter für meine Heimat tätig sein zu dürfen...“[96]

Nach dem 8. Mai 1945 befand sich Winkler in verschiedenen Internierungslagern und Gefängnissen, er gehörte zu den Angeklagten in Nürnberg. Am 11.8.1949 wurde er von der Hauptspruchkammer Lüneburg entlastet.

Bei Munzinger ist dazu über ihn zu lesen: „Es war ihm zu Gute gehalten worden, daß er persönlich immer korrekt geblieben und bemüht war, das persönliche Schicksal der Betroffenen erträglich zu gestalten, weitere Verfolgungen von vielen Menschen abzuhalten“.

Dagegen ist einzuwenden: Als ihr Leiter war Winkler über sämtliche Aspekte der Tätigkeit und Machenschaften der Haupttreuhandstelle informiert. Er wußte bestens darüber Bescheid, daß Evakuierung und Beraubung der polnischen und jüdischen Bevölkerung in den eingegliederten Gebieten die Grundlage für die Tätigkeit der HTO bildeten. Die Prozedur, die das Reichsfinanzministerium und das Reichswirtschaftsministerium für die Verwertung von „devisenfähigen Gold- und Silberwaren“ durch die Vermögens- und Verwertungsgesellschaft vorschrieb, war ihm sehr gut bekannt.[97] In einem Aktenvermerk notierte am 15.4.1944 der Beauftragte für Fragen der HTO beim Reichsfinanzministerium, Casdorf, daß „Bürgermeister Dr. Winkler sich übrigens bereit (erklärte), eine Partie von Juwelen im Betrag von 40 000 RM Weltmarktpreis mir zur Veräußerung in der Schweiz zur Verfügung zu stellen...“.[98] In seinem Artikel im Ostdeutschen Beobachter vom 20.12.1941, stellte Winkler seine Ansicht über die Ziele der HTO eindeutig dar: „...Die eingegliederten Ostgebiete dürfen künftig

---

[95] Munzinger Archiv, Lieferung 8/62, Bl. 2761; Köhler: Die große Enteignung, S. 102-104.

[96] R8043, 62710, Bl. 12.

[97] BAL, R144, 319, Treuhandstellenleitertagung von 22. Februar 1944, S. 17.

[98] BAL, R2, B 6140, Bl. 185.

nicht mehr wie bisher von einer Mischbevölkerung bewohnt werden, denn ihre rein deutsche Besiedlung muß sichergestellt sein... In Verbindung mit dem Reichskommissar für die Festigung deutschen Volkstums leistet die Haupttreuhandstelle Ost auf ihrem Gebiet entscheidende wirtschaftliche Vorarbeit für diese Aufgabe".[99]

Nach dem Krieg war er in einer Firma tätig, die Filme herstellte. Er starb am 12.10.1961 im Alter von 86 Jahren in Düsseldorf.[100]

3.2.2.2 Erich Krahmer-Möllenberg

Stellvertreter des Leiters der HTO war zunächst Dr. h. c. Erich Krahmer-Möllenberg, ehemaliger Leiter der Deutschen Stiftung. Er hatte zugleich die Leitung der Abteilung I, die sich mit allgemeinen Fragen der Erfassung, Beschlagnahmung und Verwertung des polnischen Vermögens beschäftigte, übernommen.

Krahmer-Möllenberg war am 24.4.1882 in Goslar geboren. Er entstammte einer alten Soldatenfamilie. Nach dem Studium schlug er die Beamtenlaufbahn ein, er arbeitete als Regierungsassessor und Regierungsrat in Bromberg. Nach dem Versailler Vertrag und der Abtretung von Posen und Westpreußen an Polen war er vom preußischen Innenministerium zum Sachbearbeiter für Angelegenheiten des Friedensvertrages, insbesondere der Ostgebiete, berufen worden. Er beschäftigte sich fortan „mit Fragen der verlorenen Heimat".[101]

Nach einer kurzen Tätigkeit in der Textilindustrie während der Wirtschaftskrise Anfang der zwanziger Jahre handelte er zusammen mit Dr. Winkler 1920 die Gründung einer „Deutschen Stiftung" mit den zuständigen Ministerien 1920 aus. Die „Deutsche Stiftung" war für die kulturelle Pflege des deutschen Volkstums im Osten gedacht. Sie sollte sich mit der kulturellen Betreuung von Schule, evangelischer Kirche, Jugendfürsorge, Sport, Theater, Konzert und die deutsche Presse beschäftigen. Zeitgleich wurde die „Concordia", eine literarische Anstalt, zur Pflege der deutschen Presse gegründet. Sie wurde von Max Winkler geleitet. Krahmer-Möllenberg wurde als geschäftsführendes Vorstandsmitglied der Deutschen Stiftung bestellt und blieb ihr Leiter bis zur Übernahme der Organisation durch die HTO.

Die Deutsche Stiftung entwickelte sich unter der Leitung von Krahmer-Möllenberg zu einem Sammelbecken für jene Eliten, die sich mit deutschen Minderheitsfragen im Osten beschäftigten. Obgleich sie offiziell eine selbständige Organisation war, sammelte sie für das Auswärtige Amt Daten, Statistiken und Informationen und unterstützte deutsche Schulen und Kultureinrichtungen im

---

[99] Dr. Max Winkler: Treuhänderische Vermögensverwaltung. In: Ostdeutscher Beobachter vom 20.12.1941, Nr. 354; vgl. auch Ders.: Treuhänderische Vermögensverwaltung in den eingegliederten Ostgebieten: Vorsorge für Kriegsteilnehmer und Rücksiedler, im übrigen schnelle Verwertung durch die Haupttreuhandstelle Ost. In: Der Vierjahresplan vom 13.12.1941. In: BAL, R2501, 5527, Bl. 195 ff.

[100] Munzinger Archiv, Lieferung 8/62, Bl. 2761 ff.

[101] BAL, R8043 (62710. Bl. 6-14, Gedenkrede des Leiters der HTO des Beauftragten Max Winkler bei der Trauerfeier für Dr. h.c. Krahmer-Möllenberg im Haus der Flieger, Berlin, am 4.11.1942.

Osten. Die Deutsche Stiftung und ihre Kulturarbeit wurden auch vom Auswärtigen Amt finanziell getragen.[102]

Hinsichtlich ihrer Tätigkeit vor und nach 1933 konnte die Deutsche Stiftung eine Kontinuität aufweisen. Krahmer-Möllenberg blieb nach der Machtergreifung der Nazis an der Spitze der Stiftung, auch das Personal blieb weitgehend unverändert. Er unterhielt auch weiterhin Kontakte zu den nationalkonservativen Führern in Polen, mit denen er sich am besten verstand. In der praktischen Umsetzung der Kulturarbeit in Polen fand aber ein zunehmender innerer Machtkampf zwischen den „Alten" und der „Jungdeutschen Partei" (JDP), hinter der sich die NSDAP in Polen mit einem anderen Namen, statt. Die JDP stritt, unterstützt von der Gestapo, mit der Deutschen Stiftung und der Deutschen Vereinigung in Bromberg nicht nur über inhaltliche Meinungsverschiedenheiten, sondern vor allem über die Verteilung der Mittel, die vom Auswärtigen Amt und von der Reichsregierung zur Verfügung gestellt wurden.[103] Erst am 2.8.1938, als Hitler einen Erlaß unterzeichnete, in dem die Volksdeutsche Mittelstelle (VDM) mit der gesamten Koordination der Minderheitenfragen beauftragt und einer Reichsbehörde gleichgestellt worden war, wurden die Deutsche Stiftung und alle anderen reichsfinanzierten Minderheitenorganisationen endgültig gleichgeschaltet.[104]

Die Wirkungsgebiete der Deutschen Stiftung und der Concordia gingen weit über Posen und Westpreußen hinaus. Zu ihrem Einflußbereich gehörten ebenso die abgetretenen Gebiete in Oberschlesien, des Memelgebiets, in der Tschechoslowakei, Nordschleswig, Eupen-Malmedy sowie andere deutsche Minderheitengebiete.[105]

Krahmer-Möllenberg war auch, wiederum zusammen mit Max Winkler, führend bei der Schaffung der „Ossa" Vermittlungs- und Handelsgesellschaft im Jahre1926 beteiligt. Diese Gesellschaft sollte die Nationalbanken für die Vergabe von Krediten zur Sicherung der wirtschaftlichen Grundlage der deutschen Minderheit im Osten ersetzen. Dabei spielte die Sicherung von Grund und Boden sowie die Unterstützung der deutschen Genossenschaften eine besondere Rolle.[106]

Krahmer-Möllenberg gehörte auch dem Deutschen Auslandsinstitut in Stuttgart als Vorstandsmitglied an und war aktiver Mitarbeiter der Deutschen Akademie.[107] Nach dem Überfall auf Polen und der Gründung der HTO am 19.10.1939 wurde er, wie bereits erwähnt, zum Stellvertreter des Leiters der HTO, Winkler, ernannt. Krahmer-Möllenberg leitete die Grundsatzabteilung

---

[102] Rudolf Jaworski und Marian Wojciechowski (Hg.): Deutsche und Polen zwischen den Kriegen. Minderheitenstatus und „Volkstumskampf" im Grenzgebiet. Amtliche Berichterstattung aus beiden Ländern 1920-1939. Herausgegeben im Auftrag des Instituts für Zeitgeschichte und der Generaldirektion der Polnischen Staatsarchive. München 1997, S. 16; BAL, R 8043.
[103] Ebenda, S. 15-17.
[104] Ebenda, S. 18 f.; ADAP, V, S. 142.
[105] Ebenda, Bl. 8 f.
[106] Ebenda, Bl. 9 f.
[107] Ebenda, Bl. 11.

und führte die der HTO angeschlossenen Gesellschaften. Die Vorbereitungsarbeiten zur Schaffung vieler tausender Unternehmen im Handel und im Handwerk für die Unterbringung von Kriegsversehrten und Kriegsteilnehmern standen auch unter seiner Leitung.[108]

Am 22. Oktober 1942 verunglückte Krahmer-Möllenberg im Alter von 60 Jahren auf dem Flug von Budapest nach Belgrad bei Bukovac in Kroatien.[109]

3.2.2.3 Hermann Höpker-Aschoff

Hermann Höpker-Aschoff wurde am 31.1.1883 in Herford (Westfalen) geboren. Bei der HTO leitete er die Abteilung IV (später V und zuletzt II) „Vermögensverwaltung des ehemaligen polnischen Staates" bzw. „Schuldenabwicklung". In Jena, München und Bonn studierte er Rechtswissenschaften, promovierte zum Dr. jur. und war dann im preußischen Justizdienst als Landrichter in Bochum tätig, ab 1921 als Oberlandesgerichtsrat in Hamm.

Seit 1922 gehörte er dem preußischen Landtag an. Von 1925 bis 1931 war er zugleich preußischer Finanzminister.

Im Munzinger Archiv heißt es dann für die folgende Zeit: „Er lebte dann während der NS-Zeit fern von der Politik in seiner westfälischen Heimat".[110] In „Wer ist wer?" gab er an, schriftstellerischer Tätigkeit in der Nazi-Zeit nachgegangen zu sein. Tatsächlich schrieb er in dieser Zeit „Unser Weg durch die Zeit" (1935) und „Geld und Gold"(1939).[111] Er schrieb auch einen Artikel über die „Abwicklung der Forderungen und Schulden polnischer Vermögen" in der Fachzeitschrift Bank-Archiv.[112]

Die ganze Wahrheit war das aber nicht. Gleich nach der Schaffung der HTO war er zum Leiter der Abteilung V berufen, die sich mit der Vermögensverwaltung des polnischen Staates, den polnischen öffentlichen Kreditinstitutionen und mit sonstigen polnischen öffentlich-rechtlichen Körperschaften sowie der Abwicklung von Schulden beschäftigte. Dabei beinhaltete die Schuldenabwicklung nicht nur die Abwicklung von Schulden und Forderungen polnischer Vermögenswerte, sondern in diesem Kontext die Auflösung des gesellschaftlichen Gefüges des Landes. Außer der bereits erwähnten Schuldenabwicklung von Immobilien, Betrieben, Wertpapieren und anderer Vermögenswerte leitete er auch die Verwaltung und Verwertung des polnischen staatlichen und öffentlich-rechtlichen Vermögens. Er war bis 1945 Referatsleiter.

In seinem Artikel „Die Abwicklung der Forderungen und Schulden polnischer Vermögen" legte Höpker-Aschoff seinen Standpunkt hinsichtlich der Ver-

---

[108] Ebenda.

[109] BAL, R8043, 62710, Bl. 17, Auszug aus dem Sterbebuch des Standesamtes Potsdam.

[110] Munzinger Archiv: Lieferung 35/51, Bl. 403** Ravensburg 12/95; Köhler: Die große Enteignung, S. 88-121 und S. 117-119.

[111] Wer ist wer? Berlin 1951, S. 263.

[112] Hermann Höpker-Aschoff: Die Abwicklung der Forderungen und Schulden polnischer Vermögen. In: Bank-Archiv, Zeitschrift für Bank- und Börsenwesen vom 15.9.1941, Nr.18, S. 359-361.

wertung des polnischen Vermögens und der Abwicklung der aufgelaufenen Schulden dar: „In einem Zeitraum von mehreren Jahrhunderten haben die Deutschen das Land zwischen Elbe und Weichsel für das Deutschtum gewonnen. Die Geschichte lehrt uns, daß das Deutschtum sich auf die Dauer nur dort behauptet hat, wo der Grund und Boden und die Verfügung über die übrigen Faktoren der Produktion in deutscher Hand bleiben. Die Wiedereindeutschung der Ostgebiete setzt also voraus, daß der Grund und Boden und das sogenannte Realkapital, Wohnhäuser und wirtschaftliche Anlagen, in die deutsche Hand überführt werden. Diese Überführung ist durch die Beschlagnahme des polnischen Vermögens vorbereitet, die durch die Verordnung über die Behandlung von Vermögen der Angehörigen des ehemaligen polnischen Staates vom 17.9.1940 (RGBl, I, S. 1270) geregelt ist[113]... Die Abwicklung der Forderungen und Schulden polnischer Vermögen wird ihre Zeit erfordern; aber die neue Verordnung schafft die langentbehrte Rechtsgrundlage, die eine beschleunigte Abwicklung jedenfalls dort, wo eine Verwertung des polnischen Vermögens durch Verkauf erfolgt, ermöglichen wird."[114]

Seine Ansichten über die Rolle der Polen als Arbeitskräfte des Deutschen Reiches hatte er bei der Besprechung in der HTO am 23. und 24. Juli 1940 deutlich zum Ausdruck gebracht. Als er auf die Mechanismen der Schuldenabwicklung bei der Liquidierung der polnischen Banken in Zusammenhang mit der Staatsangehörigkeitsfrage und des kommenden Finanzausgleichs mit dem Generalgouvernement zu sprechen kam, ging er auch auf die künftige Rolle der Polen im Generalgouvernement ein. Dazu führte er aus: „...Wenn die Zahlungsbilanz des Gouvernements nicht in Ordnung ist, muß eben weniger eingeführt und mehr ausgeführt werden. Und da man drüben keine Waren hat, die man ausführen kann, bleibt eben nichts anderes übrig als Arbeitskräfte. Das war auch der ursprüngliche Plan, daß das Gouvernement etwa zwei Millionen Arbeitskräfte für das Großdeutsche Reich zur Verfügung stellen sollte. Aus diesem Plan ist leider nie etwas geworden, und ob in Zukunft etwas daraus wird, weiß niemand. Ob wir letzten Endes die Sache ohne das Gouvernement machen können?"[115]

Im Oktober 1945 wurde Dr. Höpker-Aschoff zum Generalreferent für Finanzen in der westfälischen Provinzialregierung ernannt. Bei der Bildung des Landes Nordrhein-Westfalen übernahm er die Leitung des Finanzministeriums. Er gehörte dem Parlamentarischen Rat an; er war Sachverständiger der Freien Demokratischen Partei für Finanzfragen. Er war stets ein Verfechter einer starken Bundesfinanzverwaltung. Er hatte bei der Ausarbeitung des Grundgesetzes der Bundesrepublik Deutschland mitgewirkt. Bei den ersten Bundestagswahlen kam er für das Land Nordrhein-Westfalen in das Bonner Parlament. 1949 wurde er zum Honorarprofessor der Rechts- und Staatswissenschaften der Universität Münster berufen, 1950 als Honorarprofessor der Universität Bonn. Nach der

---

[113] Ebenda.
[114] Ebenda.
[115] BAL, R144, 319, Treuhandbesprechung in der HTO am 23. und 24.7.1940, S. 29-34.

Konstituierung des Bundesverfassungsgerichts (BVG) in Karlsruhe wurde er zu dessen erstem Präsidenten gewählt.[116]

Dr. Hermann Höpker-Aschoff mußte für seine Aktivitäten bei der Haupttreuhandstelle Ost in der BRD nie Rechenschaft ablegen.

3.2.2.4 Rechtsanwalt Bruno Pfennig

Nach dem Tod von Krahmer-Möllenberg bekam Rechtsanwalt Bruno Pfennig die Position als stellvertretender Leiter der HTO übertragen. Während der gesamten Zeit war er zugleich Leiter der Rechtsabteilung gewesen. Er war auch der Autor des Rechenschaftsberichts, der jetzt eine grundlegende Quelle für die Erforschung der Haupttreuhandstelle Ost ist. Offensichtlich hatte er den Krieg überlebt.[117] Über seinen beruflichen Werdegang in der Nachkriegszeit ist auch anhand von biographischen Hilfsmitteln nichts festzustellen.

Über seine Person gibt es nur spärliche Information. Dagegen geben die Treuhandtagungsprotokolle reichlich Aufschluß über seine Art zu denken. Auf der Treuhandbesprechung vom 5. und 6. Februar 1940 äußerte sich Pfennig in bezug auf die Beibehaltung der polnischen Firmennamen während ihrer kommissarischen Verwaltung auch zu der Frage von jüdischen Firmennamen: „...Auch ich bin der Ansicht, daß in der Firmenbezeichnung irgendwie hervortreten sollte, wie die Firma früher einmal hieß. Nun gibt es ja in Polen ganz unaussprechliche und fürchterliche Bezeichnungen, die vielleicht in vollem Glanze nicht vorgeführt werden können, weil sie doch nachher keiner aussprechen oder richtig schreiben kann. (Zuruf: Meistens auch noch jüdisch!) – Das würde doch sehr wirkungsvoll sein, wenn „vormals Willi Cohn" oder „vormals Simon Aftergeruch" dastände. (Heiterkeit.) In solchen Fällen würde ich auch nicht dazu raten. Also bei jüdischen Firmen, bei denen jüdische Namen vorkommen, würde ich das tunlichst nicht machen. Manchmal haben diese Firmen unverfängliche Abkürzungen gehabt, auch die Juden, um solche schönen Namen zu tarnen...".[118]

3.2.3 Generalreferent für die Festigung deutschen Volkstums

Obwohl die Haupttreuhandstelle Ost Göring unterstand, hatte sich Heinrich Himmler als Reichsführer SS und zugleich als Reichskommissar für die Festigung des deutschen Volkstums einige weitgehende Rechte bezüglich der Enteignung und des Verkaufs von polnischen Vermögen verschaffen können. Himmler hatte als Reichsführer SS alle Ministerien des Deutschen Reiches

---

[116] Munzinger Archiv, Lieferung 35/51, Bl. 403.

[117] Köhler, Die große Enteignung, S. 88-121, und S. 117-119.

[118] BAL, R2, BHTO, B 6155, Treuhandstellenbesprechung am 5. und 6. Februar 1940 in der HTO in Berlin, S. 51.

durchdrungen und infiltriert, so auch alle Entscheidungsebenen der HTO. Die Entscheidungsträger der HTO waren angehalten, ihre Karrieren auch als ehrenamtliche SS-Offiziere im Auge zu behalten.

Himmler hatte sich vor allem Kompetenzen in der Landwirtschaft in den eingegliederten Gebieten erstritten.[119] Während er in der sogenannten Friedenszeit in der Hierarchie der NS-Herrschaft noch im Schatten von Göring gestanden hatte, trat er während des Krieges schnell ins Rampenlicht und raffte so viele Machtbereiche zusammen, wie er nur konnte. In seiner Funktion als Reichskommissar für die Festigung des deutschen Volkstums traf er Entscheidungen über: 1) die wirtschaftliche Nutzung der landwirtschaftlichen Flächen in den okkupierten polnischen Gebieten durch die „Ostland" - Gesellschaft;[120] 2) die Trennung der Bevölkerung in Deutsche, Fremdvölkische bzw. Rassenfremde; 3) die Regelung der Staatsangehörigkeitsfrage für verschiedene Kategorien von Volksdeutschen; 4) die Rückführung der Volksdeutschen aus dem Baltikum, aus Rußland, dem Schwarzmeergebiet und aus Galizien; 5) die Ansiedlung auf den von Polen und Juden geräumten Höfen und Gütern; 6) die Schaffung von Konsultationsstellen des Reichskommissars für die Festigung des deutschen Volkstums und des Reichsführers SS bei den Zivilbehörden.

So wurde bei der HTO das Generalreferat für die Festigung deutschen Volkstums (GVSS) geschaffen. Diese Position besetzte SS-Standartenführer Galke,[121] der zugleich zum Stab des Reichskommissars für die Festigung des deutschen Volkstums gehörte, und zwar als persönlicher Referent des SS-Brigadeführers Greifelt für den Geschäftsbereich der HTO.[122] Die Grundlage für diese Zusammenarbeit bildeten a) der Erlaß des Führers und Reichskanzlers vom 7.10.1939 für die Festigung des deutschen Volkstums, b) alle grundsätzlichen und Einzel-Anordnungen des Ministerpräsidenten, Generalfeldmarschalls Göring, c) die auf Grund der Richtlinien des Führers unter besonderer Berücksichtigung der Siedlungsaufgaben und Planungen durch den RKV ergehenden grundsätzlichen und allgemeinen Anordnungen.[123] Es war das erklärte Ziel, eine Doppelarbeit durch die HTO und das RKV zu vermeiden, eine gegenseitige und ständige fortlaufende Unterrichtung über alle wichtigen Maßnahmen und Entscheidungen zu betreiben sowie bei der Bewältigung der Aufgaben und Arbeiten gegenseitig Unterstützung zu gewähren.[124]

Eine der wichtigsten Verfügungen des Reichskommissars für die Festigung des deutschen Volkstums hinsichtlich der Arbeit der HTO hatte die Festlegung der Rangfolge bei Kandidaten für die Besetzung von Stellen als kommissarische

---

[119] Rechenschaftsbericht, S. 45.

[120] Rechenschaftsbericht, S. 45.

[121] Geschäftsverteilung der HTO, Stand vom Februar 1941; Geschäftsverteilung der HTO vom 1.6.1940.

[122] Anordnung des Beauftragten für den Vierjahresplan, der HTO und des Reichskommissars für die Festigung des deutschen Volkstums; Anordnung des Reichsführers SS und Chefs der Deutschen Polizei, Reichskommissar für die Festigung des deutschen Volkstums vom 14.5.1940, Zusammenarbeit mit der HTO. In: Mitteilungsblatt vom 28.6.1940, Nr.4, S. 15 f.

[123] Ebenda.

[124] Ebenda.

Verwalter. Nach diesem Rangfolgeerlaß wurden Deutsche in folgender Reihenfolge berücksichtigt: 1) Volksdeutsche, 2) Baltendeutsche 3) Rücksiedler (Verdrängte aus der Zwischenkriegszeit) 4) Reichsdeutsche. Für Kriegsversehrte und Soldaten an der Front wurden geeignete Betriebe durch Auffanggesellschaften der HTO außerhalb dieser Rangfolge reserviert.[125]

Für das Reichskommissariat für die Festigung des deutschen Volkstums war diese Zusammenarbeit von großer Bedeutung. Dadurch sicherte es sich die Wahrnehmung des Beschlagnahmerechtes bei der Durchführung der Beschlagnahmeverfügungen bezüglich des polnischen Agrarbesitzes sowie die Sicherung der Kompetenzen in der Überprüfung der Staatsangehörigkeit durch das Generalreferat.[126] In diesem Zusammenhang wurden dem Generalbeauftragten beim Reichskommissar für die Festigung des deutschen Volkstums (GVSS) folgende Referate unterstellt: Referat a) Menscheneinsatz unter der Leitung von SS-Hauptsturmführer Friese, Referat b) Volkstumsfragen unter der Leitung von Heller und Referat c) Wirtschaftsfragen unter der Leitung von SS-Hauptsturmführer Mah.[127]

Gemäß der Zweiten Anordnung über die HTO vom 17.2.1941 sowie durch die Anordnung 28/III des RKV vom 4.4.1941 wurde das Amt des GVSS bei der HTO aufgelöst.[128] Die GVSS-Ostbewerberunterlagen wurden an die Treuhandstellen übergeben, diese Unterlagen wurden fortan von den Generalreferenten des Reichskommissars bei den einzelnen Treuhandstellen bearbeitet. Bis Juni 1941 lagen alle GVSS-Ostbewerbungen den Warthegau betreffend bereits beim GVSS an der Treuhandstelle Posen.[129] Diese Maßnahme sowie die Zweite Anordnung über die HTO vom 17.2.1941, mit der die Treuhandstellen den zuständigen Reichsstatthaltern bzw. Oberpräsidenten unterstellt wurden, förderten die Dezentralisierung der Struktur der HTO. Ebenso wurde die Tätigkeit der Generalbeauftragten beim Reichskommissar für die Festigung deutschen Volkstums auf die Gauebene verlagert.[130]

---

[125] BAL, R2, BHTO, B 6155, Treuhandstellenbesprechung am 5. und 6. Februar 1940 in der HTO in Berlin, S. 39 f., 91; Mitteilungsblatt vom 27.8.1940, Nr. 3, S. 155, 158 und 159; BAL, R144, 317, Rangfolgeerlaß mit Verteiler.

[126] Eilrunderlaß des Reichsführers SS und Chefs der Deutschen Polizei betreffend Beschlagnahme von Vermögenswerten in den eingegliederten Ostgebieten und den besetzten polnischen Gebieten vom 16.12.1939. (Nicht zur Veröffentlichung bestimmt). In: Materialsammlung, S. 10 f.

[127] Geschäftsverteilung der HTO, Stand vom Februar 1941.

[128] Anordnung des Reichsführers SS, Reichskommissars für die Festigung deutschen Volkstums Nr. 28/III – betr. Auflösung des Geschäftsbereichs des Generalreferenten für die Festigung deutschen Volkstums bei der HTO, Berlin, vom 4.4.1941. In: Mitteilungsblatt vom 30.5.1941, Nr.4, S. 166 f.

[129] APP, HTO,101, Bl. 7.

[130] Anordnung des Reichskommissars für die Festigung des deutschen Volkstums, Nr. 28/III vom 4.4.1941. In: Mitteilungsblatt, vom 30.5.1941, Nr. 4, S. 166 f.

3.2.4 Das Reichsfinanzministerium (RFM)

3.2.4.1 Beauftragter für Fragen der HTO (BHTO), Oberfinanzpräsident (OFP) Hans Casdorf

Oberfinanzpräsident Dr. Hans Casdorf war der Beauftragte für Fragen der Haupttreuhandstelle Ost (BHTO) beim Reichsminister der Finanzen (RFM). Angesichts der Kriegsverhältnisse verfügte er über einen relativen großen Mitarbeiterstab, dem Regierungsrat Neubauer, AR Pape, OStI Raforth, ROI Piesker und OStI Krieger angehörten.[131] Casdorf unterstand dem Staatssekretär im Reichsfinanzministerium. Seinerseits ist der Staatssekretär der ständige Vertreter des Ministers, sein Aufgabenkreis stimmt grundsätzlich mit demjenigen des Ministers überein, und er erledigt in Vertretung des Ministers alle Angelegenheiten, mit Ausnahme der Entscheidungen, die ausdrücklich dem Minister vorbehalten sind.[132]

Oberfinanzpräsident Casdorf übte mit seinem Mitarbeiterstab eine Aufsichts- und Kontrollfunktion über die Einziehungen, die Kontenführung sowie die jährlich abgeführten Bilanzsummen der Haupttreuhandstelle aus. Außerdem war er bevollmächtigt, Verordnungen und Anordnungen, hauptsächlich zu Steuerfragen, zu erlassen. Die Akten des von ihm geleiteten Geschäftsbereiches ragen aus dem gesamten Aktenbestand der HTO hervor, sie bieten unter den HTO-Beständen die beste Übersicht über die Arbeit der HTO. Ein Rückgriff auf die Akten des Beauftragten für Fragen der Haupttreuhandstelle Ost beim Reichsfinanzministerium ist immer dann zu empfehlen, wenn es um allgemeine Einschätzungen der Tätigkeit der HTO, um die lückenlose Aufklärungen von einzelnen Sachverhalten und von Vorgängen sowie deren Verknüpfungen geht.

3.2.4.2 Zusammenarbeit mit anderen Referaten des RFM

Der Beauftragte für Fragen der Haupttreuhandstelle Ost arbeitete eng mit anderen Referaten im Reichsfinanzministerium zusammen, wobei sich einige Kompetenzüberschneidungen nicht vermeiden ließen. Es sind einige Referate vorzustellen, die sich in direkter Weise mit Fragen der Haupttreuhandstelle Ost beschäftigten und somit die Tätigkeit des BHTO tangierten:
Die Abteilung I (Haushaltsabteilung) betreute den Haushalt des Reiches. Sie bearbeitete alle Einzelhaushalte, unter anderem den Haushalt des Beauftragten für den Vierjahresplan und den Haushalt der Haupttreuhandstelle Ost. Außerdem wurden in dieser Abteilung die Haushalts- und Rechnungsangelegenheiten

---

[131] BAL, R2, 60318, Bl. 113.

[132] Karl Groth: Die Reichsfinanzverwaltung. Berlin [8]1944. In: Fritz Reinhardt, Staatssekretär im Reichsfinanzministerium (Hg.): Bücherei des Steuerrechts. Band I, S. 18-22.

für sämtliche Reichsstellen und zum Teil auch für sämtliche Länderbehörden bearbeitet.[133]

Die Abteilung I A (Finanzwesen der Länder, der Reichsgaue und Gemeinden, Reichsreform, Finanzausgleich) regelte die finanziellen Beziehungen des Reiches zu den Ländern bzw. zu den Reichsgauen. Damit war in erster Linie der Finanzausgleich mit den Ländern gemeint. Für die Verabschiedung von Länderhaushalten und die Verkündung von Landessteuergesetzen war die Zustimmung der Abteilung I A erforderlich. Nach der Zweiten Anordnung über die HTO vom 17.2.1941 hatte auch die Treuhandstelle Posen mit diesem Referat zu tun.[134]

Die Abteilung IV (Besoldungsabteilung) erhielt zusätzlich Verwaltung der Reichsliegenschaften zugesprochen. Die Abteilung IV führte das umfangreiche Reichsgrundbesitzverzeichnis, in dem der gesamte reichseigene Besitz aufgelistet war. Dieses Referat war zusammen mit dem Referat Maedel an der Einziehung und Erfassung eingezogener polnischer Grundstücke maßgeblich beteiligt.[135]

Das Referat Maedel war von Walter Maedel gegründet worden, um die Verwaltung und Verwertung des Reichsvermögens zu konsolidieren.[136] Beim Referat Maedel, Abteilung VI des Reichsfinanzministeriums, wurde eine Zentralkartei des vom Reich angeeigneten Eigentums geführt.[137] Außerdem besaß es einige Kompetenzen betreffend die Verwertung von Vermögenswerten sowie der Verabschiedung von Verordnungen und amtlichen Regelungen.

Bezüglich des Referats Maedel ist beim zeitgenössischen Standardwerk „Die Reichsfinanzverwaltung" nachzulesen: „Die Verwaltung und Verwertung des Reichsvermögens ist in einem Sachgebiet zusammengefaßt. Es gehören dazu die bisher fremdstaatlichen Vermögen, die eingezogenen Vermögen, der Grundbesitz aus verfallenem Vermögen, Beutegut und die Vermögen, die dem Reich durch Schenkung, Erbschaft oder durch andere Rechtsakte zufallen".[138]

Das Referat Maedel und die Länder-Gemeinde-Referate der Abteilung VI waren sowohl für das an das Reich überführte Eigentum aus dem Altreich, die eingegliederten Gebiete sowie die anderen besetzten Länder zuständig. In der zweiten Hälfte des Krieges befanden sie sich in Eberswalde. Zum Kriegsende wurden sie nach Sigmaringen ausgelagert, wo die Akten möglicherweise verbrannt sind.

Über das Referat Maedel und die Abteilung VI des RFM, die für das an das Reich überführte Eigentum zuständig waren, ist sehr wenig bekannt. Im Bun-

---

[133] Reichsfinanzverwaltung, S.24.

[134] Ebenda, S. 24 f.

[135] Ebenda, S. 27.

[136] Verfügung vom 13. März 1941, O 1530-27 VI, BAL, R2, B 6154, Bl. 188f.

[137] Reinhardt: Bücherei des Steuerrechts, Band 1; Groth: Die Reichsfinanzverwaltung, S. 29.

[138] Ebenda.

desarchiv Lichterfelde Bestand „RFM" (R2) bzw. „BHTO" (R2) sind nur Bruchstücke vorhanden.[139]

Obgleich die Akten des Referats Maedel und der Abteilung VI des Finanzministeriums als vernichtet gelten, muß dies nicht unbedingt als endgültig angesehen werden. Die Freigabe von weiteren Beständen des Moskauer Sonderarchivs kann möglicherweise zu weiteren Entdeckungen von bisher als verschollen geglaubten Aktenbeständen führen.[140] Die Aufarbeitung der bisher verschollenen Akten des Reichsinnenministers und die vermutlich sich darin befindenden SS-Personalakten könnten aufschlußreiche Erkenntnisse über das innere NS-Machtgefüge vermitteln. Dann könnte endlich auch mehr über die Erfolge und Mißerfolge der Entnazifizierungsprozesse gesagt werden.

Die Akten des Referats Maedel sind nicht nur von historischem Wert, sondern sie stellen auch grundlegende Beweismittel für viele Restitutionsverfahren im ehemaligen Ostblock dar. Deshalb darf die Suche nach diesen Finanzakten – auch als Abschriften der mittleren Instanzen – nicht aufgegeben werden. Es ist durchaus möglich, daß ein Teil dieser Akten oder wenigstens die Abschriften nicht nur nach Sigmaringen ausgelagert wurden, sondern auch an einen anderen Ort verbracht worden sind. Weiterhin ist nicht auszuschließen, daß Abschriften/Kopien von Aktenvorgängen dieses Referates in anderen Behörden abgelegt wurden und damit erhalten geblieben sind.

3.2.5 Das Reichskommissariat für die Behandlung feindlichen Vermögens im Zweiten Weltkrieg

Das Reichskommissariat für die Behandlung feindlichen Vermögens beschäftigte sich mit Fragen der Sequestration, also der Verwaltung feindlichen Vermögens durch einen amtlich eingesetzten Verwalter. In den eingegliederten Gebieten überschnitten sich die Kompetenzen des Kommissariats mit denen der HTO bezüglich der polnischen Unternehmen, bei denen englische, französische und später amerikanische Beteiligungen vorlagen.

Schon im Ersten Weltkrieg wurde die Sequestration angewendet. Aus dem sich verschärfenden Wirtschaftskrieg entwickelten sich aus Zwangsverwaltungen sogar Liquidationsverfahren. Zunächst hatte England damit begonnen, Handel mit dem feindlichen Deutschen Reich zu verbieten. Bald schloß sich Frankreich diesen Maßnahmen an. Dies führte dann zur gegenseitigen Beschlagnahme, Sequestrierung und Liquidierung des Vermögens feindstaatlicher Angehöriger. In Deutschland wurde dies durch die Verordnung vom 31.7.1916[141] geregelt. Damit wurde der Reichskanzler ermächtigt, auf dem Wege der Vergeltung die Liquidation britischer Unternehmen einzuleiten. Ebenso konnten britische

[139] BAL, R2, 5871, Bl. 1-65.

[140] Kai von Jena/Wilhelm Lenz: Die deutschen Bestände im Sonderarchiv in Moskau. In: Der Archivar. Mitteilungsblatt für deutsches Archivwesen. Juli 1992, Heft 3, S. 457-468.

[141] RGBl, S. 871.

Beteiligungen liquidiert werden. Die Verordnung vom 14.3.1917[142] regelte das Verfahren bei der Liquidation französischer Unternehmen. Schließlich wurde durch die Bundesratsverordnung vom 19.4.1917[143] ein Treuhänder für das feindliche Vermögen eingesetzt, der das feindliche Vermögen verwalten sollte.[144]

Mit dem Ausbruch des Zweiten Weltkrieges wurden sowohl im Deutschen Reich als auch in Großbritannien und in Frankreich unverzüglich Maßnahmen gegen das feindliche Vermögen getroffen. Die Engländer erließen am 5.9.1939 die „Trading with the Enemy Act" sowie am 16.9.1939 die „Enemy (Custodian) Order", die sowohl den Handel mit dem Feind unterband als auch die Zwangsverwaltung in die Wege leitete. Ähnliche Vorschriften waren in Frankreich schon am 1.9.1939 erlassen worden.[145]

Im Deutschen Reich faßte die Verordnung über die Abwesenheitspflegschaft vom 11.10.1939[146] die Regelungen zusammen, die das Vermögen von Angehörigen feindlicher Staaten betrafen. Die Verordnung über die Anmeldung feindlichen Vermögens vom 3.11.1939[147] sowie die Verordnung des Ministerrats für die Reichsverteidigung vom 15.1.1940[148] enthielten grundsätzliche Bestimmungen hinsichtlich der Behandlung des Feindvermögens.[149]

Dabei wurde angestrebt, das feindliche Vermögen nicht einzuziehen, sondern es zu erhalten. Deshalb wurde die Aufsicht über die Zwangsverwaltung feindlichen Vermögens sowohl in Deutschland als auch in Frankreich und England den Gerichtsbehörden unterstellt. Der Reichsminister der Justiz berief den Reichskommissar für die Behandlung feindlichen Vermögens. Das Reichskommissariat war somit ein Verwaltungsorgan des Justizministeriums, allerdings ohne richterliche Befugnis. Es war dem Justizminister in verwaltungsmäßiger und sachlicher Hinsicht unterstellt.[150]

Nach den Feldzügen gegen Polen, die Benelux-Staaten, gegen Frankreich und Norwegen wurde unter Mitwirkung des Auswärtigen Amtes, des Reichsjustizministeriums, des Wirtschaftsministeriums, des Beauftragten für den Vierjahresplan und des Reichsfinanzministeriums zunächst der bisherige Reichskommissar für das Kreditwesen, Ministerialdirektor i. W. Dr. Friedrich Ernst, zum Reichskommissar für die Behandlung feindlichen Vermögens ernannt. Als

---

[142] RGBl, S. 227.

[143] RGBl, S. 363.

[144] Karl Krieger: Der Reichskommissar für die Behandlung feindlichen Vermögens. I. In: Bank-Archiv, Zeitschrift für Bank- und Börsenwesen vom 15.3.1940, Nr. 6, S. 93.

[145] Ebenda.

[146] RGBl., I, S. 2026.

[147] RGBl., I, S. 2141.

[148] RGBl., S. 191.

[149] Ebenda.

[150] Ebenda, S.94.

er auf eigenen Wunsch im Oktober 1941 in den Ruhestand trat, übernahm Ministerialdirigent Dr. Konrad Warncke dieses Amt.[151]

Unabhängig von der Person des Reichskommissars kam es hinsichtlich der Betriebe mit feindlichen Beteiligungen in den eingegliederten Gebieten zu Kompetenzkonflikten zwischen der Haupttreuhandstelle Ost und dem Reichskommissariat. Nach zähen Verhandlungen einigten sich beide Dienststellen vorläufig darauf, daß die Befugnisse über das entsprechende Vermögen in den eingegliederten Gebieten nach der Herkunft des Kapitalanteils abzugrenzen seien. In den Fällen, in denen die Mehrheit des Kapitals in britischen oder französischen Händen war, sollte das Reichskommissariat die Verwaltung der Betriebe übernehmen. Wenn polnisches Kapital überwog, sollte die HTO das Vermögen verwalten. Im Zweifelsfall sollte die Entscheidung bei der HTO liegen. Das Konfliktpotential war allerdings sehr groß, bei zehn bis zwölf Unternehmen kam es zu heftigen Verstimmungen und Reibereien. Auf Bitten der HTO richtete deshalb der Reichskommissar bei einigen dieser Unternehmen Beteiligungsverwaltungen ein, weil es der HTO an rechtlichen Kompetenzen gefehlt hatte. Sie trat dann auch von der Verwaltung dieser Betriebe zurück.[152]

3.2.6 Das Oberkommando der Wehrmacht (OKW)

Das Oberkommando der Wehrmacht hatte schon in den ersten Tagen der Besetzung nicht nur ein großes Interesse an der effizienten Ausbeutung Polens, sondern auch an der Ansiedlung von Kriegsversehrten nach dem Krieg. Es lag auf der Hand, daß die Aussicht, einen eigenen Handels- oder Handwerksbetrieb im Kolonisierungsgebiet zu bekommen, viele Soldaten motivierte. Wehrmachtsoffiziere und Generäle konnten angesichts der reichlichen Angebote der Ostlandgesellschaft hoffen, sich den Traum vom Rittergut im Osten zu erfüllen.[153]

Von Anfang an waren Dienststellen des OKW sowohl an der Erfassung von Beutegut als auch bei der kommissarischen Verwaltung von Rüstungs- und anderen Betrieben im eroberten Polen beteiligt. Die HTO übernahm sofort nach ihrer Gründung zahlreiche Betriebe von Wehrmachtsstellen oder deren Verwalter. Zugleich mußte die Vermögens- und Verwertungsgesellschaft der HTO das von Wehrmachtsstellen erbeutete Gut erfassen und die daraus entstandenen Regreßansprüche regeln.

Zudem hatte das OKW gegenüber der HTO nicht nur wehrwirtschaftliche Interessen, sondern beteiligte sich selbst aktiv an der Kolonisierung des Ostens durch die Ansiedlung von Wehrbauern. Um die Interessen des OKW bei der HTO zu vertreten, wurde Oberleutnant von Pufendorf zum Verbindungsoffizier

---

[151] Stefan Lindner: Das Reichskommissariat für die Behandlung feindlichen Vermögens im Zweiten Weltkrieg. Eine Studie zur Verwaltungs-, Rechts- und Wirtschaftsgeschichte des nationalsozialistischen Deutschlands. Stuttgart 1991, S. 48-51.

[152] Ebenda, S. 153-160.

[153] BAL, R144, 319, Tagung der Leitstellenleiter vom 6. und 7.10.1941, S. 1-7; Müller: Hitlers Ostkrieg, S. 25-39, 51-8.

des OKW bei der HTO ernannt.[154] Bei der Einrichtung der Auffanggesellschaften für Kriegsteilnehmerbetriebe spielte er eine nicht unerhebliche Rolle. In der Auseinandersetzung um den Verkauf von Handwerks- und Handelsbetrieben in den eingegliederten Gebieten war es wiederum Oberleutnant von Pufendorf, der den Standpunkt des OKW bei der HTO durchzusetzen versuchte. So sollte nach Ansicht des OKW nach der Kriegswende 1941/42 ein sofortiger Verkaufsstopp bewirkt werden, um einer aufkommenden Unruhe in der Truppe entgegen zu wirken. Vielmehr sollten diejenigen, die an der Front kämpften, so das OKW, auch die Früchte des Krieges ernten dürfen.[155]

Nach dem Verkaufsstopp sollten zur Regelung von Ausnahmefällen bei den einzelnen Treuhandstellen Prüfungsstellen eingerichtet werden, bei denen auch Vertreter des OKW an der Entscheidung über einen Kaufantrag mitwirkten.[156]

3.2.7 Der Rechnungshof des Deutschen Reiches

Der Rechnungshof hatte als oberster Revisor des Staates ein starkes Interesse, die HTO und deren Geschäfte zu kontrollieren. Um nachträgliche und damit zusätzliche Revisionen zu vermeiden, wurde zwischen der HTO und dem Rechnungshof vereinbart, daß die Kontrolleure des Rechnungshofes laufend über deren Geschäfte unterrichtet werden sollten.

Zu diesem Zweck stellte der Rechnungshof mindestens zwei Beamte zur laufenden Überwachung der jeweiligen Treuhandstelle ab. Diese Kontrolleure hatten das Recht, jederzeit alle Unterlagen einzusehen. Dabei waren nicht nur die Erfassung des Beuteguts und die Aktivitäten der kommissarischen Verwalter von Interesse, sondern der gesamte HTO-Haushalt einschließlich des Besoldungsetats.[157]

3.3 Die Abwicklung der Forderungen und Schulden polnischer Vermögen

Die Abwicklung der Forderungen und Schulden polnischer Vermögen bedeutete die Demontage der gesamten polnischen Wirtschaft. Es handelte sich hier um das Auseinanderreißen der geregelten finanziellen und rechtlichen Verhältnisse im Lande und die Schöpfung neuer finanzieller Verhältnisse im NS-Sinne. Während einige Aspekte dieser Neuregelung in die Kategorie Plünderung einzuordnen sind, ging es im Grundsatz jedoch um die unwiderrufliche Vernichtung von gesellschaftlichen und wirtschaftlichen Werten sowie von historisch gewachsenen Rechtsbeziehungen.

---

154 BAL, R144, 319, Tagung der Treuhandstellenleiter vom 5. und 6.5.1941, Teilnehmerverzeichnis.

155 BAL, R144, 319, Tagung der Leitstellenleiter vom 6. und 7.10.1941, S. 1-7.

156 Ebenda.

157 BAL, R144, 319, S. 48-9. Treuhandbesprechung in der HTO am 23. und 24.7.1940.

Die Schuldenabwicklung wurde mit der Schuldenabwicklungsverordnung vom 15.8.1941 geregelt;[158] später erschien dann im Mitteilungsblatt der HTO vom 8.6.1942 eine als „Sonderheft Schuldenabwicklung" bezeichnete Zusammenstellung der gültigen Rechtsvorschriften.[159] Mit der Schuldenabwicklungsverordnung wurden im Grunde genommen sämtliche Aktivitäten der HTO und ihrer Treuhandstellen beeinflußt. Mit den „Anordnungen zur Durchführung der Schuldenabwicklungsverordnung" wurde das technisch-organisatorische Regelwerk zur Demontage der polnischen Gesellschaft geliefert. So spielte jedes Referat der HTO und der Treuhandstellen die ihm zugewiesene Rolle bei der Verwirklichung dieser neuen wirtschaftlichen Realitäten.[160]

Mit der Schuldenabwicklung erfolgte die Überführung von Grund und Boden, Realkapital, Wohnhäusern und wirtschaftlichen Anlagen in deutsche Hand.[161] Forderungen und Schulden auf diesem Kapital aus der Zeit vor dem 1.9.1939 sollten nach verbindlichen Regeln abgewickelt werden. Aktiva – also Vermögenswerte, Einnahmen und die Habenseite der jeweiligen Bilanz – sollten von Altlasten befreit werden, um das Kapital unbelastet in deutsche Hände zu überführen. Passiva – also Verbindlichkeiten, Schulden, Ausgaben und die Sollseite der jeweiligen Bilanz – sollten aus dem gleichen Grund nach Möglichkeit gelöscht werden.

Auf Grund des bisherigen Kenntnisstandes ist es äußerst schwierig, Aussagen darüber zu treffen, was als Raub oder als Vernichtung zu klassifizieren ist. Im Strudel der neuen deutschen Ordnung geben die Bilanzen der HTO eine wichtige und auch zuverlässige Orientierungshilfe. Diese Bilanzen geben aber letztlich nur die Werte für die Täter wieder. Verluste durch die Abwicklung von Unternehmen oder durch Wechselkurs- und Preismanipulationen sind darin nicht enthalten. Auch das, was die Opfer an Besitz, Werten, Mühe und Existenzbedingungen verloren haben, kann nachträglich schwer berechnet werden, zum Teil ist es unmöglich.

Zunächst kam es darauf an, die Bewirtschaftung des beschlagnahmten und kommissarisch verwalteten polnischen Vermögens zu organisieren. Die Produktion sollte wiederaufgenommen, die Felder bestellt und die Ernte gesichert werden. Im Winter 1939/40 wurde deshalb eine allgemeine Zahlungssperre verhängt. Erst durch die „Anordnung Nr. 5", die „Zweite Anordnung der HTO über die Befriedigung von Forderungen gegen kommissarisch verwaltete Betriebe in den eingegliederten Ostgebieten vom 19.6.1940"[162] und die „Anordnung Nr. 10", die „Dritte Anordnung der HTO über die Befriedigung von Forderungen gegen kommissarisch verwaltete Betriebe in den eingegliederten Ostgebieten

---

[158] RGBl., I, S. 516.

[159] Schuldenabwicklungsverordnung vom 15.8.1941 (RGBl. S. 516) In: Mitteilungsblatt, Sonderheft Schuldenabwicklung. Berlin, 8.6.1942; Rechenschaftsbericht, VII Schuldenabwicklung. S. 288-305; Hermann Höpker-Aschoff: Die Abwicklung der Forderungen und Schulden polnischer Vermögen. In: Bank-Archiv, Zeitschrift für Bank- und Börsenwesen vom 15.9.1941, Nr. 18, S. 359-361.

[160] Ebenda.

[161] Höpker-Aschoff: Abwicklung, S. 358.

[162] Mitteilungsblatt, Nr. 4 vom 28.6.1940, S. 16; Deutscher Reichsanzeiger Nr. 141/40.

vom 7.6.1941" [163] wurde diese Zahlungssperre zugunsten deutscher Gläubiger aufgelockert. Alte deutsche Forderungen aus dem Waren- und Dienstleistungsverkehr sollten befriedigt und alte deutsche Hypotheken und Grundschulden vom 1.1.1940 verzinst werden (siehe unten). Aufgrund von §16 der polnischen Vermögensverordnung[164] blieb eine Zwangsvollstreckung untersagt, da es wegen der verzögerten Abwicklung der Banken und Kreditinstitute zu vielseitigen Zahlungsengpässen gekommen war.[165]

Im Falle von Grund und Boden bzw. Wohnhäusern hatte die Schuldenabwicklung zunächst die Erfassung, Beschlagnahme und kommissarische Verwaltung des Eigentums zur Folge. Danach erfolgte eine Grundbuchbereinigung, Hypotheken und Grundschulden wurden gelöscht. Dazu mußte die zuständige Treuhandstelle das Grundbuchamt (Amtsgericht) um eine Löschung ersuchen. Sollte die Volkstums- oder ausländische Staatsangehörigkeit der neuen Erwerber in Zweifel stehen, wurde eine Frist gesetzt, in der der berechtigte Anspruch nachzuweisen war. Nach Angaben von Höpker-Aschoff war es nicht ungewöhnlich, daß bei einem kommissarisch verwalteten Unternehmen 20 bis 30 Positionen – darunter Sicherungshypotheken für zahlreiche polnische Kreditinstitute, rückständige Steuern, Geldstrafen und Sozialversicherungsbeiträge – im Grundbuch eingetragen waren. Erst nach der Regelung dieser Fragen konnte dann eine Freistellungserklärung abgegeben werden, um den Weg für den Verkauf bzw. Neueintragungen im Grundbuch frei zu machen.[166]

Unter Realkapital versteht man das angelegte Kapital. Also betrifft dieser Teil der Schuldenabwicklung hauptsächlich den Geschäftsverkehr der Banken. Dazu gehören Konten, Wertpapiere, Staats- und Gemeindeanleihen, Kommunalobligationen polnischer Kreditinstitute, Pfandbriefe, Aktien, Hypotheken und Grundschulden. Zum Komplex der Schuldenabwicklung des Realkapitals gehörten ebenso Forderungen aus dem Waren- und Dienstleistungsverkehr. Auch hier wurden alle aufgelaufenen Schulden gelöscht, Verwertbares liquidiert und alte Forderungen aufgespürt.

In diesem Zusammenhang ist festzuhalten, daß deutsche und ausländische Forderungen grundsätzlich bestehen blieben. Dagegen wurden polnische und jüdische Forderungen nicht anerkannt. Als Deutsche im Sinne der Schuldenverordnung galten nicht nur Personen mit deutscher Staatsangehörigkeit, sondern auch deutsche Volksangehörige gemäß den Abteilungen I bis III der Deutschen Volksliste.[167] Die Befriedigung der Forderungen erfolgte durch die kommissarischen Verwalter in einem Konkurs ähnlichen Verfahren. Alle Forderungen wurden aus der vorhandenen Vermögensmasse beglichen. Reichte dies nicht aus, um alle Gläubiger zu befriedigen, wurde ein Verteilungsplan aufgestellt und nach Quoten bezahlt. Zusätzliche Forderungen, die durch die kommissarische

---

[163] Mitteilungsblatt, Nr. 6 vom 25.7. 1941, S.247 f.; Deutscher Reichsanzeiger Nr. 133/41.

[164] Verordnung über die Behandlung von Vermögen der Angehörigen des ehemaligen polnischen Staates vom 17.9.1940 (RGBl, I, S. 1270).

[165] Rechenschaftsbericht, S. 288 f.

[166] Höpker-Aschoff: Abwicklung, S. 360.

[167] Ebenda.

Verwaltung entstanden waren, sollten zuerst berücksichtigt werden.[168] Zinsen wurden nur ab dem 1.9.1939 bezahlt.

Forderungen deutscher Gläubiger gegen die ehemals polnische öffentliche Hand waren nach den Richtlinien vom 7.6.1941[169] zu befriedigen. Damit waren Forderungen für Lieferungen und Leistungen gemeint, die den öffentlichen Stellen, die polnische Vermögenswerte übernommen hatten, zugute kamen. Kapitalforderungen waren ab dem 1.1.1940 zu verzinsen. Der deutsche Besitz an polnischen Staats- und Gemeindeanleihen bzw. Kommunalobligationen polnischer Kreditinstitute wurde zur Anmeldung zwecks Befriedigung aufgerufen. Die Entschädigung erfolgte auf dem Wege des Umtausches in deutsche Reichsanleihen und kommunale Sammelanleihen. Ausländische Gläubiger, die Forderungen gegen den polnischen Staat hatten, konnten nicht mit einer Befriedigung rechnen, da der polnische Staat aus der Sicht des Deutschen Reiches zerschlagen war und somit kein Rechtsnachfolger existierte.[170]

Auf alle deutschen Guthaben bei kommissarisch verwalteten Kreditinstituten sowie bei den vollständig zu liquidierenden polnischen Kreditinstituten in den eingegliederten Gebieten war eine vorläufige Auszahlung von 250 RM vorgesehen. Pfandbriefe der polnischen Kreditinstitute sollten durch Pfandbriefe deutscher Kreditinstitute soweit wie möglich umgetauscht werden.[171]

Kommissarisch verwaltete Unternehmen in Form einer Gesellschaft wurden grundsätzlich aufgelöst. Das Vermögen wurde an Deutsche verkauft; der Überschuß, der nach der Befriedigung der Gläubiger blieb, fiel an die Gesellschafter. An die Stelle der polnischen Gesellschafter trat das Deutsche Reich, vertreten durch die Haupttreuhandstelle Ost.[172]

Durchschnittene Betriebe, d.h. Unternehmen, die sowohl im Generalgouvernement als auch in den eingegliederten Gebieten lagen, sollten in ihren Teilen als eigenständige Unternehmen behandelt und für sich abgewickelt werden. Zu den bedeutendsten durchschnittenen Betrieben gehörten auch die großen polnischen Staatsbanken (Bank Gospodarstwa Krajowego und Bank Rolny).[173] Nach dem Stand vom 8.6.1942 galten folgende Betriebe als durchschnitten (der Hauptsitz des Unternehmens ist kursiv hervorgehoben):

1. Bata Schuh- und Lederwaren AG, Chelmek b. *Kattowitz* und Krakau
2. H. Cegielski AG, *Posen* und Reichshof
3. Zieleniewski u. Fitzner Camper AG, *Krakau*, Sosnowitz und Dombrowa
4. Beskien-Brauerei Saybusch, *Saybusch* (OS) und Krakau
5. Sieczaer Montanwerke AG, *Siercza bei Trzebinia* und Tenczynek (Kristina Grube)

---

[168] Ebenda.
[169] Deutscher Reichsanzeiger, Nr.133/41.
[170] Ebenda, S. 361.
[171] Ebenda.
[172] Ebenda.
[173] Ebenda.

6. Aleksandrowicz Söhne, Papiergroßhandlung, *Krakau*, Posen, Bromberg und Kattowitz
7. Stickstoffwerke Moscice-Chorzow, *Königshütte* und Moscice bei Krakau
8. Vereinigung polnischer Mechaniker aus Amerika AG, *Poremba bei Zamiercie* und Prusskow bei Warschau
9. Chemische Werke „Strem" AG, *Warschau*, Litzmannstadt, Stremschütz (OS), Lemberg und Tachomin
10. R. Barcikowski, *Posen* und Warschau
11. Perun AG, Erzeugung von Stickstoffen, *Warschau*, Posen, Bromberg und Eichenau (OS)
12. Zementfabrik Firley AG, *Warschau*, Gorka bei Trzebinia, Neustadt, Rudnicki bei Tschenstochau, Sosnowitz und Rejowice
13. Modrzejow-Hantke AG, *Tschenstochau*, Sosnowitz und Radom
14. Union-Textile AG, *Litzmannstadt*, Lublinitz und Tschenstochau
15. Herzfeld u. Victorius, Eisengießerei AG, *Graudenz* und Kansko
16. Luban-Wronke AG, *Posen* und Lublin
17. Thonet-Mundus AG, Möbelfabrik, *Bielitz*, Heinzendorf (OS), Fischersdorf (OS) und Radom
18. Chemiemetall AG, *Zawiercie* (Warthegau) und Krakau
19. Kom-Dro-Bit GmbH, polnische Straßenbaugesellschaft, *Warschau* und Kattowitz
20. Steinbrüche der Galizischen Städte, *Krakau*, mehrere Steinbrüche im GG, ein Steinbruch in Libionsch (OS)[174]

Die im Reich befindlichen Aktiva wurden der Treuhandmasse der Haupttreuhandstelle Ost zugerechnet. Gläubiger, die im Reich wohnten, wurden aus dieser Treuhandmasse befriedigt. Dagegen wurden die im Generalgouvernement befindlichen Vermögenswerte der Treuhandstelle Krakau zugerechnet. Ausländische Gläubiger wurden anteilmäßig aus den verschiedenen Vermögensmassen befriedigt.[175]

Forderungen gegen land- und forstwirtschaftliche Betriebe, deren Bewirtschaftung durch die Ostdeutsche Landbewirtschaftungsgesellschaft (Ostland) erfolgte, unterlagen ebenfalls der Schuldenabwicklungsverordnung. Auch wenn eine Beschlagnahme noch nicht stattgefunden hatte, d. h. die polnischen Besitzer ihre Betriebe noch bewirtschafteten, galt dennoch die Verordnung. Neu war in dieser Hinsicht, daß deutsche und ausländische Forderungen nicht befriedigt wurden. Bei der Besiedlung mit deutschen Siedlern konnte keine Rücksicht auf ehemalige Besitzgrenzen genommen werden. Es galt daher ein Ersatzanspruch der deutschen und ausländischen Gläubiger gegen das Reich, der beim Amtsgericht anzumelden war. Vorläufig waren Forderungen aus dem Waren- und

---

174 Mitteilungsblatt, Sonderheft Schuldenabwicklung vom 8.6.1942, Anhang II.
175 Höpker-Aschoff: Abwicklung, S. 361.

Dienstleistungsverkehr sowie Hypothekenzinsen von der Ostdeutschen Landbewirtschaftungsgesellschaft aus deren Verwaltungsmasse zu befriedigen.[176]

3.4 Die Abwicklung der polnischen Banken, Kreditinstitute und Versicherungsgesellschaften

Bei der Abwicklung der polnischen Banken, Kreditinstitute und Versicherungsgesellschaften mußten vor allem diverse Durchführungsanordnungen der Schuldenabwicklung beachtet werden. Es ging darum, Vermögensverhältnisse zugunsten der Deutschen zu schaffen und Rechtsverhältnisse in den eingegliederten Gebieten im NS-Sinne zu verändern. Alle polnischen Banken und Kreditinstitute wurden beschlagnahmt und zur Liquidierung für Abwickler frei gegeben. Mit den polnischen Versicherungsgesellschaften wurde ebenso verfahren. Deutsche Versicherungsgesellschaften wurden beauftragt, das polnische Restvermögen zu verwalten sowie die Aktiva und Passiva der polnischen Gesellschaften zu regeln.

Über die finanziellen Verhältnisse in Polen, und insbesondere über die polnische Notenbank, Bank Polski, wußten die Verantwortlichen bei der Reichsbank lange vor dem deutschen Überfall bestens Bescheid. Aus einem Bericht des Statistischen Reichsamts und der Abteilung V, Finanz- und Steuerstatistik geht hervor, daß die Bank Polski vor dem Krieg ein Kapital von 100 Millionen Zloty besessen hatte. Der Notenumlauf war mit 30% Gold und Devisen gedeckt. Das polnische Budget war seit 1936/37 ausgeglichen. Die allgemeine Wirtschaftslage hatte sich nach der Misere der 20er Jahren deutlich gebessert. Die Privatisierung von Staatsbetrieben und die Einrichtung von verschiedenen Fonds – darunter ein Wehrfonds – stellte sich als positive Maßnahmen für das polnische Staatsbudget heraus.[177]

Die Bilanz der Bank Polski wies zum 31.12.1938 folgende Positionen aus: [178]

Aktiva:

Gold	445 Mio. Zloty
ausländische Valuta:	19
Silbergeld und Scheidemünzen	28
Wechselportefeuille	831
diskontierte Schatzanweisungen	82
Lombarddarlehen	112
eigene Zinspapiere	134
Papiere der Reservefonds	89
Schuld des Fiskus	45
Anteile	29

---

[176] Ebenda.

[177] BAL, 2501, 6324, Statistisches Reichsamt und Abt. V Finanz- u. Steuerstatistik: Polen, öffentliche Verwaltung u. Finanzen (Stand vom August 1939).

[178] BAL, R2501, 5525, Krakauer Zeitung, Nr. 232, 1.10.1942.

Andere Aktiva	185
Passiva:	
Grundkapital	100
Reservefonds	89
Banknotenumlauf	1.406
sofort fällige Forderungen	251
andere passiva	145
Reingewinn	8

Bilanzsumme: 1.999 Millionen Zloty

Nach dem Überfall auf Polen richteten sich gegen die Bank Polski sofort die NS-Liquidationsbestrebungen. Als die staatlichen Goldreserven (£16 Millionen oder 100 Millionen Zloty) vor dem Zugriff der Nazis über Rumänien nach Dakar gerettet worden waren,[179] wurden auf Grund der Verordnung vom 23.9.1939 Reichskreditkassen mit Hilfe der Reichsbank in den besetzten polnischen Gebieten eingerichtet, um die Funktion einer Notenbank in der Geldversorgung zu ersetzen.[180]

In den ersten Monaten der Besatzungszeit waren Reichskreditscheine neben dem Papierzloty und der RM gültige Zahlungsmittel. Alte Zloty-Scheidemünzen waren aus wehrwirtschaftlichen Erwägungen früh aus dem Verkehr gezogen und von der Vermögens- und Verwertungsgesellschaft verschrottet worden.[181]

Nach der Errichtung der Zivilverwaltung im Generalgouvernement und den eingegliederten Gebieten wurde dann die monetäre Teilung Polens vollzogen. Die Reichskreditkassen wurden im Generalgouvernement aufgelöst, und es wurde die Emissionsbank pro forma unter Prof. Dr. Młynarski und seinem Stellvertreter Dir. Jędzejowski gegründet. Der Dirigent und eigentliche Leiter der Emissionsbank im Generalgouvernement, Dr. Paersch, unterhielt enge Verbindungen zur Reichsbank. Anfang 1940 wurde der Emissionszloty eingeführt. Bis die alten Papierzlotys gänzlich abgeschafft wurden, waren sie mit den Reichskreditscheinen und Emissionszlotys eine Zeit lang zusammen im Umlauf. An den Vorarbeiten zur Emissionsbank, insbesondere dem Umtausch und der Ausgabe der neuen Emissionszlotys, war die HTO maßgeblich beteiligt.[182]

In den eingegliederten Gebieten wurden die Reichskreditkassen in Zweigstellen der Reichsbank umgewandelt, und die RM wurde eingeführt, die ebenfalls während einer Übergangszeit neben den Reichkreditscheinen und Papierzlotys umliefen. Die Haupttreuhandstelle Ost war auch bei den Umtauschaktionen im Herbst 1939 führend beteiligt.[183] Im Laufe des Jahres 1939/40 spielte die HTO ebenfalls eine bedeutende Rolle bei dem Aufbau der Landesbank und der Giro-

---

[179] BAL, 2501, 5513, Bl. 58ff., The Economist, London, Nr. 5031, 27.1.1940.

[180] Verordnungsblatt für die besetzten Gebiete in Polen Nr. 5 vom 26.9.1939; BAL, R2501, 6967, Bl. 6-24.

[181] Helmut Kasten: Die Neuordnung der Währung in den besetzten Gebieten und die Tätigkeit der Reichskreditkassen während des Krieges 1939/40. Diss. an der Friedrich-Wilhelm-Universität Berlin 1941.

[182] BAL, R2501, 5524, Bl. 112-116, Deutscher Volkswirt, Nr. 15, 12.1.1940; BAL, 2501, 6967/1, Bl. 33, Einziehung polnischer Scheidemünzen aus Silber, Nickel und Stahl; Rechenschaftsbericht, S. 306 f.; R2501, 6967, Bl. 1-161.

[183] Rechenschaftsbericht, S. 306.

zentrale Wartheland, Posen.[184] Am 3. Juni 1940 wurde die Dresdner Bank, Filiale Posen zusammen mit der Landesgenossenschaftsbank, welche die Dresdner Bank von der „Bank für Handel und Gewerbe AG Posen" abkaufte, in die „Ostbank AG" umgewandelt. Fortan wurden wesentliche Konten der Treuhandstelle Posen bei der Ostbank geführt. Selbstverständlich arbeiteten sowohl die Ostbank als auch die Treuhandstelle Posen Hand in Hand.[185]

Bei der Abwicklung der Aktiva und Vermögenswerte der größeren polnischen Banken lieferten sich die Vertreter der Haupttreuhandstelle Ost und des Generalgouvernements einen zähen Kampf. Da die größeren polnischen Banken Filialen und Vermögenswerte sowohl im Generalgouvernement als auch in den eingegliederten Gebieten hatten, waren entsprechende Anteile der Banken durch die Grenzziehung zu „durchschnittenen Betrieben" geworden. Es konnte jedoch nicht geklärt werden, ob die HTO oder das GG das Beschlagnahmerecht hatte. Insbesondere ging es um die Vermögenswerte der drei großen Staatsbanken: die Landeswirtschaftsbank (Bank Gospodarstwa Krajowego), die Staatliche Agrarbank (Państwowy Bank Rolny) und die Postsparkasse (PKO-Pocztowa Kasa Oszczędności).[186]

Es fehlten viele Unterlagen, die für die schnelle Abwicklung der polnischen Banken notwendig gewesen wären. Dazu gehörten die Hauptkontenbücher, die Wechsel-, Hypotheken- und Darlehensbücher. Manche Unterlagen wurden im Hafen von Gdynia versenkt, um sie vor dem deutschen Zugriff zu bewahren, andere wurden in das sowjetische Herrschaftsgebiet verbracht. Die von den Deutschen aus dem Hafenbecken von Gdynia geretteten Akten wurden Blatt für Blatt gepreßt und getrocknet. Der von der Zivilverwaltung eingesetzte kommissarische Direktor, Dr. Klusak, durchsuchte zwischen dem 27.11. und 1.12.1939 das gesamte aktuelle Bücher- und Aktenmaterial der Państwowy Bank Rolny in Zychlin und Warschau.[187] Über die in die Sowjetunion verbrachten polnischen Bankakten verhandelte dann Dr. Milbradt 1940 in Moskau.[188]

Nach einer Anfangsphase, in der die Abwicklung der Banken den jeweiligen Treuhandstellen unterstanden, übernahm zum 1.1.1942 die Haupttreuhandstelle Ost, Berlin, den weiteren Geschäftsfortgang. Die erste diesbezügliche Maßnahme bestand darin, Generalabwickler (GA) für die einzelnen Treuhandstellen zu ernennen. Diese Generalabwickler hatten die Aufgabe, die Abwicklung der Banken durch kommissarische Verwalter in deren Bereich für die HTO zu überwachen. Für den Warthegau, ohne den Regierungsbezirk Litzmannstadt, wurde am 5.12.1941 Bankdirektor Ernst Neuendorf in Posen auf Grund der Schuldenabwicklungsverordnung zum Generalabwickler bestellt. Er war kommissarischer Verwalter im Sinne der Schuldenabwicklungsverordnung, er unterstand direkt der Haupttreuhandstelle Ost. Er besaß ein eigenes Büro in Posen, Schla-

---

[184] BAL, R2501, 5528, Deutscher Volkswirt, vom 20.11.1942.

[185] APP, HTO, 11.

[186] Ebenda.

[187] BAL, R3601, 1922, Bl. 24-32.

[188] BAL, SSO (ehem. BDC) Milbradt, Udo, 15.06.1908 in Ruhheim/Kr. Mogilno. Schreiben vom 13. September 1940, siehe auch: BAL, R3601, 1922.

geterstr. 2, mit sieben Mitarbeitern. Zudem unterstand ihm eine Posener Abwicklungsstelle in der Schlageterstr. 2 mit 47 Mitarbeitern sowie eine weitere Posener Abwicklungsstelle mit 23 Mitarbeitern in der Wilhelmstr. 26.[189] GA Neuendorf hatte die Aufgabe, folgende Banken und deren Vermögenswerte abzuwickeln bzw. zu liquidieren: a) 11 polnische Privatbanken in der Form der AG oder GmbH; b) eine Filiale der Państwowy Bank Rolny; c) 190 polnische Kreditgenossenschaften; d) eine Abwicklungsstelle der polnischen Kreditgenossenschaften des Stadt- und Landkreises Posen, es handelte sich um 10 Genossenschaften.[190]

GA Neuendorf hatte auch die Aufgabe, bei der Abwicklung von 66 Sparkassen (Stadtsparkassen und Kreissparkassen), der kommunalen Kreditbank AG in Posen und der Posener Landschaft in Posen mitzuhelfen. Direktor Ohl von der Landesbank und Girozentrale in Posen wurde zum kommissarischen Verwalter der 66 Sparkassen und Girozentralen in Posen ernannt. Für die Abwicklung der Posener Landschaft wurde der Generallandschaftsdirektor Dr. Sondermann von der neuen Posener Landschaft („Landschaft für das Wartheland") zum kommissarischen Verwalter ernannt. Sondermann unterstand nicht dem Generalabwickler Neuendorf. Bezüglich der Abwicklung einer Reihe von Forderungen im Generalgouvernement hatte er ein Mitspracherecht.[191]

Zum 30.9.1943 konnte Neuendorf eine Bilanzsumme von 12.859.354 RM für die Generalabwicklung in Posen vorweisen. Wesentliche Positionen waren: Guthaben bei Kreditinstituten 241.460,82 RM, Konto bei der HTO in Berlin: 5.552.813,50 RM, Restkaufgelder für verkaufte Grundstücke: 352.673,88 RM, Forderungen aus der Abwicklung der ehemals polnischen Kreditinstitute: 6.527.560,74 RM.[192] Die Verwaltungskosten betrugen vier Prozent des Verwertungserlöses von 13,3 Millionen RM.[193]

Abwickler mit Sondervollmachten wurden für die Bank Polski (Polnische Staatsbank), Bank Gospodarstwa Krajowego (Landwirtschaftsbank) und der PKO (Postsparkasse) bestellt. Da sie eine Ausnahmestellung innehatten, und die Filialen dieser Institute im Warthegau lagen, fielen sie nicht in den Zuständigkeitsbereich von Neuendorf.[194]

Bei den erwähnten 11 Privatbanken handelte es sich namentlich um folgende Banken: 1) Bank Kwilecki Potocki u. So. in Posen; 2) Posener Landschaftliche Bank in Posen; 3) Westpolnischer Städtischer Kreditverein in Posen; 4) Bank der Industriellen AG in Posen; 5) Posener Bank der Landwirte in Posen; 6) Bank Kratochwill u. Pernaczynski in Posen; 7) Liquidations- u. Kreditbank in Posen; 8) Bank des Verbandes der Erwerbsgenossenschaften AG in Posen; 9)

[189] BAL, R2, B 6162, Erhebungen und Feststellungen bei dem Generalabwickler vom 8.-20.10.1943. Bl. 111-136, insbesondere Bl. 118.
[190] BAL, R2, B 6162, Erhebungen und Feststellungen bei dem Generalabwickler vom 8.-20.10. 1943. Bl. 111-136.
[191] Ebenda, Bl. 116, 124.
[192] BAL, R2, B 6162, Bl. 121.
[193] Ebenda, Bl. 136.
[194] Ebenda, Bl. 114.

Bank der Zuckerindustrie AG in Posen; 10) Filialen der Handelsbank Warschau in Posen und Leslau; 11) Filiale der Westbank AG in Posen.[195]

Die Abwicklung der 190 ehemals polnischen Kreditgenossenschaften wurde zum Teil von Mitarbeitern des Büros des Generalabwicklers, zum Teil von Beauftragten durchgeführt. Solche Beauftragten waren in der Regel die Leiter der neuen deutschen Kreissparkassen. Diese Entscheidung sollte der Effizienz dienen, da die auf dieser Ebene aufgelaufenen Forderungen schneller eingezogen bzw. die Verpflichtungen schneller erfüllt werden konnten. Nach der erfolgreichen Abwicklung der jeweiligen Genossenschaften übernahm der Generalabwickler die restlichen administrativen Aufgaben und die Geschäftsbücher.[196]

Nach dem Stand vom 8. Mai 1943 waren folgende kommissarische Verwalter für die beschlagnahmten polnischen Staatsbanken zuständig: Bankdirektor Th. Daniel für Bromberg, E. Wever für Kattowitz, Direktor Kamenz und Klusak für Posen, Bankdirektor H. Merchert für Thorn, Direktor H. Puttkammer für Gotenhafen, Direktor Reimer für Graudenz, der Bankbevollmächtigte W. Völckner für Zichenau.[197]

Zum 31. Mai 1944 war die Abwicklung der Sparkassen im Bereich der Treuhandstelle Posen bereits zu 50% durchgeführt. Der Überschuß der Verwertungserlöse betrug nach Tilgung der Unkosten und die zur Befriedigung der Gläubiger gebrauchten Mittel 3.820.000 RM. Die Abwicklung der kommunalen Kreditbank war zu 50% durchgeführt worden, der erzielte Überschuß betrug 3.500.000 RM.[198] Zum Vergleich dazu hatte die Haupttreuhandstelle Ost berechnet, daß zum Stichtag am 15. September 1939 die Gesamtrohbilanz der polnischen Sparkassen 133.092.007,07 Zloty oder 66.546.003,53 RM betrug.[199]

Im Juli 1942 begannen in Warschau die Verhandlungen zwischen Vertretern der HTO und der Regierung des Generalgouvernements über die endgültige Auflösung der polnischen Banken. Hauptstreitpunkt war dabei der Ausgleich für das GG, das sich als Geschädigter in dieser Angelegenheit betrachtete. Nach Zustimmung durch die zuständigen Ministerien wurden folgende Vereinbarungen zwischen der Haupttreuhandstelle Ost und dem Generalgouvernement getroffen: 1) Übereinkunft über die Behandlung polnischer Vermögenswerte im Deutschen Reich und im Generalgouvernement vom 10.10.1942; 2) Abkommen über durchschnittene Kreditinstitute vom 9.10.1942; 3) Abkommen über die Auseinandersetzung des im Deutschen Reich gelegenen Vermögens der Emissionsinstitute des Generalgouvernements vom 29.8.1942; 4) Abkommen über das Vermögen der ehemaligen Polnischen Postsparkasse (PKO) vom 9.10.1942; 5) Abkommen über die Bank Polski vom 29.8.1942.[200]

[195] Ebenda, Bl. 114.
[196] Ebenda, Bl. 115.
[197] BAL, R144, 317, Rundschreiben des Leiters der HTO an die Generalabwickler der Banken vom 18.5. 1943.
[198] BAL, R2, Bl. 141-143.
[199] BAL, R2501, 5527, Bl. 111.
[200] Rechenschaftsbericht, S. 316.

Im Ergebnis der intensiven Verhandlungen einigte man sich darauf, daß die polnischen Vermögenswerte im Reich der Haupttreuhandstelle Ost unterstehen sollten, dagegen sollten die polnischen Vermögenswerte im Generalgouvernement in die Zuständigkeit der Treuhandstelle Krakau fallen. Bei der Behandlung der durchschnittenen Betriebe und der Staatsbanken tauchte ebenfalls dieses Problem auf. Dieses Prinzip der Kompetenzaufteilung bei der Behandlung polnischer Vermögenswerte im Deutschen Reich und im Generalgouvernement kam dann auch am 10.10.1942 zur Anwendung.[201]

Zwischen der HTO und dem GG wurden weitere Sonderabkommen getroffen: 1) über die Bezahlung von Forderungen aus dem Waren- und Dienstleistungsverkehr, 2) über die Aufteilung der Forderungen der „Paged" (Polska Agencja Drzewna Spólka z.o.o.) gegenüber deutschen Schuldnern, 3) über die Aufteilung der Forderungen des ehemaligen polnischen Verkehrsministeriums über die Rückzahlung von Anzahlungen, 4) über die Behandlung durchschnittener Betriebe, 5) über die Behandlung geteilter Vermögen, die nicht als durchschnittene Betriebe anerkannt sind, 6) über die Herausgabe wirtschaftlich dringend benötigter Vermögensstücke gegen Wertersatz, 7) über die Bank Polski, 8) über die Emissionsinstitute des Generalgouvernements, 9) über durchschnittene Kreditinstitute.[202]

Die HTO stimmte bei den Verhandlungen einem Zahlungsausgleich von 500.000.000 Zloty an das GG gemäß dem Abkommen über die Emissionsinstitute als Entschädigung für den Verlust der in den eingegliederten Gebieten gelegenen Hypotheken zu. Das Generalgouvernement erhielt nach dem Warschauer Abkommen vom 26.7.1941 weitere 500.000.000 Zloty als Entschädigung für alle Schäden, die dem GG durch die Grenzziehung entstanden waren.[203]

Im Abkommen über die Bank Polski wurde vereinbart, daß die weitere Abwicklung durch Vertreter des Generalgouvernements stattfinden sollte.[204] Zudem sollte die HTO nach einem Zahlungsausgleich an das GG folgende durchschnittene Banken beschlagnahmen und abwickeln:[205]

1. Landeswirtschaftsbank (Bank Gospodarstwa Krajowego)
2. die Staatliche Agrarbank (Państwowy Bank Rolny)
3. die Warschauer Handelsbank AG (Bank Handlowy w Warszawie SA)
4. die Warschauer Diskontobank AG (Bank Dyskontowy Warszawski SA)
5. die Bank der Zuckerindustrie AG (Bank Cukrownictwa SA)
6. die Verbandsbank der Erwerbsgenossenschaften (Bank Związku Spółek Zarobkowych)
7. die Westbank AG (Bank Zachodni SA)
8. die Zentralkasse der landwirtschaftlichen Genossenschaften (Centralna Kasa Spółek Rolniczych)

---

[201] Ebenda, S. 61 f.
[202] Ebenda, S. 62.
[203] Ebenda, S. 61-63; GG 0. In: Mitteilungsblatt 1942, S. 126-130; BAL, R2101, B 6167/1 Bl. 200ff.
[204] BAL, 2501, 5525, Bl. 2, Bank Polski, Verordnung, 229/27.9.1942.
[205] BAL, 2501, 5525, Bl. 17 ff.; Deutsche Allgemeine Zeitung, vom 23.12.1942.

104

9. die Genossenschaftsbank „Społem" (Bank Spółdzielczy „Społem")
10. die Bezirkskommunalsparkasse Warschau (Komunalna Kasa Oczczędności Powiatu Warszawskiego)
11. die Bezirkskommunalsparkasse Petrikau (Komunalna Kasa Oczczędności Powiatu Piotrkowskiego)
12. die Bezirkskommunalsparkasse Pultusk (Komunalna Kasa Oczczędności Powiatu Pułtuskiego).

Die restlichen Kreditinstitute im GG wurden unter Beachtung einer strengen Trennung von alter, d.h. vor dem 1. September 1939, und neuer Rechnung weitergeführt.[206] Auf ähnliche Art und Weise wurde mit den polnischen Versicherungsgesellschaften verfahren: Zunächst unterstanden folgende polnische Versicherungsunternehmen der Anmeldung beim Reichsaufsichtsamts für das Versicherungswesen in Danzig (später mußten Anmeldungen der Ansprüche von Volksdeutschen der Abteilungen I bis III bzw. von Ausländern an folgende Verwalter gerichtet werden):
a) Pocztowa Kasa Oszczędności (PKO) in Warschau einschließlich „Phónix" Towarzystwo Ubezpieczeń na Życie in Wien war bei der Volksfürsorge Lebensversicherungs AG der DAF, Hamburg anzumelden;
b) „Vesta" Bank Wzajemnych in Posen war bei Dr. Heinrich Niehuus, Zoppot anzumelden;
c) Zakład Ubezpieczeń na Życie in Posen war bei der Posenschen Lebensversicherungsanstalt in Posen anzumelden;
d) Vita-Kotwica SA in Posen war bei der Deutscher Ring Lebensversicherungs AG der DAF anzumelden;
e) Przezorność SA in Warschau war bei der Allianz, Lebensversicherung AG anzumelden;
f) Europa SA in Warschau bei der Victoria zu Berlin Allgemeine Versicherungs AG anzumelden;
g) Przyszłość SA in Warschau war bei Dr. Heinrich Niehuus anzumelden;
h) Zakład Ubezpieczeń Wzajemnych Izby Lekarskiej Warszawsko-Białostockiej in Warschau Dr. Heinrich Niehuus anzumelden;
i) Prudential (Angielska Spolka Akcyjna Towarzystwo Ubezpieczeń Prudential)[207]

Mit hoher Wahrscheinlichkeit enthält diese Liste die vollständige Aufzählung der liquidierten polnischen Versicherungsunternehmen und deren Verwalter. „Prudential" war mit Sicherheit ein Sequestierungsfall und wurde vom „Reichskommissariat für die Behandlung feindlichen Vermögens" betreut. Die polnischen Versicherungsunternehmen mit Sitz in Warschau waren durch den Treuhänder in Krakau liquidiert worden. Die Versicherungsgesellschaften mit Sitz in

---

[206] Rechenschaftsbericht, S. 307.

[207] Bekanntmachung des Reichsaufsichtsamts für das Versicherungswesen über die Behandlung von Lebensversicherungsansprüchen der Angehörigen der Abteilungen 1-3 der Deutschen Volksliste in den eingegliederten Gebieten. Vom 13. März 1944. Reichsanzeiger Nr. 76. In: Mitteilungsblatt der HTO, Berlin, 1.10.1944, S. 17.

Posen wurden zunächst durch die Treuhandstelle Posen, Referat B I, betreut und dann, wie bei den Banken nach der „Zweiten Anordnung über die Haupttreuhandstelle Ost vom 17. Februar 1941", durch die HTO Berlin und deren Generalabwickler für die polnischen Versicherungen verwaltet.

Während die obengenannten Verwalter zugleich auch Abwickler waren und die Policen der Volksdeutschen der Abteilungen I bis III der Deutschen Volksliste, anderer Deutscher und von Ausländern regelten, zogen die kommissarischen Verwalter und andere zuständige Geschäftsstellen die Policen der Polen und Juden zwecks Aktenvernichtung ein. Die bestehen gebliebenen Aktiva sollten als Deckungsmasse für bestehende Versicherungsansprüche eingesetzt werden. Sollte die Deckungsmasse nicht ausreichen, mußten die deutschen Versicherungsgesellschaften, die als Verwalter bis zum Kriegsende fungierten, selbst ihre Prämien decken. Unter rechtlichem Aspekt war die Tatsache von großer Bedeutung, daß die Versicherungsgesellschaften „nur" Verwalter bis zum Kriegsende blieben. Bis die Bedingungen der „Durchführungsverordnungen der Schuldenabwicklung" erfüllt worden waren, konnten Firmen oder andere Vermögenswerte im Geltungsbereich der HTO nicht verkauft werden. Allerdings änderte dies nichts an der Tatsache, daß die Verwalter eine aktive Rolle bei der Zerstörung der polnischen Versicherungsgesellschaften bzw. polnischer und jüdischer Versicherungspolicen spielten. Die obengenannten Verwalter waren rechtlich gesehen bestellte Treuhänder, die im Auftrag des Reiches oder des Generalgouvernements die Geschäfte der Unternehmen kommissarisch führten.[208]

Der in der Liste erwähnte Reichstreuhänder für die öffentlichen Versicherungsanstalten beim Generalgouvernement für die besetzten Gebiete, Generaldirektor Dr. Heinrich Niehuus aus Zopott, geb. am 14.10.1885 in Kiel, war eine Schlüsselfigur in der Abwicklung der polnischen Versicherungen. Niehuus war auch Vorstandsmitglied und Betriebsführer der Lebensversicherungsanstalt Westpreußen, mit Sitz in Danzig. Er war Aufsichtsratmitglied der Danziger Hypothekenbank und zugleich Vorstandsrat der Danziger Feuersozietät, beide ebenfalls mit Sitz in Danzig, und der Feuersozietät Grenzmark Posen-Westpreußen. Über eine Tätigkeit in der Bundesrepublik ist nichts bekannt.[209]

Das Ziel aller Abwickler der polnischen Versicherungen blieb unverändert: Soviel Forderungen wie möglich einzutreiben und dabei die Summe der noch zu zahlenden Verpflichtungen gering zu halten. Dies war eine kaum zu erfüllende Aufgabe, da die Aktiva der Versicherungen in Werten angelegt waren, die das Reich für wertlos hielt: Die polnischen Versicherungen hatten nämlich insbesondere ihre Lebensversicherungsprämienreserven – laut der HTO – in polnische Staatspapiere, Grundstücke oder Grundschulden (Hypotheken) angelegt. Dadurch, daß die Versicherungen ihre Geschäfte in ganz Polen getätigt hatten, waren sie jetzt machtlose, durchschnittene Betriebe. Da die meisten Versicherungsgesellschaften in Warschau ihren Sitz hatten, fiel das vorhandene Vermögen anfangs an das Generalgouvernement. Weil die Vermögenswerte sich in

---

[208] Rechenschaftsbericht, S. 322-325.
[209] Aus: Wer leitet? 1940.

den eingegliederten Gebieten konzentrierten, einigte man sich darauf, die Versicherungen als durchgeschnittene Betriebe zu behandeln.[210] Die Summe der Werte, die der Bank Polski, den anderen polnischen Banken sowie den polnischen Versicherungen geraubt worden ist, kann nicht ermittelt werden. Die Schäden für die polnische Gesellschaft gehen weit über jegliche Bilanzsummen hinaus. Festzustellen bleibt, daß das Ziel der Liquidierung der polnischen Banken, Kreditinstitutionen und Versicherungen darin bestand, die polnische Gesellschaft vollständig zu zerstören.

3.5 Die Sicherstellung des polnischen öffentlichen Vermögens

Nach dem deutschen Einmarsch wurde das polnische öffentliche Vermögen von allen möglichen Reichsstellen beansprucht. Darunter befanden sich Militärbefehlshaber, Parteidienststellen, Bürgermeister, Landräte und Reichsstatthalter. Mit der Polenvermögensverordnung vom 15.1.1940 war die Haupttreuhandstelle Ost beauftragt worden, das polnische Staatsvermögen in den eingegliederten Gebieten mit bestimmten Ausnahmen sicherzustellen und zu beschlagnahmen. Dem lag der Standpunkt der HTO zugrunde, daß die Haager Landkriegsordnung in den eingegliederten Gebieten keine Anwendung finden kann, weil der polnische Staat durch debellatio vernichtet worden war und die in ihrem Verwaltungsbereich liegenden Gebiete mit Führererlaß vom 8.10.1939[211] ins Reich eingegliedert wurden. Da der polnische Staat nicht mehr existierte, übte das Deutsche Reich die unbeschränkte Souveränität in den eingegliederten Gebieten aus. Somit betrachtete sich das Reich als Eigentümer des gesamten polnischen Staatseigentums.[212]

3.5.1 Das Staatsvermögen

Nach der Polenvermögensverordnung vom 15. Januar 1940 wurde polnisches Staatseigentum größtenteils aus der Beschlagnahmemasse der Haupttreuhandstelle Ost herausgenommen. Die meisten Vermögenswerte unterstanden der Verfügungsgewalt den in der Verordnung genannten Reichsministerien und Reichsbehörden. Wie bereits erwähnt, wurden die Vermögenswerte, die nach der Verordnung vom 15.1.1940 ausgenommen waren, ausdrücklich aufgeführt. Dies waren vor allem solche, die wehrwirtschaftlichen Zwecken bzw. der Reichsverteidigung

---

[210] Rechenschaftsbericht, S. 322. Detailliert behandelt die deutschen Versicherungsunternehmen im Dritten Reich Gerald D. Feldmann: German Private Insures and the Politics of the Four Year Plan. Hg. Von Gerald D. Feldmann. Arbeitspapier des Arbeitskreises „Unternehmen im Nationalsozialismus" der Gesellschaft für Unternehmensgeschichte e. V. 4/1998.

[211] RGBl., I, S. 2042.

[212] Rechenschaftsbericht, S. 265.

107

dienten und deshalb vom OKW beansprucht wurden.[213] Das Vermögen der polnischen Wasserstraßenverwaltung wurde der Reichsstraßenverwaltung übergeben. Die Verwaltung der polnischen Staatsdomänen wurde dem Reichsminister für Ernährung und Landwirtschaft (Abteilung Domänen) übereignet. Die Verwaltung der polnischen Staatsforste übernahm der Reichsforstmeister. Ein Teil der dem polnischen Staat gehörenden Grundstücke wurde von der Reichsfinanzverwaltung eingezogen. Die Deutsche Reichsbahn übernahm das Betriebsvermögen der polnischen Staatsbahnen in den eingegliederten Gebieten. Die Deutsche Reichspost übernahm das Vermögen der polnischen Postverwaltung.[214]

Die Haupttreuhandstelle Ost behielt die Verwaltung von polnischem Staatsvermögen im Altreich. Dabei handelte es sich vor allem um Konsulatsgebäude und andere Grundstücke. Nicht verkaufte Grundstücke wurden der Reichsfinanzverwaltung übergeben. Die HTO verfügte auch über Forderungen des polnischen Verkehrministeriums im Zusammenhang mit dem Ostpreußen-Durchgangsverkehr und ein entsprechend großes Guthaben bei der Verkehrskreditbank. Nach der Begleichung von Schulden schätzte man dieses Guthaben auf etwa 2 Mio. RM.[215]

In den Bereichen, in denen Unklarheit herrschte oder Reichsbehörden polnisches Staatseigentum übernommen hatten, aber nicht für die Schulden und Forderungen des übernommenen Eigentums haften wollten, mußte die HTO die Rolle eines Konkursverwalters übernehmen. Beispielsweise wollte die Reichsbahn alte Forderungen gegen die polnischen Staatsbahnen (Entschädigungsansprüche, Frachterstattungsansprüche, Forderungen aus Lieferungen und Leistungen) nicht bezahlen. Mit dem Reichsverkehrsminister wurde 1941 vereinbart, daß die Reichsbahn für solche Forderungen haften sollte.[216]

Besondere Regelungen mußten auch in bezug auf die polnische Postverwaltung getroffen werden. Da die polnische Telefongesellschaft (Polska Akcyjna Spólka Telefoniczna-PAST) eine Aktiengesellschaft mit 49% Beteiligung der schwedischen Firma Ericson war, mußten die HTO und die Treuhandstelle Krakau gemeinsam einen kommissarischen Verwalter bestellen, es war dies Oberpostrat Propach, um die Schuldenverhältnisse zu regeln bzw. eine in diesem Zusammenhang stehende Obligationsreihe, die die Firma Ericson seinerzeit an den polnischen Staat geleistet hatte, zu begleichen. Das Vermögen der polnischen Rundfunkgesellschaft (Polskie Radio AG), die zu 98% dem polnischen Staat gehört hatte, wurde unter der Reichspost (Rundfunksendeanlagen) und dem Propagandaministerium (Besprechungs- und Verwaltungsgebäude) aufgeteilt.[217]

Das polnische Tabakmonopol in den eingegliederten Gebieten wurde aufgehoben. Die Verwaltung und Verwertung der dieser Betriebe wurde der Reichsfi-

---

[213] Ebenda, S. 265.
[214] Ebenda, S. 266-269.
[215] Ebenda, S. 265-267.
[216] Ebenda, S. 267 f.
[217] Ebenda, S. 268.

nanzverwaltung überlassen. Das Vermögen des polnischen Brandweinmonopols wurde von der Reichsmonopolverwaltung übernommen. Das polnische Salzmonopol wurde ebenfalls aufgehoben. Die Salzvorräte wurden verkauft, die Erlöse dem Zoll zugeführt. Das Zündholzmonopol, eine Aktiengesellschaft, wurde einer Tochtergesellschaft der Svenska Tändsticks AG überlassen.[218]

Die polnischen Staatsbanken (Bank Polski, Bank Rolny, Bank Gospodarstwa Krajowego und die Postsparkasse) wurden abgewickelt. (Siehe Teil 3.4 dieser Arbeit.)

Private und staatliche Liegenschaften sowie bewegliche Gegenstände im Hafen von Gotenhafen, die von der Reichskriegsmarine benötigt wurden, waren von der Marine beschlagnahmt und eingezogen worden. Die Schuldenabwicklung sämtlicher kommissarisch verwalteter Unternehmen im Hafengebiet übernahm die Treuhandstelle Danzig-Westpreußen. Die restlichen Grundstücke sollten der Stadt Gotenhafen übereignet werden. Die Haupttreuhandstelle Ost und die Grundstücksgesellschaft der HTO regelten im Einzelfall die Übernahmeformalitäten.[219]

Die polnische Handelsflotte, die sich vorwiegend im Staatsbesitz befunden hatte, war von der deutschen Kriegsmarine übernommen worden.[220] Nach der Eroberung Danzigs bestellte der Gauleiter Danzig-Westpreußen einen Staatskommissar, der den Danziger Hafenausschuß zu verwalten hatte. Ein Teil des Vermögens der Danziger Hafengesellschaft fiel der Reichswasserstraßenverwaltung zu, während der Rest der Stadt Danzig übereignet wurde. Die Schulden und Forderungen des Hafenausschusses fielen der Danziger Hafengesellschaft zu.[221]

Zunächst wurde nach der Verordnung des Gauleiters Danzig-Westpreußen vom 4. September 1939 das gesamte Vermögen des polnischen Staates in der Stadt Danzig beschlagnahmt und eingezogen. Mit der Verordnung des Militärbefehlshabers Danzig-Westpreußen vom 27. September 1939 wurde sodann das gesamte polnische Privatvermögen in Danzig beschlagnahmt. Die Dienststelle des Staatskommissars für das polnische Vermögen der Freien Stadt Danzig wurde eingerichtet, Treuhänder wurden eingesetzt. Nach der Polenvermögensverordnung vom 15.1.1940 war auf die HTO das Beschlagnahmerecht für die Stadt Danzig übergegangen. Die Dienststelle des Staatskommissars ging in die Treuhandstelle Danzig-Westpreußen auf, die Treuhänder wurden zu kommissarischen Verwaltern. Einige Auflassungen des Staatskommissars waren umstritten, insbesondere die Überlassung von Grundstücken der polnischen Banken- und Kreditinstitutionen an die Stadt Danzig.[222]

Alle polnischen Staatsbetriebe, vor allem Bergwerke und Gruben, aber auch die oberschlesischen Wasserbetriebe gingen in Reichseigentum über. Kommis-

---

[218] Ebenda, S. 269.
[219] Ebenda, S. 271.
[220] Ebenda, S. 272.
[221] Ebenda, S. 273.
[222] Ebenda, S. 274.

sarische Verwalter der HTO waren damit beauftragt, alte Forderungen und Schulden der polnischen Staatsbetriebe zu regeln, um das Eigentum ans Reich überführen zu können.[223]

Die polnische Siedlungsgesellschaften Ślazak, eine GmbH mit Mehrheitsbeteiligung des polnischen Staates, und Skarb Panstwa Urząd Ziemski, eine polnische Behörde für Siedlungsfragen, wurden dem Reichskommissar für die Festigung des deutschen Volkstums übertragen. Die Treuhandstelle Kattowitz bestellte Assessor Boog zum kommissarischen Verwalter, um die Schuldenabwicklung zu erledigen.

3.5.2 Vermögen der Gemeinden

Nach dem Erlaß des Reichsministers des Innern vom 8. Mai 1940 wurde angewiesen, daß die deutschen Gemeinden und Gemeindeverbände als Nachfolger der polnischen Gemeinden und Gemeindeverbände gelten. Diese Regelung galt auch für Geschäftsanteile der polnischen Gemeinden. Damit waren die Eigentumsverhältnisse des polnischen Gemeindevermögens klar geregelt.[224]

Die einzigen Ausnahmen bildeten die kommissarischen Verwaltungen für die Elektrizitätsbetriebe in Danzig-Westpreußen und im Regierungsbezirk Kattowitz. Um die einheitliche Verwaltung und den planmäßigen Aufbau dieser Betriebe ungestört weiterzuführen, wurde die Gemeinderegelung umgangen. Auch wenn die Gemeinden an diesen Werken beteiligt waren, gingen die Werke aus den obengenannten Gründen nicht in ihr Eigentum über.[225]

3.5.3 Kirchliches Vermögen

Der Haupttreuhandstelle Ost besaß gemäß der Polenvermögensverordnung vom 15.1.1940 vorübergehend die Zuständigkeit für die Beschlagnahme von Teilen des kirchlichen Vermögens in den eingegliederten Gebieten. Bei der Entscheidung der Frage, welches kirchliche Vermögen als polnisches einzustufen war, ließ man sich von „völkischen" Gesichtspunkten leiten. So wurde die römisch-katholische Kirche in Polen als eine „volkspolnische" Kirche eingestuft, die evangelisch-augsburgische Kirche in Warschau unter der Leitung von Pfarrer Bursche galt ebenfalls als „polnisch". Eine Ausnahme hierzu bildete die Gemeinde der Augsburger Kirche in Lodz. Im Gegensatz dazu galt die unierte evangelische Kirche in Oberschlesien, Posen und Pommerellen als ein Bollwerk des Deutschtums.[226]

---

[223] Ebenda, S. 276 f.
[224] Rechenschaftsbericht, S. 279.
[225] Ebenda, S. 280.
[226] Ebenda, S. 282.

Zunächst wurde nur das römisch-katholische Vermögen in den eingegliederten Gebieten von der HTO beschlagnahmt, weil die römisch-katholische Kirche als „polnisch" eingestuft worden war. Kirchen, Kapellen, Friedhöfe und Wohnungen von geistlichen Würdenträgern wurden in der ersten Welle nicht beschlagnahmt.[227] Das beschlagnahmte Kirchenvermögen wurde unter kommissarische Verwaltung gestellt oder anderen Stellen zur vorläufigen Nutzung überlassen. Verwertungen fanden nur in Ausnahmefällen statt. Die Einziehung von kirchlichem Vermögen durch die HTO war durch den Erlaß des Beauftragten des Vierjahresplans verboten worden.[228]

Mit der Verordnung über die Einziehung volks- und reichsfeindlichen Vermögens in den eingegliederten Ostgebieten vom 14.8.1942[229] wurde eine neue Rechtslage geschaffen. Nach dieser Verordnung, dem Führererlaß vom 29.5.1941[230] und dem Runderlaß des Reichsminister des Inneren und des Reichsfinanzministers vom 9.4.1942[231] wurde die diesbezügliche Zuständigkeit den Staatspolizeileitstellen übergeben, die beauftragt waren, Verzeichnisse des beschlagnahmten Kirchenvermögens an den zuständigen Oberfinanzpräsidenten zwecks Einziehung zu übergeben. Die HTO hatte fortan lediglich die Aufgabe, das beschlagnahmte Kirchenvermögen an die betreffende Verwaltungsstelle zu übergeben. In Ausnahmefällen, in denen die Polizeileitstellen keine Verwendung für das Vermögen fanden, konnte die HTO beauftragt werden, das Vermögen zu verwalten und zu verwerten.[232]

3.5.4 Vermögen öffentlich-rechtlicher Körperschaften

Das Vermögen polnischer öffentlich-rechtlicher Körperschaften ging weitgehend auf entsprechende deutsche Körperschaften über, allerdings nur solche Vermögenswerte, die nach der Schuldenabwicklung bestehen blieben. Dies betraf das Vermögen von polnischen Vereinen, Anstalten und Stiftungen. Bei den Wohlfahrtseinrichtungen der polnischen Staatsbahnen wurden die Wohlfahrtsdezernenten der Reichsbahn zu kommissarischen Verwaltern mit dem Ziel bestellt, das Vermögen an die Wohlfahrtseinrichtungen der Reichsbahn zu überführen. Das Vermögen des Polnischen Roten Kreuzes wurde auf das Deutsche Rote Kreuz übertragen. Das Vermögen der polnischen Schulvereine an deutschen Einrichtungen wurde unter kommissarische Verwaltung der Regierungspräsidenten gestellt. Die deutschen Beamtenverbände wurden als kommissarische Verwalter für das Vermögen der polnischen Beamtenverbände bestellt.

---

[227] Ebenda, S. 282 f.
[228] Ebenda, S. 283 f.
[229] RGBl., I, S. 514.
[230] RGBl., I, S. 303.
[231] Mitteilungsblatt, 1942, S. 687.
[232] Rechenschaftsbericht, S. 284.

Das Vermögen der polnischen Feuerlöschvereine wurde den deutschen Gemeinden übertragen. Das Vermögen der polnischen Arbeitgeber- und Arbeitnehmerverbände wurde der Deutschen Arbeitsfront (DAF) übereignet.[233]
Die Verwaltung der verschiedenen polnischen Sozialversicherungen wurde nach dem anfänglichen Kompetenzwirrwarr, der zwischen dem Militärbefehlshaber, dem Reichsarbeitsminister und den Treuhandstellen herrschte, mit der Einführung der Reichsversicherung in den eingegliederten Gebieten endgültig den deutschen Versicherungsträgern übertragen. Auch hier bestimmte die Schuldenabwicklung die Größe des übriggebliebenen Vermögens. Erst nach der Schuldenabwicklung konnten Grundstücke usw. an die Nachfolger abgeführt werden. Probleme bereitete die Art der Investitionen und Geldanlagen der polnischen Versicherungsträger: Üblicherweise hatten die polnischen Versicherungsträger ihre Überschüsse an die Hauptanstalt für Sozialversicherung (Zakład Ubezpieczeń Spolecznych-ZUS) in Warschau abgeführt. Die ZUS hatte ihrerseits diese Überschüsse in polnische Staatspapiere, Pfandbriefe und Kommunalobligationen der großen Emissionsbanken angelegt.[234]
Nach dem Warschauer Abkommen vom 26.7.1941 wurde mit der Regierung des Generalgouvernements vereinbart, daß das ZUS-Vermögen in Höhe von 1.300 Mio. Zloty zwischen dem Deutschen Reich und dem Generalgouvernement durch zwei geteilt werden sollte. Das Reich sollte für seine Hälfte folgende Werte erhalten: 1) Das im Reich gelegene Vermögen in Wert von 300 Mio. Zloty; 2) 200 Mio. Zloty in polnischen Staatspapieren; 3) 150 Mio. Zloty in Pfandbriefen und Kommunalobligationen der polnischen Staatsbanken. Solche Wertpapiere mußten dann später beim Reichsfinanzministerium eingetauscht werden. Andernfalls mußten andere Lösungen gesucht werden, unter anderem die Belastung des Generalgouvernements mit Deckungshypotheken der Emissionsbanken auf Grundstücke in den eingegliederten Gebieten.[235]

3.6 Der Verkauf von 500.000-RM-Betrieben

Schon am 12.8.1940 wurde die Zuständigkeit für die Verwertung von Betrieben mit einem Verkehrswert von über 500.000 Reichsmark der Haupttreuhandstelle Ost vorbehalten.[236] Nach der zweiten Anordnung über die HTO vom 17.2.1941 wurden grundlegende strukturelle Veränderungen der HTO festgeschrieben, darunter auch die Eingliederung der einzelnen Treuhandstellen in den Verwaltungen der Reichsstatthalter bzw. der Oberpräsidenten. Dabei blieb dem Leiter der HTO das Recht auf Kontrolle und Rechnungsprüfung, auf die Verfügung über die Verwertungserlöse (Bareingänge und deren Bewirtschaftung), auf die

---

[233] Ebenda, S. 285 f.
[234] Ebenda, S. 286 f.
[235] Ebenda, S. 287.
[236] Rundverfügung über den Beginn der Verwertung beschlagnahmten und kommissarisch verwalteten Vermögens. In: Mitteilungsblatt, 27.8.1940, Nr. 5, S. 156.

Regelung des gesamten Geld- und Kreditwesens einschließlich der Abwicklung der polnischen Banken und Kreditinstitute sowie die Verwaltung und Verwertung von Objekten über 500.000 Reichsmark. Der Wert eines Unternehmens wurde nach dem vorhandenen Betriebs- und Anlagevermögen bemessen, ohne Berücksichtigung der zum 1. Oktober 1939 aufgelaufenen Schulden und Forderungen.[237]

Die folgende Liste enthält einige der wichtigsten 500.000-RM- Betriebe aus dem Raum Posen. Wenn nicht anders vermerkt, ist über die Käufer nichts bekannt:[238]

Firma	Käufer	Kaufpreis in RM	davon in DUT-Scheine in RM
Alexandrowicz Söhne		328.029	
R. Barcikowski, Drogerie, Chemie u. Apotheke		467.495	
Brauerei Krotoschin		420.000	
Chemische Fabrik J. Kajewski, („Blask"), Posen		902.445	
Chemische Werke Kutno		282.244	
Gebr. Deierling, Posen		1.050.000	
Dampfmühle Ostrowo, (Walczak und Rakowicz)		523.665	
Spedition C. Hartwig & Co., AG, Posen (am 7.9.1940)		1.500.000	1.340.352
Die Lokomotiv- und Waggonfabrik E. Cegielski AG, Posen (am 14.6.1940)	Deutsche Waffen- und Munitionsfabrik AG (DWM), Stuttgart	11 Mio.	
Cegielskis Teilbetrieb in Hohensalza		100.000	
Luban-Wronke AG, Kartoffelfabrikate, Posen (am 6.8.1941)	Lobauer Stärkefabrik AG, Posen	6.817.000	1.900.000

[237] Mitteilungsblatt, 15.3. 1941, Nr.2, S. 86.
[238] BAL, R144, 353, Zusammenstellung der im Bereich der TO Posen seitens der HTO verkauften Betriebe, ohne Blattzahl; BAL, R144, 310, DUT-Käuferlisten; BAL, B 6144, Bl. 238-40; APP, HTO, 76 Gutachten und verschiedene Angebote 1940.

Gebr. Dawidowski (am 6.11.1941)	Scheffler & Hein, Posen	650.000	362.870
Huggerbrauerei, Posen (am 28.8.1942)	Huggerbrauereien GmbH, Posen	3.589.205	
Hotel Ostland GmbH, Posen (am 28.8.1942)	an Pächter Hotel Ostland GmbH, Posen	2.000.000	
Akwawit AG, Spiritusverein, Posen (am 30.7.1942)	Posener Akwawit, Posen	2.500.000	900.000
Hartwig Kantorowicz Nachfolger, AG Posen (am 15.11.1943)	Baron von Rosen, Rosen & Co., Posen	1.115.834	alles in DUT Scheine
Likörfabrik Goldenring, Posen (am 22.10.1941)	Johann Beibst & Co, Posen	524.682	alles in DUT Scheine
Likörfabrik Goldenring, Posen: Grundstücke und Gebäude (am 1.6.1944)		117.500	
Likörfabrik Goldenring, Posen: unbebautes Grundstück (am 10.6.1944)		5.200	
Papier-/Papp- Großhandlung St. Dolewski, Posen		332.784	
Gasolina, Posen (Parzellen u. Tanklager)		26.000	
Goplana AG, Posen		durch die TP	
Hermann-Mühle AG, Posen		600.000	
Hermann-Mühle AG, Posen-Winklersheim		Vertrag Posen	
Kray AG, Kutno		446.236	
Mühle Gebr. Koerpel, Samter		1.030.936	
Kreismühle Kutno		639.483	
Aktien der Kalk- u. Zementfabrik Hansdorf		1.861.180	
Lobauer Hefefabrik		475.000	
Leslauer Drahtwerke, (C. Klanke)		200.000	

114

Leslauer Industrie Werke (Teichfeld & Asterblum) Maschine, Einrichtung, Inventar, Grundstücke und Brennöfen		289.000	
Lack- u. Farbenwerke „Mobiles" AG		413.078	
Polzin, Posen Grundstuck Kalisch Tanklager Posen Grundstück und Lager		23.000 29.930 28.710	
Pachtges. Dr. Roman May, Lobau		1.500.000	
Posener Kaufhaus		449.700	
Posener Exportmalzfabrik		430.940	
Staatliche Saline Hohensalza		1.644.740	
Steinhagen & Saenger AG, Leslau		21 Mio.	
Zentral-Drogerie J. Czepczynski, Posen Einzelhandel Großhandel		133.450 177.415	
Geschäftsanteile der Zuckerfabrik Samter (am 11.5.1944)		621.000	
Weitere Aktien der Zuckerfabrik Samter (am 20.7.1944)		270.000	
Aktien der Zuckerfabrik Schroda (am 6.6.1944)		1.485.800	
Weitere Aktien der Zuckerfabrik Schroda (am 13.7.1944)		345.000	
Aktien der Zuckerfabrik Welun (am 15.5.1944)		798.475	
Weitere Aktien der Zuckerfabrik Welun (am 11.7.1944)		142.500	

Zuckerfabrik Kruschwitz-Wikingen AG, Kr. Hohensalza		4.655.643	
Zuckerfabrik Montwy GmbH, Hohensalza		3.881.894	
Zuckerfabrik Schorn- dorf, Kr. Hohensalza		2.174.130	
Zuckerfabrik Tuczno- Reichenau AG, Kr. Hohensalza		2.711.632	
Zuckerfabrik Kujawien AG, Amsee, Kr. Ho- hensalza			
Zuckerfabrik Wreschen		Vertrag bei TP	

Bis zum 31. Dezember 1941 wurde auch die Dampfmühle Cerealia in Samter durch die HTO verkauft. Über den Kaufpreis und einen Käufer ist nichts bekannt.[239]

3.7 Der Verkaufsstopp vom 18.1.1942

Nach der „Dritten Anordnung über die Haupttreuhandstelle Ost, betreffend Verwertung der ehemals polnischen Vermögensobjekte in den eingegliederten Ostgebieten vom 18.1.1942" [240] des Beauftragten für den Vierjahresplan, Göring, wurde zugunsten der Kriegsteilnehmer mit sofortiger Wirkung ein Verkaufsstopp von polnischen Vermögenswerten verkündet. Der Verkaufsstopp ging, wie an anderer Stelle bereits vermerkt, auf eine Forderung des OKW zurück, um einer Unruhe in der Truppe entgegenzutreten und die wirtschaftlichen Interessen der Frontsoldaten in den Ostgebieten zu sichern.[241]

Ab Januar 1942 durfte die Verwertung von gewerblichen Unternehmen aller Art sowie von städtischen Hausgrundstücken nur an Kriegsteilnehmer und -versehrte, Volkstums- bzw. Spanien- und Freikorpskämpfer und deren Versorgungsberechtigten und an besonders bewährte Volks- oder Reichsdeutsche erfolgen. Ausgenommen von der Sperre waren Betriebe und Grundstücke, die aus wehrwirtschaftlichen oder versorgungswirtschaftlichen Gründen bereits verwertet worden waren. Ebenfalls ausgenommen waren Objekte mit einem Wert über

[239] APP, HTO, 100, Bl. 9.

[240] Deutscher Reichsanzeiger, Nr. 18.

[241] Mitteilungsblatt, 10.4.1942, Nr.1, S. 3; Pressenotiz des Reichsfinanzministeriums vom 1.5.1942 (RSt.Bl., S. 486). In: Mitteilungsblatt, 1.8.1942, Nr.3, S. 83, Sieh auch: BAL, R144, 319, S. 16.

100.000 RM und Kaufüberlassungsverträge, die sich bereits im Geschäftsgang befanden.[242] Verwertungsanträge wurden an den zuständigen Reichsstatthalter oder an den Oberpräsidenten (Leiter der Treuhandstelle) gerichtet. Eine Prüfungsstelle aus je einem Vertreter des OKW, des Reichskommissars für die Festigung des deutschen Volkstums, der Wirtschaftsabteilung des Reichsstatthalters bzw. des Oberpräsidenten entschied über den Antrag. Solche ad hoc Preisprüfungskommissionen entschieden nicht nur über die Verkaufspreise der Betriebe, sondern auch über ihre Eignung als Betriebe für Kriegsteilnehmer oder über ihre Freigabe zum Verkauf an andere Anbieter. Die Bewerber-Rangordnung des RKV blieb davon unberührt.[243]

3.8 Die GmbH der HTO

Die Haupttreuhandstelle Ost und ihre Treuhandstellen gründeten aus zweckdienlichen eine Reihe von Gesellschaften. Auf einige ist hier näher einzugehen.

3.8.1 Die Deutsche Umsiedlungstreuhand GmbH

Die Deutsche Umsiedlungstreuhand GmbH (DUT) mit Sitz in Dobraslowitz wurde vom Reichskommissariat für die Festigung des deutschen Volkstums geschaffen, um mit der HTO die Verteilung des polnischen und jüdischen Vermögens an Umsiedler zu regeln. Offiziell wurde dieser Prozeß als ein „Vermögensausgleich der Umsiedler" bezeichnet.[244]

Nach entsprechenden Vereinbarungen zwischen der Regierung des Deutschen Reiches und des Rates der Volkskommissare der Sowjetunion im Herbst 1939 konnten Deutschstämmige aus dem sowjetischen Staat ins Reich übersiedeln. Deren Vermögen wurde vor Ort von Reichstreuhändern in Zusammenarbeit mit dem Reichswirtschaftsministerium und der Reichsbank liquidiert und nach sowjetischen Devisenbestimmungen über Reichsvermögenswertungsstellen ins Reich transferiert.[245] Ähnliche Vereinbarungen wurden später, am 22.10.1940, zwischen der Reichsregierung und der Königlichen Rumänischen Regierung über die Umsiedlung der deutschstämmigen Bevölkerung in der Südbukowina und der Dobrudscha in das Deutsche Reich getroffen.[246]

Zum Zweck der Umsiedlung wurde vom Chef des SD die Einwanderungszentrale (EWZ) in Gotenhafen gegründet. Im November 1939 wurde der Sitz der

[242] Ebenda; BAL, R2, B 6147, Bl. 3-17 ff.
[243] Ebenda.
[244] Rechenschaftsbericht, S. 74.
[245] BAL, R2501, 7012, Bl. 35, Vereinbarung der deutschen Reichsregierung und der Regierung der UdSSR über die Umsiedlung der deutschstämmigen Bevölkerung aus der Interessenzone der UdSSR.
[246] Ebenda. Vereinbarung zwischen der Deutschen Regierung und der Königlichen Rumänischen Regierung über die Umsiedlung der deutschstämmigen Bevölkerung in der Südbukowina und der Dobrudscha in das Deutsche Reich vom 22. Oktober 1940, Bl. 91 ff.

EWZ nach Posen verlegt. Ab dem 15. Januar 1940 befand sich die EWZ in Lodz, am 10. Februar 1941 wurde sie endgültig nach Berlin verlegt. Mehrere Nebenstellen bzw. ein Lagersystem wurden geschaffen, um die Umsiedler besser „einzuschleusen": Stettin, Schneidemühl, Lodz, Balut, Zgierz und Pabianice. Aber nur diejenigen, die von der Deutschen Umsiedlungstreuhand im Kolonisierungsgebiet eine Existenzgrundlage erhielten, kamen aus den Umsiedlerlagern heraus.

Am 16. Oktober 1939 nahm die EWZ ihren Dienstbetrieb in Gotenhafen auf. Am 22. Oktober 1939 kamen die ersten „Durchschleusungen" von Deutschen aus Lettland und Estland an. Anträge von Deutschen aus Südtirol wurden durch die örtlichen Behörden bearbeitet. Einwanderungsbegehren von Deutschen aus Litauen, Bessarabien und dem Generalgouvernement wurden vorerst zurückgestellt.[247]

Um die „Seßhaftmachung" der Umsiedler in den eingegliederten Gebieten zu beschleunigen, waren verschiedene Vereinbarungen zwischen der HTO und der DUT getroffen worden. Unter anderem wurden geeignete Betriebe bzw. Grundstücke mittels eines Abrufes der DUT übertragen. Der Kaufpreis und die Zahlungsbedingungen wurden von der DUT nach dem Ertrags- und nicht nach dem Geschäftswert bestimmt. Die Umsiedler, deren Vermögen in ihren Heimatländern durch Reichstreuhänder liquidiert worden war, hatten dadurch Ausgleichsansprüche gegen das Reich. Das bewilligte Ausgleichsguthaben wurde dann beim Kauf von Vermögenswerten in den Ansiedlungsgebieten verrechnet. Die Deutsche Umsiedlungstreuhand bezahlte in Verrechnungsscheinen, nicht in bar.[248] Die HTO führte Buch über die von ihr im Umtausch verkauften Betriebe und Grundstücke.

Die DUT war ein einträgliches Geschäft für das Reich. Auch volksdeutsche Umsiedler waren Opfer des allgegenwärtigen „Reichsverwertungsdranges". Gerade die Deutschbalten, die zu dem soliden Mittelstand ihrer Heimatländer gehörten, wurden durch die Devisenbestimmungen der Deutschen Umsiedlungstreuhand um größere Vermögenswerte gebracht.[249] Allein die zu transferierenden Vermögenswerte der Umsiedler aus Lettland und Estland wurden auf eine Milliarde RM geschätzt.[250] Ungefähr 5% der Umsiedler besaßen sogar erhebliche Bankguthaben in Schweden, Finnland, England und in der Schweiz.[251] Umsiedler aus dem Baltikum verloren ihre Geschäfte, Fabriken und gesicherten Existenzen nicht nur durch die kommunistischen Umwälzungen in ihrer Heimat, sondern vor allem durch die vertraglichen Abmachungen zwischen dem Reich und der Sowjetunion. Die Deutschbalten, die oft über ansehnliche Konten mit Goldrubel, Goldmark und Pfund verfügten, durften nur ein Bruchteil davon mitnehmen. Der Rest wurde im Einvernehmen mit der Sowjetunion auf Konten der

---

[247] BAL, R2501, 7012, Bl. 35 ff.
[248] Ebenda.
[249] APP, HTO, 376, 439, 1147.
[250] BAL, R2501, 7012, Bl. 7, Aufbau u. Arbeitsweise der EWZ Gotenhafen.
[251] BAL, R2501, 7012, Bl. 35 ff.

DUT überwiesen.[252] Dafür bekamen die Umsiedler Verrechnungsguthaben, die sie dann für den Erwerb von Raubgut in den eingegliederten Gebieten einsetzen konnten. Zum Ende des Krieges wurden sie erneut aus dem Osten vertrieben. Sie verloren nun endgültig alles, auch durch den Schwindel der Deutschen Umsiedlungstreuhand. Die Jahresbilanz der DUT von 1943 – sie betrug 419.955.994,80 RM – ist gut geeignet, einen Überblick über die Geschäftsbereiche zu bekommen. Freilich waren die größten Vermögenswerte schon längst bewegt worden. Die Bilanz setzte sich wie folgt zusammen:

Vermögenswerte (Aktiva) in RM

Barreserve	1.008.127,48
verzinsliche Reichsschatzanweisungen	3.199.873,84
sonstige Wertpapiere	1.263.460,00
kurzfällige Forderungen unzweifelhafter	
Bonität und Liquidität gegen Kreditinstitute	9.064.191,13
Im Auftrag des RKVs gewährte Kredite	189.930.874,73
Erstattungsansprüche an den RKV	191.129.432,59
Vorauszahlungen auf noch nicht abgerech-	
nete Kredite und Zuschüsse an Umsiedler	11.036.565,51
sonstige Schuldner	1.457.964,43
Zum Zwecke des Vermögensausgleichs	
erworbene Grundstücke	6.500.020,87
Beteiligungen	4.610.545,00
Betriebs- und Geschäftsausstattung	
(minus Abschreibungen)	18,00
Ausstehende Einlagen auf das Stammkapital	750.000,00
Posten, die der Rechnungsabgrenzung dienen	4.921,22

Verpflichtungen (Passiva) in RM

Verpflichtungen gegenüber dem RKV	153.010.212,10
Guthaben von Umsiedlern	186.332.334,39
Guthaben von sonstigen Entschädigungs-	
berechtigten	12.812.484,05
Bei Banken aufgenommene reichs-	
verbürgte Kredite	64.728.508,00
Verpflichtungen aus erworbenen	
Grundstücken	559.909,75
sonstige Gläubiger	1.343.226,73
Stammkapital	1.000.000,00
Rückstellungen	167.792,22
Posten, die der Rechnungsabgrenzung dienen	1.527,56

---

[252] BAL, R2501, 7012, Bl. 35, Vereinbarung der deutschen Reichsregierung und der Regierung der UdSSR über die Umsiedlung der deutschstämmigen Bevölkerung aus der Interessenzone der UdSSR.

Die verzinslichen Reichsschatzanweisungen waren nicht nur eine Geldanlage, sondern gehörten auch zur „geräuschlosen" Kriegsfinanzierung. Der Geldüberhang, der durch „eisernes" Sparen während des Krieges angehäuft war, veranlaßte Banken und andere Institutionen dazu, in Reichsanleihen zu investieren. Auch die Deutsche Umsiedlungstreuhand legte „ihre" liquiden Summen in Reichsanleihen an; die Geldüberschüsse waren allerdings nicht durch „eisernes" Sparen, sondern durch die Verwertungserlöse des Umsiedlervermögens erzielt worden.

3.8.2 Die Grundstücksgesellschaft der HTO (GHTO)

Zunächst hatte die Haupttreuhandstelle Ost die Beschlagnahme und die kommissarische Verwaltung von Wohngrundstücken und Wohnungen in den eingegliederten Gebieten auf die Gemeindeverwaltungen übertragen. Nachdem Dr. Otto Meibes, seit Anfang Januar 1940 Referent für Grundstücksfragen bei der HTO, auf einer Dienstreise im gleichen Monat durch die eingegliederten Gebiete Mißstände, unsachgemäße Verwaltung und Verteilung von Wohnraum sowie groben Mißbrauch und Korruption festgestellt hatte, empfahl er dringlich die Umwandlung der Grundstücksverwaltung der HTO in eine GmbH, was auch umgehend geschah. Dadurch hoffte man, die Verwaltung unter dem Einfluß der HTO zu konsolidieren, den Gemeinden die Entscheidungsgewalt zu entziehen und damit korrekte Verhältnisse bezüglich der Verteilung vom Wohnraum, der Einnahme von Mieten, Ausgaben für Instandsetzung und der endgültigen Verwertung zu schaffen.[253]

Meibes führte in seinem Bericht über die Dienstreise ein krasses Beispiel für Amtsmißbrauch und Korruption an. Namentlich nannte er den Oberbürgermeister von Bromberg, Kampe, der zugleich Kreisleiter der NSDAP und ein Günstling des Gauleiters Danzig-Westpreußen, Forster, war. Auf Anordnung Kampes wurde beispielsweise die barocke Jesuitenkirche gesprengt, um Platz für Parteiaufmärsche zu schaffen. Diese Aktion rief unter den Bromberger Volksdeutschen Entsetzen hervor, weil die Kirche sowohl Katholiken als auch Protestanten als Gotteshaus gedient und beide christlichen Kreise zusammengeführt hatte.

Darüber hinaus bewohnte Kampe eine etwa zwei Jahre alte Villa, für deren Umbau allein etwa 40.000 RM aufgebracht wurden. Die Villa war mit teuren Tapeten und Möbeln ausgestattet, und alles war aus den Mieteinnahmen für die Grundstücke in Bromberg bezahlt worden. Offensichtlich war Kampe kein Einzelbeispiel. Ähnliche Sachverhalte stellte Meibes auch bei anderen Parteigenossen fest.

Nach Meibes Bericht an die Zentrale der HTO entwickelte sich dieser Fall zu einem Politikum. Der Leiter der HTO, Max Winkler, der Reichsinnenminister und der Reichsjustizminister berieten darüber. Unter anderem wurde Ober-

---

[253] BAL, R140, Dr. Otto Meibes: Tätigkeitsbericht über die GHTO vom 25.4.1956, S. 11 f.

staatsanwalt Kempner mit einem Stab von 6 bis 8 Mitarbeitern eingeschaltet, um Untersuchungen anzustellen. In kurzer Zeit wurden etwa 1.000 straffällige Handlungen der Parteiführung in Bromberg festgestellt.

Meibes und sein Begleiter auf der Dienstreise, Klett, wurden nach dem Bericht über die Feststellung der Mißstände vom Gauleiter Forster zur Rede gestellt und aus seinem Gau unter Androhung einer Haftstrafe für immer verwiesen. Es folgten geheime Verhandlungen zwischen Max Winkler und Gauleiter Forster. Kurze Zeit später wurde Winkler von Forster eingeladen, eine Reise durch Danzig-Westpreußen zu machen. In Bromberg wurde Winkler sodann von Bürgermeister Kampe mit allen parteipolitischen Ehren im Bromberger Rathaus empfangen. Kampe hielt eine „feurige Rede" über den Bromberger Blutsonntag und seinen damaligen Zorn auf die Polen. Damit war dann die Affäre Kampe sang und klanglos aus der Welt geschafft worden. Später meinte Meibes, daß die Enttäuschung unter den Volksdeutschen groß gewesen sei, da ihnen dadurch eine gerechte Führung in der Verwaltung versagt geworden wäre.[254]

Nach der Anordnung der Haupttreuhandstelle Ost vom 21.5.1940 wurde die Grundstücksgesellschaft der HTO mbH mit der Verwaltung und Verwertung der beschlagnahmten polnischen und jüdischen Wohngrundstücke beauftragt. Leitstellen wurden in den vier Gauen sowie in Litzmannstadt eingerichtet. Zweig- und Nebenstellen wurden den Leitstellen untergeordnet.[255]

Nach dem durch die zweite Anordnung über die HTO vom 17. Februar 1941 die Treuhandstellen den jeweiligen Reichsstatthaltern bzw. Oberpräsidenten unterstellt wurden, setzte eine allgemeine Dezentralisierung der HTO ein.[256] Infolgedessen wurden auch die jeweiligen Leitstellen der GHTO 1942 in vier selbständige GmbH umgewandelt und den Gauen direkt unterstellt: die Grundstücksgesellschaft für den Gau Danzig-Westpreußen (GEDEWE), die Grundstücksgesellschaft für den Gau Oberschlesien (GEOS), die Grundstücksgesellschaft für den Warthegau (GEWA), die Grundstücksgesellschaft für den Gau Ostpreußen (GEOPE). Die Geschäftsanteile blieben jedoch im Besitz des Deutschen Reiches (Vierjahresplan, Haupttreuhandstelle Ost).[257]

Die Verwaltung der Grundstücke wurde auf die Gaugesellschaften übertragen. Obwohl die Grundstücksgesellschaft der Haupttreuhandstelle Ost ihre Aufgabe als kommissarischer Verwalter aufgab, behielt sie und ihr Nachfolger, die Abteilung V, Grundstücksverwaltung der HTO, unter dem federführenden Vorstandsmitglied Meibes die Oberhand in allen Revisionsangelegenheiten. Ab dem 1. Januar 1943 trat die GHTO in die Liquidation ein. Die untergeordneten GmbH wurden endgültig in die Fachreferate der Treuhandstellen eingegliedert.[258]

---

[254] Meibes: Tätigkeitsbericht, S. 4-10.

[255] Rechenschaftsbericht, S.188.

[256] Göring: Zweite Anordnung über die HTO vom 17.2.1941. In: Mitteilungsblatt, 15.3.1941, Nr. 2, S. 86 f.

[257] Rundverfügung über die Einrichtung einer neuen Abteilung V. Grundstücksverwaltung vom 24. September 1942, In: R144, 317, unten links 898 ff.

[258] Rechenschaftsbericht, S. 188 f.

Die folgende Übersicht der Erfassungstätigkeit der GHTO (Stand vom 31. März 1942) wurde in dem Tätigkeitsbericht von Meibes vom 25. Oktober 1942 gegeben. Daraus geht hervor, daß sich sowohl die Zahl der erfaßten Grundstücke als auch die Mieteinnahmen sich verdreifacht hatten:[259]

	erfaßte Grundstücke	Zahl der Wohnungen	monatliche Mieteinnahmen (RM)
durch die Gemeinden	72 880	225 000	2.314.499,-
durch die Gesellschaften	226 726	715 124	8.876.786,-

Die Kirchengrundstücke wurden nicht miterfaßt.

Die Erfassung von Wohngrundstücken und Wohnungen blieb die schwierigste Aufgabe der Grundstücksgesellschaften. Die Grundbücher waren entweder abhanden gekommen oder sie hat es, wie im ehemaligen russischen Teil Polens, gar nicht gegeben. Die Feststellung des Eigentümers war nur möglich durch Befragung, Einsichtnahme in Finanzbücher, in Hypothekenregister, Katasterunterlagen oder in ähnliche behördliche Unterlagen, die dann oft ins Deutsche übersetzt werden mußten.[260] Nicht zuletzt machten es die Bestimmungen der Deutschen Volksliste erforderlich, sich wiederholt mit den in Rede stehenden Objekten zu beschäftigen. Bis Ende Oktober 1942 wurden von ehemals rd. 275.000 Grundstücken ca. 50.000 an die Besitzer zurückgegeben.[261] Nach Meibes war es keine Seltenheit, daß Besitzer beschlagnahmter Grundstücke gegen hohe Zahlungen in die Parteikasse ihren Volksdeutschen Ausweis erhielten und dann ihr Grundstück zurückerstattet bekamen.[262]

Zur praktisch-organisatorischen Erfassung wurden die Grundstücke in Bezirke, die mit den Polizeibezirken meistens übereinstimmten, aufgeteilt. Es wurden Erfassungstrupps gebildet und entsandt, die Haus für Haus die Grundstücksakten der Besitzer feststellten und über eine eventuelle Beschlagnahme entschieden. Im Falle eines Beschlagnahmebescheids wurden die Mieter davon in Kenntnis gesetzt, daß sie die Miete an einen kommissarischen Verwalter oder an die Zweigstellenkasse der Grundstücksgesellschaft zahlen mußten.[263]

Zur Verwaltung des Wohnraums gehörten Probleme, mit denen die Hausverwaltungen auch heute zu tun haben: Vermietung, Mieteinnahmen, Kommunalgebühren, Grundstückssteuer, Instandsetzung, Handwerkerrechnungen und die Nutzung von Rohbauten. Es kam aber eine Reihe weiterer Fragen hinzu, die durch die Okkupationssituation entstanden waren: Einhaltung der Ostmietever-

[259] BAL, R140, Meibes: Tätigkeitsbericht, S.11; Rechenschaftsbericht, S. 189.

[260] Meibes: Tätigkeitsbericht, S. 12.

[261] Rechenschaftsbericht, S. 189.

[262] Meibes: Tätigkeitsbericht vom 25.4. 1956, S. 18.

[263] Ebenda, S. 19.

ordnung, Naturalrestitution für Rückwanderer, Befriedigung der Kriegsteilnehmer und Auffanggesellschaften, Behördenaussonderung und die endgültige Verwertung beschlagnahmter Grundstücke. Die Vermietung von Wohnungen war zunächst Sache der Gemeinden. Dies fand oft unter willkürlichen Bedingungen statt. Die Zahlungsmoral der Mieter war sehr schlecht, oft gar nicht vorhanden. Sehr schnell machte sich ein Wohnraummangel bemerkbar, und um den Bedarf an Wohnungen zu decken, mußte die GHTO nach der Übernahme der Vermietungskompetenzen erneut Wohnraum beschlagnahmen – diesmal den von deutschen Mietern. Mitte 1941 wurden bei den Kommunalverwaltungen Mietämter geschaffen, die der GHTO diese undankbare Arbeit abnahmen.[264]

Die Kommunalabgaben, etwa für Kanalisation, Straßenreinigung oder Fäkalienabfuhr, bewegten sich im Vergleich zum Altreich auf einer unerträglichen Höhe von 10-15% der Mieteinnahmen. Es kam aber auch vor, daß die Kommunalverwaltungen noch höhere Gebühren für diese Dienste verlangten. Wegen dieser Unterschiede wurde mit den Behörden eine Pauschalgebühr von 5% der Mieteinnahmen ausgehandelt, sie wurde in einem Abkommen festgeschrieben und per Erlaß bekanntgegeben.[265]

Auf dem Gebiet der Grundsteuer, sie war ebenfalls Sache der Kommunalverwaltungen, herrschte auch ein Chaos. Um eine einheitliche Besteuerung zu erreichen, wurde eine Pauschale der Grundsteuer – basierend auf dem Miet-Ist – festgelegt.[266]

Ein Schwerpunkt der GHTO lag in der Instandsetzung von Wohnraum. Dies war die größte Ausgabeposition, sie betrug durchschnittlich 35% der Mieteinnahmen, oft auch mehr. Die Handwerkerrechnungen für Instandsetzungen waren am Anfang oft stark überhöht. Es kamen Rechnungen vor, die für das Zwei- oder Dreifache des Geleisteten ausgestellt wurden. Preisabsprachen unter den Handwerkern waren auch keine Seltenheit. In Litzmannstadt hatte eine Revisionskommission der Grundstücksgesellschaft der HTO sogar festgestellt, daß Aufschläge bis zu 100% und mehr gegenüber den Gebührensätzen im Altreich vorkamen.[267] Es wurden auch Rechnungen für nicht gelieferte Materialien und Waren ausgestellt. Die GHTO machte Front gegen Handwerker und Unternehmer in der Preisgestaltung für Reparatur- und Instandhaltungsleistungen. Es wurde eine Angleichung an das Preisniveau im Altreich vorgenommen. Es verwundert nicht, daß die Grundstücksgesellschaft der HTO deswegen zeitweise von einem großen Teil der Handwerker in den eingegliederten Gebieten boykottiert wurde.[268]

[264] Rechenschaftsbericht, S. 192 f.
[265] Ebenda, S. 195 f.
[266] Ebenda, S.194 f.; Meibes: Tätigkeitsbericht vom 25.4.1956, S. 28.
[267] Meibes: Tätigkeitsbericht vom 25.4.1956, S. 23.
[268] Rechenschaftsbericht, S. 197.

Die wichtigsten Ausgaben und Einnahmen der GHTO standen am 30. September 1942 im folgenden Verhältnis, Angaben in RM:[269]

Mieteinnahmen	Instandsetzung	%	Steuern	%	Betriebskosten	%	Kosten für Personal und Verwaltung	%
203.160.551	91.366157	45	27.765.429	14	38.909.38	19	38.737.583	19

Die GHTO übernahm etwa 8.000 bis 10.000 Rohbauten in ihrem Verwaltungsgebiet. Davon befanden sich 4.000 bis 5.000 Bauvorhaben allein im Warthegau. Anfang 1940 wurde ein Zentralabkommen mit den Baugesellschaften der Deutschen Arbeitsfront und dem Reichsarbeitsministerium zwecks Fertigstellung der Rohbauten abgeschlossen, ca. 3.000 wurden fertiggestellt. Die Kosten beliefen sich auf ca. eine Million RM.[270]

Um eine einheitliche Berechnungsgrundlage für die Mietverhältnisse zu schaffen, wurde die Ostmieteverordnung unter Mitwirkung der Grundstücksgesellschaft der HTO ausgehandelt und erlassen. Bislang waren die Mieten von Zloty in Reichsmark umgerechnet, die Miethöhe willkürlich von den kommissarischen Verwaltern festgelegt worden. Da der Zustand bzw. die Lage der Wohnungen sehr unterschiedlich war, entsandten die Zweigstellen Vermessungstrupps, um die Wohnungen neu zu schätzen. Nach einem komplizierten Umrechnungsverfahren wurden neue Mietsätze festgelegt. Die erwähnten Mietämter hatten dann die Aufgabe, den Mietern die Festsetzungsbescheide zuzuschicken und die Mieten einzutreiben.[271]

Neben der Verwaltungstätigkeit hatte die GHTO die Verwertung von etwa 4.000 bis 5.000 Grundstücken in Form von Naturalrestitution für Rückwanderer durchgeführt. Dafür waren insgesamt 20.000 Grundstücke vorgesehen. Umsiedler aus dem Osten sollten für ihren aufgegebenen Besitz in den Herkunftsländern mit gleichwertigen Objekten in den eingegliederten Gebieten durch die Grundstücksgesellschaft der Haupttreuhandstelle Ost und die Deutsche Umsiedlungstreuhand entschädigt werden. Zu diesem Zweck wurden spezielle Schätzungsverfahren entwickelt.[272]

Behörden- und Parteigrundstücke wurden aus der allgemeinen Verwaltungsmasse ausgesondert. Dabei nahmen die NS-Behörden die wertvollsten Objekte für sich in Anspruch. Das Beispiel der Stadt Posen verdeutlicht die Aussonderungsproblematik: Die Zweigstelle Posen verwaltete in der Stadt etwa 8.500 Grundstücke. Davon meldete die Deutsche Umsiedlungstreuhand Anspruch auf 2.900 Grundstücke für Rückwanderer an, 4.000 weitere Grundstücke wurden

---

[269] BAL, R140, Anhang des GHTO-Tätigkeitsberichts vom 25.10.1942: Anlage 3, gesamte Mieteinnahmen und wichtigste Ausgaben bis 30.9.1942; Anlage 4.

[270] Ebenda, Anlage 3 und 4; Rechenschaftsbericht, S. 199 f.

[271] Rechenschaftsbericht, S. 193 f.

[272] Ebenda, S. 200 f.

von der Stadtverwaltung für Stadtbebauungs- bzw. Planungszwecke reserviert, und der Rest wurde von sonstigen Behörden für Dienstzwecke bzw. als Unterbringungsmöglichkeiten für ihre Beamten genommen.[273]

Nach einer Vereinbarung des OKW mit Göring wurden Eigentumsübertragungen an Kriegsversehrte zwecks Befriedigung der Kriegsteilnehmer und Auffanggesellschaften schon während des Krieges genehmigt.[274]

Die endgültige Verwertung der beschlagnahmten Grundstücke blieb weitgehend eine Zukunftsaufgabe der Grundstücksgesellschaft der HTO. Es gab eine Reihe von Problemen, nicht zuletzt bereitete die Feststellung der Volkstumsangehörigkeit des Eigentümers erhebliche Schwierigkeiten. Hinzu kamen Komplikationen bei der Sicherstellung von baupolizeilichen Zeichnungen, Grundbuchauszügen bzw. Katasterunterlagen. Die Richtlinien der Schuldenabwicklung mußten vor dem Neuverkauf beachtet werden. Schließlich waren die Ansprüche seitens der Parteiinstanzen ein hemmender Faktor.[275]

3.8.3 Die Vermögensverwertungsgesellschaft (VVG)

Die Vermögensverwertungsgesellschaft der Haupttreuhandstelle Ost GmbH (VVG) entstand am 11. Dezember 1939 in Berlin durch die Neuorganisation der „Bellevue" Vermögensanlage- und Verwaltungs GmbH. Am 4. März 1940 war die Firma VVG in das Handelsregister eingetragen worden. Die Gesellschaft beschäftigte sich, wie es in der Satzung hieß, mit der „Verwaltung und Verwertung von Vermögensgegenständen aller Art, insbesondere auch von Grundstücken, im Auftrage der Haupttreuhandstelle Ost". Zu einer Verwaltung von Grundstücken ist es indes nie gekommen, da die Grundstücksgesellschaft der HTO bald darauf gegründet wurde und diese Aufgabe übernahm. Statt dessen war die VVG für die Erfassung und Verwertung von Rohstoffen, Wirtschaftsgütern, Wertsachen und sonstigem Beutegut sowie für die Regelung der Regreßansprüche, die daraus entstanden waren, verantwortlich. Zusätzlich war die Vermögensverwertungsgesellschaft für die Verwaltung von Überschüssen zuständig, die aus den Verwertungen entstanden waren. Diese Gelder wurden dann an die HTO abgeführt.[276]

Rechtsgrundlagen für die Erfassung und Beschlagnahme bildeten die „Verordnung des Oberbefehlshabers des Heeres über die Beschlagnahme in den besetzten ehemals polnischen Gebieten (ohne Ostoberschlesien) vom 5.10.1939",[277] verschiedene Verordnungen der Militärbefehlshaber der einzelnen Abschnitte, die „Verordnung des Gauleiters von Danzig vom 4.9.1939", die

---

[273] Ebenda, S. 201 f.

[274] Ebenda, S. 202.

[275] Ebenda, S. 194 f., 202; ferner Meibes: Tätigkeitsbericht vom 25.4.1956, S. 29-31.

[276] Prüfungsfeststellungen und Erhebungen bei der Verwaltungs- und Verwertungsgesellschaft der Haupttreuhandstelle Ost mbH durch die Neue Revisions- und Treuhandgesellschaft mbH (NRT) im Auftrag des Rechnungshofes des Deutschen Reiches. In: BAL, R2101, B 6145, Bl. 55-61; Rechenschaftsbericht, S. 214 f.

[277] Ebenda, S. 210; Materialsammlung, S. 12-16.

„Bekanntmachung des Reichsmarschalls Göring über die Errichtung einer Haupttreuhandstelle Ost vom 1.11.1939"[278], die „Verordnung des Beauftragten für den Vierjahresplan über die Sicherstellung des Vermögens des polnischen Staates vom 15.1.1940"[279] sowie die Polenvermögensverordnung vom 17.9.1940.[280]

Zum 11. Dezember 1939 wurden Willi Imhof, Erich Marschner, Erich Bauwerker und Ernst Ranis ist als Geschäftsführer der Vermögensverwertungsgesellschaft bestellt. Die Eintragung der Gesellschaft in das Handelsregister beim Amtsgericht Berlin erfolgte am 4. März 1940. Gesellschafter waren Johannes Rieger und Reinhold Krcek mit je 10.000 RM Kapitalbeteiligung. Sie traten ihre Anteile am 18. März 1941 an die HTO ab.[281]

Verschiedene Reichsdienststellen in den eingegliederten Gebieten hatten gleich nach der Besetzung Polens mit der Erfassung von Rohstoffen und Wirtschaftsgütern begonnen. Unter anderem waren die Wehrmacht, das Wirtschaftsministerium und einzelne Treuhänder daran beteiligt. Es entstand ein Geflecht von Interessensphären bzw. konkurrierenden Ausbeutungsstellen. Als die Vermögensverwertungsgesellschaft später beauftragt wurde, die Regreßansprüche der in- und ausländischen Firmen, deren Waren abgezweigt worden waren, zu befriedigen, ließen sich Sicherstellungs- und Verwertungsvorgänge nicht mehr rekonstruieren. In dieser Situation war es unmöglich, alle Reklamationen zu bearbeiten und die Ansprüche der Angehörigen neutraler Staaten soweit wie möglich zu befriedigen. Letztendlich war die Geschäftsleitung der HTO davon überzeugt, daß das Reich hinsichtlich des neutralen Auslandes die Aufgabe hatte, für die Zeit nach dem Krieg geschäftsfähig zu bleiben. Dazu gehörte die Einrichtung von devisenlosen RM-Sperrkonten, wo Regreßsummen eingezahlt wurden, um sie zu einem späteren Zeitpunkt im Handel zu verrechnen.[282]

Im Auftrag der Wehrmacht stellte der Stab von General Bührmann Ladungen und Lager polnischer Spediteure und Frachtschiffe sicher, die beim deutschen Überfall auf polnischen Straßen und Wasserwegen unterwegs gewesen waren. Es handelte sich um etwa 25.000 Waggons, die in den meisten Fällen keine Begleitpapiere hatten. Das Frachtgut der Waggons wurde festgestellt und an Verteilerbahnhöfe weitergeleitet, wo das Frachtgut meist an Abnehmer wie die Lager der Wirtschaftlichen Forschungsgesellschaft GmbH (Wifo) verkauft wurden.[283] Der Stab Bührmann war auch maßgeblich an der Schrott-Aktion in Warschau beteiligt, die von der Vermögensverwertungsgesellschaft finanziert wurde. Rittmeister Schu, der im Auftrag des Bührmann-Stabes die gesamte Roh-

[278] Rechenschaftsbericht, S. 211; Materialsammlung, S. 5 f.; Deutscher Reichsanzeiger und Preußischer Staatsanzeiger Nr. 260/39.
[279] Rechenschaftsbericht, S. 211; Materialsammlung, S. 18-21; RGBl., I, S. 174.
[280] Rechenschaftsbericht, S. 211.
[281] Ebenda, S. 214.
[282] BAL, R2, BHTO, B 6155, Treuhandstellenbesprechung am 5. und 6. Februar 1940 in der HTO in Berlin, S. 5.
[283] Prüfungsbericht des Rechnungshofes, Bl. 28.

stofferfassung in und um Warschau leitete, hatte die zusätzliche Aufgabe, sämtlichen Schrott in und um Warschau systematisch zu erfassen.[284]

Seitens des Wirtschaftsministeriums war die Berliner Zentrale der Wirtschaftlichen Forschungsstelle mit der Erfassung von polnischen Rohstoffen und Waren beauftragt. In den ersten Monaten des Krieges wurden die sichergestellten Güter in Waggons verladen und ins Reich verfrachtet. Dort wurden die Frachten – es handelte sich um die bereits erwähnten 25.000 Waggons – auf Verteilerbahnhöfe in Senftenberg, Frankfurt/Oder, Riesa, Aschersleben und Korschen unter Aufsicht der Wifo entladen, sortiert und weitergelenkt.[285] Im Prüfungsbericht der Neuen Revisions- und Treuhand GmbH hieß es aber, daß „die Wifo den Überblick über die ihr zur Verfügung stehenden Güter verloren" hatte. Am 1. März 1940 beauftragte das Reichswirtschaftsministerium die Vermögensverwertungsgesellschaft, das gesamte „Polengut" zu übernehmen. Auch dann fand keine „buchmäßige Übergabe" statt. Die VVG hat nach der Übernahme zwar Karteien angelegt, doch wurden weder Bestandsaufnahmen zu Bilanzstichtagen gemacht, noch wurden Lagerbücher angelegt. Dies machte eine „Nacherfassung" nach dem Verkauf erforderlich, die offensichtlich auch zum Teil stattgefunden hat.[286]

Die Erfassung polnischer Wirtschaftsgüter erfolgte im ganzen Reichsgebiet, in den eingegliederten Gebieten sowie im Generalgouvernement. Eine ganze Reihe von Stellen war damit beschäftigt. Die VVG selbst unterhielt eine Zweiggeschäftsstelle in Litzmannstadt, Hermann-Göring-Str. 115, die sich mit der Erfassung von Textilrohstoffen beschäftigte. Wirtschaftstrupps des Heeres und der Reichsbahn wurden auch für Sonderaktionen eingesetzt. In einer Sonderaktion Mitte 1940 wurde Rittmeister Schu vom OKW und vom Reichswirtschaftsministerium beauftragt, angefallene Wirtschaftsgüter und Altmetalle in den gesamten westlichen Gebieten zu erfassen und gegen Rechnung zu verwerten. Das Ausmaß dieser Aktion machte die Schaffung einer Sonderabteilung notwendig, sie trug die Bezeichnung „VVG-West" (Vermögens- und Verwertungsgesellschaft West).[287] In Gotenhafen begann eine Sonderaktion zur Erfassung von Schiffsfrachten. In Litzmannstadt befand sich eine Zweigstelle der VVG-Treuhänder, die Textilrohstoffe, Baumwolle, Wolle, Leder und Fertigprodukte erfaßte. In Bromberg liefen Sonderermittlungen zur Erfassung und Verwertung der Wirtschaftsgüter auf Lastkähnen und in Speditionslagern. Im Raum Radom erfaßte der Stab Bührmann Metalle. Im Februar 1941 begann eine Sonderaktion zur Erfassung der Ladungen von Lastkähnen auf der Weichsel.[288]

Am 1. März 1940 übernahm die VVG die Wifo-Lager. Allerdings war es unmöglich, Warenbestände sowie Bücher einzuordnen, da es keine übersichtliche Registratur gab. Genaue Angaben über das Frachtgut der Waggons – nach

---

[284] Rechenschaftsbericht, S. 214, 235 f.

[285] Ebenda, S. 216 f.

[286] Prüfungsbericht des RH, Bl. 28.

[287] BAL, B6145, Bl. 29.

[288] Rechenschaftsbericht, S. 216 f.

Gewicht der Waren oder Stückzahlen – fehlten oft oder waren unvollständig vermerkt. Von den Lagerhaltern mußten neue Einlagerungsmeldungen geholt werden. Eine Rekonstruktion der ursprünglichen Lagerbestände wurde versucht. Dies war vor allem notwendig, um die große Zahl der Regreßansprüche zu bearbeiten. Die Neue Revisions- und Treuhandgesellschaft mbH wurde mit der Nachprüfung der Verrechnungen zwischen der Wifo und der VVG beauftragt. Die VVG bezifferte den Wert der Waren, die von der Wifo übernommen wurden, mit 75.100.000 RM. Nach eigenen Angaben war diese Berechnung allerdings nicht vollständig.[289]

Dr. Vogt vom Rechnungshof des Deutschen Reiches bemängelte in einem Brief vom 20. Mai 1943 an die Haupttreuhandstelle Ost mit beigelegtem Prüfungsbericht über die Vermögensverwertungsgesellschaft, daß erst mit dem Verkauf die beschlagnahmten Warenmengen „buchmäßig erfaßt" wurden. Die Neue Revisions- und Treuhandgesellschaft mbH empfahl, „mit besonderem Nachdruck die erforderliche Ordnung in das Lagerwesen zu bringen."[290]

Die Haupttätigkeit der Vermögensverwertungsgesellschaft bestand im weiteren Verlauf des Krieges darin, Reklamationen der Regressenten zu befriedigen. Anhand von genauen Beschreibungen der gesuchten Waren oder Rechnungen, die die Käufer mit ihren Reklamationen einreichen mußten, wurden Nachforschungen über den Verbleib der georderten Waren angestellt. Im Falle einer bereits vorgenommenen Verwertung der Ware durch die VVG wurde an die berechtigte Partei eine Entschädigung geleistet. Umrechnungen der Devisen erfolgten nach dem Tageskurs. Für Pfund und Dollar galten die innerdeutschen Wechselkurse: 1 £= 9,90 RM und 1 $=2,50 RM.[291]

Als „berechtigte" Regressenten galten u. a. Volks- und Reichsdeutsche. Für Ansprüche aus dem Generalgouvernement wurde eine Pauschalzahlung in Höhe von 6,5 Millionen RM zur Verfügung gestellt. Ansprüche des neutralen bzw. befreundeten Auslandes wurden ebenfalls durch die VVG befriedigt. Bei Ansprüchen aus dem feindlichen bzw. besetzten Ausland kam es zu Sequestrationsfällen, in die der Reichskommissar für die Behandlung feindlichen Vermögens eingeschaltet werden mußte. Als besonders problematisch galt die Befriedigung von Vorkriegsansprüchen.[292]

In einer für den Rechnungshof des Deutschen Reiches aufgestellten Bilanz zum 31.12.1942 nannte die Vermögensverwertungsgesellschaft folgende Summen: die Verwaltungskosten betrugen im Jahr 1940 881.000 RM und im Jahr 1941 935.000 RM, sie wurden aus der Vermögensmasse gedeckt. Aufwendungen für Transport - und Lagerkosten sowie Steuern und Zölle betrugen zum 31.12.1941 75.132.700 RM. Erlöse aus dem Verkauf von Wirtschaftsgütern beliefen sich auf 72.012.400 RM. Die Bilanz der treuhänderischen Vermögensverwaltung ergab zum 31.12.1939 512.300 RM, wovon allein 413.500 RM flüssige

[289] Ebenda, S. 218-221.
[290] BAL, R2101, B 6145, Bl. 22.
[291] Rechenschaftsbericht, S. 221-240.
[292] Ebenda.

128

Mittel waren; zum 31.12.1940 wies diese Position 102.949.200 RM aus, der Anteil an flüssigen Mitteln bestand aus 1.889.660 RM, Wertpapiere steuerten 45.852.700 RM bei, und zum 31. Dezember 1941 betrug der gleiche Posten 87.912.800 RM, davon 992.600 RM flüssige Mittel und 41.686.800 RM an Wertpapieren.[293]

3.8.4 Die Handelsaufbau Ost GmbH

Die Handelsaufbau Ost GmbH war unter Mitwirkung der HTO und der Reichsgruppe Handel geschaffen worden, die mit je einem Stammanteil von 10.000 RM an dem Gesellschaftskapital beteiligt waren. Diese GmbH verfügte über keine eigenen Einkünfte, sie bekam von den Gesellschaftern Zuschüsse zur Realisierung ihrer Geschäftsvorhaben. Die Gesellschaft hatte Zweigniederlassungen in Posen (mit einer Außenstelle in Litzmannstadt), Kattowitz, Danzig und Zichenau, deren Geschäftsführungen in Personalunion mit den Bezirksgliederungen der Reichsgruppe Handel verbunden waren.[294]

Die wichtigste Aufgabe der Handelsaufbau Ost bestand darin, den Handel in den eingegliederten Gebieten zu planen und neu zu ordnen und geeignete Verwalter und Käufer vor allem für Handelsbetriebe zu finden.[295] Zu diesem Zweck wurde auch die Broschüre „Industrie und Handel im Reichsgau Wartheland" herausgegeben, um die Vorteile des Kolonisierungsgebietes im Altreich zu propagieren.[296]

Die Handelsaufbau Ost erfaßte zunächst den gesamten Handel in den eingegliederten Gebieten. Danach wurden je nach Einwohnerzahl die Anzahl der zugelassenen Betriebe festgelegt. Geeignete kommissarische Verwalter und Käufer der Betriebe wurden gesucht. Dafür kamen in erster Linie Volksdeutsche und Umsiedler in Frage. Da es unter den Bewerbern aber an Fachkenntnissen mangelte, wurde auch im Altreich nach geeigneten Fachkräften gesucht.[297]

Die Handelsaufbau Ost war zunächst eine Alternativkonstruktion zu den Auffanggesellschaften, die z.B. in Ostoberschlesien früh eingerichtet worden waren. Mehrere Betriebe sollten von Generaltreuhändern gleichzeitig kommissarisch verwaltet werden. Die Betriebe sollten durch Unternehmer effizient auf Profit und Leistung umgestaltet werden, um sie später an Frontkämpfer zu verkaufen.[298] Im April 1941 wurde dann eine Auffanggesellschaft für Kriegsteil-

[293] BAL, R2101, B 6145, Bl. 49 f.
[294] Rechenschaftsbericht, S. 147 f.; BAL, R2, B 6146.
[295] Rechenschaftsbericht, S. 64; Bericht über das Verrechnungsscheinverfahren mit der Deutschen Umsiedlungs-Treuhand-Gesellschaft, BAL, R144, 414.
[296] Ulrich Schade: Industrie und Handel im Reichsgau Wartheland. Berlin 1942. Hg. von Dr. Walter Geisler, Reichsuniversität Posen. Aus der Reihe: „Die wirtschaftlichen Entwicklungsmöglichkeiten in den eingegliederten Ostgebieten des Deutschen Reiches. Im Auftrag der Haupttreuhandstelle Ost und des Reichskommissars für die Festigung deutschen Volkstums, Stabshauptamt" Band 9.
[297] Rechenschaftsbericht, S. 146-157.
[298] Vgl. Generaltreuhänder im Ost-Handel. In: Kölnische Zeitung, vom 5.3.1941. Ebenso: BAL, R2501, 5527, Bl. 93.

nehmerbetriebe des Handels im Warthegau von der Reichsgruppe Handel, Berlin, errichtet. Geschäftsführer waren Dr. Manfred Rietschel, Posen, und Albrecht Dürn als Geschäftsführer am Sitz der Reichsgruppe Handel in Berlin. Das Stammkapital betrug 20.000 RM.[299]

3.8.5 Auffanggesellschaften für Kriegsteilnehmerbetriebe des Handels

Die Auffanggesellschaften für Kriegsteilnehmerbetriebe des Handels waren von der Reichsgruppe Handel in Zusammenarbeit mit dem OKW gegründet worden. Gesellschafter waren die Spitzenorganisationen des Handels: die Reichsgruppe Handel, die Wirtschaftsgruppe Groß- und Außenhandel und die Wirtschaftsgruppe Einzelhandel. Der Zweck dieser Gesellschaften bestand darin, die für Kriegsteilnehmer geeigneten Betriebe zu reservieren und zu verwalten.[300] Die Auffanggesellschaften waren in den vier eingegliederten Gebieten sowie in Litzmannstadt tätig. Mangels einer zentralen Verwaltung unterstanden sie der Handelsaufbau Ost GmbH in Berlin.

Der Profit aus diesen Gesellschaften wurde ausschließlich zur Reinvestition in die Geschäfte genutzt. Die Auffanggesellschaften waren lediglich als kommissarische Verwalter der vorgesehenen Handelsbetriebe zu verstehen. Es wurde mit Bedacht eine dezentralisierte Verwaltungsstruktur ausgewählt, um die Einzelbetriebe als solche für die Kriegsteilnehmer zu bewahren. Bezirksgeschäftsstellen in den Gauen wurden aufgebaut, um die Aufsicht über die einzelnen Betriebe zu gewährleisten. Die Erhaltung der Selbständigkeit der Betriebe stand im Vordergrund, nicht der Ausbau der Auffanggesellschaften zu einem konzernähnlichen Monolith.[301]

Die Erfassung der Betriebe im Warthegau ergab 460 Großhandelsbetriebe, davon befanden sich 162 in volksdeutschen Händen. Nach der Neuordnung des Handels im Warthegau war die Zahl der Großhandelsbetriebe auf 680 gestiegen. Davon gehörten 330 Betriebe Volksdeutschen, 170 Betriebe Umsiedlern und 130 Betriebe Reichsdeutschen.[302]

Im Einzelhandel gab es 2.680 Lebensmittel-, 160 Obst- und Gemüse-, 47 Fischfachgeschäfte sowie 82 sonstige Lebensmittelläden. Die kommissarischen Verwalter dieser Läden wurden vor allem von den örtlichen Verwaltungen eingesetzt, nicht durch die Treuhandstellen. Oft waren die Verwalter Fachfremde – Landwirte, Schuhmacher, Schneider etc. – Kaufleute waren dagegen wenig vertreten.

Bis zum 30. September 1942 hatte die Auffanggesellschaft für Kriegsteilnehmerbetriebe des Handels im Reichsgau Wartheland GmbH in Posen 1.415 Betriebe verwaltet. Davon hatte die Auffanggesellschaft 67 Betriebe abgegeben.

---

[299] BAL, R2501, 5527, Bl. 114.
[300] Rechenschaftsbericht, S. 146-157; S. 64; BAL, R2, BHTO, B 6146, Bl. 153f.
[301] Rechenschaftsbericht, S. 152.
[302] Ebenda, S. 152 f.

Bis zum 30.9.1942 hatte die Auffanggesellschaft einen Umsatz von 76.859.082 RM erwirtschaftet.[303]

3.8.6 Die Landwarenhandels-Gesellschaft für den deutschen Osten GmbH

Die Landwarenhandels-Gesellschaft für den deutschen Osten GmbH wurde von Organisationen und Banken gegründet, die im privaten Landwarenhandel tätig waren.[304] Mangels geeigneter deutscher Fachkräfte hatte diese Gesellschaft die Funktion, evakuierte polnische und jüdische Landwarenhändler auf diesem Gebiet vorübergehend treuhänderisch zu ersetzen. Die Versorgung der Bauern stand hier im Vordergrund der Arbeit, es wurde mit Saatgut, Düngemittel u.a.m. gehandelt.[305]

3.8.7 Die Aufbaugesellschaft des ostdeutschen Landmaschinenhandels mbH

Die Aufbaugesellschaft des ostdeutschen Landmaschinenhandels mbH hatte ähnliche Aufgaben wie die Landwarenhandels-Gesellschaft für den deutschen Osten GmbH. Sie handelte mit Maschinen der Landwirtschaft; Werkstätten und Reparaturwerkstätten wurden treuhänderisch verwaltet.[306] Verschiedene Wirtschaftskreise, Banken und Firmen des Landmaschinenhandels waren auch an dieser Gesellschaft beteiligt.[307]

3.8.8 Hotel- und Gaststättengesellschaft Wartheland, Danzig-Westpreußen und Ostschlesien mbH

Die Hotel- und Gaststättengesellschaften im Wartheland, in Danzig-Westpreußen und in Ostschlesien wurden gegründet, um im Zuständigkeitsbereich der Haupttreuhandstelle Ost Hotels, Gaststätten und Fremdenheime zu erfassen, zu verwalten, zu verwerten, umzubauen und einzurichten. Damit sollte in den eingegliederten Gebieten ein einträgliches Gastgewerbe aufgebaut werden.[308] Eine Besonderheit in der Tätigkeit dieser Gesellschaft bestand darin, daß auf Vorschlag der Reichsgruppe Fremdenverkehr die kommissarischen Verwalter am Umsatz beteiligt wurden. Im Gegensatz zu den anderen kommissarischen Verwaltern befanden sie sich in keinem üblichen Dienstverhältnis, sie erhielten

[303] Ebenda, S. 154-157.
[304] Ebenda, S. 64.
[305] BAL, R2, BHTO, B 6155, Treuhandstellenbesprechung am 5. und 6. Februar 1940 in der HTO in Berlin, S. 90.
[306] Ebenda, S. 90.
[307] Ebenda, S. 64.
[308] Ebenda.

131

auch keinen Lohn. Statt dessen bezahlten sie Pacht und erwirtschafteten aus
eigener Kraft ihren Lebensunterhalt.[309]
Die Gesellschaft wurde mit einem Stammkapital von 500.000 RM gegründet,
das durch die HTO verwaltet wurde. Es blieb von den laufenden Verwaltungsausgaben und -einnahmen unberührt. Jedes Treuhandobjekt wirtschaftete für
sich, d.h. es verrechnete auch Einnahmen und Aufwendungen für sich. Die
Kosten für zentrale Verwaltungsausgaben der Gesellschaften wurden auf die
einzelnen Objekte umgelegt.[310]
Die erste Hotel- und Gaststättengesellschaft Wartheland mbH wurde in Posen
gegründet. Im Jahre 1942 existierten 2.059 derartige Unternehmen in den eingegliederten Gebieten, davon befanden sich 1.096 allein im Warthegau. In Danzig-Westpreußen und in Oberschlesien wurden ebenfalls Hotel- und Gaststättengesellschaften gegründet. In Zichenau wurde wegen der geringen Zahl von
Betrieben keine Gesellschaft gegründet.[311]
Der Gesamtaufwand aller Hotel- und Gaststättengesellschaften für Renovie-
rungen und Instandsetzungen belief sich auf 11 Millionen RM, davon sieben
Millionen RM allein im Warthegau.[312] Die Gesamteinnahmen aus Verkäufen,
Verpachtungen und sonstigen Einkünften betrugen 10 Millionen RM. Die Er-
fassungstätigkeit erforderte allerdings einen hohen Personalaufwand.
Nur an Kriegsteilnehmer und andere bevorzugte Bewerbergruppen durften
Betriebe verkauft werden. Ausnahmen gab es lediglich in Versorgungsfällen.
Bis 1942 wurden insgesamt 142 Betriebe verkauft, davon 65 an Umsiedler und
34 Betriebe an Volksdeutsche und Rücksiedler.[313]

3.8.9 Die Handwerksaufbau Ost GmbH

Die Handwerksaufbau Ost GmbH mit Sitz in Berlin wurde von der HTO im
Einvernehmen mit dem Reichsstand des deutschen Handwerks und in Zusammenarbeit mit dem Reichskommissar für die Festigung des deutschen Volkstums gegründet. Ihre Aufgabe war es, Werkstätten und dazugehörige Wohnungen für deutsche Handwerker instand zu setzen und herzurichten. Zu diesem
Zweck hatte die Hauptreuhandstelle Ost bis 1942 fünf Millionen RM bereit-
gestellt. Bis dahin waren bereits Bauleistungen in Höhe von 3.020.470 RM er-
bracht worden. Laut Schätzungen würden die Gesamtkosten auf etwa neun
Millionen RM auflaufen.[314]
Zunächst kamen als Bewerber grundsätzlich nur kommissarische Verwalter
in Frage, die auf Rechnung für das Reich arbeiteten. Als sich dieses Verfahren

---

[309] Ebenda, S. 142.
[310] Ebenda.
[311] Ebenda, S. 143.
[312] Ebenda, S. 145.
[313] Ebenda.
[314] Ebenda, S. 164-172.

132

als ungünstig erwies, mußten die Handwerker auf eine Vergütung verzichten, dafür aber durften sie fortan Rechnungen für sich ausstellen. Dabei hatte es bis zum Baustopp 1942 vor allem an Aufträgen in der Bauindustrie nicht gefehlt. Das Spektrum der dem Handwerk zugerechneten Berufe war sehr breit gefaßt. Dazu gehörten Schneider, Elektroinstallateure, Seifensieder, Uhrmacher, Wäschereien, Mechaniker, Maler, Putzmacher, Landmaschinenbauer, Schuhmacher, Autoschlosser, Fleischer, Lichtbildner, Bäcker, Bautischler, Glaser, Friseure, Töpfer, Installateure, Tischler, Brunnenbauer und noch einige andere Berufe.[315]

Auch hier sollte Posen als Beispiel dienen. Die Zweigstelle der Handwerksaufbau Ost GmbH in Posen nahm ihre Tätigkeit im Warthegau am 15. April 1941 auf. Die Zweigstelle war dann in den Außenstellen Litzmannstadt, Kalisch, Hohensalza und Leslau untergliedert. Die Zweigstelle selbst war für den gesamten Regierungsbezirk Posen verantwortlich.[316]

Die Handwerksaufbau Ost GmbH in Posen hatte den Auftrag, Werkstätten nach „deutschen" Maßstäben einzurichten, um die Ansiedlung von qualifizierten „deutschen" Handwerkern zu ermöglichen. Hierzu gehörte die Umorganisierung, Schließung und Neueinrichtung von polnischen und jüdischen Betrieben, da nach Meinung der Geschäftsleitung die meisten beschlagnahmten Werkstätten nicht den gewerbepolizeilichen Anforderungen genügten. Inwiefern diese Mängel dazu dienten, um eine Beschlagnahme zu erwirken, oder ob sie lediglich auf deutsche Überheblichkeitsäußerungen zurückzuführen waren, läßt sich nicht mehr feststellen. Dagegen gilt als sicher, daß in den Kriegswirren und der ersten Besatzungszeit in allen Wirtschaftsbereichen einiges unterschlagen wurde bzw. abhanden gekommen war.[317] Um dem entgegen zu treten, wurden von der Treuhandstelle Posen 7.707 Handwerksbetriebe erfaßt, davon unterlagen 4.852 Betriebe der Beschlagnahmung zwecks Neubesetzung mit deutschen Handwerkern.[318]

Wegen der kriegsbedingten Einschränkungen und der fehlenden Mitarbeit anderer Behörden, darunter der Landesarbeitsämter, wurden bis zum 30. April 1943 nur 1.570.000 RM in den Bau der Betriebe investiert, 122 Betriebe konnten fertiggestellt werden. Aus dem hier benutzten Tätigkeitsbericht ist zu entnehmen, daß sich 95 Betriebe noch im Bau befanden. 56 Bäckereien und 42 Fleischereien wurden bei durchschnittlichen Baukosten in Höhe von 20.000 RM und 30.000 RM fertiggestellt. Davon erhielten 30 Bäckereien neue Backöfen (Anschaffungskosten ca. 6.000 bis 7.000 RM). Für nur 16 Fleischereien wurden Kühlanlagen angeschafft. Die übrigen 119 Betriebe verteilten sich auf folgende Berufszweige: KFZ-Reparatur, Tischler, Friseure, Schuster, Schneider, Töpfer, Klempner, Maler, Schlosser usw.[319]

---

[315] Ebenda.
[316] BAL, R2101, B 6151, Bl. 218-222.
[317] Ebenda.
[318] Rechenschaftsbericht, S. 166.
[319] Ebenda.

3.8.10 Die Allgemeine Film-Treuhand GmbH

Die Reichsfilmkammer gründete im Einvernehmen mit der HTO die Allgemeine Filmtreuhand GmbH zwecks kommissarischer Verwaltung der beschlagnahmten Filmtheater in den eingegliederten Gebieten. Folgende Aufgaben hatte die Allgemeine Filmtreuhand zu erfüllen: 1) Bestandsaufnahme, 2) Eignungsprüfungen der Betriebe als „deutsche" Kulturstätten, 3) Schließung unzureichender Betriebe, 4) baulicher, technischer und kultureller Ausbau der Filmtheater, 5) Einsetzung von Geschäftsführern, 6) Verwaltung und kulturelle Betreuung der Betriebe.[320] Von den etwa 300 polnischen Filmtheatern wurden 110 geschlossen. 1942 befanden sich 60 Betriebe im volksdeutschen Besitz, 83 Filmtheater befanden sich noch in der Verwaltung der Allgemeinen Filmtreuhand, davon 48 im Warthegau. Diese Filmtheater wurden für den Erwerb für Kriegsteilnehmer reserviert. Alle verpachteten und verkauften Theater schieden aus der Verwaltung der Allgemeinen Filmtreuhand aus.[321]

---

[320] Ebenda, S. 172-174.
[321] Ebenda.

4. Die Treuhandstelle Posen als „preußischer Staatsapparat"

Die Treuhandstelle Posen war nicht nur ein Kolonisierungsinstrument im Warthegau, sondern wirkte in ihrem Wesen und in ihrer Zweckmäßigkeit sowie in
der Dienstauffassung ihrer Mitarbeiter wie ein traditioneller preußischer Staatsapparat. Anhand erhaltener Personalakten und der informativen Gestapo-Frage-
bögen, die jeder bei der Bewerbung auszufüllen hatte, kann man sich ein ge-
naueres Bild über zumindest einen Teil der Belegschaft und deren Anliegen machen.

Die TP wurde zunächst am Wilhelmplatz 15, dem heutigen Plac Wolności,
untergebracht. Die Räume, die der Bank Związku Społek Zarobkowych bis zur
deutschen Besatzung gehört hatten,[1] befanden sich am Rand des Altmarktes, in
bester Lage und in unmittelbarer Nähe der Raczynski Bibliothek bzw. des Na-
tionalmuseums (während des Krieges war in ihr das Kaiser-Wilhelm-Museum
untergebracht). Das Deutsche Schloß, der Sitz des Reichsstatthalters Greiser,
war nur fünf Minuten entfernt. Am Rande des Schloßparks lagen das Theater,
die Reichsuniversität und der Sitz der Ansiedlungskommission. Die Verwaltungsgebäude am Felix-Dahn-Platz, in dem sich die von Dr. Herbert Mehlhorn
geleitete Abteilung innere und finanzielle Verwaltung befand, die sich mit dem
Sicherheitsdienst und der Beschlagnahme beschäftigte, lagen in der Nähe am
anderen Ende des Altmarktes.

Das benachbarte Gebäude, Wilhelmplatz 16, war beim deutschen Überfall auf
Polen noch ein Rohbau. Um die immer größer werdende Mitarbeiteranzahl
unterzubringen, wurde das Gebäude im Auftrag der TP bereits 1940 fertiggestellt und bezogen.[2]

Die TP war in ihrer behördlichen Existenz zwischen 1939 und 1945 einem
steten Wandel unterworfen. Am 1. Dezember 1939 begann sie ihre Tätigkeit mit
40 Mitarbeitern. Bald expandierte sie, nicht zuletzt durch die Einstellung von 37
Kreisvertrauensmännern (KVM), die wiederum über einen Personalbestand von
2 bis 3 Mitarbeitern verfügten.[3] Die KVM erfüllten eine Reihe von Aufgaben,
darunter die Erfassung und Beschlagnahme des polnischen Vermögens in den
Kreisen. Zum 30. Juni 1940 war der Aufbau der Dienstelle in personeller und
organisatorischer Hinsicht abgeschlossen. Einschließlich der Kreisvertrauensmänner und deren Personal war die Treuhandstelle Posen auf 290 Mitarbeiter
angewachsen. Bis Ende 1940 stieg der Personalstand der TP auf 420 Mitarbeiter
an, bedingt durch die gestiegene Arbeitsbelastung auf dem Gebiet der Vermö-
gensverwertung.[4] Zum 25. August 1943 verfügte sie über 330 Belegschaftsmitglieder, wovon 80 Kreisvertrauensmänner waren. Zu diesem Zeitpunkt hatten

---

[1] APP, HTO, 124.
[2] Ebenda.
[3] APP, HTO, 101, Bl. 3-5.
[4] Ebenda.

bereits 156 Belegschaftsmitglieder die Treuhandstelle Posen verlassen, davon waren 117 in die Wehrmacht eingezogen worden.[5]

Nach der Verkündung des Bau- und Verkaufstopps sank die Zahl der Mitarbeiter stetig. Nicht zuletzt die Absenkung der Einberufungsjahrgänge für Mitarbeiter, die gesund waren und keine Unabkömmlichkeitsstellung besaßen, behinderte die Treuhandstelle Posen in ihrer Arbeit in den letzten Jahren. Wegen der totalen Kriegführung 1944 hatte der Reichsverteidigungskommissar im Warthegau etwa 50% der Belegschaften und Gesellschaften für die Wehrmacht oder die Rüstung abgezogen.[6] Mit der Einführung der 60-Stunden-Arbeitswoche und einer „Auskämmaktion" des Reichsministers für Rüstung vom 25. Juli 1944 zur Freistellung von 250.000 Arbeitskräften aus Verwaltung und Betrieben für die Rüstung als Ersatz für die zur Wehrmacht eingezogenen Rüstungsarbeiter, war die TP faktisch nicht mehr arbeitsfähig.[7] Ab September 1944 wurde die weibliche Belegschaft kriegswichtigen Industrien zugewiesen oder aber entlassen. Arbeitszeugnisse wurden ab September 1944 in großer Zahl ausgestellt.

Wie bereits ausgeführt, setzte nach der Zweiten Anordnung über die Haupttreuhandstelle Ost vom 17.2.1941 eine allgemeine Dezentralisierung der Haupttreuhandstelle Ost ein. Mit dieser Anordnung waren die jeweiligen Treuhandstellen und ihre behördlichen Strukturen den Reichsstatthaltern bzw. Oberpräsidenten unterstellt worden. Trotzdem wurden sie weiterhin von der HTO geleitet.[8] Mit der Flucht der Treuhandstelle Posen nach Westen war ihre Tätigkeit praktisch beendet.

Der Struktur der HTO Berlin folgend, war die Treuhandstelle Posen in eine Zentralverwaltung, in A-Referate (Verwaltungsstab) und in B-Referate (Wirtschaftsstab) gegliedert. Als Weißker die Leitung der TP übernahm, befand sie sich hinsichtlich Größe und Zahl der Mitarbeiter auf ihrem Höhepunkt. Dies geht aus dem neuen Organisationsplan von 1941 hervor.[9] In den ersten zwei Jahren unterlag die Belegschaft einem beständigen Wandel. Manche Referenten wechselten in die Wirtschaft als kommissarische Verwalter, andere wurden für Aufgaben für andere Behörden frei gestellt. In der Anfangszeit kamen ständig neue Mitarbeiter hinzu. Die Referenten waren zumeist Berufsbeamte, die technische Arbeit wurde von deutschen – und in seltenen Fällen von polnischen – Angestellten erledigt. Auch die Ressorts unterlagen häufigen Veränderungen, je nach Aufgabenstellung. Der Ausbau der Treuhandstelle Posen auf über 400 Mitarbeiter – dazu kamen zahlreiche freie Mitarbeiter (Revision etc.) – zwischen 1939 und 1942 zeigt außerdem, welche immense Bedeutung diese Behörde für die Entscheidungsträger bei der Haupttreuhandstelle Ost bzw. des Reiches hatte. Ein solcher Personal- und Verwaltungsaufwand mußte auch bezahlt

---

[5] Rechenschaftsbericht der TP zum „Tag der Freiheit" 1943. In: APP, HTO, 91, Bl. 5.

[6] BAL, R2101, B 6144, Bl. 221.

[7] BAL, R2, B 6140, Bl. 186.

[8] Göring: Zweite Anordnung über die Haupttreuhandstelle Ost vom 17. Februar 1941 (Dt. Reichsanzeiger Nr. 51/41). In: Mitteilungsblatt der HTO vom 15. März 1941, Nr. 2, S. 86 f.

[9] APP, HTO, Inwentarz 1, Organisationsplan.

werden. Um das Reich davon zu entlasten, wurden die Verwaltungskosten aus der Treuhandmasse gedeckt.

Bei der HTO Berlin und der TP hatte man von Anfang an große Schwierigkeiten, geeignete Beamte und Angestellte für ihre Dienststellen zu bekommen: Mittlere Beamte waren sogar sehr schwer zu bekommen, untere Beamte waren gar nicht mehr vorhanden. Nach einem Bericht von Rechtsanwalt Pfennig waren „... die Beamtenapparate durch die Einziehungen und infolge der ungeheuren Inanspruchnahme durch die Ausdehnung des Reiches vollständig erschöpft".[10] Deshalb wurde wegen der Beamtennot die Einstellung von Fachkräften als Beamte nach der Notdienstverordnung in Erwägung gezogen.[11]

Die zumeist zugewanderten Belegschaftsangehörigen hatten außer der dienstlichen Pflicht mit ganz alltäglichen Problemen zu tun: Wohnungsversorgung, Trennungsentschädigung, Genehmigungen für den Zuzug von Familienangehörigen, das Besorgen von Urlaubsbescheinigungen vom Personalreferat, von Passierscheinen vom Polizeipräsidium etc. Wenn unzufriedene Angestellte kündigen wollten, mußten sie für sich einen Nachfolger finden. Nach der Einführung der 60-Stunden-Arbeitswoche bei gleicher Bezahlung im Spätsommer 1944 trat eine Verschlechterung der allgemeinen Stimmung ein, was den Akten zu entnehmen ist.[12]

4.1 Der Verwaltungsapparat

Aus dem Organisationsplan der Treuhandstelle Posen unter der Leitung von Hugo Ratzmann (1939-1941)[13] geht hervor, daß es vier A-Referate gab: I) Vermögenserfassung unter der Leitung des Referents Dr. Thomaschewski, II) Treuhandwesen unter Referent Dr. Slawinski, III) Rechtsfragen unter Referent Rechtsanwalt Voigt, und IV) Verwaltung von Vermögen und Depots.

Die B-Referate, neun an der Zahl, waren hinsichtlich der neuen Großraumordnung im Warthegau jedoch wesentlich wichtiger, auch wenn sie wegen des Kriegsverlaufs keineswegs ihre Aufgaben erfüllen konnten. Sie gliederten sich in: I) Banken und Versicherungen unter Referent Teichmann, II) Verbindungsstelle zur Landwirtschaft unter Präsident Kraft, III) Forst- und Holzwirtschaft unter Referent Landesforstmeister Sommermeyer, IV) Industrie und Handel unter der Leitung von Referent Oberregierungsrat Dr. Spreng, V) Handwerk unter Regierungsrat Zintarra, VI) Städtischer Grund & Hausbesitz unter Referent Dr. Palka, VII) Fremdenverkehr unter Referent Regierungsrat Klatt, VIII) Vereine, Stiftungen und freie Berufe unter Referent Dr. Kaschny, IX) Energie-Wirtschaft unter der Leitung von Ministerialrat a. D. Römer.

---

[10] BAL, R2, BHTO, B 6155, Treuhandstellenbesprechung am 5. und 6. Februar 1940 in der HTO in Berlin, S. 102.

[11] BAL, R2, BHTO, B 6155, Treuhandstellenbesprechung am 5. und 6. Februar 1940 in der HTO in Berlin, S. 104.

[12] APP, HTO, 153, 469.

[13] APP, HTO, 32.

Im Laufe des Krieges wurden die Hauptreferenten ständig ausgewechselt. Der Organisationsplan wandelte sich auch, vor allem nach dem 1. März 1941. Die Grundstruktur blieb aber erhalten: Zentralbüro, A) Vermögenserfassung und Beschlagnahme und B) Verwertung, Verwaltung und Verkauf des Vermögens.

Wie bereits erwähnt, verlagerte sich unter Regierungsdirektor Weißker der Tätigkeitsschwerpunkt von den A-Referaten (Verwaltung) auf die B-Referate (Wirtschaft). Dies kann vor allem anhand der Personalakten der Treuhandstelle Posen rekonstruiert werden. Die personellen Umbesetzungen von 1941 und 1942 zeigen einen entsprechenden Personaltransfer zwischen den Referaten.[14]

Der Organisationsplan unter Regierungsdirektor Weißker[15] unterschied sich von dem Plan seines Vorgängers in vielerlei Hinsicht. Dr. Udo Milbradt war inzwischen zum ständigen Vertreter des Leiters aufgestiegen. Rechtsanwalt und Notar Voigt war zum Stellvertreter ernannt worden. Organisation und Sonderaufträge fielen in die Zuständigkeit von Regierungsrat Dr. Toyka. Bleckmann leitete jetzt die Personalabteilung. Dir. Magritz blieb auch weiterhin zuständig für das Zentralbüro und für den Haushalt.

Auch unter den neuen Bedingungen blieben die A-Referate für die Erfassung und Beschlagnahme des polnischen Vermögens in den Regierungsbezirken Posen und Hohensalza zuständig, zuzüglich Banken und Versicherungen im Regierungsbezirk Litzmannstadt. Die B-Referate beschäftigten sich mit der Verwertung, Verwaltung und den Verkauf des Vermögens in den einzelnen Ressorts.

Rechtsanwalt und Notar Voigt war Abteilungsleiter des A) Verwaltungsstabes geworden. Das Referat A I „Vermögenserfassung" wurde jetzt von Assessor Schade geleitet. Das Referat A II „Treuhandwesen" unter Referent Beyer wurde in „Ostbewerber und Abwickler" umbenannt, dabei ging es weiterhin um die Einsetzung von kommissarischen Verwaltern. Doch die Umbenennung deutet auf ein verändertes politisches Verhalten hin. Das Referat A III „Rechtsfragen" wurde nach wie vor von Rechtsanwalt Voigt geleitet. Das Referat A IV „Vermögensverwaltung und Geldverkehr" wurde jetzt von Hauptreferent Stahlke geleitet. Ein selbstständiges Referat A V „Revision" unter Diplom-Kaufmann Kreysel wurde geschaffen, es ging aus dem ehemaligen Referat A II „Treuhandwesen" hervor. Ein völlig neues Referat, A VI „Kreisvertrauensmänner", wurde von Dr. Schwenda organisiert und geleitet.

Dr. Carl Melien war Abteilungsleiter der B-Referate des „Wirtschaftsstabes" geworden. Zeitweilig war er auch Hauptreferent für die A-Referate „Vermögenserfassung und Beschlagnahme" sowie „Treuhandwesen".[16] Das Referat B I „Banken und Versicherungen" wurde von Hauptreferent Busse geleitet, das Referat B II „Landwirtschaftliches Gewerbe" von Hauptreferent Netz. Dem Referat B III „Forst und Holzwirtschaft" stand Oberlandesforstmeister Sommer-

---

14 APP, HTO, Inventarz 1, Personalakten, 216-1093.

15 APP, HTO, Inventarz 1, Organisationsplan.

16 APP, HTO, 167, Geschäftsverteilungsplan, S. 6.

meyer vor. Hauptreferent Bohle leitete das Referat B IV a „Industrie". Das Referat B IV b „Groß- und Einzelhandel" stand unter der Leitung von Dr. Boettcher, das Referat B V „Handwerk" unter der von Dr. Doutiné. B VI „ Gewerblicher Grundbesitz" wurde von Magister Assessor Palka geführt. B VII „Hotel und Gaststättengewerbe" war Teil der Hotel- und Gaststätten-Gesellschaft Wartheland mbH, in Posen. B VIII „Vereine, Stiftungen, Freie Berufe, Apotheken, Drogerien" wurde von Hauptreferent Martin geleitet, B IX „Energiewirtschaft, Elektro-Installations-Geschäfte, Rundfunk" von Dir. Fischer. Das Referat B X „Schuldenabwicklung" unter Dr. Schwenda[17] war erst am 26. März 1942 geschaffen worden und befaßte sich mit den Schulden und Belastungen von polnischen und jüdischen Vermögenswerten.[18]

Anhand des vollständig vorhandenen Geschäftsverteilungsplanes vom 3. September 1940 können in den folgenden Ausführungen die exakte Struktur, die Verantwortlichen und ihre Kompetenzen auf dem Höhepunkt der Treuhandstelle Posen wiedergegeben werden.[19]

4.1.1 Geschäftsleitung; Zentralbüro: Haushalt und Personalwesen

Im Zentralbüro und in der Haushaltsabteilung wurden allgemeine Verwaltungsfragen geregelt. Dir. Rudolf Magritz[20] war von 1940 bis 1942 als Kassenaufsichtsbeamter zuständig für die Anweisung sämtlicher Ausgaben und Einnahmen der Behörde, die Unterzeichnung des gesamten Schriftwechsels, für Besoldungen (Einstufungen, Dienstverträge und Vereidigungen), für die Beschaffung von Inventar und Material größeren Umfangs. Ihm oblag die Verantwortung für den gesamten Bürobetrieb einschließlich des Einsatzes der Boten, des Dienstwagens und des Fahrers.[21]

Für Personalfragen übernahm zunächst Dr. Milbradt die Gesamtverantwortung. Sein Referent Giesenberg war zuständig für Einstellung und Entlassung von Belegschaftsmitgliedern, für die Personalverteilung, die soziale Betreuung der Belegschaft und die Überwachung des gesamten Bürobetriebes.[22] Ab April 1941 wurden die Personalfragen von Albert Bleckmann,[23] geboren 1903 in Gelsenkirchen, bearbeitet.

Der stellvertretende Referent Johr war zuständig für die Urlaubsverteilung, die Bearbeitung von Fragen der Tarifordnung, die Umzugs- und Reisekostengesuche sowie die Sammlung der einschlägigen Gesetze und Erlasse, die Überwachung des Bürobetriebes im Personalreferat sowie für die Führung der Personal-

17 APP, HTO, 2, Organisationsplan unter RSH und Leiter Weißker.
18 APP, HTO, 49, Bl. 91.
19 APP, IITO, 167, Geschäftsverteilungsplan vom 3.9.1940.
20 APP, HTO, 264.
21 APP, HTO, 167, Geschäftsverteilungsplan, S. 1.
22 Ebenda, S. 2.
23 APP, HTO, 264.

kartei und der Personalakten. Das Zentralbüro hatte nicht nur Verwaltungsfunktionen zu erfüllen, sondern es galt auch als ein Ort der Strafversetzung. Dort mußten die Mitarbeiter Rechenschaft über jede Minute Arbeitszeit ablegen.

4.1.2 Die A-Referate

Der Verwaltungsstab, die A-Referate, waren in „Vermögenserfassung", „Treuhandwesen", „Rechtsfragen", „Vermögensverwaltung und Geldverkehr" und „Geldverkehr" untergliedert. Diese Referate waren vor allem von 1939 bis 1941 aktiv.

Der Hauptreferent des Referats A I a „Vermögenserfassung", wurde zuerst von Dr. Carl Melien geleitet, der mit seinem Vertreter, Assessor Schade, für die Vermögenserfassung und die Beschlagnahme des Vermögens sowie die Einsetzung und Abberufung der kommissarischen Verwalter und die Karteiüberwachung zuständig war.[24] Das untergeordnete Referat A I b „Beschlagnahme", geleitet von SS-Scharführer Hänel, überwachte die Beschlagnahmeverfügungen, bearbeitete die Personalfragebogen in Zusammenarbeit mit dem SD und war für die Einsetzung der kommissarischen Verwalter zuständig.[25] Das gleichfalls untergeordnete Referat I c „Kartei und Statistik", bearbeitet von Assessor Schade, überwachte die Kartei, vertrat den Hauptreferent und führte die praktische Auswertung der Erfassungsergebnisse durch.

Das Referat A II „Treuhandwesen" leitete ebenfalls Dr. Melien. Zusammen mit seinem Vertreter Beyer verwalteten sie die Personalakten der kommissarischen Verwalter, deren Bewerbungen, Bestallungen und Abberufungen.[26]

Das Referat A III „Rechtsfragen" unter Hauptreferent Rechtsanwalt und Notar Voigt war zuständig für allgemeine Rechtsfragen. Referent Rechtsanwalt von Gagern war stellvertretender Hauptreferent und für die Bearbeitung von Vertragsangelegenheiten zuständig. Referent Assessor Schultz war für die Bearbeitung des Beschlagnahmerechts und der Freigabesachen zuständig. Referent Rechtsanwalt Mies beschäftigte sich mit der Bearbeitung der allgemeinen Rechtsfragen und dem Verkehr mit den Gerichten. Referent Rechtsanwalt Dr. Hauptmann war zuständig für steuerrechtliche Angelegenheiten und Entschädigungssachen. SS-Obersturmführer Rechtsanwalt Fink war für die Bearbeitung des Strafrechts sowie personelle und politische Kontrolle zuständig. Sachbearbeiter Frank war für die Bearbeitung sämtlicher die Kreisvertrauensmänner betreffenden Angelegenheiten zuständig, Assessor Schröter für die Haltung und Überwachung der Bücherei und der Gesetzessammlung. Der stellvertretende Referent Toyka leitete die Bearbeitung sämtlicher Steuerangelegenheiten.[27]

---

[24] APP, HTO, 167, Geschäftsverteilungsplan, S. 3.

[25] Ebenda, S. 4.

[26] Ebenda, S. 5.

[27] Ebenda, S. 6.

Das Referat A IV „Vermögensverwaltung und Geldverkehr" wurde von Hauptreferent Hofmann geführt. Sein Referent Stahlke war zuständig für allgemeines, Schuldenregelung, Geldeingangskontrolle, Kauf- und Pachtverträge sowie Einzug durch Behörden, einbehaltene Vermögensteile und Personalangelegenheiten. Sachbearbeiter Winkhardt prüfte Kreditanträge und führte Verhandlungen mit den Kreditsuchern. Sachbearbeiter Gramtz war für die Umstellung alter Kredite zuständig. Referent Rechtsanwalt Boldt oblag die Bearbeitung sämtlicher Rechtsangelegenheiten von Referat A IV.[28]

Das Teilreferat A IV „Geldverkehr" war wie folgt untergliedert: Sachbearbeiter Rechtsanwalt Gombart leitete die Abwicklungskontrolle der jüdischen Einzelhandelsgeschäfte. Die Beschlagnahme und Disposition betreffend jüdische und polnische Bankguthaben und Depots fiel in die Zuständigkeit von Sachbearbeiter Lucas. Sachbearbeiter Schuchardt unterstand nicht nur die Leitung der Buchhaltung, sondern auch die Verbuchung beschlagnahmter Altguthaben; er führte das Hauptbuch und bereitete Buchungen bzw. Journalbuchungen vor. Sachbearbeiter Graewe bearbeitete Kreditanträge. Sachbearbeiter Fritz führte die Geldeingangskontrolle, Mitarbeiter Gudelin beaufsichtigte die Depotverwaltung und die Werteingänge.[29]

4.1.3 Die B-Referate

Hauptreferent des gesamten Referats B I „Banken und Versicherungen" war Dr. Slawinski. Sein Vertreter, Referent Busse, bearbeitete sämtliche die Kreditbanken und Sparkassen betreffenden Angelegenheiten. Der Sachbearbeiter Diplom-Kaufmann Böhm beschäftigte mit allen Angelegenheiten der Kreditgenossenschaften. Sachbearbeiter Hans-Wilhelm Hoffmann befaßte sich mit Versicherungsangelegenheiten.[30]

Hauptreferent des Referats B II „Landwirtschaftliches Gewerbe" war Hermann Netz, der zugleich die Verbindungsstelle zur Landwirtschaft bildete. Sein Vertreter, Referent Pasewark, bearbeitete Angelegenheiten der Zuckerfabriken, Brennereien, Ölmühlen und der Viehverwertung. Sachbearbeiter Edw. Schweder war für Landwaren- und Viehhandel sowie für Molkereien zuständig. Sachbearbeiter Arnemann unterstanden die Landwarengenossenschaften.[31]

Hauptreferent des Referats B III „Forst und Holzwirtschaft" war Landesforstmeister Sommermeyer. Sein Vertreter, Dr. Engelbrecht, war zuständig für Dienstreisen im Warthegau, Inspektionen der Sägewerke, Einsetzung der kommissarischen Verwalter, Verhandlungen mit der Landesforstverwaltung betr. Verpachtung und Verkäufe von Sägewerken und Holzhandlungen sowie für den Abschluß von Kauf- und Pachtverträgen. Er war zugleich der Referent des Re-

---

[28] Ebenda.
[29] Ebenda, S. 7.
[30] Ebenda, S. 8.
[31] Ebenda, S. 9.

ferats B III in Litzmannstadt. Sachbearbeiter Gross kontrollierte die Bestallung der kommissarischen Verwalter und führte deren ständige Überwachung durch.[32]

Hauptreferent des Referats B IV a „Industrie" war Dr. Klose. Sein Vertreter war Referent Bohle. Referent Mehlhausen unterstanden die Chemiebetriebe, Brauereien, Mälzereien, Likör- und Rektifikation, chemische Reinigungsanstalten und die Essigproduktion. Bauunternehmen, Glas, Porzellan, Keramik, Steine und Erden und Bergwerke fielen in das Ressort von Referent Berk. Referent Mag. Ströse war für Holz, Leder, Süßwaren und Spielwaren zuständig, Referent Dr. Bolte für Textil, Papier, Seife und Abdeckereien. Der Zuständigkeitsbereich von Sachbearbeiter Ing. Janson umfaßte Dachpapier, Lacke und Farben und Einzelunternehmen. Sachbearbeiter Ing. Barth unterstanden die Bierverlage und Mineralwasserfabriken, er nahm auch die technische Begutachtung von Betrieben vor. Referent Dipl.-Ing. Pollmar war für Eisenverarbeitung und elektrotechnische Industrie (Buchstabe A-L) zuständig, Referent Bohle und Referent Mathes für die Eisenverarbeitung und elektrotechnische Industrie (Buchstabe M-Z) zuständig. Referent Baron von Taube war für Kaffee-Ersatz, Konserven, Weinfabrikation, Hefe, Druckereien, Lebensmittel zuständig, Referent Klinksiek und Sachbearbeiter Adolf Röder für die Überwachung der Mühlenbetriebe im Warthegau. Sachbearbeiter für den Außendienst bzw. für Besichtigungen war Preifs.[33]

Hauptreferent des Referats B IV b „Groß- und Einzelhandel" war zunächst Dr. Kremser, der den gesamten Großhandel aller Branchen bearbeitete. Dieses Referat wurde in zwei Bereiche untergliedert: 1. „Großhandel", geleitet von Dr. Kremser und 2. „Einzelhandel", geleitet von Diplom-Volkswirt Dr. Boettcher. Etwa 1941 übernahm Boettcher dann die Gesamtleitung des Referats B IV b.

Das Referat „Großhandel" war zuständig für alle grundsätzlichen und sachlichen Entscheidungen und Beschlüsse im Groß- und Einzelhandel, für die Einsetzung und Abberufung von kommissarischen Verwaltern, die Weiterführung, Erweiterung und Stillegung von Handelsunternehmungen sowie für den Abschluß und die Genehmigung von Kauf-, Pacht- und Mietverträgen. Weitere Arbeitsgebiete waren: Bearbeitung grundlegender Vorgänge, Festsetzung der Entnahmen für die kommissarischen Verwalter, Verhandlungen und Besprechungen mit den Behörden und anderen Dienststellen, Abfassung von Tätigkeitsberichten, Klärung von Organisationsfragen, Abfassung der Dienstordnung und andere Anordnungen für das Hauptreferat, Verhandlungen mit Bewerbern und kommissarischen Verwaltern, Durchsicht und Verteilung der ein- und ausgehenden Post, Überwachung und Leitung des gesamten Großhandels einschließlich Organisation von Besichtigungen.[34]

Das Referat „Einzelhandel" kontrollierte die Überwachung und Leitung aller Geschäftsbereiche des Einzelhandels (Nahrungs- und Genußmittel, Tabakhan-

---

[32] APP, HTO, 167, Geschäftsverteilungsplan, S. 9.
[33] Ebenda, S. 10.
[34] Ebenda, S. 11.

del, Blumen, Gesundheitspflege, Chemie, Farben, Optik, Drogerien und zoologische Handlungen). Zu den einzelnen Sachgebieten gehörten die Arbeitseinteilung für Sacharbeiter, Postbesprechungen, Besprechungen mit den Hauptreferenten, der Deutschen Umsiedlungstreuhand und der Handelsaufbau Ost, Vorarbeiten zum Abschluß von Kaufverträgen, systematische Bearbeitung und Überwachung der Vollständigkeit der Unterlagen sowie Betriebsbesichtigungen.

Referent Holm oblag die Überwachung und Leitung aller Geschäftsvorgänge im „Einzelhandel" im Bereich von Bekleidung, Textil, Leder, Kurzwaren, Möbel, Kunstgewerbe, Papier, Tapeten, Anzeigen, Spielwaren, Briefmarkensammlungen, Gold-, Juwelen- und Silberwaren, Antiquitäten und Uhren. Zusätzlich überwachte er die Kartei und Objektakten, er besorgte die Beschaffung von Unterlagen für Bestallungen, Abberufungen, für Pacht- und Kaufverträge. Er kontrollierte auch die Buchprüfung, Inventuren, Bilanzen, Nachprüfungen von Revisionen, Anfertigung von Berichten für Kauf- und Pachtverträge und gegebenenfalls deren Vorbereitung.

Referent Frohne vom „Einzelhandel" überwachte und leitete alle Geschäftsfälle, die mit Rundfunk, Klavieren, Baustoffen, Fahrradhandel, Maschinen, Waffen, Kraftfahrzeugen, Kraftstoffen, Eisenwaren, Elektro- und Hausgeräten, Kohlen, Pelzwaren in Zusammenhang standen, sowie die Arbeitseinteilung für die Sachbearbeiter und die Hilfskräfte. Er prüfte auch die Angelegenheiten hinsichtlich Bestallungen, Abberufungen, Kauf und Pacht, die Auswertung von Revisionsberichten und die Ausführung selbstständiger kleinerer Revisionen sowie die Führung der Kartei.[35]

Dr. Doutiné, dem Hauptreferenten für B V „Handwerk", unterstanden alle grundsätzlichen und sachlichen Entscheidungen auf dem Gebiet des Handwerks, insbesondere die Einsetzung von kommissarischen Verwaltern, die Weiterführung und Stillegung von Betrieben. In Zusammenarbeit mit Rechtsanwalt Dr. Heitmann bereitete er den Abschluß und die Genehmigung von Kauf- und Pachtverträgen vor. Dr. Doutiné war auch zuständig für sämtliche Verhandlungen mit anderen Behörden und Dienststellen, für Erlasse und Anweisungen, die Publikumsabfertigung, Tätigkeitsberichte und allgemeine Organisationsfragen.[36] Sein Vertreter, Referent Rechtsanwalt Dr. Heitmann, bearbeitete sämtliche Kaufanträge. Zu seinem Aufgabengebiet gehörten Vorverhandlungen, Beratungen, Prüfungen der Unterlagen, die Korrespondenz, die Zusammenarbeit mit der Deutschen Umsiedlertreuhand und der Entwurf von Kauf- und Pachtverträgen. Heitmann nahm auch die Nachprüfung der Zwischen- und Abschlußbilanzen, die Kontrolle der Geschäftsbücher der kommissarischen Verwalter sowie die Anfertigung von Revisionsberichten vor.[37]

Ing. Jung war Sachbearbeiter und Revisor für technische Fragen. Er prüfte die Handwerksbetriebe auf ihre Betriebsfähigkeit, fertigte Gutachten über die Wiedereröffnung von stillgelegten Betrieben an, schätzte Betriebseinrichtungen

[35] Ebenda, S. 11 f.
[36] Ebenda, S. 13.
[37] Ebenda.

und einzelne Gegenstände bei Verkäufen. Er überprüfte die Revisionsberichte und Schätzungen der kommissarischen Verwalter und der Deutschen Umsiedlertreuhand, leistete technische Beratung für Handwerker.[38]

Referent Assessor Goldbach bearbeitete Anträge von Handwerkern zwecks Gründung eines Betriebes, für die Buchstaben A-H. Er beriet die Bewerber und prüfte deren fachliche Eignung. Referent von Mühlendahl war für Bewerber von Buchstabe J-Q zuständig, Referent Feyerabend für die Buchstaben R-Z. Sachbearbeiter Osla kümmerte sich um den Verkauf von Handwerksbetrieben. Sachbearbeiter Heimann führte Buchprüfungen, Nachprüfung der Zwischen- und Abschlußbilanzen sowie die Kontrolle der Geschäftsbücher der kommissarischen Vertreter durch. Er fertigte auch Revisionsberichte an.[39]

Hauptreferent des Grundstücksreferats B VI war Assessor Palka. Er war zuständig für sämtliche Angelegenheiten der Verwaltung und Verwertung der Grundstücke im Warthegau, ausgenommen Posen, sowie für den Schriftverkehr mit der Haupttreuhandstelle Ost und sämtlichen Behörden. Sein Stellvertreter, Dr. Loll, überwachte die Registratur, beschäftigte sich mit der Einsetzung und Abberufung der kommissarischen Verwalter sowie dem Abschluß von Pachtverträgen und die Verwertung von Grundstücken. Er war auch zuständig für den Verkauf von Gründstücken und Möbeln.[40] Sachbearbeiter Dr. Mehlbart regelte die Zuweisung von Dienstgrundstücken an Reichs- und Staatsbehörden sowie an die Partei und deren Organisationen. Sachbearbeiter Architekt Schilde überwachte die Fertigstellung von Rohbauten, nahm die Überprüfung der Kostenanschläge der Bauträger vor, erteilte Genehmigungen, überprüfte die Rechnungen sowie die Verwaltung von Betriebsgrundstücken in Posen. Er nahm auch Schätzungen und Prüfungen vor. Er beschaffte Wohnungen für Belegschaftsangehörige und betreute den Rohbau am Wilhelmplatz 16.[41]

Das Referat B VII „Fremdenverkehr" wurde am 15. August 1940 aufgelöst und durch die Hotel- und Gaststättengesellschaft Wartheland mbH ersetzt.[42]

Hauptreferent Martin leitete das Referat B VIII „Vereine, Stiftungen, Freie Berufe" und war selbst zuständig für Vereine, Stiftungen, Filmtheater, charitative Einrichtungen, Kleinbahnen, Handelsbüros und technische Büros, Hilfsgenossenschaften, Buchstellen, Wach- und Schließgesellschaften. Sein Vertreter, Sachbearbeiter Ross, war für Speditionen, Fuhrgeschäfte, Schiffahrtsunternehmungen, Kraftfahrzeuge, Ärzte, Zahnärzte, Dentisten, Garagen zuständig, Sachbearbeiter Rosenberg für Apotheken und damit verbundene Drogerien.[43]

---

[38] Ebenda.
[39] Ebenda, S. 14.
[40] Ebenda, S. 15.
[41] Ebenda.
[42] Ebenda.
[43] Ebenda, S. 16.

Hauptreferent des Referats B IX „Energiewirtschaft" war Dir. Fischer. Referent Römer war zuständig für Fragen des Verkehrs.[44] Das Referat B X „Schuldenabwicklung" war mit Personal von der Rechtsabteilung besetzt.

4.1.4 Der Generalbeauftragter (Generalreferent) beim Reichskommissar für die Festigung des deutschen Volkstums SS (GVSS)

Hans Schmidt, geboren am 30. August 1905 in Posen, war der Generalbeauftragte beim Reichskommissar für die Festigung des deutschen Volkstums (GVSS) bei der Treuhandstelle Posen. Diese Stelle bei der TO Posen war 1941 beim Referat A II eingerichtet worden, als die Arbeit des GVSS bei der Haupttreuhandstelle Ost auf die einzelnen Treuhandstellen verlagert wurde. Schmidt war von 1934 bis 1939 Leiter der Berufshilfe der Deutschen Volksgruppe in Polen. Im September 1939 wurde er von polnischen Dienststellen interniert und nach Lowitsch abgeschoben. Nach seiner Entlassung stellte er sich dem SD zur Verfügung und wurde vom Reichsführer SS sofort zum SS-Hauptsturmführer ernannt.[45] Zu seinen Aufgaben gehörte die Prüfung der Belegschaft der Treuhandstelle Posen sowie der kommissarischen Verwalter auf ihre Volkstumszugehörigkeit. Der Generalbeauftragte erledigte alle die Treuhandstelle Posen betreffenden Fragen des SD und des Reichsstatthalters. Hierzu gehörten auch Fragen der Beschlagnahme. Der GVSS war zugleich die Verbindungsstelle zum Reichskommissar für die Festigung des deutschen Volkstums. Er unterstand – im Gegensatz zur Stellung des GVSS bei der HTO – dem Beauftragten für den Vierjahresplan. Deshalb hatte der GVSS bei Schriftstücken zusätzlich „in Vertretung" zu unterzeichnen. [46] Der GVSS bearbeite auch sogenannte Rangfolgeerlaßanträge zwecks Reservierung von Betrieben für Kriegsversehrte.[47]

4.1.5 Die Nebenstelle Litzmannstadt

Die „Nebenstelle Lodsch", später „Nebenstelle Litzmannstadt", war eine Außenstelle der Treuhandstelle Posen und umfaßte die Stadt- und Landkreise Lodsch, im wesentlichen das Lodscher Industriegebiet, sowie die Kreise Lask und Sieradz. Die Nebenstelle Lodsch war nach dem Vorbild der Posener Zentrale organisiert, mit der Ausnahme, daß die Referate B I „Banken", B II „Land-

---

[44] Ebenda.

[45] APP, HTO, 49 Verfügungen und Schriftwechsel betr. Kriegsverdienstkreuze und Kriegsverdienstmedaillen, Bl. 17.

[46] APP, HTO, 101, Bl. 16; Anordnung des RKV Nr. 28/III vom 4. April 1941. In: Mitteilungsblatt, vom 30. Mai 1941, Nr. 4, S. 166 f.

[47] BAL, R2, BHTO, B 6155, Treuhandstellenbesprechung am 5. und 6. Februar 1940 in der HTO in Berlin, S. 39 f., 91; Mitteilungsblatt vom 27.8.1940, Nr.3, S. 155, 158 und 159; BAL, R144, 317, Rangfolgeerlaß mit Verteiler.

146

wirtschaftliche Betriebe" und B III „Holzwirtschaft" von Posen aus bearbeitet wurden.[48]

4.2 Das Personal

Auf Grund der erhaltenen Personalakten der Treuhandstelle Posen können Aussagen über viele Mitglieder der Belegschaft gemacht werden. Dabei sind die politischen Beurteilungen samt Fragebögen der Gestapo sehr aussagefähig. Soweit vorhanden, werden die Bruttogehälter angeführt, um sowohl einen Eindruck über die damaligen deutschen Gehälter in Dienststellen zu vermitteln als auch den Unterschied zwischen polnischen und deutschen Existenzen im Warthegau zu verdeutlichen. Die Besoldung fand in der Regel nach dem Tarif A für Angestellte im öffentlichen Dienst statt.[49] Jedoch wurden Ausnahmen für Wirtschaftsfachleute gemacht. Manchmal deuten die Gehälter auch auf wirtschaftliche Vorteile hin, die durch eine Einstellung bei der TP erreicht wurden. Es fällt auf, daß Mitarbeiter in gehobenen Positionen bei der TP arbeiteten und dafür sogar einen Verdienstverlust in Kauf nahmen. Auch nach dem Verlust der UK-Stellung und der Einberufung in die Wehrmacht bekamen männliche Belegschaftsangehörige weiterhin ihr Gehalt gezahlt, manchmal etwas gekürzt, plus einem Wehrsold je nach Wehrsoldgruppe in Höhe von 30 bis 40 RM. Ein zum Wehrdienst eingezogener Mitarbeiter war zudem unkündbar.[50] Schließlich wurden die Gehälter bei der Haupttreuhandstelle Ost und ihren Treuhandstellen aus der jeweiligen Vermögensmasse bestritten, sie waren also Teil des Raubgutes.

Es gab einen regen Wechsel unter allen Referenten, nicht zuletzt deshalb, weil viele von ihnen danach strebten, in die besser bezahlte Wirtschaft als kommissarische Verwalter zu wechseln. Es liegt auf der Hand, daß sie auf Grund ihrer Stellung in der Treuhandstelle Posen den besten Überblick über freie Stellen, über die nötigen Beziehungen verfügten und günstige Einstellungschancen auf eine gutbezahlte Position als kommissarische Verwalter hatten. Einige Zeit versuchte ein Teil von ihnen, die Position bei der Treuhandstelle Posen gleichzeitig mit einer oder mehreren KV-Anstellungen wahrzunehmen. Dies wurde jedoch schnell unterbunden.

Bei Angehörigen der Dienststelle war grober Alkoholmißbrauch weit verbreitet, und zahlreiche Zwischenfälle wurden im Personalbüro zur Kenntnis genommen und ausgewertet. Manche Fälle endeten mit Disziplinarverfahren, sogar mit Entlassungen, auch gab es tödliche Autounfälle.[51]

Unter den Angestellten der Treuhandstelle Posen gab es einige in unteren Positionen, die sich auf der Suche nach Abenteuer oder nach einer finanziellen Verbesserung um Arbeit bei der TP beworben hatten. Es hatte sich nämlich sehr

---

48 BAL, R3601, 1922, Bl. 8.
49 BAL, R144, 319, Treuhandbesprechung von 23. und 24.7.1940, S. 5.
50 APP, HTO, 164, Wehrsoldbescheinigungen; APP, HTO, 155.
51 APP, HTO, 257, 564.

schnell herausgestellt, daß die TP die üblichen Tarife im öffentlichen Dienst für Beamte und Angestellte zahlte. Frauen aus dem Altreich waren oft von ihrer Beschäftigung in Posen ziemlich enttäuscht. Ohnehin waren Frauen ausschließlich in schlechtbezahlten Positionen in unteren Rängen der Verwaltung tätig. Dort durften sie im Empfang, als Sekretärinnen und Schreibkräfte arbeiten. Nur Männer konnten sich eine gutbezahlte Karriere als Referent erhoffen. Lediglich in einem Fall war eine Deutschbaltin Berufsbeamtin. Aber auch sie wurde weit unter ihrer Qualifikationen beschäftigt. Als sich die Hoffnungen der unteren Belegschaftsmitglieder nicht realisierten, wurden sie oft arbeitsunlustig. Einige ließen sich deshalb häufig krank schreiben. Da sie die Pflicht hatten, im Falle eines Ausscheidens für Ersatz zu sorgen, empfanden viele ihre Arbeit als Zwang. Dies galt vor allem 1944 nach der Einführung der 60-Stunden-Arbeitswoche. Manche Ehefrauen oder Frauen mit Kindern konnten ihre Dienstzeit halbieren lassen, allerdings zum halben Tarif. Viele versuchten, eine fristlose Kündigung herbeizuführen, was zur Folge hatte, daß sich die Gestapo einschaltete.[52]

Auch die Polizeigrenze zwischen dem Altreich und den eingegliederten Gebieten erschwerte das Leben in Posen erheblich. Für die aus dem Altreich stammenden Belegschaftsmitglieder war ein Besuch ihrer Angehörigen mit der Überwindung großer bürokratischer Hürden verbunden. Urlaubsanträge und Passierscheine mußten gestellt und wohlbegründet und rechtzeitig beim Arbeitgeber vorgelegt werden. Der Urlaub wurde über Weihnachten und Ostern gestaffelt, und nicht alle Reichsdeutschen durften zu den Feiertagen mit einer Reiserlaubnis ins Altreich rechnen.[53]

Polen erhielten als Angestellte der Treuhandstelle Posen ein Nettogehalt von etwa 20 bis 40 RM im Monat. In einem Fall verdiente eine Aufwartefrau netto 9,60 RM im Monat. Eine einfache Einzimmerwohnung ohne Koch- oder Duschgelegenheit, wenn man so etwas überhaupt finden konnte, kostete damals in Posen ab 40 RM im Monat. Wegen Wohnraummangels mußten auch manche deutsche Beamte mit solch einfachen Wohnbedingungen zufrieden sein. Viele der zugezogenen reichsdeutschen Beamten mußten ihre Familien deshalb in der Heimat zurücklassen. Bis zum Verbot über den Nachzug der Familien wurde eine zusätzliche Trennungsentschädigung ausgezahlt.[54]

Ein Kilo Brot kostete während des Krieges etwa eine RM. Milch, Eier, Fleisch, Süßigkeiten und ähnliches waren für Polen nur auf dem Schwarzmarkt zu weit überhöhten Preisen zu beschaffen. Margarine gab es statt Butter, und dies auch nur in geringen Mengen. Bohnenkaffee war während des Krieges unbekannt. Heizmittel bekam man nur in geringen Mengen, dabei war der Winter 1939/1940, sehr streng, man sprach sogar von einem Jahrhundertwinter. Strom war nur in den Städten des Warthegaus eine Selbstverständlichkeit. Bezugsscheine für alle zugänglichen Konsumgüter wurden über den Arbeitgeber verge-

---

52 APP, HTO,153 Kein Arbeitsplatzwechsel ohne Genehmigung/Ersatz.

53 APP, HTO,105 Passierscheine/Anträge beim Polizeipräsidenten.

54 APP, HTO, 469, Trennungsentschädigung; 153 Wohnraumverknappung/Verbot Zuzug.

ben. Spätestens ab 1943 waren beinahe alle Waren für alle Einwohner rationiert, nur die Rationsmengen für Deutsche und „Fremdvölkische" unterschieden sich. Im wahrsten Sinne des Wortes traf der Ausspruch zu: wer nicht arbeitet, darf auch nicht essen.[55]

4.2.1 Die Leitung der Treuhandstelle Posen

Gleich nach der Besetzung Polens wurde eine Zivilverwaltung beim Militärbefehlshaber eingerichtet. Arthur Greiser wurde zum Chef der Zivilverwaltung in Posen ernannt. Hugo Ratzmann bekam das Ressort Geld, Finanz- und Kreditwesen übertragen.[56] Als dann die Treuhandstelle Posen eingerichtet wurde, stieg Ratzmann zu deren Leiter auf. Nach der Neuordnung der Haupttreuhandstelle Ost 1941 wurde die Treuhandstelle Posen dem Reichsstatthalter Warthegau unterstellt. In dieser Zeit schied Ratzmann aus. Regierungsdirektor Weißker übernahm nun die oberste Leitung. Die Existenz der TP war nicht von langer Dauer: schon ab 1943 wurde die Belegschaft nach und nach in die Wehrmacht eingezogen oder in die Rüstungsindustrie abgestellt und Ende 1944 befand sie sich schon teilweise auf der Flucht und somit in der Auflösung.

4.2.1.1 Hugo Ratzmann

Hugo Ratzmann wurde am 19. August 1898 in Prisselberg bei Ehrenheim in Sachsen geboren. In den 30er Jahren war er Bankdirektor bei Herzog & Co. in Berlin. Er war PG seit 1933 (Nr. 3020375).[57] Offiziell nahm er am 6. Dezember 1939 seine Tätigkeit in der Treuhandstelle Posen auf. Er erhielt 13.12.1939 seine Berufung zum Leiter der TP.[58] An die Spitze der TP kam somit ein Reichsdeutscher statt eines Volksdeutschen; diese Praxis war in vielen Behörden des Warthegaus üblich.[59] Aus seinem gedruckten Vortrag „Wesen und Aufgabe der Treuhandstelle Posen" geht hervor,[60] daß er die Aufgaben der TP nicht nur auf wirtschaftlichen, sondern auch auf sozialem Gebiet sah.[61]

---

[55] APP, HTO,155, Bezugsscheine.

[56] Umbreit: Auf dem Weg zur Kolonialherrschaft, S. 28-45, insbesondere S. 34.

[57] APP, HTO, Nr. 811, Personalakte Ratzmann.

[58] Ebenda.

[59] Als Leiter der Treuhandstelle Posen bezog er nur ein Gehalt von 1.000 RM. Er war mit größter Wahrscheinlichkeit nur ein „Teilzeit-Leiter". Seine Stellung bei der Hardy-Bank hatte er nicht aufgegeben. Er gehörte zahlreichen Vorständen und Aufsichtsräten an. Siehe weiter unten. APP, HTO,167, Liste der Angestellten, deren Gehalt sich unter dem für ihren Dienstposten festgestellten Gehaltsrahmen bewegt. Vom 30.9.1940. S. 2.

[60] Hugo Ratzmann: Wesen und Aufgabe der Treuhandstelle Posen. Vortrag, gehalten am 28. Januar 1940 anläßlich der ersten großen nationalsozialistischen Führertagung des Warthegaus in der Gauhauptstadt Posen. In der Bibliothek des Institut Zachodni vorhanden. S. 8.

[61] Ebenda.

Ratzmann schied am 1. März 1941 als Leiter der TP aus.[62] Danach war er als Geschäfts- und Betriebsführer der Hardy Bank tätig.[63] Es ist durchaus möglich, daß er diese Position während seiner Zeit in der Treuhandstelle Posen beibehielt. Die Hardy Bank war eine von vier Banken, die sich mit der Verwertung der polnischen Wertpapiere befaßte. Ratzmann hat nach 1941 für sich sicherlich größere persönliche Möglichkeiten in der Wirtschaft gesehen, zu diesem Zeitpunkt hatten nicht wenige Referenten der TP ähnliche Ambitionen. Seine Ansichten über die „mageren" Beamtengehälter hatte er bereits auf einer Arbeitstagung Haupttreuhandstelle Ost am 5. und 6. Februar 1940 in Berlin laut und deutlich zum Ausdruck gebracht.[64] Die Umorientierung und Umgestaltung der HTO und ihrer Treuhandstellen in reine Dienststellen gab ihm dann die Möglichkeit, in größere Geschäfte einzusteigen.

Gleich nach dem Krieg und der Besatzungszeit trat Ratzmann 1951 als Inhaber des Bankhauses Hermann Lampe, KG in Bielefeld erneut in Erscheinung.[65] Auch gehörte er wieder den Vorstanden oder den Aufsichtsräten von zahlreichen Firmen an.[66]

---

[62] APP, HTO, Nr. 101, Tätigkeitsbericht der Treuhandstelle Posen an die HTO für die Zeit vom Anfang bis Oktober 1942 mit Material. Bl. 3; APP, HTO, Nr. 811, Personalakte Ratzmann.

[63] Dies schlägt sich in den Personalakten der TO Posen auch nieder. Ratzmann erhielt als Leiter der TO Posen ein monatliches Gehalt in Höhe von 1.000 RM, während sein persönlicher Referent Milbradt 1200 RM im Monat wegen besonderer Verantwortung als stellvertretender Leiter erhielt. APP, HTO, 167, Liste der Angestellten, deren Gehalt sich in dem für ihren Dienstposten vorgesehenen Rahmen bewegt. 30.9.1940.
Ratzmann, Hugo, Bankier, Berlin-Dahlem, Gelfertstr. 23/25; *19.8. 1898 in Prisselberg;
Geschäftsführer und Betriebsführer: Bankhaus Hardy & Co. GmbH Berlin;
Aus: Wer leitet? Die Männer der Wirtschaft und der einschlägigen Verwaltung. 1941/42.
Berlin 1941/42; Vgl. auch: Wer leitet? 1940.
Vorsitzender des Aufsichtsrates: Terra AG für Samenzucht, Aschersleben;
Stellvertretender Vorsitzender des Aufsichtsrates: Beton- und Monierbau AG, Berlin;
Deutsche Fiat Automobil-Verkaufs-AG, Berlin; W. Krefft AG., Gevelsberg/Westfalen
„Nitag" Deutsche Treibstoffe AG., Berlin; Steatit-Magnesia AG., Berlin
Aufsichtsrat: Berlin-Erfurter Maschinenfabrik AG., Erfurt; Burbach-Kaliwerke AG Magdeburg; Electricitäts-Lieferungs-Gesellschaft AG, Berlin; Grube Leopold AG., Bitterfeld; I. A. John AG., Erfurt; Kötitzer Ledertuch- und Waschtuch-Werke AG, Kötitz; Lederfabrik Blankenburg-Mark AG, Berlin-Buchholz; Martini-Hüneke und Salzkotten, Salzkotten; Schlesische Elektrizitäts- und Gas AG, Gleiwitz;
Vereinigte Lausitzer Glaswerke AG., Berlin; Wintershall AG., Kassel
Mitglied des Verwaltungsrates: Orion Metallwarenfabrik GmbH, Berlin-Bernau.
Stellvertretender Vorsitzender des Verwaltungsrates: Karosseriewerke Weinsberg GmbH, Weinsberg/Württemberg.
Beirat: Grohag Großhandelsgesellschaft, Leipzig.

[64] BAL, R2, B 6155.

[65] Aus: Leitende Männer der Wirtschaft, Berlin 1951; 1953; 1961:
Inhaber: Bankhaus Hermann Lampe KG, Bielefeld,
Vorsitzender des Aufsichtsrates: Bayerische Aktienbrauerei, Aschaffenburg
Stellvertretender Vorsitzender des Aufsichtsrates: Bank für Brau-Industrie, Frankfurt (Main)
Binding-Brauerei AG., Frankfurt (Main); Hofbrauhaus Nicolay AG, Hanau (Main)
Aufsichtsrat: NSU (FIAT) Automobil AG, Heilbronn (Neckar); Dortmunder-Actien-Brauerei, Dortmund.

[66] Ebenda.

4.2.1.2 Udo Milbradt

Das Amt des stellvertretenden Leiters der TP wurde von Dr. Udo Milbradt wahrgenommen.[67] Er war am 15. Juni 1908 als ältester Sohn des Gutsbesitzers Heinrich Milbradt und seiner Ehefrau Alice, geb. Albrecht, in Ruhheim, Kreis Mogilno, geboren worden. Milbradt war evangelischen Glaubens. Er hatte das Gymnasium in Gnesen und in Bromberg besucht. In Bromberg legte er am 30. Juni 1926 die Reifeprüfung am humanistischen Gymnasium ab. Er studierte Recht und Volkswirtschaft in Posen, Berlin und in Marburg an der Lahn. Er promovierte zum Dr. der Rechte am 14.10.1930. Ab 1931 studierte er an der Universität Posen und legte dort zwei polnische juristische Abschlußexamen ab.[68] Er war nicht nur der deutschen, sondern auch der polnischen und französischen Sprache in Wort und Schrift mächtig.[69] Seit dem 30.4.1937 war er mit Charlotte Rittner, geb. am 19.7.1912 in Bromberg und evangelischen Glaubens, verheiratet.[70]

Vom 1.1.1932 bis 1.3.1934 war er als Revisor im Verband deutscher Genossenschaften in Posen tätig gewesen. Er hatte die Revisionstätigkeit für alle Arten von Genossenschaften und Gesellschaften vorzunehmen. Vom 1.3.1934 bis zum 1.10.1939 leitete er die Rechts- und Wirtschaftsabteilung der Deutschen Vereinigung in Bromberg. Er war zugleich Leiter der Treuhand-Gesellschaft „Fides" GmbH und Mitglied des Aufsichtsrates von verschiedenen Gesellschaften und Banken, u.a. von der Kreditgenossenschaft „Industria" in Dirschau. Von Oktober 1939 bis zum 1.12.1939 war er im Auftrag des Reichsernährungsministeriums zur Erfassung und Überleitung der polnischen landwirtschaftlichen Kreditinstitute tätig. Ab dem 1. Dezember 1939 war er bei der Treuhandstelle Posen beschäftigt, zunächst als persönlicher Referent und dann als ihr stellvertretender Leiter.[71]

Im Rahmen seiner Tätigkeit bei der Deutschen Vereinigung e.V. gab er mindestens zwei übersetzte Dokumentensammlungen heraus: „Gesetz über die Durchführung der Agrarreform vom 28. Dezember 1925 mit den wichtigsten Nebengesetzen" (ohne Datum und Erscheinungsjahr) und „Grundstücksrecht in Westpolen" (ohne Datum und Erscheinungsjahr). Er schrieb den Aufsatz „Grundstücksrecht in Westpolen", der in der Deutschen Zukunft am 17.9.1939 erschien.[72] Er veröffentlichte am 22. Juni 1940 den Aufsatz „Betrifft Rechts-

---

[67] In dieser Tätigkeit bezog er wegen der besonderen Verantwortung als stellvertretender Leiter 1.250 RM Gehalt. In seiner früheren Tätigkeit als Leiter der Rechtsabteilung der Deutschen Vereinigung hatte er nur 750 Zloty mit einer Zulage von 150 RM bekommen. APP, HTO, 167, Liste der Angestellten, deren Gehalt sich unter dem für ihren Dienstposten festgestellten Gehaltsrahmen bewegt, vom 30.9.1940, S. 2.

[68] APP, HTO 147, Schriftverkehr des Dr. Milbradt, Lebenslauf.

[69] BAL, SSO (ehem. BDC) Milbradt, Udo, 15.06.1908 in Ruhheim/Kr. Mogilno.

[70] Ebenda.

[71] APP, HTO 147, Schriftverkehr Milbradt, Lebenslauf; BAL, R2501. 5511, Bl. 174 ff.

[72] „Grundstücksrecht" ist in der Bibliothek des Instytut Zachodni vorhanden. „Gesetz" wurde mehrmals in den Akten erwähnt und läßt sich vermutlich im Raum von Bydgoszcz oder in einem anderen Ort im ehemaligen polnischen Grenzgebiet finden.

151

und Wirtschaftsabteilung der DV".[73] Dies war vermutlich für den Dienstgebrauch bei der Treuhandstelle Posen und bei der SS gedacht. Er wurde am 13.11.1939 zum Obersturmführer, am 20.4.1941 zum Hauptsturmführer und am 20.4.1942 zum Sturmbannführer der SS ernannt.[74] Er galt als SS-Führerbewerber und war für eine Vorbereitungsschulung am 3.11.1944 vorgesehen. Er war zugleich Rechtsberater des SS-Abschnitts XXXXII in Gnesen.[75] Am 18.11.1942 (so sein Lebenslauf) oder am 24.10.1942 (wie es in seiner SS-Akte vermerkt wurde) erhielt er ein Ehrenzeichen der SS für Verdienste im Volkstumskampf.[76]

Im September 1940 erhielt er von der SS einen Arbeitsurlaub, um im Auftrag der Haupttreuhandstelle Ost nach Moskau zu reisen. Das Ziel der Reise bestand darin, persönliche Verhandlungen mit dem russischen Bankenkommissar zu führen. Die Unterhandlungen betrafen die Sicherstellung von Verladedokumenten in Rowno und Lemberg (damals unter russischer Verwaltung) über das Vermögen der polnischen Staatsbanken im Wert von 7.000.000 Zloty. Die bisherigen Verhandlungen hatten zu keinem Ergebnis geführt. Nach Milbradts Meinung wollten die russischen Unterhändler die Bankunterlagen nicht ohne Entgelt frei geben.[77]

1943 verlor er seine UK-Stellung, am 1. Juli 1943 wurde er zum aktiven Wehrdienst einberufen. In Nürnberg wurde er als SS-Funker beim SS-Nachrichtendienst ausgebildet. Trotz seines Kriegsdienstes verfolgte er aufmerksam die Tätigkeit der Treuhandstelle Posen. Seine Dienstzeit beim Totenkopfverband dauerte sechs Monate. Während seiner Ausbildungszeit und auch im aktiven Dienst ließ er sich mehrere Male beurlauben (nachweisbar vom 31.8. bis 13.9.1943 sowie ab dem 20.9. 1944), um laufende Geschäfte seiner Dienststelle in Posen zum Ende zu bringen.[78] Wegen einer Diphterieerkrankung wurde Milbradt nach Posen zur Ausheilung einer Nervenentzündung überstellt. Dies geschah freilich nicht ohne Hilfe der Geschäftsleitung der Haupttreuhandstelle Ost.[79]

Aus seinem Schriftverkehr geht hervor, daß er fest an die deutsche Sache im Volkstumskampf glaubte. Er sah seine Arbeit als stellvertretender Leiter der TP als eine Fortsetzung seiner Tätigkeit bei der Deutschen Vereinigung, allerdings mit anderen Mitteln. Er war ein rationaler und sachlicher Mann. Er nahm sich Zeit, seine Post ausführlich zu beantworten. Er ließ sich nicht zu den für höhere Beamte im Warthegau üblichen Tiraden über die „polnische Wirtschaft" oder zu antisemitischen Äußerungen hinreißen. Es deutet auch nichts in seinen Unterla-

---

[73] Archiwum Panstwowe w Poznaniu (APP), HTO 147, Schriftverkehr des Dr. Milbradt.
[74] BAL, SSO (ehem. BDC) Milbradt, Udo, 15.06.1908 in Ruhheim/Kr. Mogilno.
[75] Ebenda; APP, HTO, 147, Korrespondenz Milbradt, Lebensläufe vom 15.5.1941 und 3.6.1941.
[76] Ebenda.
[77] BAL, SSO (ehem. BDC) Milbradt, Udo, 15.06.1908 in Ruhheim/Kr. Mogilno. Schreiben vom 13. September 1940.
[78] BAL, SSO (ehem. BDC) Milbradt, Udo, 15.06.1908 in Ruhheim/Kr. Mogilno.
[79] Ebenda.

mit rechnen, früher oder später durch den polnischen Staat enteignet zu werden. Der Volkstumskampf im Grenzgebiet hatte sich so zu einem wahren Existenzkampf ausgeweitet. Im Interesse des Erhalts des Familienhofes hatte er auch Jura studiert. Die Finanzierung eines Studiums während des Zollkriegs mit dem Reich in den zwanziger Jahren geschah bestimmt nicht ohne Opfer für eine Familie mit fünf Kindern auf einem kleinen, 101,4 ha umfassenden Gut im Raum Posen.[84]

Milbradt war sich sicherlich bewußt, daß die Aktivitäten der TP die letzte Etappe im Existenzkampf der Deutschen in Polen darstellte. Sollte der Krieg verloren werden, würde das das Ende für die Deutschen im Osten bedeuten. So läßt sich auch sein Engagement bei der Treuhandstelle Posen erklären. Er sah, was mit den Juden geschah; als SS-Führerbewerber wußte er von den Vorgängen in Chelmno nad Nerem. Zum Totenkopfverband gehörte die Judenvernichtung – auch dies wußte er. Die Diskriminierung anderer Völker im Alltag war auch für ihn nicht zu übersehen. Seine Arbeit bei der Treuhandstelle Posen verrichtete er in dem Bewußtsein, daß damit die Existenz seiner polnischen Nachbarn ruiniert wird.

Nach dem Krieg war er zuerst in der Finanzverwaltung in Nordrhein-Westfalen tätig, dann als Prokurist bei Ratzmanns Bankhaus Hermann Lampe KG in Bielefeld.[85]

Udo Milbradt ist durch seine Entscheidung, für die TP tätig zu sein, dem polnischen Staat als Staatsbürger für immer verlorengegangen. Obwohl er gewiß dem elterlichen Hof und dem Kreis Mogilno zutiefst verbunden war, war er aus der Sicht der polnischen Staatsräson ein Verräter und Verbrecher. Seine Flucht nach dem Krieg war vorprogrammiert.

Milbradt hätte durch sein juristisches Können, seine Kultur- und Sprachkenntnisse, Sachlichkeit und Eloquenz unter anderen Rahmenbedingungen viel mehr für die deutsche Minderheit in Posen erreichen können, als er es bei der Treuhandstelle Posen getan hat. Er war in jüngeren Jahren idealistisch gesonnen, seine Argumente waren sachgerecht und überzeugten deshalb. Statt dessen verspielte er als Kollaborateur der Nazis die Heimat für sich und andere Volksdeutsche für immer. Für seine Heimat, für sein abgelegenes Ruhheim war er bereit, alles zu tun, auch den Dienst für die Nazis.

Er ist, obwohl er durch sein Wirken bei der TP ungeheure Schäden im Raum Posen anrichtete, eine der tragischen Figuren in dieser Geschichte. Zum Schluß bestrafte er vor allem sich selbst. Wie so viele andere Deutsche im Osten hatte auch er den Unterschied zwischen Volks- und Staatsangehörigkeit nicht klar auseinanderhalten können. Sie haben dem Staat, in dem sie lebten, ihre Loyalität verweigert. Im Sog der Krise und des NS-Propagandakampfes von 1939 identifizierte die deutsche Minderheit die Nation immer mehr mit dem Deut-

---

[84] Handbuch des Grundbesitzes im Deutschen Reich. Provinz Posen. Berlin 1913, S. 332.

[85] Aus: Leitende Männer der Wirtschaft, Berlin 1961; 1967; 1968
Aufsichtsrat der Vereinigten Bausparkassen AG, Bielefeld; Aufsichtsrat der Heimbaugemeinschaft im Johanneswerk GmbH, Bielefeld; Verwaltungsrat im Ziegelwerk Bethel GmbH, Bethel bei Bielefeld; Mitglied des Gesellschafterausschusses der Teilungs-Kreditbank Haase-Mühlner KG, Hamburg.

schen Reich. Freilich hatten der polnische Staat und seine Vertreter mit seiner Minderheitenpolitik nicht gerade um ihre Gunst geworben. Ein aktiveres Mitspracherecht der Minderheiten hätte damals den einen oder anderen Loyalitätskonflikt vielleicht überwinden oder gar vermeiden können. Den Wandel von „Deutschen in der preußischen Provinz" zu „Preußendeutschen polnischer Staatsangehörigkeit im polnischen Grenzland" haben Volksdeutsche wie Milbradt nicht geschafft. Ein antimodernes und feudales Nationverständnis hatte zur Ablehnung der Zugehörigkeit zur polnischen Nation im Sinne von Staatsangehörigkeit geführt. In der Frage des Verhältnisses zwischen Nation und Staatsangehörigkeit hatten die Nazis immer scharf reagiert.

4.2.1.3 Alexander Weißker

Ratzmanns Nachfolger als Leiter der TP wurde Regierungsdirektor Alexander Weißker. Wegen der Eingliederung der Treuhandstellen in die Gauselbstverwaltungen 1941 war Weißker nicht nur Leiter der Treuhandstelle Posen, sondern auch Leiter des Landeswirtschaftsamtes beim Reichsstatthalter des Gaus Wartheland.[86] Während die Haupttreuhandstelle Ost in eine GmbH umgewandelt wurde, waren die Treuhandstellen den Reichsstatthaltern in den Gauen als Behörden unterstellt. In dieser Situation war ein erfahrener Beamter als Leiter der TP nötig.

Wie Hugo Ratzmann stammte Weißker aus Sachsen. Er wurde am 27. Januar 1899 in Waldheim geboren. Er hatte die Volksschule, das Realgymnasium, die Universität Leipzig sowie die Forstliche Hochschule Tharandt besucht. Er legte seine Diplomprüfung als Förster 1922 in Sachsen ab. Vom 27.3.1922 bis 31.5.1925 war er Sächsischer Forstreferendar beim Forsteinrichtungsamt und beim Forstamt Fischbach tätig, er schlug damit die Laufbahn eines „Staatsdieners" ein. 1925 legte er die Staatsprüfung ab und war vom 1.6.1925 bis 31.7.1926 als Forstassessor beim Forstamt Fischbach und dem Forsteinrichtungsamt beschäftigt. Vom 1.8.1926 bis 29.2.1932 war er Oberförster beim Forsteinrichtungsamt und der Forstlichen Versuchsanstalt. Vom 1.3.1932 bis 28.2.1934 war er Forstmeister und Forstamtsvorstand beim Forstamt Zöblitz, und ab 1.3.1934 beim Forstamt Weißer Hirsch. Am 19.3.1936 wurde er zum Oberforstmeister bei der Sächsischen Landesforstverwaltung ernannt. 1939 wurde er zum Regierungsdirektor und Leiter des Landeswirtschaftsamtes Salzburg befördert. Seit dem 16.3.1941 war er Regierungsdirektor und Leiter der Wirtschaftsabteilung des Landeswirtschaftsamtes und der Treuhandstelle beim Reichsstatthalter im Warthegau.[87]

Weißker war im Ersten Weltkrieg Frontsoldat gewesen. Er war PG (Nr. 635 718) seit dem 1.9.1931 und SS-Sturmbannführer (Nr. 432 770). Er war Gau-

---

[86] Bericht der Treuhandstelle Posen über ihre Tätigkeit in den letzten drei Jahren. Posen, den 20. Oktober 1942, S. 3 (Bl. 5).

[87] BAL (Hoppegarten), Z-AV 80 Wa-We, Bl. 119 ff; BAL (Hoppegarten), ZAS, 261, Bl. 137 f.

hauptstellenleiter und Gauredner.[88] Nach dem Anschluß Österreichs war er Landeshauptmann in Salzburg und Leiter der Staatskanzlei (Oberforstmeister) in Salzburg 1939.

In seinem Antrag (eigentlich „Vorschlag") zur Ernennung als leitender Regierungsdirektor bei der Treuhandstelle Posen vom 24. Februar 1942 beim Reichsminister des Innern bzw. beim Leiter der Parteikanzlei gab Weißker folgende Wohnsitze an: Dienstlicher Wohnsitz: Posen, Felix-Dahn-Platz; Wohnungen seit dem 1. Januar 1932: Zöblitz (Erzgebirge), Dresden, Hellerau bei Dresden, Salzburg.[89]

Da der Schriftverkehr der obersten Leitung bzw. Weißkers Personalakten nicht in den Akten der TP zu finden waren, kann wenig über ihn gesagt werden. Noch im Herbst 1944 stellte er Zeugnisse für ausscheidende Belegschaftsmitglieder aus, danach verliert sich seine Spur. Dies könnte daran liegen, daß er nach Österreich und nicht nach Restdeutschland geflohen war. Nach 1945 tauchte er in keinem westdeutschen biographischen Nachschlagewerk auf. Man kann davon ausgehen, daß er entweder verstorben oder als zurückgezogener Privatmann lebte, vielleicht auch in einer Behörde in Deutschland oder Österreich nach dem Krieg untergekommen war.

4.2.1.4 Georg Kamenz

Bankdirektor Georg Kamenz, geboren am 9. September 1896 in Lodz als Sohn des Rektors Wilhelm Kamenz, trat im Februar 1943 den Dienst in der TP an. Im Jahre 1924 war er auf Vorschlag des Deutschen Konsulats in Thorn als selbständiger Leiter der Liquidationsabteilung angestellt. Im Oktober 1927 wurde er vom Verband deutscher Genossenschaften in Polen zum bevollmächtigten Vertreter des Bankinstituts Credit GmbH Posen für das Gebiet Pommerellen/Westpreußen in Graudenz berufen. Von 1936 bis Februar 1943 war er als geschäftsführendes Vorstandsmitglied dieses Instituts in Posen tätig.[90]

Kamenz war als Leiter der Credit GmbH maßgeblich an der Abwicklung der polnischen Banken beteiligt, er kannte die Arbeit der TP von Anfang an. Kamenz und seine Credit GmbH waren Abwickler der „Banque Franco Polonaise, Posen", „Poznanski Bank Ziemian, Posen" und „Bank Związku Społek Zarobkowych, Posen". Über Kamenz' Leben nach 1945 ließ sich in den biographischen Nachschlagewerken nichts finden.[91]

In einem Vermerk des Beauftragten für Fragen der HTO beim Reichsfinanzministerium vom 27. Januar 1944 wurde der Kommissarische Vertreter der polnischen Staatsbanken, Georg Kamenz, als künftiger stellvertretender Leiter der

---

[88] Ebenda, Bl. 119 ff.

[89] Ebenda, Bl. 119 ff.

[90] BAL, R2, BHTO, B 6155, Bl. 123.

[91] APP, HTO 2177, Verzeichnis der zu liquidierenden polnischen Kreditinstitute im Reichsgau Wartheland, S. 1-4.

TO Posen vorgestellt. Nach der Einberufung Udo Milbradts erwartete man nun die Einberufung des Regierungsrates Dr. Toykas. Georg Kamenz galt als Nachfolger von Weißker.[92]

In den letzten Kriegswochen war Georg Kamenz für die TP in ihren Ausweichunterkünften zuständig. Ob er Leiter der TP nach der Übernahme der HTO durch das Reichsfinanzministerium 1944 oder erst in den letzten Kriegswirren wurde, konnte nicht geklärt werden.

4.2.2 Hauptreferenten

Dir. Rudolf Magritz, geboren am 3. Oktober 1894 in Stettin, war von 1940 bis 31.7.1942 Hauptreferent im „Zentralbüro und Haushalt".[93] Er war Reichsdeutscher und gottgläubig. Er hatte Abitur und war Bankbeamter von Beruf. Er war PG seit 1926. Vor seiner Tätigkeit bei der TP leitete er die Stadtsparkasse Greifenberg/Pommern. Bei der TP bekam er im Monat ein Gehalt von 683,25 RM plus Sonderzulage. Nach Beendigung seiner Tätigkeit bei der TP übernahm er den Posten als Direktor bei der Landesbank- und Girozentrale Posen.[94]

Albert Bleckmann, geboren am 25. November 1903 in Gelsenkirchen, war vom 17.4.1941 bis zu seiner Einziehung in die Wehrmacht 1943 Leiter der Personalabteilung der TP. Er war PG seit dem 1.11.1931. Bei der TP bezog er ein Gehalt von 593,66 RM.[95]

Dr. Martin Thomaschewski, evangelischer Volksdeutscher, war am 9. August 1906 in Graudenz geboren. Er war SS-Mitglied, jedoch kein PG. Vom 1.12.1939 bis 30.7. 1940 war er (Haupt)referent im Referat A I „Vermögenserfassung".[96] Zugleich war er Direktor der Industrie- und Handelskammer im Warthegau. Von 1931 bis 1937 stand er der Bank für Handel und Gewerbe als Direktor vor.[97]

Dr. Carl Melien, Reichsdeutscher, geboren am 19. November 1899 in Berlin-Charlottenburg, mit ständigem Wohnsitz in Berlin-Grünau, war Hauptreferent für die Referate A I „Vermögenserfassung und Beschlagnahme" und A II „Treuhandwesen".[98] Er war auch Abteilungsleiter der B-Referate. Zu seinem Aufgabenbereich gehörten die Vermögenserfassung und Beschlagnahme, die Einsetzung und Abberufung der kommissarischen Verwalter sowie die Karteiüberwachung.[99] Er besaß Hochschulbildung. Zuvor war er Syndikus beim Bankhaus

[92] BAL, R2, BHTO, B 6155, Vermerk vom 27.1.1944 und vom 10.3.1944.
[93] APP, HTO, 167, Geschäftsverteilungsplan, S. 1.
[94] APP, HTO, 698, Magritz.
[95] APP, HTO, 264, Bleckmann, Leiter Personalabteilung.
[96] APP, HTO, 993, Thomaschewski.
[97] Ingo Loose: Deutsche Kreditinstitute im „Reichsgau Wartheland" 1939-1945. Magisterarbeit an der Humboldt Universität zu Berlin. Berlin 2000, S. 45 f.
[98] APP, HTO, 167, Geschäftsverteilungsplan, S. 6.
[99] Ebenda, S. 4.

Hardy & Co., Berlin gewesen.[100] Er war evangelischen Glaubens. Erst 1940 trat
er der NSDAP bei (PG Nr. 8.160.396), vorher, seit 1933, gehörte er lediglich
der DAF an. Während er zuvor ca. 1.000 RM Gehalt bei Hardy & Co. bezogen
hatte, erhielt er nur 619,50 RM bei der TP. Angesichts seiner Verantwortung bei
der TP war dies sicherlich kein angemessenes Entgelt, auch im Vergleich zum
Gehalt bei der Hardy Bank. Unklar bleibt, ob er seine Stellung bei der Hardy
Bank bzw. seine Aufsichtsratspositionen während seiner Zeit bei der TP beibehalten hatte.[101]

Zum 31. Dezember 1942 kündigte Melien bei der Treuhandstelle Posen. Laut
seiner Personalunterlagen nahm er eine neue Tätigkeit bei der Hauptverwaltung
der Ost Energie AG in Krakau auf.[102] Unmittelbar nach dem Krieg war er wieder in seiner früheren Stellung bei der Hardy Bank tätig.[103] Spätestens 1953 war
er Generalbevollmächtigter bei Ratzmanns Hermann Lampe Bank.[104]

Interessant ist eine Strafsache gegen Melien: ein Strafbefehl wurde gegen ihn
am 29. Juni 1940 in Posen erlassen, weil er mit einem Kraftfahrzeug – dazu
ohne Besitz eines Führerscheins – durch eine Schaufensterscheibe am Wilhelmplatz gefahren war. Beim Zurücksetzen hatte er sogar einen Laternenpfahl um-

---

[100] APP, HTO,167, Liste der Angestellten, deren Gehalt sich unter dem für ihren Dienstposten festgestellten Gehaltsrahmen bewegt. Vom 30.9.1940, S. 2.

[101] Aus: Wer leitet? 1940, S.569: Melien, Carl, Dr. jur., Berlin W 8, Markgrafenstr. 36, *19.11.1899 in Charlot-
tenburg.
Prokurator: Bankhaus Hardy & Co., Berlin
Vorsitzender des Aufsichtsrates: Fritz Caspary AG., Berlin; Cicero-Garagen AG., Berlin
Aufsichtsrat: Königstadt AG für Grundstücke und Industrie, Berlin; Steatit Magnesia AG., Berlin;
Veltag Veltener Ofen und Keramik AG., Velten
Aus: Wer leitet? 1941/42, S. 636
Geschäftsführer: Terra Verwaltungs-GmbH., Berlin
Prokurator: Bankhaus Hardy & Co., Berlin
Vorsitzender des Aufsichtsrates: Fritz Caspary AG, Berlin
Cicero-Garagen AG, Berlin
Stellvertretender Vorsitzender des Aufsichtsrates:
Poppe & Wirth AG, Berlin; Sarow-Pieskow Landhaussiedlung am Scharmützelsee AG in Abw. Berlin
Veltag Veltiner Ofen und Keramik AG., Velten

[102] APP, HTO, 719.

[103] Aus: Leitende Männer der Wirtschaft, 1951. S. 375.
Melien, Carl, Dr. jur. Bankdirektor, (16) Frankfurt (Main), Eschersheimer Landstraße 267; * 19.11.1899 in Char-
lottenburg;
Abteilungsdirektor: Bankhaus Hardy & Co. GmbH., Berlin-Frankfurt (Main)
Stellvertretender Vorsitzender des Aufsichtsrates: Niedersächsische Sprengstoff-Vertriebs GmbH., Hannover;
Terra AG für Samenzucht, Hannover
Aufsichtsrat: Poppe & Wirth AG, Berlin.

[104] Aus: Leitende Männer der Wirtschaft, Berlin 1953, S. 511:
Dr. Carl Melien, Dr. jur. Bankdirektor (21a) Bielefeld, Alter Markt 3 *19.11.1899 in Charlottenburg:
Generalbevollmächtigter: Bankhaus Hermann Lampe KG, Bielefeld
Vorstand: Bank für Brau-Industrie, Frankfurt (Main)
Geschäftsführer: Gesellschaft für Industrieberatung mbH, Bielefeld
Vorsitzender des Aufsichtsrates: Berliner Kindl Brauerei AG, Berlin; Dortmunder Ritter Brauerei AG., Dort-
mund; Glückauf-Brauerei AG., Friedberg
Stellvertretender Vorsitzender des Aufsichtsrates: Brauerei „Zur Eiche", Kiel;
Joh. Braun Rohstoffverwertung AG., Worms; Herkulesbrauerei AG., Kassel
Poppe & Wirth AG., Bedburg Bz Köln; Terra AG für Samenzucht i.L., Hannover
Verwaltungs- u. Handels AG i.L. Berlin
Beirat: Samenzucht Terra GmbH., Herford.

158

gefahren. Der Leiter der Treuhandstelle, Ratzmann, legte am 5. Juli 1940 Einspruch gegen den Strafbefehl ein. Nach eigenen Angaben hatte Ratzmann Melien angewiesen, die Fahrt anzutreten, weil in Rawitsch dringende Arbeiten notwendig waren und ein Fahrer für die Rückfahrt gefehlt hatte.[105] In einer Stellungnahme der Geschäftsleitung der TP über Melien hinsichtlich der Verleihung eines Kriegsverdienstkreuzes bzw. -medaille hieß es: „Dr. Melien ist seit dem 22.1.1940 als Hauptreferent für das Referat A I (Vermögenserfassung) tätig. Er hat mit gutem Erfolg für das Gebiet der Erfassung und Beschlagnahme jüdischen und polnischen Vermögens gearbeitet und die erforderlichen Maßnahmen neu schaffen und durchführen müssen. Er hat damit dazu beigetragen, dem Reich große Vermögenswerte zu erhalten. Der Erfolg seiner Arbeit ist als mustergültig zu bezeichnen. Aus Zweckmäßigkeitsgründen wurde ihm im Juli 1940 das Hauptreferat A II (Treuhandwesen) ebenfalls verantwortlich mitunterstellt. Sein reiches Können hat Dr. M. im vollsten Maße stets für die ihm von der Leitung der Treuhandstelle Posen übertragenen Arbeiten eingesetzt. Er hat durch seine dadurch bewiesene Arbeitsleistung in erheblichem Maße zu einem erfolgreichen Arbeitsablauf in den verschiedensten Referaten bei der Treuhandstelle Posen und somit für den Neuaufbau des Warthegaus beigetragen".[106]

Über (Haupt)referent Slawinski vom A II „Treuhandwesen", der offensichtlich nur am Anfang und für kurze Zeit in dieser Funktion tätig war, ist nichts bekannt.[107]

Ferdinand Voigt, geboren in Liebenwalde am 11. April 1904, war Abteilungsleiter der A-Referate „Verwaltung" und seit dem 16.1.1940 Hauptreferent im A III „Rechtsfragen". Er war nicht nur zuständig für Rechtsfragen, sondern zugleich – nach Dr. Milbradt – verantwortlicher zweiter Stellvertreter des Leiters. Außerdem hatte er Weisungsbefugnisse über die Kreisvertrauensmänner sowohl in personeller als auch in sachlicher Hinsicht. Rechtsanwalt Voigt war auch leitendes Vorstandsmitglied der Hotel- und Gaststättengesellschaft Wartheland mbH.[108] Sein Gehalt als Rechtsanwalt und Notar hatte 3.000 RM betragen, aber als Hauptreferent bezog er nur 1.200 RM.[109]

Regierungsrat Dr. Rudolf Toyka, geboren am 16. September 1905 in Fürstenwalde, war Referent und Hauptreferent für Steuerfragen im Referat A III „Rechtsfragen" und nach Dr. Milbradts Einberufung sogar stellvertretender Leiter der Treuhandstelle Posen. Er wurde am 28.8.1940 von der Reichsfinanzver-

---

[105] APP, 110, Strafsache gegen Dr. Carl Melien.
[106] APP, HTO, 49 Verfügungen und Schriftwechsel betr. Kriegsverdienstkreuze und Kriegsverdienstmedaillen, Bl. 13.
[107] APP, HTO, 2.
[108] APP, HTO, 49, Verfügungen und Schriftwechsel betr. Kriegsverdienstkreuze und Kriegsverdienstmedaillen, Bl. 7.
[109] APP, HTO,167, Liste der Angestellten, deren Gehalt sich unter dem für ihren Dienstposten festgestellten Gehaltsrahmen bewegt. Vom 30.9.1940, S. 2.

waltung zur TP abgeordnet.[110] Nach dem Krieg war er Vertreter des Leiters und Leiter des Planungsstabes der Abteilung VI „Öffentliche Sicherheit" im Bundesministerium des Innern. Er war später Ministerialdirektor bei der Deutschen Welle. 1970 trat er in den Ruhestand.[111]

(Haupt)referent Erhardt Hofmann vom Referat A IV „Verwaltung von Vermögen und Depots" war offensichtlich nur am Anfang und für kurze Zeit in dieser Funktion tätig.[112] Vor dem Krieg war er von 1922 bis 1938 als Kreditsachbearbeiter bei der Dresdner Bank tätig gewesen. Von 1938 bis Juni 1939 war er kommissarischer Leiter der tschechischen Zivnostenstka Banka gewesen. Ab Ende Oktober 1939 war er für reichsverbürgte Kredite beim Reichsstatthalter im Warthegau verantwortlich. Ab Dezember 1939 war er dann Hauptreferent des Referates A IV geworden.[113]

Bruno Stahlke, ab dem 1.3.1941 Hauptreferent des Referates A IV „Vermögensverwaltung und Geldverkehr", war am 5. September 1906 in Zeppelburg geboren. Er besaß die Obersekundärreife und war Bankbeamter von Beruf. Als politisch aktiver Volksdeutscher war er Geschäftsführer der Deutschen Vereinigung in den 30er Jahren gewesen, wo er ein Gehalt von 600 RM plus Sondervergütung bezog.[114] Dies war insofern ungewöhnlich, als die Gehälter bei der Deutschen Vereinigung meistens in Zloty mit einer Sondervergütung oder Reisespesen in Höhe von etwa 150 RM gezahlt wurden. Seit 1935 bis zur Liquidation der Deutschen Vereinigung war er verantwortlich für die Kassenführung und die finanzielle Betreuung weiterer „völkischer" Organisationen „in der Zeit der Devisenbewirtschaftung". Er hatte an der Aufbauarbeit des SD und des Selbstschutzes in Bromberg mitgewirkt. Im Auftrag der Deutschen Stiftung hatte Stahlke bis zu seinem Eintritt in die Treuhandstelle Posen Liquidationen „völkischer Organisationen" durchgeführt. Er war seit April 1940 bei der TP tätig. Wegen seiner Spezialkenntnisse in seinem Aufgabengebiet wurde ihm ein Sondergehalt von 750 RM plus 75 RM Aufbauzulage gewährt.[115]

Kurt Kreysel, geboren am 11. März 1903 in Dalajewo/Posen, war Hauptreferent im Referat A V „Revision". Er besaß Hochschulbildung und war zuvor als Wirtschaftstreuhänder tätig gewesen. Während er 30.000 RM jährlich in seiner früheren Tätigkeit verdiente, bezog er bei der TP ein monatliches Gehalt von 571,90 RM.[116]

Dr. Alois Schwenda, geboren am 8. März 1903 in Pottenbrunn, war seit dem 30.9.1940 zunächst als Hauptreferent im Referat A VI „Kreisvertrauensmänner"

---

[110] APP, HTO, 49, Verfügungen und Schriftwechsel betr. Kriegsverdienstkreuze und Kriegsverdienstmedaillen, Bl. 92.

[111] BA Hoppegarten, DDR Kartei „Toyka"; Bundesrepublik Deutschland, Handbuch des Bundesministeriums des Innern, 1962, S. 85; Internationales Handbuch für Rundfunk und Fernsehen. Hamburg 1968.

[112] APP, HTO, 2.

[113] Loose: Deutsche Kreditinstitute, S. 45.

[114] APP, HTO,167, Schriftwechsel mit der HTO-Berlin betr. Personalsachen 1940. Liste der Angestellten, deren Gehalt für ihren Dienstposten festgesetzten Rahmen übersteigt.

[115] Ebenda: APP, HTO, 49, Bl. 7.

[116] APP, HTO,167, Liste der Angestellten, deren Gehalt sich unter dem für ihren Dienstposten festgestellten Gehaltsrahmen bewegt. Vom 30.9.1940, S. 2.

tätig. Ab dem 26.3.1942 war er dann Hauptreferent im B X „Schuldenabwicklungen".[117]

Über (Haupt)referent Teichmann vom Referat B I „Banken und Versicherungen", der nur am Anfang und für kurze Zeit in dieser Funktion tätig war, ist nichts bekannt.[118]

Erich Busse, geboren am 25. Oktober 1900 in Posen, war Hauptreferent im Referat B I „Banken und Versicherungen". Er hatte Abitur und war Bankbeamter von Beruf. Er hatte dem Bankvorstand der Volksbank Schönlanke angehört. Bei der TP bekam er 567,65 RM plus 75 RM Sonderzulage.[119]

Waldemar Kraft, kommissarischer Präsident der Landwirtschaftskammer Posen, übernahm bis Ende Dezember 1939 nebenamtlich die Leitung des Referates B II „Verbindungsstelle zur Landwirtschaft".

Sein Nachfolger, Hermann Netz, geboren am 22. Mai 1890 in Krone a. Br., hatte Hochschulbildung. Am 28.12.1939 wurde er zum Hauptreferent im Referat B II „Landwirtschaftliches Gewerbe" berufen. Er war von 1919 bis 1939 Geschäftsführer der Organisation Welage, Lissa in Polen. Bei der TP bekam er ein Gehalt von 850 RM.[120]

Dr. Paul Wessler, geboren am 2. Februar 1901 in Berlin, war Beauftragter für die Wirtschaftsgruppe Zuckerindustrie für den Reichsgau Wartheland und unterstand dem Referat B II „Landwirtschaftliches Gewerbe". Zugleich war er Geschäftsführer und stellvertretender Vorsitzender des Zucker-Wirtschaftsverbandes in Posen.[121]

Über Forstmeister Sommermeyer, der zumindest von 1939 bis 1942 Hauptreferent im Referat B III „Forst- und Holzwirtschaft" war, ist nichts bekannt.[122]

Über (Haupt)referent Dr. Spreng vom Referat B IV „Industrie und Handel", der nur am Anfang und kurze Zeit in dieser Funktion tätig war, ist nichts bekannt.[123]

Dr. Gustav Klose, geboren am 16. April 1898, war vorübergehend (seit dem 1.1.1940) Hauptreferent im Referat B IV a „Industrie" bei der Treuhandstelle Posen. Er war Auslandsdeutscher und kam kurz nach dem Beginn des Krieges aus Spanien. Zuvor war er Organisator in der Hisma-Rowak, Berlin, gewesen. Sein Gehalt dort hatte 1.300 RM betragen. Bei der TP erhielt er 950 RM mit einer Zulage von 75 RM.[124]

---

[117] APP, HTO, 49, Bl. 91.

[118] APP, HTO, 2.

[119] APP, HTO,167, Liste der Angestellten, deren Gehalt sich unter dem für ihren Dienstposten festgestellten Gehaltsrahmen bewegt. Vom 30.9.1940, S. 2.

[120] APP, HTO, 49, Bl. 9; APP, HTO,167, Liste der Angestellten, deren Gehalt sich unter dem für ihren Dienstposten festgestellten Gehaltsrahmen bewegt. S. 2.

[121] APP, HTO, 49, Bl. 33.

[122] APP, HTO, 2.

[123] Ebenda.

[124] APP, HTO,167, Liste der Angestellten, deren Gehalt sich unter dem für ihren Dienstposten festgestellten Gehaltsrahmen bewegt. S. 2.

Hans Bohle, geboren am 20. Juni 1906 in Mannheim, war spätestens ab September 1940 Hauptreferent im Referat B IV a „Industrie". Er hatte Abitur und war Kaufmann von Beruf. Er war zuvor Prokurist der Nitag Berlin. Wegen seiner Spezialkenntnisse und seiner höheren Stellung in der Industrie bekam er bei der TP ein Gehalt von 1.000 RM.[125]

Dr. Georg Klinksick, geboren am 6. Januar 1904 in Berlin, war Referent und später Hauptreferent im B IV a „Industrie". Er war seit dem 10.4.1940 bei der TP tätig. Er war zuständig für die Leitung und Führung des Referats. Er hat sich vor allem mit der Verwertung von Großobjekten im Rahmen der Vorschriften der HTO befaßt.[126]

Dr. Josef Kremser, geboren am 4. Juli 1904 in Kassel, war 1940 kurze Zeit Hauptreferent des Referats B IV b „Groß- und Einzelhandel".[127] Er hatte Hochschulbildung und war zuvor als juristischer Berater bei der Nordstern Lebensversicherung AG, Berlin, tätig gewesen. Bei der TP bezog er ein Gehalt von 571,90 RM.

Dr. Arnold Boettcher, Kurlanddeutscher, wurde am 15. Juni 1896 in Mitau geboren. Er war evangelisch-lutheranischen Glaubens. Er war Reichsdeutscher seit 1917. Vor seiner Umsiedlung nach Posen wohnte er in Riga, wo er seit 1926 Geschäftsführer der deutschen Volksgemeinschaft in Lettland war. Er war PG seit dem 1.4.1939 (Nr.7.025.219) und gehörte der DAF seit 1938 an. Er bezog 639,05 RM (587,20 RM netto) Gehalt bei der TP, wo er bis 1944 Hauptreferent im Referat B IV b „Groß- und Einzelhandel" war. Aus seinem Schreiben vom 10.2.1942 an Personalchef Bleckmann geht hervor, daß er nach dem Überfall auf die Sowjetunion eine Versetzung zum Reichskommissar in Riga wünschte.[128]

Hans-Wilhelm Hoffmann, geboren am 14. Juni 1902 in Posen, war Referent im Referat B I „Banken und Versicherungen" und zuständig für Versicherungen. Er arbeitete vor seiner Tätigkeit bei der TP als Versicherungsmathematiker bei der Berliner Lebensversicherungsgesellschaft AG, Berlin. Er bezog 555,75 RM Gehalt bei der TP.[129]

Über Regierungsrat Zintarra, der am Anfang und nur für kurze Zeit (Haupt)-referent des Referats B V „Handwerk" war, ist nichts bekannt.[130]

Dr. jur. Carl Doutiné, geboren am 14. September 1906 in Hamburg, war seit dem 1.1.1940 bei der TP und seit Juli 1940 als Hauptreferent im Referat B V „Handwerk" beschäftigt. Er hatte Hochschulbildung und war zuvor als Sachbearbeiter beim Reichsstand des Deutschen Handwerks beschäftigt gewesen. Er war Mitglied des NS-Kraftfahrkorps. Er gehörte dem NSRR seit dem 24.2. 1939

---

[125] APP, HTO,167, Schriftwechsel mit der HTO-Berlin betr. Personalsachen 1940. Liste der Angestellten, deren Gehalt für ihren Dienstposten festgesetzten Rahmen übersteigt.

[126] APP, HTO, 49, Bl. 91.

[127] APP, HTO, 167, Geschäftsverteilungsplan, S. 10.

[128] APP, HTO, 286, Boettcher.

[129] APP, HTO, 2; APP, HTO, 167, Liste der Angestellten, deren Gehalt sich unter dem für ihren Dienstposten festgestellten Gehaltsrahmen bewegt, Bl. 4.

[130] APP, HTO, 2.

an. Er gehörte dem NS-Rechtwahreverband und der NSV an. Bei der TP bezog er 875 RM Gehalt.[131]

Heinz-Georg Schulze, geboren am 15. Juli 1907 in Hermannsbad, Kreis Wirsitz, war politisch aktiver Volksdeutscher. In der Zwischenkriegszeit war er Syndikus der berufsständischen landwirtschaftlichen Volksgruppen-Organisation, Landbund Weichselgau. Er vertrat die Meinung, daß Westpreußen wieder ins Reich eingegliedert werden sollte und wurde am 30.3.1939 wegen Hochverrats in Polen verhaftet. Nach dem Polenfeldzug wurde er zum SS-Hauptsturmführer ernannt. Schulz trat der TP im Februar 1940 bei. Zunächst leitete er das Referat B VI „Städtischer Grund- und Hausbesitz". Am 15.6.1940 wurde er Leiter der Grundstücksgesellschaft für den Warthegau.[132]

Fritz Palka, geboren am 3. November 1904 in Schwerin-Jochtow, war Hauptreferent im Referat B VI „Gewerblicher Grundbesitz". Er hatte Hochschulbildung und war Assessor. Er war zuvor als Dezernent bei der Stadtverwaltung Breslau, im Wohnungs- und Liegenschaftsamt beschäftigt. Er bezog 571,90 RM plus 100 RM Sonderzulage.[133]

Über Regierungsrat Klatt, der am Anfang und nur für kurze Zeit (Haupt)referent im Referat B VII „Fremdenverkehr" war, nichts bekannt.[134]

Über Dr. Kaschny, der am Anfang und nur kurzer Zeit (Haupt)referent im B VIII „Vereine, Stiftungen und freie Berufe" war, ist nichts bekannt.[135]

Der Hauptreferent Otto Martin wurde am 3. Februar 1900 in Lochowo geboren. Er hatte Abitur und war Schriftsteller von Beruf.[136] Er war Volksdeutscher und hatte jahrelang als Hauptschriftleiter das Pommereller Tageblatt in Dirschau geleitet. Er war vorübergehend in der Presseabteilung der VDA in Berlin tätig gewesen. Er war an der VDA-Suchaktion nach ermordeten Volksdeutschen beteiligt. Am 1.2.1940 wurde er zum Hauptreferent im Referat B VIII „Vereine, Stiftungen, freie Berufe" berufen.[137] Sein Gehalt hatte beim Pommereller Tageblatt 100 Zloty betragen. Als Hauptreferent bezog er 619,50 RM.[138]

Über Ministerialrat a. D. Römer, der am Anfang und nur kurze Zeit (Haupt)-referent im B IX „Energie-Wirtschaft" war, ist nichts bekannt.[139]

Über seinen Nachfolger, Dir. Fischer, (Haupt)referent im Referat B IX „Energiewirtschaft, Elektro-Installations-Geschäfte, Rundfunk", ist nichts bekannt.[140]

---

[131] APP, HTO, 49, Bl. 13; APP, HTO,167, Liste der Angestellten, deren Gehalt sich unter dem für ihren Dienstposten festgestellten Gehaltsrahmen bewegt, S. 2; BA Hoppegarten, ZA VI, 3243, A25.

[132] APP, HTO, 49, Bl. 35 und 37. Schriftwechsel betr. Kriegsverdienstkreuz.

[133] APP, HTO,167, Liste der Angestellten, deren Gehalt sich unter dem für ihren Dienstposten festgestellten Gehaltsrahmen bewegt, S. 1.

[134] APP, HTO, 2.

[135] Ebenda.

[136] APP, HTO,167, Liste der Angestellten, deren Gehalt sich unter dem für ihren Dienstposten festgestellten Gehaltsrahmen bewegt, S. 2.

[137] APP, HTO, 49, Bl. 9.

[138] APP, HTO,167, Liste der Angestellten, deren Gehalt sich unter dem für ihren Dienstposten festgestellten Gehaltsrahmen bewegt, ohne Blattzahl.

[139] APP, HTO, 2.

[140] Ebenda.

Dr. Alois Schwenda, geboren am 8. März 1903, war erst Referent von A VI „Kreisvertrauensmänner", ab dem 26.3.1942 dann Hauptreferent im Referat B X „Schuldenabwicklung". Er gehörte seit dem 30.9.1940 der TP an.[141]

4.2.3 Referenten

Die Referenten waren in der Mehrzahl Reichsdeutsche. Oft nahmen sie Verdienstverluste in Kauf, um bei der TP zu arbeiten. Es liegt auf der Hand, daß diejenigen, die aus der freien Wirtschaft kamen, eine krisensichere Beschäftigung bei der TP ihrer alten Beschäftigung vorzogen. Aussicht auf eine Stellung als kommissarischer Verwalter gehörte gewiß auch zu ihren Beweggründen. Als Referenten waren u. a. tätig:

Karl Giesenberg, geboren am 23. Juli 1907 in Hamburg, war Personalreferent bei der TP. Er war von Beruf Kaufmann und hatte Obersekundärreife. Zuvor war er Passage-Leiter bei der Hapag, Hamburg, gewesen. Dort hatte er $ 250 Gehalt bekommen. Bei der TP hatte er ein Gehalt von 571,90 RM.[142]

Carl Johr, geboren am 13. Dezember 1901 in Bromberg, war Personalreferent bei der TP. Er hatte Abitur und war Beamter von Beruf.[143] Zuvor war er als Obersteuerinspektor beim Finanzamt Wien angestellt gewesen. Bei der TP hatte er selbständig und eigenverantwortlich die Auswahl und Einstellung der geeigneten und erforderlichen Mitarbeiter vorzunehmen und sie in personeller Hinsicht zu betreuen. Diese Tätigkeit erstreckte sich nicht nur auf die TP, sondern auch auf die unterstellten Dienststellen in den Kreisstädten des Warthegaus, also die Kreisvertrauensmänner und die ihnen zugeteilten Mitarbeiter.[144] Er bezog bei der TP 690,90 RM Gehalt, in Wien hatte er nur 509 RM bekommen.[145]

Horst v. Valtier, geboren am 5. Dezember 1899 in Straßburg, PG (Nr. 320.117) seit 1930. Er war Abteilungsleiter bei der Nitag AG in Berlin gewesen, bei der TP war persönlicher Referent und Verbindungsführer zur Reichskanzlei. Zum November 1940 kündigte er und wurde kommissarischer Verwalter der Wach- und Schließgesellschaft Posen.[146]

Assessor Schade, geboren am 25. April 1905 in Danzig, war seit dem 1.2.1940 bis zur Auflösung Hauptreferent des Referates A I (Vermögenserfassung). Ihm oblag das gesamte Gebiet der Vermögenserfassung des polnischen Staates.[147]

[141] APP, HTO, 49, Bl. 91.
[142] APP, HTO, 167.
[143] APP, HTO,167, Liste der Angestellten, deren Gehalt sich unter dem für ihren Dienstposten festgestellten Gehaltsrahmen bewegt. Vom 30.9.1940, S. 3.
[144] APP, HTO, 49, Bl. 7.
[145] APP, HTO,167, Liste der Angestellten, deren Gehalt sich unter dem für ihren Dienstposten festgestellten Gehaltsrahmen bewegt. Vom 30.9.1940, S. 3.
[146] APP, HTO, 1013.
[147] APP, HTO, 49, Bl. 91.

August-Wilhelm von Gagern, Reichsdeutscher aus altem Adel und Besitzer von Groß-Stubben bei Poseritz auf Rügen, wurde am 12. Juli 1907 in Köln am Rhein geboren. Vor seiner Tätigkeit bei der Treuhandstelle Posen wohnte er in Berlin. Er war Rechtsanwalt, Sachbearbeiter, Referent. Nach dem Ausscheiden von Rechtsanwalt Voigt 1942 wurde er Hauptreferent im Referat A III „Rechtsfragen". Er war der Abwickler von „Goplana". Er bezog zuletzt 640 RM Gehalt bei der TP, wobei er 1.200 RM in seiner letzten Tätigkeit in Berlin erhalten hatte. Er war im „Stahlhelm" von 1924 bis 1926. Er war PG seit dem 1.5.1933, Sturmführer beim NSKK und gehörte ebenfalls der NSRB an. Er wurde am 25.3.1943 in die Wehrmacht eingezogen und fiel am 29.8.1944.[148]

Ulrich Schröter, geboren am 21. Januar 1903 in Militsch/Schlesien hatte Hochschulbildung und war früher Bürgermeister der Stadt Schneidemühl. Er bezog bei der TP ein Nettogehalt in Höhe von RM 663 RM. Im Referat A III „Rechtsabteilung" war Schröter für die Haltung und Überwachung der Bücherei und Gesetzsammlung zuständig.[149]

Dr. Ludwig Engelbrecht, geboren am 29. Juni 1900 in Wattenscheid, war evangelischen Glaubens. Er hatte vor dem Krieg in Berlin-Kleinmachnow gewohnt. Er war Reichsdeutscher, aber kein PG. Er war zuerst Sachbearbeiter, dann Referent und schließlich Stellvertreter des Referatsleiters von B III „Forst und Holzwirtschaft". Er hatte ein Sondergehalt in Höhe von 985 RM bewilligt bekommen, weil er Fachmann für die Holzindustrie war. Da sein Gehalt später als zu hoch beurteilt wurde, kündigte Engelbrecht zum 31.1.1942 seine Stellung bei der TP.[150]

4.2.4 Sachbearbeiter, Stenotypistinnen, Schreibkräfte und andere Angestellte

Es hat an Sachbearbeitern, Sekretärinnen und Schreibkräften den Krieg hindurch gemangelt. Aus den Personalakten geht hervor, daß man ohne Rücksicht auf Ausbildung beinahe alle Bewerber nahm. Insbesondere solche Mitarbeiter hatten große Schwierigkeiten, die die Treuhandstelle Posen aus unterschiedlichen Gründen verlassen wollten. Auffällig ist die hohe Zahl von Krankschreibungen bei den Sekretärinnen.

Diese Mitarbeiter wurden nach den Tarifen des öffentlichen Dienstes bezahlt. Durch Trennungs- und Aufbauzulagen bzw. Umstufungen konnten sie ihr Gehalt um einiges aufbessern. Dazu aus den Personalakten einige Beispiele:

Rudolf Z., geboren 1892 in der Altmark, war evangelischen Glaubens, verheiratet und vor dem Krieg wohnhaft in Hamburg. Er war Sachbearbeiter im Referat B IV b (Einzelhandel) und bezog anfangs 419,60 RM, 1942 687,40 RM

---

[148] APP, HTO, 405 v. Gagern; APP, HTO,167, Liste der Angestellten, deren Gehalt sich unter dem für ihren Dienstposten festgestellten Gehaltsrahmen bewegt, S. 2; APP, HTO, 49, Bl. 91.
[149] APP, HTO, 167.
[150] APP, HTO, 363.

Nettogehalt. Er war PG seit 1930. Er wurde vorgeladen wegen einer unbezahlten Zahnarztrechnung. Ihm wurde auch vorgeworfen, Revisionsprüfer zu beeinflussen.[151]

SS-Scharführer Herbert Hänel, geboren am 23. August 1919 in Breslau, war seit Februar 1940 Sachbearbeiter im Referat A. I „Vermögenserfassung". Dort oblag ihm das gesamte Gebiet der Erfassung und Beschlagnahme des polnischen Vermögens.[152]

Karl O., geboren 1903 in Brünn und evangelischen Glaubens, war als Sachbearbeiter angestellt. Er war von Beruf Revisor. Er war PG seit 1933 und in der österreichischen SA organisiert. In seiner vorherigen Stellung als Revisor bei der Reichsstelle der Stillhaltekommission bekam er netto 850 RM Gehalt. Bei der TP betrug sein Nettogehalt 490,30 RM. Zum 1.10.1940 wurde er zur HTO nach Berlin abgeordnet. Sein Dienstverhältnis dort wurde zum 1.12.1940 gelöst. Danach war er Generalverkäufer bei der Haupttreuhandstelle mit Umsatzbeteiligung (1/2 %) und Spesen.[153]

Heinz Thöl, evangelischen Glaubens und geboren am 5. Februar 1911 in Bromberg, war seit dem 15.2.1940 bei der TP beschäftigt. Unter anderem war er Leiter der Postleitstelle, außerdem war er auch im Referat B IV a tätig. Im November 1942 wurde er für die Treuhandstelle Riga vorgeschlagen. Zuvor hatte er in Freiburg, Berlin und Königsberg studiert. In Königsberg hatte er an der Universität als Referent gearbeitet.[154]

Marta S., geboren am 6. Dezember 1882 in Riga und lutheranischen Glaubens, war vordem Berufsbeamtin beim statistischen Amt in Riga gewesen. Sie war am 27.11.1939 ins Deutsche Reich umgesiedelt. Sie war keine PG und gehörte keinen Gliederungen der NSDAP an. Sie wurde als Sachbearbeiterin beschäftigt und bezog ein Gehalt von 249,10 RM netto. Zum 30.9.1944 trat sie aus dem Dienst bei der TP aus.[155]

Tamara F., Jahrgang 1918, Deutschbaltin aus Reval/Estland, war freiwillig und nicht als Umsiedler in den Warthegau gekommen. Sie wurde zum 2.2.1940 angestellt. Ihr Ehemann, ein Fabrikbesitzer, hatte sich geweigert, Reval zu verlassen. Bald nach ihrer Anstellung reichte Tamara F. die Scheidung ein, beantragte die Mitgliedschaft in der NSDAP und heiratete wieder. Sie hatte keine Ausbildung als Sekretärin, sie wurde als „Hilfskraft" eingestellt. Sie verdiente zuerst 162,86 RM, die später auf 205,32 RM erhöht wurden. Sie schied 1944 aus der TP aus.[156]

Erika S., geb. 1909 in Stettin und gottgläubig, war keine PG, gehörte aber der FM-SS, der DAF und NSV an. Sie war Reichsdeutsche und wurde im August 1941 als Schreibkraft angestellt. Sie war einige Tage im Monat krank. Im März

[151] APP, HTO, 1087.
[152] APP, HTO, 49, Bl. 15.
[153] APP, IITO, 771; APP, HTO, 167.
[154] APP, HTO, 990.
[155] APP, HTO, 868.
[156] APP, HTO, 368.

1942 gab sie an, mit einem verletzten Fuß krank zu sein. Von irgendeiner Stelle war sie denunziert worden. Offensichtlich war sie am Abend zuvor bis 24.00 Uhr im Kameradschaftsheim tanzen gewesen. Im Mai 1942 hatte sie zu kündigen versucht. Da sie keinen Ersatz finden konnte, mußte sie bleiben. Es folgt eine lange Liste von Krankschreibungen. Sie kam häufig zu spät zur Arbeit und wurde deshalb in die Zentralverwaltung bei Bleckmann versetzt, wo sie Rechenschaft über jede Minute Arbeitszeit ablegen mußte. Zum 10.2.1944 wurde sie wegen Verletzung der Dienstschweigepflicht fristlos gekündigt.[157]

Arvid F., Jahrgang 1872, war Umsiedler aus Riga, wo er Bankier von Beruf war. Er wurde zum 17.8.1940 als „Aushilfe" im Referat A I „Vermögenserfassung" angestellt. Er bekam 240 RM netto im Monat. Er war kein PG, gehörte keinen Parteigliederungen oder -verbänden an. Am 5.9.1941 ist er aus der TP ausgeschieden.[158]

Nadjeschda K., Jahrgang 1919, Deutschbaltin aus Riga und Griechisch-Orthodoxen Glaubens war verheiratet mit einem Tankstellenbesitzer, lebte aber getrennt von ihm. Sie bekam als Hilfskraft 133,64 RM. Jeden Monat war sie einige Tage krank. Wegen Verwaltungsvereinfachungsmaßnahmen wurde sie zum 30.6.1942 gekündigt.[159]

Josefine Marie W., geboren 1899 in Bayern, bezog anfangs als Stenotypistin netto 299,08 RM mit Trennungsentschädigung. Weil sie mit einem Amerikaner verheiratet war, galt sie als staatenlos. Sie war seit August 1940 Mitglied der DAF. Sie soll angeblich an der Röhm-Affäre beteiligt gewesen sein. In diesem Zusammenhang wurde sie wegen Betrugs zu sechs Monaten Gefängnis verurteilt, abgegolten durch die Untersuchungshaft. 1940-1941 stellte sie mehrere Anträge auf Umstufung. Sie drohte offensichtlich mit Kündigung. Danach bekam sie eine Anstellung als Kanzleivorsteherin mit netto 394,12 RM Gehalt. 1943 schied sie aus dem Dienst aus und nahm eine neue Tätigkeit bei der Hotel- und Gaststätten GmbH bzw. der Deutschen Umsiedlungstreuhand auf.[160]

Margarete L., Jahrgang1913 und aus Ostpreußen stammend, trat am 23.6.1941 ihren Dienst als Sachbearbeiterin – offensichtlich hochschwanger – an. Am 19.9.1941 wurde ihre Tochter geboren. Als alleinerziehende Mutter kam sie nach der Mutterschaftspause am 1.11.1941 zurück zum Dienst. Sie bezog ein Nettogehalt von 292,34 RM. Zusätzlich bekam sie die Gewährung von Beihilfen, um in eine Zweizimmerwohnung einzuziehen. Ein Hausmädchen zur Betreuung des Kindes war vorhanden. Ab dem 6.4.1944 arbeitete sie nur halbtags. Zum 4.9.1944 ist sie auf eigenen Wunsch aus der Treuhandstelle Posen ausgetreten.[161]

Gustel R., geboren 1888 in Riga und lutherischen Glaubens, war Kontoristin in den Referaten A I und B II. Sie bezog zu erst ein Nettogehalt von 261

---

[157] APP, HTO, 875.

[158] APP, HTO, 376.

[159] APP, HTO, 627.

[160] APP, HTO, 1046.

[161] APP, HTO, 680.

RM, später von 290 RM. Zum 20.9.1944 wurde sie für begrenzte Zeit vom Arbeitsamt für die Firma Focke-Wulf dienstverpflichtet. Am 24.10.1944 hatte sie ihr Dienstverhältnis bei der TP beendet.[162]

Edeltraud W., geboren 1918 in Deutschental, Kr. Straßburg, Westpreußen, war evangelischen Glaubens und ledig. Sie war keine PG und gehörte lediglich dem Bund Deutscher Mädel (1934-1939) an. Sie war als Schreibkraft beschäftigt und führte Karteikarten bei der TP. Ihr Nettogehalt betrug 153,36 RM. Im August 1944 war ihr Gehalt auf 206,36 RM erhöht worden. Im Oktober 1944 war sie bei Focke-Wulf-Posen verpflichtet worden.[163]

Erika Tornquist M., geboren 1908 in Hamburg und Reichsdeutsche, war Stenotypistin bei der TP. Sie bekam ein Gehalt von netto 265 RM. Sie arbeitete ab 1940 in der Revisionsstelle. Nach ihrer Heirat mit M. wurden ihre Akten von der Gestapo eingezogen. Sie bekam ab 1943 eine Halbtagsstelle (30 Stunden in der Woche) in der Zentralkanzlei mit einem Nettogehalt von 145,60 RM.

Arnold U., geboren 1920 in Odessa, hatte zuletzt in Riga gewohnt. Er war seit dem 1.3.1940 in der SS. Vom 26.4.1940 bis zu seinem Tode Juni 1941 war er als Bote bei der TP angestellt. Er bekam anfangs 145 RM, dann 164,93 RM Gehalt. Am 15.10.1940 wurde er in die Wehrmacht eingezogen. Sein Gehalt wurde indes an seine Frau weiter gezahlt. Nachdem er an der Front gefallen war, wurde die Gehaltszahlung an seine Frau eingestellt. Sie erhielt nun lediglich die übliche Witwenrente.[164]

Johann S., geboren 1891 in Pinne, war katholischer Volksdeutscher und Vater von drei Kindern. Er war von Beruf Fleischer. Er war als Bote bei der TP angestellt. Er bezog bis zum 4.3.1941 ein Nettogehalt von 235,94 RM. Sein Antrag auf die Deutsche Volksliste wurde nach der neuen Verordnung über die DVL vom 4.3.1941 abgelehnt, er wurde in die Kategorie IV der DVL umgestuft. Dies bedeutete für ihn eine Gehaltsumstufung auf das polnische Niveau. Fortan bekam er 38,40 RM netto im Monat. Ein Antrag auf einen Bezugsschein für Schuhe liegt in seiner Akte zum 5. Mai 1941 vor. Er wurde im Rahmen einer Neustrukturierung zum 7.2.1942 gekündigt.[165]

Eduard S., Jahrgang unbekannt, kam häufig zu spät zum Dienst. Er wurde bei der Entwendung von Briefmarken aus einem beschlagnahmten Album aus polnischem Besitz erwischt. Er wurde fristlos gekündigt. In seinem Zeugnis war offiziell von Umstrukturierung die Rede.[166]

Lothar B., geboren 1914 in der Nähe von Posen, war Rückkehrer (seine Eltern waren Verdrängte) aus Berlin. Er war Angestellter und bezog ein Gehalt in Höhe von netto 388,21 RM. Seine Karriere bei der TP endete März 1941 wegen eines Vorfalls in einer Gaststätte. Ein politischer Leiter hatte sich beschwert, daß Lothar B. sich abfällig über neudeutsche Danziger geäußert und einen ande-

---

[162] APP, HTO, 851.
[163] APP, HTO, 1030.
[164] APP, HTO, 1011.
[165] APP, HTO, 864.
[166] APP, HTO, 945.

ren Gast in der Damentoilette belästigt habe. Daraufhin wurde er vom Dienst beurlaubt, zum Ende des Monats gekündigt.[167]

Czeslaus, W., geboren 1897 in Posen und katholischen Glaubens, war Bote und Lohnempfänger bei der TP. Er bekam netto 38 RM bei einer Wochenarbeitszeit von 60 Stunden.[168]

Sophie W., geboren 1888 in Wyszogotowo, war Polin. Sie arbeitete von 1941-1943 als Aufwartefrau. Sie bekam netto 9,60 RM im Monat für ihre Arbeit bei der TP.[169]

4.2.5 Kreisvertrauensmänner

Die Außenstellen der Posener Zentrale wurden von Kreisvertrauensmännern (KVM) betreut. Sie wurden als Hilfskräfte in sämtlichen Stadt- und Landkreisen des Warthelandes im Einvernehmen mit den Landräten bzw. Oberbürgermeistern eingesetzt. Zugleich waren sie Kreiswirtschaftsberater der NSDAP. Als Angestellte des öffentlichen Dienstes erhielten sie eine Besoldung nach der TO. A. III oder eine Aufwandsentschädigung von 300 RM, falls sie die Tätigkeit hauptberuflich ausübten.[170] Sie unterhielten eigene Büros und wurden wegen ihrer Ortskenntnisse von der TP geschätzt. Sie waren aber keine selbständigen Organe und hatten keinerlei Weisungsbefugnisse.[171]

Zum 15.2.1942 waren nur noch 30 Kreisvertrauensmänner für die Treuhandstelle Posen tätig. Dies erklärt sich daraus, daß auch die Kreisvertrauensmänner aller Litzmannstädter Kreise der Nebenstelle Litzmannstadt zum 1.5.1941 unterstellt wurden. Es folgt die Liste der Kreisvertrauensmänner der Treuhandstelle Posen:[172]

Kreis	Name
Altburgund	Horst, August Franz
Birnbaum	ter Balk, Joh.
Dietfurt	Dr. Voss, Hans
Eichenbrück	Staupe, Friedrich
Gasten	Maurice, Henry
Gnesen (komm. KVM)	Wrobel, Joh.
Gostingen	Fenner, Ernst
Gratz	Weyers, Josef
Hermannsbad	Theyßen, Peter
Hohensalza-Land und Stadt	Dau, Reinhold

[167] APP, HTO, 257.
[168] APP, HTO, 1066.
[169] APP, HTO, 1028.
[170] BAL, R3601, 1922, Bl. 8.
[171] Ebenda, Bl. 9.
[172] APP, HTO, 4216, Liste der Kreisvertrauensmänner der Treuhandstelle Posen. Stand vom 15. Februar 1942.

Jarotschin	Juwig, Fritz
Konin	Rambow, Walter
Kolmar	Müller-Worgt
Kosten	Michaelis, Paul
Krotoschin	Schmidl, Friedr.
Kutno	Dr. Kaiser, Otto
Leslau	Moderegger, Joh.
Lissa (komm. KVM)	Kluge
Mogilno	Gräbart, Walter
Obernick	Hoppe, Walter
Posen-Stadt	Kurzeknabe, Paul
Posen-Land	Reussow, Hans
Rawitsch	Nitschke, Hans
Samter	Weist, Erich
Scharnikau	Voßberg, Heinrich
Schroda	Heine, Erich
Schrimm	Lindemann, Robert
Warthbrücken	Schmidt, Friedrich
Wollstein	Heimann, Julius
Wreschen	Renk, Joh.

Einige Kreisvertrauensmänner sollen mit ihrer Kurzbiographie vorgestellt werden:

Dr. Erwin Redlinger, geboren am 7. Dezember 1884 in Bromberg, war Rückwanderer und KVM in Gnesen bis zum 2.2.1941. Er bezog ein Nettogehalt von 701,18 RM. Dann bekam er eine Anstellung bei der TP als Sachbearbeiter im Referat B IV b, Groß- und Einzelhandel, bis zum 3.4. 1941. Er ist 1942 aus der TP ausgeschieden. Er war PG seit dem 1.10.1929 mit der Nr. 183542 und Mitglied der SA. Er war geschieden und nannte seine Kinder aus zweiter Ehe Siegfried, Brunhilde und Isolde.[173]

Dr. Hans Voss, geboren am 28. März 1902 in Neustettin, war evangelischen Glaubens. Von Beruf war er Rechtsanwalt und Notar in Belgard, Pommern. Er war PG seit dem 1.5.1933, Mitgliedsnummer 1.854.103. Er war seit 1934 im NS-Rechtsbund und in der SA seit 1933. Er war Kreisvertrauensmann seit dem 8.3.1940. Im Jahre 1940 war er auch kommissarischer Verwalter der Zuckerfabrik in Dietfurt. Nach einer Beschwerde über ihn war er nur als nebenamtlicher Kommissarischer Verwalter der Zuckerfabrik tätig. Am 27.7.1943 wurde er in die Wehrmacht eingezogen.[174]

Dr. Walther Tüchel, geboren am 22. Juli 1894 in Berlin, war Kreisvertrauensmann in Warthebrücken. Er war PG, von Beruf Wirtschaftsberater. Er bekam 641,63 RM Gehalt, später 721,18 RM für seine Tätigkeit bei der TP. Unter un-

---

[173] APP, HTO, 814.
[174] APP, HTO, 1017.

geklärten Umständen wurde er zum 30.6.1941 beurlaubt. Nach einer Untersuchung durch die HTO Berlin hatte er daraufhin gekündigt.[175]
Walter Wacker, geboren 1889 in Aschersleben, war PG, Nr. 528.893, seit dem 1.5.1931. Er war von 1940 bis 1942 Kreisvertrauensmann in Birnbaum. Er bekam nach zwei Jahren Dienst ein Gehalt von 667,29 RM. Wegen Verfehlungen (Trunkenheit am Steuer etc.) wurde er 1942 fristlos gekündigt. Wacker hatte im gleichen Jahr einen besonders schweren Unfall 1942 – offensichtlich wiederum unter Einfluß von Alkohol – bei dem er schwer verletzt wurde, sein Dienstauto hatte Totalschaden. In seinem Zeugnis wurde die Kündigung mit „Umstrukturierung" begründet.[176]

4.2.6 Kommissarische Verwalter

Die kommissarischen Verwalter wurden durch das Referat A II ausgewählt. An erster Stelle stand dabei ihre politische Zuverlässigkeit, was geprüft wurde. Die Fachreferate untersuchten dann ihre Fachkompetenz und Eignung als Geschäftsführer.[177] Nach der Konzeption der Geschäftsleitung der TP kamen Ostrückkehrer (Verdrängte aus der Zeit um dem Versailler Vertrag), Kriegsversehrte, Umsiedler aus dem Baltikum oder aus dem weiteren Osten, einheimische Volksdeutsche und schließlich Reichsdeutsche in dieser Reihenfolge in Frage. Wegen der umfangreichen Zahl der kommissarischen Verwalter sei auf die beinah vollständigen Objektkarteien der Treuhandstelle Posen im Staatsarchiv in Poznań verwiesen.

---

[175] APP, HTO, 1006.
[176] APP, HTO, 1031.
[177] APP, HTO, 4216.

5. Die Tätigkeit der Treuhandstelle Posen

5.1 Die Sachgebiete

Die TP war nach den Anordnungen der HTO und anderen allgemeinen Richtlinien zuständig für die Erfassung, Verwaltung und den Verkauf aller in ihrem Einflußbereich liegenden öffentlich- und privatrechtlichen Vermögensobjekte, sofern sie nicht vom Deutschen Reich, Volksdeutschen oder Ausländern beansprucht wurden. Dazu gehörten Vermögenswerte des polnischen Staates und der polnischen Kommunen sowie sonstiges öffentlich- und privatrechtliches Eigentum. Unter Beachtung des Rangordnungserlasses vom Reichkommissar für die Festigung des deutschen Volkstums bzw. der Vorschriften bezüglich der Wiedergutmachung von Verdrängungsschäden an Rücksiedler sollte die TP polnisches Vermögen in deutsche Hand bringen. Die 500.000-RM-Betriebe, die Verwertung von Wertsachen und Wertpapieren sowie von landwirtschaftlichem Vermögen und von Ziegeleien gehörten nicht zur Zuständigkeit der TP.

Als Reichsdienststelle war die Treuhandstelle Posen nach dem Vorbild der Haupttreuhandstelle Ost aufgebaut. In den ersten drei Jahren wurde sie dreimal so wesentlich umstrukturiert, daß zweimal neue Geschäftsverteilungspläne erstellt werden mußten.[1] Die Grundordnung blieb aber bis zum Schluß unverändert: 1) das Zentralbüro, 2) die Verwaltungsabteilung und 3) die Wirtschaftsabteilung. Referate wurden innerhalb dieser Struktur nach Bedarf auf- und abgebaut. Das Grundsatzreferat A I „Vermögenserfassung" war nach der weitgehenden Erfüllung seiner Aufgabe im Frühjahr 1942 aufgelöst worden, die noch anfallenden Aufgaben wurden auf andere Referate verteilt. Dafür wurde im gleichen Jahr das Referat B X „Schuldenabwicklung" geschaffen, um der Rechtsabteilung die immer umfangreicher werdende Durchführung der Schuldenabwicklung abzunehmen.

Die TP war zuständig für den gesamten Warthegau, mit Ausnahme des Einflußbereiches der Nebenstelle Litzmannstadt. Sie behielt sich nach der Gründung der Nebenstelle Litzmannstadt folgende Bereiche vor: 1) Banken und Kreditgenossenschaften, 2) Betriebe der Ernährungswirtschaft und 3) Betriebe der Holz- und Forstwirtschaft.[2] Zu diesem Zweck standen die Verwalter und Liquidatoren der Banken, Kreditinstitutionen und Versicherungen direkt im Einflußbereich der Nebenstelle Litzmannstadt der TP. Betriebe der Ernährungswirtschaft bzw. der Forst- und Holzwirtschaft im Warthegau waren bis zur 500.000-RM-Regelung der Treuhandstelle Posen unterstellt.[3]

---

[1] APP, HTO, 2.
[2] BAL, R144, 319, Treuhandbesprechung von 23. und 24.7.1940, S. 5.
[3] BAL, R2101, B6151, Bl. 211-222.

5.1.1 Die Erfassung fremdvölkischen Vermögens

Die erste Phase der Arbeit der TP bestand in der vollständigen Erfassung aller Vermögenswerte in ihrem Wirkungsbereich. Dazu war der Aufbau eines umfassenden Organisationsnetzes im Warthegau notwendig. Die kommissarischen Verwalter der TP wurden in allen Kreisen eingesetzt, um gemeinsam mit den örtlichen Behörden die Vermögenserfassung durchzuführen. Dies lief auf eine enge Zusammenarbeit mit Landräten, Bürgermeistern, Polizeigewalt, Kreisleitern, Gestapo und SS-Instanzen hinaus.

Zunächst wurden die Erfassungsaktionen durch zwei Anzeigen im „Ostdeutschen Beobachter" und eine Anzeige in der „Hohensalzer Zeitung" durch die TP bekanntgegeben. Alle kommissarischen Verwalter wurden darin aufgefordert, die von ihnen für die TP verwalteten Vermögenswerte bis zum 10. April 1940 anzumelden. Anzugeben waren eine Mitteilung über die Beschlagnahmeverfügung sowie die Übersendung der Bestellungsurkunde.[4]

Auf Grund eines Rundschreibens der HTO vom 20. Dezember 1939 waren einige hundert Erfassungsbögen an Unternehmen gesandt worden. Diese Bögen wurden auch ausgewertet und dienten als Grundlage für den Aufbau der Erfassungskartei.[5] Mit einem Rundschreiben vom 23. Januar 1940[6] wurden alle Landräte und Stadtkommissare der kreisfreien Städte sowie andere Stellen, die Eigentum beschlagnahmt bzw. kommissarische Verwalter bestellt hatten, aufgefordert, mittels der Erfassungsbögen über Beschlagnahmen bzw. treuhändische Verwaltungen zu berichten.[7]

Im letzten Stadium wurden Erfassungstrupps eingesetzt, die die Regierungsbezirke Posen, Hohensalza, Kalisch und deren Kreise von Westen nach Osten systematisch durchforschten. Auf diese Art und Weise wurden die letzten zur Beschlagnahme geeigneten Vermögensobjekte erfaßt. Über das Vorgehen der Erfassungsstoßtrupps wurde in einem Schreiben der TP an die HTO vom 13. Januar 1940 berichtet.[8]

Diese Stoßtrupps oder Erfassungstrupps wurden in einer Stärke von ein bis drei Personen in den Kreisen gebildet, um dann Haus für Haus, Geschäft für Geschäft, Betrieb für Betrieb die Eigentumsverhältnisse anhand von Grundbuchauszügen oder anderen Unterlagen umfassend zu überprüfen. Anfangs wurden nur Gewerbebetriebe untersucht. Später wurden die Erfassungen auch auf Grundstücke ausgedehnt, was zu Kompetenzschwierigkeiten mit der Grundstücksgesellschaft der Haupttreuhandstelle Ost führte. In den Fragebögen, die bei der Aktion auszufüllen waren, wurden alle wesentlichen Angaben für die spätere Verwertung gesammelt. Im Mittelpunkt der Ermittlungen stand wie

---

[4] APP, HTO, 35, Bl. 184 ff.

[5] Ebenda.

[6] APP, HTO, 35, Bl. 187, TO Posen an sämtliche Herren Landräte und Stadtkommissare der kreisfreien Städte über die Herren Regierungspräsidenten Posen, Hohensalza, Kalisch mit Ausnahme der Herren Landräte und Stadtkommissare im Bezirk der Nebenstelle Lodsch der Treuhandstelle Posen.

[7] APP, HTO, 35, Bl. 185.

[8] Ebenda.

immer die Volkstumszugehörigkeit der Besitzer.[9] Eigene Angaben und Vergleiche mit den Karteien der Industrie- und Handelskammer, der Handelsaufbau Ost, der Handwerkskammer bzw. einiger Bezirksstellen der Wirtschaftsgruppen im Jahre 1941 ergaben, daß die Kartei der TP damals durchaus vollständig war und dem aktuellen Stand entsprach.[10]

Zum Teil waren Erfassungsarbeiten bzw. Beschlagnahmungen durch die Wehrmacht oder durch die örtlichen Behörden schon vorgenommen worden. In solchen Fällen mußten die kommissarischen Verwalter bzw. das Referat A I die statistische und karteimäßige Erfassung des Vermögens nachträglich vornehmen.

Bis zur Ernennung des Generalabwicklers für die Banken und das Kreditwesen bestand die Erfassung in diesem Bereich hauptsächlich darin, Aktiva und Passiva festzustellen bzw. sicherzustellen. Auch bei anderen größeren Betrieben – wie Zuckerfabriken oder Molkereien – war dies ein wesentlicher Teil der Erfassungsarbeit. Hierzu war es notwendig, Akten zu aufzuspüren bzw. Rechtsvorgänge in bezug auf Vermögenswerte und Schulden zu rekonstruieren.

In Erwartung des Kriegsausbruches hat ein großer Teil der polnischen Bevölkerung Bargeldbestände von den Banken abgehoben. Deshalb kann man davon ausgehen, daß die TP auf diesem Gebiet wenig zu tun hatte, da es fast nichts mehr zu erfassen gab.[11] Dennoch gehörte die Abwicklung der Restguthaben polnischer Konten zu den Schwerpunkten des Referats A IV „Vermögensverwaltung und Geldverkehr". Der Vorgang war immer der gleiche: Erfassung, Beschlagnahme, kommissarische Verwaltung und Verwertung. Die Erträge waren trotzdem bedeutend genug, so daß man auch in dieser Hinsicht von einer Plünderung sprechen kann.

Als der Zloty entwertet und dann als Zahlungsmittel in den eingegliederten Gebieten aus dem Verkehr gezogen wurde, sind der Wirtschaft Polens unzählige Vermögenswerte verloren gegangen. Im zweiten Teil der vorliegenden Arbeit wurde bereits auf solche „geräuschlosen" Gewinne hingewiesen, die das Reich durch die Manipulation von Wechselkursen bzw. durch Produktionskontingente und Preiskontrollen erzielte. Die TP und die HTO kamen nach und nach in den Besitz von polnischem Silbergeld und von Scheidemünzen, nicht selten im Ergebnis von Razzien und anderen polizeilichen Aktionen. Zum Teil kann deren Erfassung in Registern bei der HTO nachgewiesen werden. Einzahlungen wurden auf Konten der HTO bei der Reichsbank getätigt. Sichergestelltes Raubgut wurde nach seiner Erfassung durch die TP an die HTO übergeben und meistens von der Vermögens- und Verwertungsgesellschaft verwertet.[12]

Schließfächer in den Banken wurden in Zusammenarbeit mit der Vermögens- und Verwertungsgesellschaft mit Hilfe von Handwerkern aufgebrochen. Die Si-

---

[9] APP, HTO, 101, Bl. 15.

[10] Ebenda.

[11] APP, HTO, 1115, 1117.

[12] BAL, R144, 430, 448, 450, 455, Kontenpläne. R144, 429 Asservatkonto/Verwendung beschlagnahmte Zlotyzahlungsmittel.

cherstellung der Schließfachinhalte wurde notariell festgestellt und beglaubigt. Diese Schließfächer enthielten häufig Wertpapiere, Versicherungspolicen[13], Schmuck, Edelmetallmünzen und andere Wertsachen. Es wurden Register der Sicherstellungen geführt, sie sind zum Teil noch vorhanden. Weitere Verwertungen solcher Werte liefen über die Reichsbank Berlin bzw. die HTO.[14]

Die Rolle der Ostbank AG bei der Erfassung und der Übernahme der polnischen Banken im Warthegau sowie die Behandlung der Vorgänge um die Schließfächern durch die TP sind ein Bereich, der noch einer Aufklärung bedarf.[15] Möglicherweise befinden sich im Hausarchiv der Dresdner Bank noch Akten, die darüber Auskunft geben könnten.[16]

5.1.2 Die Beschlagnahme des Vermögens

Parallel zur Erfassung des Vermögens sind darüber Beschlagnahmeverfügungen durch die TP ausgestellt worden. Häufig waren Vermögenswerte entweder durch die Wehrmacht, die Landräte, die Stadtverwaltungen oder andere – insbesondere SS – polizeiliche Organe bereits per Befehl beschlagnahmt worden. Insbesondere die Beschlagnahme von Möbeln und Inneneinrichtungen durch die Landräte in den ersten Monaten nach der Besatzung bereitete der TP große Schwierigkeiten. Solche Vorgänge mußten von der TP bestätigt werden, da sie generell für die Beschlagnahme zuständig war.[17]

Es kam auch vor, daß Wertsachen, Geschäfte oder Grund und Boden erst durch die Erfassungsaktionen der Treuhandstelle Posen aktenkundig wurden. Solche Fälle waren oft mit Aussiedlungsaktionen verbunden, die TP mußte dafür erst Beschlagnahmeverfügungen ausstellen. Diese wurden dann von der örtlichen Behörde oder einem polizeilichen Organ übergeben.[18]

Alles, was von Wert war, wurde beschlagnahmt: Grund und Boden (privat und gewerblich), Geschäfte und deren Inhalt, Zloty und andere Zahlungsmittel, Devisen und Gold, Wertpapiere (Staatspapiere, Pfandbriefe, Aktien, Obligationen), Guthaben polnischer Privatpersonen, Versicherungspolicen, Wertsachen und Kunstobjekte, Möbel, verwertbare Kleider, Hausrat und vieles mehr.[19] In der letzten Kriegsphase beschlagnahmte die Wehrmacht erneut Grund und Boden bzw. Wirtschaftsbetriebe. 1944 wurden im rückwärtigen Kampfgebiet in Polen viele strategische Objekte besetzt und geplündert. Die durch die Wehr-

---

[13] APP, HTO, 1116.

[14] APP, HTO, 65, Aktenvermerk, Vermögenserfassung, Posen den 15. April 1940. APP, HTO, 1096, 10 97, 1098, 1099, 1100, 1105; Ferner: APP, HTO, 99, Bl. 7 ff.

[15] APP, HTO, 1105.

[16] Mehrere Hinweise im APP, HTO Bestand, u. a. APP, HTO, 2232.

[17] BAL, R2, BHTO, B 6155, Treuhandstellenbesprechung am 5. und 6.2. 1940, S. 4.

[18] Vgl. Documenta Occupationis, Bände VIII, X, XI, XIII.

[19] APP, HTO, 1094-1123, Unterlagen des Referats A I, Vermögenserfassung; APP, HTO, 99, Bl. 7 ff.

macht konfiszierten Wirtschaftsgüter wurden waggonweise ins Reich abtransportiert.[20]

5.1.3 Die kommissarische Verwaltung des Vermögens

Nach der Beschlagnahme wurden kommissarische Verwalter in die ehemaligen polnischen Unternehmen eingesetzt. In den Bestellungsurkunden wurden ihre Aufgaben klar formuliert. Sie waren keineswegs Rechtsnachfolger der bisherigen Inhaber, sondern sie übten lediglich eine amtsähnliche Tätigkeit aus. Die gesetzliche Grundlage für ihre Tätigkeit bildete die Verordnung über die Behandlung von Vermögen der Angehörigen des ehemaligen polnischen Staates vom 17.9.1940. Ihre Rechtsstellung war vergleichbar mit der eines Zwangs- oder Konkursverwalters. Bis zum Verkauf wurden die von einem kommissarischen Verwalter geleiteten Betriebe weiterhin unter dem Namen des ehemaligen polnischen Inhabers geführt.[21]

Die kommissarischen Verwalter waren an die „Allgemeinen Richtlinien für die Tätigkeit der kommissarischen Verwalter" gebunden.[22] Sie hatten gegenüber der HTO und TP eine Reihe von Verpflichtungen. So durften sie keine Nebentätigkeit ausüben. In der Geschäfts- oder Betriebsführung hatten sie keineswegs freie Hand. Das oberste Gebot bestand in einer ordentlichen Rechnungslegung nach kaufmännischen Grundsätzen. Auf eine übersichtliche Buchhaltung wurde streng geachtet. Inventuren waren in RM zu erstellen und mußten mengen- und wertmäßig für alle Vermögenswerte und Verbindlichkeiten erfolgen. Vierteljährlich hatte der KV nach einem Formblatt Rechenschaft bei der TP abzulegen. Spätestens zwei Monate nach Ablauf eines Geschäftsjahres war ein Jahresbericht an die TP zu erstatten.

Bei Veräußerungs- und Belastungsgeschäften war eine Ermächtigung der TP notwendig. Hierzu gehörten Änderungen in dem von einem kommissarischen Verwalter geleiteten Unternehmen, Einberufungen von AG- bzw. Gesellschaftsversammlungen und dergleichen, die Aufnahme von Anleihen, die Veräußerung und Belastung von See- und Binnenschiffen, Eintritt als persönlich haftender Gesellschafter oder ähnliches, die Veräußerung oder Belastung von Aktien oder Anteilen bzw. der Beitritt zu Kartellen. Ohne Genehmigung der TP war es verboten, Grundstücke zu veräußern oder zu belasten, Gegenstand oder Rechtsform des Unternehmens zu verändern, Teile des Unternehmens abzuwickeln oder Warenlager bzw. sonstige Vermögensteile zu veräußern, land- oder forstwirtschaftliche Grundstücke über 10 Hektar Größe zu verpachten und sonstige Rechtsgeschäfte vorzunehmen, deren Abschluß einer Ermächtigung bedurfte.[23]

---

[20] Instytut Zachodni (Hg.): Documenta Occupationis. Tom XII. Eksploatacja siły roboczej i grabież ziem polskich przez Wehrmacht w końcowym okresie II Wojny Światowej. Poznań 1986.

[21] APP, HTO, 4216, Allgemeine Richtlinien für die Tätigkeit der kommissarischen Verwalter (nach dem Stand vom 1. März 1942). S. 1-16.

[22] Ebenda.

[23] Ebenda.

Es war den kommissarischen Verwaltern untersagt, Geschäfte mit sich selbst zu tätigen (In-sich-Geschäfte). Nur unter großer Vorsicht waren langfristige Verträge oder Verpflichtungen einzugehen. Die KV waren verpflichtet, ausreichende Haftpflicht- und Feuerversicherungen für das Unternehmen abzuschließen. Andererseits durfte der kommissarische Verwalter seine Person nicht zu Lasten des Unternehmens versichern.[24]

Spenden an das Winterhilfswerk, das Kriegshilfswerk, das Deutsche Rote Kreuz etc. waren nur nach den Vorschriften der HTO zu leisten. Ein Werkluftschutz war schnellstens aufzubauen. Polen durften in leitenden Stellungen nicht beschäftigt werden. Die kommissarischen Verwalter hatten alle öffentlich-rechtlichen Forderungen, insbesondere Steuern und Abgaben aller Art, zu erfüllen. (Steuern, die vor dem Einmarsch der deutschen Truppen fällig waren, obwohl das Reichsfinanzministerium es anders wollte, wurden erlassen.) Andere Forderungen sowie Privatgläubiger waren nach der Schuldenabwicklungsverordnung zu befriedigen bzw. zu begleichen. Von den alten Verbindlichkeiten waren nur diejenigen aus Warenlieferungen, Dienstleistungen, Miet-, Pacht- und Werkverträgen, Werklieferungsverträgen und Geschäftsbesorgungen zu erfüllen.[25]

Der kommissarische Verwalter hatte Rechte und Pflichten eines Betriebsführers im arbeitsrechtlichen Sinne. Die Kosten der Geschäftsführung sowie sämtliche Gehälter gingen zu Lasten des verwalteten Unternehmens. Unzufriedenheit mit den festgelegten Gehältern führte in zahlreichen Fällen zu Unterschlagungen und Formen der Korruption, die zum Teil von der Rechtsabteilung der Treuhandstelle Posen verfolgt wurden. In solchen Fällen wurde der KV abberufen. Die kommissarischen Verwalter konnten auch sonst jederzeit und ohne Begründung von der TP abberufen werden.[26]

5.1.4 Die Verwertung bzw. der Verkauf des Vermögens

Mit der Verwertung des polnischen Vermögens wurde in erster Linie das Ziel angestrebt, Vermögenswerte gegen bares Geld zu verkaufen. Dabei mußten die Reichsdevisenbestimmungen auch in den eingegliederten Gebieten eingehalten werden.[27] Bei beweglichen Vermögenswerten war dieses Ziel leichter realisierbar als beim Verkauf eines Geschäftes oder einer Produktionsstätte. Mit Hilfe der Vermögens- und Verwertungsgesellschaft und der Referate A I, A IV sowie B I konnten die offiziell erfaßten beweglichen Vermögenswerte schnell verwertet werden.

Die Verwertung von Geschäften gestaltete sich dagegen etwas schwieriger. Die Treuhandstellen nahmen für sich das Recht in Anspruch, darüber zu ent-

[24] Ebenda.
[25] Ebenda.
[26] Ebenda.
[27] BAL, R2, BHTO, B 6155, Treuhandstellenbesprechung am 5. und 6. Februar 1940 in der HTO in Berlin, S. 25.

scheiden, welche Geschäfte überlebensfähig waren und nach welchen Gesichtspunkten dies zu geschehen habe. Nichts wurde dem Zufall überlassen. Adam Smith's „unsichtbare Hand" hatte keine Chance in der Kolonisierungssituation zu zeigen, daß sich Volkswirtschaften ihre Ineffizienz durch Nachfrage und Angebot regulierten.

Bürokratisch wurde in den Referaten entschieden, welche Geschäfte unter kommissarischer Verwaltung weitergeführt, verkauft oder liquidiert werden sollten. Falls man sich für einen Verkauf entschieden hatte, mußte ein Verkaufspreis errechnet werden. Jede Treuhandstelle hatte dazu eine andere Auffassung, wie dies gehandhabt werden sollte. Zum Vergleich folgen die Methoden der Treuhandstellen, den Geschäftswert zum Stichtag 9.3.1942 zu errechnen (Gotenhafen bildete eine Ausnahme, da es kein System benutzte):

1) Richtlinien der HTO Berlin:
   Geschäftswert = Verkaufswert minus Realwert
   Verkaufswert = Realwert plus Ertragswert 2
   Ertragswert = normalisierter Jahresgewinn mal 10
2) Treuhandstelle Kattowitz:
   Geschäftswert = Kapitalisierter „Übergewinn" 3 bzw. 4
3) Treuhandstelle Posen (Revisionsstelle)
   Geschäftswert = normalisierter Jahresgewinn minus Zinsen, Unternehmerlohn und Steuern, multipliziert mit 2
4) Nebenstelle Litzmannstadt
   Geschäftswert wie Posen, nur unter Verzicht auf Multiplikation mit 2.[28]

Nach Ansicht der HTO Berlin lag ein zusätzlicher „immaterieller Geschäftswert vor, wenn der Käufer aus Gründen, die nicht in seiner Person (lagen), mit einer überdurchschnittlichen Verzinsung des im Betrieb investierten Kapitals rechnen (konnte), wenn sich also (zeigte), daß durch den Betrieb soviel verdient werden (konnte), daß der Käufer, der als Kaufpreis nur den festgelegten Sachwert bezahlt (hatte), im Laufe weniger Jahre den Kaufpreis herauswirtschaften (konnte)".[29] Dieser sogenannte *good will* war einer der häufigsten Streitpunkte bei der Errechnung von Kaufpreisen und führte zu Verzögerungen in der Vollziehung von Kaufverträgen bei der TP.

Weitere wichtige Punkte, die in den Richtlinien der HTO für die Veräußerung von Industriebetrieben vorgeschrieben waren, betrafen: 1) Festlegung der Vertragsparteien, 2) Klärung der Eigentumsverhältnisse, 3) Erfassung der Vermögensgegenstände (Inventar), 4) Feststellung der Betriebswerte (Ertrags- und Tageswert), 5) Festsetzung des Kaufpreises, 6) Kapitalbedarf und 7) Sicherung des Restkaufpreises. Oft konnten sich Käufer bis zu 60% des Kaufpreises über

[28] APP, HTO, 4255, S. 3.
[29] Ebenda, S. 3 f.

einen Kredit nach dem Verfahren der HTO sichern. Sie mußten mindestens 20% Eigenkapital aufbringen und den Rest durch andere Quellen decken.[30]

Bei der Berechnung des Geschäftswertes von Handelsbetrieben ging man ähnlich vor, begrenzte allerdings den Jahresgewinn auf sechs, in manchen Fällen sogar auf nur drei Monate Reingewinn.[31] In diesem Zusammenhang wurden auf Anordnung der Haupttreuhandstelle Ost vom 31.3.1941 „ex-tunc-Verkäufe", d. h. Verkäufe mit rückwirkender Kraft, verboten. Damit war es nicht mehr möglich, Geschäfte an kommissarische Verwalter rückwirkend mit dem Stichtag ihrer Bestellung als KV zu verkaufen. Es lag auf der Hand, daß die Gewinnbeteiligung eines Unternehmers und Geschäftsinhabers viel attraktiver war als das relativ magere Gehalt eines kommissarischen Verwalters.[32]

Die Verwertung von Wertpapieren durch die HTO fand in einer großen Einsammlungsaktion statt. In Aufrufen an die Treuhandstellen vom 9. April 1942 (unterzeichnet vom Leiter der HTO Max Winkler) gab das Referat II a drei Quellen für Wertpapiere aus polnischer Hand an: 1) die meisten Wertpapiere noch bei den Kreditinstituten, 2) ein weiterer Bestand an Wertpapieren lag bei der Sonderabteilung Altreich und den Treuhandstellen und 3) befanden sich noch Wertpapiere bei den kommissarisch verwalteten Betrieben, entweder in eigener Verwahrung oder in Depots bei den Kreditinstitutionen. Die Treuhandstellen wurden in diesem und in ähnlichen Aufrufen vom April 1942 aufgefordert, alle vorhandenen Wertpapiere an ein Sammeldepot der Haupttreuhandstelle Ost, Berlin, bei der Deutschen Reichsbank, Wertpapierabteilung, Berlin C 111 (Konto Nr. 133/55) abzugeben. Je nachdem, um welche Art von Wertpapieren es sich handelte, behielten sie ihren Wert oder der Wert galt als erloschen.[33] In Berlin waren die Depots bei der Reichsbank dann mit Hilfe der Ostbank AG, (Dresdner Bank), der Hardy Bank, und der Deutschen Bank verwertet oder liquidiert worden.[34]

Auf den ersten Blick schien es so, als ob die meisten Wertpapiere nach dem Zusammenbruch und der Auflösung des polnischen Staates wertlos geworden wären. Dies war jedoch nicht der Fall. Insbesondere fremde Staatsanleihen – hier sind die US-Staatsanleihen zu erwähnen – waren für das Deutsche Reich interessant als Devisenquelle. In neutralen Ländern ließen Dienststellen des Deutschen Reiches über eine Reihe von Banken ihre Wertpapierdepots verwerten.[35] Die Guthaben auf den Konten der HTO bei der Reichsbank standen bis 1942 zum Abruf zur Verfügung. Dieses Geld wurde Teil der Vermögensmasse

---

[30] APP, HTO, 4255, Richtlinien für die Veräußerung von Industriebetrieben, Inhaltsverzeichnis, S. 12 f.; Rechenschaftsbericht, S. 326 ff.

[31] APP, 4255, Vermerk: Betrifft: Errechnung des Geschäftswertes.

[32] APP, HTO, 101, Bl. 6 (S. 4); Siehe auch: APP, HTO, 100, Bl. 3.

[33] APP. HTO, 2224, Abschrift eines Schreibens von Max Winkler, Betrifft: Einsammlung von Wertpapieren aus polnischer Hand, Bl. 1-17.

[34] BAL, R144, 306, Korrespondenz mit der Deutschen Bank und der Hardy Bank betreffend der Verwertung von Saturn Aktien; R144, 338, Ratzmann vom 26.3.1943 bezüglich Teilausschüttung aus der Treuhandmasse HTO-Auszahlungen an die Reichshauptkasse.

[35] OMGUS, Deutsche Bank.

der HTO und stand dann für die Vergabe von Krediten für Umsiedler der Deutschen Umsiedlertreuhand, für Kredite an kommissarisch verwaltete Betriebe sowie für andere Investitionen bereit. Überschüsse wurden aber auch investiert oder an die Reichskasse abgeführt. Da ein Teil als Vermögensmasse galt, war es notwendig, zumindest über diese Depots Buch zu führen. Bei den einzelnen Banken bzw. bei der Reichsbank wurden einzelne Inventare geführt. Die Einsammlung und Verwertung von Aktien war für die HTO vor allem wichtig für 1) die Devisenbeschaffung und 2) die Schuldenabwicklung von eingezogenen, verwalteten und für den Verkauf vorzubereitenden polnischen Firmen.

Schließlich verstand Max Winkler seinen Auftrag als Leiter der HTO als den eines Unternehmensführers oder Konkursverwalters. Wie bereits im Teil 4 der Arbeit erwähnt, hatte er bis 1942 Reichsanleihen mit liquiden Mitteln der HTO gekauft. Im Jahre 1942 war er aufgefordert worden, alle liquiden Mittel an die Reichshauptkasse abzuführen. Damals war das eine Summe von etwa einer Milliarde RM. Auch die einzelnen Treuhandstellen wurden aufgefordert, derartige Mittel an das Reichsfinanzministerium zu überweisen. Nach einem Bericht der TP vom 20. Oktober 1940 wurden von ihr Reichskriegsanleihen im Wert von 40 Millionen RM über die HTO Berlin an den Reichsschatzmeister abgeführt. Damit waren liquide Summen aus der Verwertung polnischer Vermögenswerte vom Deutschen Reich im Krieg gegen das polnische Volk nachweisbar eingesetzt worden.[36]

5.1.5 Die Schuldenabwicklung

Bei der Schuldenabwicklung mußten Forderungen und Altlasten auf polnisches Eigentum gelöscht werden, um es schuldenfrei an Deutsche verkaufen zu können. Mit der Schuldenabwicklung waren alle Arbeitsbereiche der Treuhandstelle Posen befaßt. Immobilien sowie Grund und Boden waren vor allem davon betroffen. Auf der Grundlage der Schuldenabwicklungs-Verordnungen bzw. der Durchführungsverordnungen wurden Grundbuchbereinigungen durchgeführt. Zur Auflassung konnte es nur kommen, wenn die Altlasten beseitigt waren.

Die Notwendigkeit, die Schuldenabwicklung und die Durchführungsbestimmungen immer wieder neu zu formulieren und amtlich zu verkünden, lag in der Sache selbst begründet: die bürokratische Vernichtung von Vermögenswerten setzte wiederholte Abgrenzungen der Kompetenzen der Fachreferate voraus. Es durfte nur nach den „völkischen Grundsätzen" gehandelt werden. Deutsche Ansprüche mußten gleichzeitig aufrechterhalten werden. Dabei wurden Deutsche keineswegs von ihren Altschulden befreit. Auch polnische Schuldner wurden theoretisch nicht von ihren Schulden befreit. Allerdings verliefen die Versuche, polnische Schulden einzutreiben, im Sande, da die meisten Polen durch die Tätigkeit der Treuhandstelle Posen mittellos geworden waren. Allenfalls konnten beschlagnahmten polnischen Betrieben Altschulden angelastet werden. Insbe-

---

36 APP, HTO, 101,1942, Bl. 13.

sondere der Beauftragte für Fragen der Haupttreuhandstelle Ost war darum bedacht, sämtliche betrieblichen Steuerschulden aus der „Polenzeit" einzutreiben. Andere Vermögenskomplexe waren auch von der Schuldenabwicklung betroffen. Betriebe, die z.b. durch die Emission von Aktien verschuldet waren, wurden hinsichtlich dieser Passiva abgewickelt. Nur wenn der Verkauf oder der Besitz von Aktien ein Kapitalgeflecht darstellte (etwa Aktien einer Sprengstofffirma in Besitz einer Kohlengrube), ließ man die Verhältnisse bestehen.

Der polnische Staat, die polnischen Gemeinden und die öffentlich-rechtlichen Institutionen waren auf ähnliche Art und Weise von der Schuldenregelung betroffen. Weil aus Sicht der Nazis der polnische Staat zerschlagen worden war, verloren die staatlichen Anleihen ihren Wert und sollten auf dem Verwaltungswege eingesammelt und vernichtet werden. Somit konnten die Schulden des polnischen Staates nicht beglichen werden, zumal die Besitzer der Anleihen Polen waren. Deutsche sollten Reichsanleihen im Austausch für polnische Anleihen bekommen. Dasselbe galt für Anleihen der polnischen Gemeinden in den eingegliederten Gebieten. Probleme ergaben sich allerdings mit Blick auf das Generalgouvernement. Da sich die Gemeinden hier als Nachfolgegemeinden verstanden, war die Regelung der Anleihen dieser Gemeinden unklar. Diese und ähnliche Fragen wurden dann im Abkommen zwischen dem Generalgouvernement und der Haupttreuhandstelle Ost geregelt.

Polnische Banken, Kreditinstitutionen und Versicherungen mußten hinsichtlich der Schuldenverordnung abgewickelt werden. Im Laufe der Liquidierung mußte auch weiterhin nach Vermögenswerten gesucht werden. Die Liquidierung bedeutete, vor allem Verrechnungen der Aktiva und Passiva vorzunehmen. Schließlich mußten die Guthaben der Kunden, aber auch Investitionen, Beteiligungen, sonstige Passiva und Rechtsverhältnisse erfaßt, gelöscht oder verrechnet werden.

Alle gesellschaftlichen Organisationen, die Vermögenswerte besaßen, konnten hinsichtlich ihrer Schulden abgewickelt werden. Sämtliche Passiva, d. h. Schulden und Forderungen gegen das Unternehmen oder die Institution, wurden beseitigt. So viele Aktiva wie möglich, d. h. konkrete Vermögenswerte, blieben erhalten. Schulden oder sonstige Forderungen gegen den Betrieb oder die Institution sollten gelöscht werden. Wertpapiere aller Art wurden erfaßt, gesammelt, registriert, sortiert, vernichtet bzw. gegen Bargeld verwertet. Rücksicht auf Volks- bzw. Reichsdeutsche und Ausländer wurde stets genommen. Polen gingen dagegen leer aus. Die Schuldenabwicklung war eine raffinierte, staatlich geführte Geldwäsche.

Als sich der Schwerpunkt der Arbeit von der Erfassung auf die Verwertung des Vermögens verlagerte, wurde 1942 das selbständige Referat B X „Schuldenabwicklung" geschaffen, um der Rechtsabteilung diese Arbeiten zu erleichtern. Trotzdem waren nach dem Stand vom 25. August 1943 von rund 41.900 Abwicklungsvorgängen erst ca. 2.100 Fälle zum Abschluß gebracht worden.[37]

---

[37] APP, HTO, 91, Bl. 5.

Hinsichtlich der Schuldenabwicklung sollte man sich im Tätigkeitsbereich der Haupttreuhandstelle Ost keine großen Hoffnungen machen, polnische Wertpapiere oder Versicherungspolicen zu finden. Die Erfassungs- bzw. Verwertungsmethoden der HTO waren organisatorisch lückenlos. Die Schuldenabwicklung war umfassend. Wertpapiere oder Versicherungspolicen, die jetzt von Opfern des NS-Terrors auftauchen, sind nur Einzelstücke, die durch großes Glück in unsere Zeit hinein gerettet wurden.

5.1.6 Die Grundbuchbereinigung

Die Grundbuchbereinigung erfolgte durch die Einhaltung der Schuldenabwicklungsverordnung in bezug auf Grund und Boden. Dies bedeutete, daß vor dem Verkauf von Grund und Boden an einen Dritten die Treuhandstelle Posen sämtliche Einträge im Grundbuch löschen mußte. Alle Hypotheken, Grundschulden, Verpfändungen und sonstigen Verpflichtungen im Grundbuch mußten vor dem Verkauf getilgt werden, da das Eigentum nur schuldenfrei verkauft werden konnte. Ähnliches geschah auch im Altreich, wo nach den Regeln der Reichsgrundbuchordnung verfahren wurde.[38]

Es mußte überprüft werden, wer in solchen Fällen der Gläubiger war. Volks- oder reichsdeutsche Ansprüche wurden aus der Treuhandmasse grundsätzlich befriedigt. Sollte der Gläubiger zu den polnischen Banken oder Kreditinstituten gehören, mußte Rücksprache mit den Liquidatoren oder Abwicklern genommen werden. Nach den Durchführungsbestimmungen der Schuldenabwicklungs-Verordnung konnten die Forderungen der polnischen Gläubiger nicht ohne weiteres gelöscht werden.

Bis zum 18. Oktober 1942 waren ca. 800 Hypothekenlöschungen durch die Rechtsabteilung durchgeführt worden. 300.000 bis 600.000 Hypotheken waren nach Schätzung des stellvertretenden Abteilungsleiters v. Gagern noch zu löschen. Insbesondere die schwerverkäuflichen Objekte der Grundstücksgesellschaft für den Warthegau waren noch mit Hypotheken belastet. Über eine mögliche Änderung der Schuldenabwicklungsverordnung und eine künftige Übertragung der Grundbuchbereinigung auf die Gerichte wurde heftig spekuliert. Eine generelle Löschung der Hypotheken konnte erst zu diesem Zeitpunkt erfolgen. Die TP konnte sich dann mit der Wiedereintragung der volks- und reichsdeutschen Ansprüche befassen.[39]

Unerledigte Grundbuchanträge aus der Vorkriegszeit wurden gemäß einer Anordnung des Reichsministers des Innern vom 19.8.1940 zu Ende geführt, damit wurde eine Regelung für unerledigte Grundbuchanträge für alle 25 Amtsge-

---

38 Sammlung deutscher Gesetze (Hg.): Bd. 176: Das neue Grundbuchrecht. Die neue Grundbuchordnung mit Muster. 1935.

39 APP, HTO, 101, Bl. 28.

richte geschaffen. Einige Fälle konnten erst 1942 zum Abschluß gebracht werden.[40]

Ein weiteres Feld der Grundbuchbereinigung war die Anlage von Grundbüchern in dem ehemaligen russischen Teil des Warthegaus. Dies erfolgte nach Bedarf und vor allem für Gewerbegrundstücke, die sich bereits während des Krieges zum Verkauf eigneten.

Im nicht archivierten Teil des Bestandes der Treuhandstelle Posen im Staatsarchiv Poznań befinden sich Grundbuchauszüge, die offensichtlich noch im Geschäftsgang waren, als die Belegschaft der TP aus Posen geflohen war. Interessant dabei ist, daß die Rechtsabteilung auf diesem Gebiet soweit ging, daß sie nicht nur Verfügungen an die Amtsgerichte erteilte, sondern offensichtlich auch die bereinigten Grundbuchauszüge selbst anlegte bzw. darüber verfügte.

Die Grundbuchbereinigungen sagen sehr viel über die Enteignungen aus. Die Löschung von einzelnen Einträgen bedeutet, daß ein Aktenvorgang nicht nur bei der Treuhandstelle Posen, der Haupttreuhandstelle Ost, den Grundbuchämtern oder beim Amtsgericht vorgelegen haben muß, sondern auch bei den Gläubigern gefunden werden kann. In vielen Fällen, wo die polizeilichen bzw. behördlichen Akten verschollen sind, erbringt die Suche nach Banken- oder Steuerakten betreffend die gelöschten Grundbuchposten möglicherweise weitere Beweise einer Enteignung in der NS-Zeit.

5.2 Die Referate der Treuhandstelle

Eine Reihe von Tätigkeitsberichten der einzelnen Referate aus den Jahren 1940 bis 1942 gibt uns einen Einblick, sowohl in das tatsächlich Erreichte der TP als auch in die bürokratischen Strukturen.

5.2.1 A I „Vermögenserfassung"

Das Referat A I „Vermögenserfassung" existierte bis zum Frühjahr 1942. Es überwachte 1) die Vermögenserfassung und die dazu gehörende Kartei, 2) die Ausstellung von Beschlagnahmeverfügungen und 3) die Führung einer Statistik.[41] Im Rahmen von Verwaltungsvereinfachungsmaßnahmen wurde das Referat Anfang 1942 aufgelöst. Die Abteilung „Statistik" wurde nicht weitergeführt, die Abteilung „Beschlagnahmeverfügungen" wurde in die Rechtsabteilung eingegliedert, und die Kartei wurde dem Referat A II zugeordnet. Die Abteilung „Vermögenserfassung" wurde aufgelöst, da diese Arbeit weitgehend abgeschlossen war. Sofern es noch erforderlich war, wurden Erfassungsarbeiten

---

[40] Ebenda.
[41] APP, HTO, 101, Tätigkeitsbericht des früheren Referats A. I., Bl. 14.

von der Abteilung „Beschlagnahme" beim Rechtsreferat bzw. durch die Kreisvertrauensmänner ausgeführt.[42] Grundlegend für die Arbeit des Referats A I war die karteimäßige Erfassung
des polnischen Vermögens. Diese Kartei galt als vorbildlich für andere Treuhandstellen bzw. für den Aufbau der Kartei des Reichskommissars in Riga. Sie
wurde unter dem Namen des polnischen Alteigentümers geführt und ermöglich-
te eine vollständige Übersicht der Objekte im Bereich der TP. Alle wesentlichen
Informationen über den Status des Objekts wurden angegeben: 1) polnische Alteigentümer, 2) Branche, 3) Ort, 4) Aktenzeichen, 5) zuständiges Fachreferat, 6)
eingetretene Veränderungen wie Bestellung, Abberufung eines kommissarischen Verwalters, Kaufpachtstillegung usw.

Zwei Karteien – die Karteien A und B – wurden eingerichtet und laufend geführt. Von der HTO wurde auch eine Zentralkartei geführt.[43] Die Kartei A bestand aus den Duplikaten an die HTO-Zentralkartei. Die Kartei B, in doppelter
Ausfertigung, basierte auf den oben erwähnten Erfassungsbögen der Stoßtrupps.
Je nach Bezirk wurden sie in drei verschiedenen Farben hergestellt. Innerhalb
der Kartei wurden sie alphabetisch nach Ort bzw. innerhalb des Ortes alphabetisch nach Objekt sortiert. Die zweite Anfertigung diente der Sachkartei, die
nach Wirtschaftsgruppen eingeteilt war.[44]

Interessant ist der Umfang der Karteien, die bis zum April 1941 für jedes Objekt geführt wurden:

1. Objektkartei: Gewerbebetriebe
   a) Banken: 613 Karten
   b) Versicherungen   27
   c) Industrie: 4 033
   d) Handel: 19 311
   e) Handwerk: 22 927
   f) sonstiges   5 406

2. Objektkartei: Grundstücke   87 383

3. KV-Kartei:
   a) bestallte KV: 3 323
   b) nichtbestallte KV   2 694
   c) abberufene KV   5 050
   d) Abwickler: 3 783

4. Branchenkartei: 56 084
5. Beschlagnahmeverfügungen rd.:   72 000

---

[42] Ebenda.
[43] APP, HTO, 35, Bl. 186; BAL, R3601, 1922, Bl. 9.
[44] Ebenda.

Grundlage der Arbeit des Referats war das Rundschreiben der HTO vom 5. Dezember 1939 über die Grundsätze für die Vermögenserfassung und -verwaltung. Alle Vermögensobjekte, die Eigentum, Grundstücke, Geschäfte oder Betriebe darstellten, sollten von der TP im Namen des Reiches zwecks Beschlagnahme erfaßt werden, sofern jene Objekte dem polnischen Staat, den polnischen Gemeinden, öffentlich-rechtlichen Körperschaften sowie flüchtigen oder evakuierten Polen und Juden gehörten.[45]

Ausgenommen von der Erfassung waren Vermögenswerte a) des polnischen Staates, die öffentlichen Zwecken dienten bzw. von einer Reichsbehörde verwaltet wurden, b) der polnischen Wehrmacht, der Luftwaffe und des Wetterdienstes, c) der Land- und Forstwirtschaft (ohne die polnischen Staatsdomänen), und d) der Ziegeleien.[46]

Die Erfassung des Vermögens bzw. die Bearbeitung der Erfassungsbögen dienten auch weiteren Zwecken: Die zweite Anfertigung der Kartei B, die in einzelne Wirtschaftsgruppen unterteilt war, ging an die entsprechenden Wirtschaftsgruppen (B-Referate). Das Referat A I gab den B-Referaten Aufträge bzw. Richtlinien zur Vermögenserfassung bei Sonderaktionen (zum Beispiel die Erfassung der Sägewerke und von Betrieben der Holzwirtschaft durch die Landesforstmeister.) Die B-Referate waren, solange das Referat A I existierte, daran gebunden, stets Rücksprache mit A I hinsichtlich der Erfassungsarbeit zu nehmen.[47]

Beschlagnahmeverfügungen wurden durch das Referat A I b bearbeitet. Die Vorteile einer solchen Arbeitsaufteilung lagen auf der Hand: Mit der Kartei des erfaßten Eigentums in unmittelbarer Nähe stellte man Beschlagnahmeverfügungen für sämtliches „fremdvölkisches" Eigentum aus. Man hatte mit dieser Kartei eine Gesamtübersicht und konnte den gesamten Vorgang vollständig kontrollieren.

Zunächst war es die Aufgabe des Referats A I b zu überprüfen, ob die Vermögenswerte ordnungsgemäß beschlagnahmt worden waren. Dies bedeutete, daß in Fällen, in denen eine Beschlagnahme bereits angeordnet war, mußten entsprechende Beschlagnahmeverfügungen vorliegen. Wenn dies nicht der Fall war, mußten sie nachträglich ausgestellt werden. Auch in Fällen, in denen andere Dienststellen die Beschlagnahme schon ausgesprochen hatten, mußte die TP Beschlagnahmeverfügungen für Vermögenswerte in deren Einflußbereich nachträglich ausstellen. Nach dem Göring-Erlaß vom 19.10.1939 erloschen solche Beschlagnahmungen, wenn sie nicht bis zum 1.5.1940 durch die HTO oder die zuständige Treuhandstelle bestätigt wurden.

Die Stadt Posen, als Schwerpunkt der nationalsozialistischen Kolonisierungsbestrebungen im Warthegau, bildete einen Sonderfall. Ein Generalabkommen zwischen der Stadt Posen und der Treuhandstelle Posen bezüglich Grundstücken, Gebäuden und Mobiliar, soweit sie nicht Teile von Gewerbe- oder

---

[45] APP, HTO, 35, Bl. 184.
[46] Ebenda.
[47] Ebenda.

Handelsunternehmen waren, wurden der Stadt Posen übertragen. (Siehe GHTO und GEWA.)[48] Die Beschlagnahmungen selbst wurden durch die örtlichen Behörden bzw. durch Dienststellen des Reichsführers SS und Chefs der Deutschen Polizei ausgeführt.[49]

Die statistische Abteilung A I c wurde erst im Herbst 1941 gebildet. Zunächst bestand die Abteilung aus einer Arbeitskraft, die Unterlagen zusammenstellte bzw. zwei Zeichnungen über Verkäufe sowie zwei weitere über die Zusammensetzung der kommissarischen Verwalter vorbereitete. Der Mitarbeiterstab der Abteilung wurde zunächst erhöht. Mit der Auflösung des Referats A I wurde die statistische Abteilung nicht weiter fortgeführt, da die Arbeiten durch die Einberufung der Belegschaft in die Wehrmacht gestört wurden.[50]

5.2.2 A II „Treuhandwesen" oder „Ostbewerber und Abwickler"

Das Referat A II „Treuhandwesen" oder „Ostbewerber und Abwickler", wie es nach 1941 genannt wurde, beschäftigte sich mit dem Personalwesen der kommissarischen Verwalter. Dieses Referat war zuständig für deren Bestellung, Abberufung bzw. Überprüfung. Die Personalien der KV wurden u. a. anhand von Fragebögen überprüft. Deren Eignung im Sinne des Generalbeauftragten beim Reichskommissar für die Festigung des deutschen Volkstums wurde auch zeitweise im Referat A II überprüft.[51]

Nachdem die verschiedenen Fachreferate geeignete Kandidaten für die kommissarische Verwaltung eines Betriebes vorschlagen hatten, war es die Aufgabe des Referates A II, deren Eignung zu prüfen. Seit dem 6. März 1940 gehörte dazu deren politische Überwachung, die aus dem Ausfüllen von Personalfragebögen bestand.[52] Nach erfolgter Prüfung wurde umgehend eine Personalakte angelegt: Die Akte wurde nach dem Namen der polnischen Firma geführt. Das Aktenzeichen des zuständigen Fachreferats, das den Bestellungsvorschlag machte, wurde ebenfalls aufgeführt. Der gesamte Schriftwechsel um die Person des kommissarischen Verwalters sowie die erste Durchschrift der Bestellungsurkunde wurden in die Akte abgelegt.[53]

Die Ausstellung der Bestellungsurkunde für den in Frage kommenden KV war der nächste Arbeitsschritt für das Referat A II. Die Bestellungsurkunde wurde im Original mit einer ersten Durchschrift über den Kreisvertrauensmann dem kommissarischen Verwalter überreicht. Die erste Durchschrift wurde vom

---

[48] Ebenda.
[49] Ebenda.
[50] APP, HTO, 101, Bl. 15.
[51] Ebenda, Bl. 16 ff.
[52] Ebenda; BAL, R3601, 1922, Bl. 10.
[53] Ebenda, Bl. 16.

KV mit seiner Unterschrift bestätigt und zur Ablage an das Referat A II für die Personalakte zurückgesandt. Damit war der KV offiziell amtlich eingesetzt.[54]

Abberufungen von kommissarischen Verwaltern wurden auch über das Referat A II vorgenommen. Aus vielen Gründen nahm die Zahl der Abberufungen erheblich zu. Nicht zuletzt der Verkauf des Betriebes, ob an den KV selbst oder an einen anderen geeigneten Bewerber, machte eine Abberufung des KV notwendig. Im Laufe des Krieges häuften sich auch die Fälle, daß die KV in die Wehrmacht eingezogen wurden. Sofern es genehmigt wurde, durften oft ihre Ehefrauen die Betriebe in ihrer Abwesenheit weiterführen.

Eine Reihe von Abberufungen war auch die Folge von Ermittlungen, die von der Rechtsabteilung, der Revision bzw. den Fachreferaten geführt worden waren. Korruption und die Unterschlagung von Vermögenswerten waren unter den KV weit verbreitet. Es liegt auf der Hand, daß vor allem Reichsdeutsche sich nicht gerade aus den edelsten Beweggründen einen Einsatz in der Kolonisationssituation ausgesucht hatten. Sie waren dort, um schnell Geld zu verdienen. Als dies wegen den KV-Regelungen ausblieb, zweigten viele kommissarische Verwalter Gelder aus der Tageskasse in die eigene Tasche ab oder verwerteten Teile der beschlagnahmten Betriebe auf eigene Faust. Es gab auch Fälle von Inkompetenz und Geschäftsschlamperei. In solch einem Fall erfolgte nicht nur die Abberufung, sondern sowohl eine zivilrechtlich als auch eine strafrechtliche Verfolgung.[55] Die Prozedur bzw. die Aktenführung bei einer Abberufung war die gleiche wie bei der Bestellung.

Im Laufe der Zeit verringerte das Referat A II seinen Verwaltungsaufwand durch die Umverteilung von Arbeiten auf andere Referate bzw. Dienststellen. Infolgedessen wurden die obenerwähnten Personalakten im Sommer 1940 dem Referat A I eingegliedert.[56] Am 1. Oktober 1941 wandelte die Abteilung „Abwickler" sich in das selbständige Referat B X „Schuldenabwicklung" um.

Auch die Überprüfung der politischen Eignung, die zum Bestellungsprozeß gehörte, wurde dem Referat A II abgenommen. Ursprünglich fand die Überprüfung im Referat A II in Zusammenarbeit mit dem GVSS bei der HTO statt. Im Herbst 1940 wurde diese Bearbeitung der KV-Bewerbungen bzw. die Aktenführung der TP übertragen. Der GVSS erfüllte dann diese Aufgabe im Rahmen des Referats A II. Am 1. Februar 1942 wurde die Gruppe GVSS vom Referat A II losgelöst und dem Beauftragten des Reichskommissars für die Festigung des deutschen Volkstums zugewiesen.[57]

Bis zum 12. März 1940 waren vom Referat A II 852 Bestellungen für kommissarische Verwalter vorgenommen worden. Als kommissarische Verwalter waren in diesem Zeitraum 60% Deutschbalten, ca. 30% Volksdeutsche und ca. 10% Reichsdeutsche eingesetzt.[58] In der Zeit von Januar 1940 bis zum 30. Sep-

---

[54] Ebenda, Bl. 16.

[55] Ebenda, BAL, R3601, 1922, Bl. 10.

[56] Ebenda, Bl. 17.

[57] Ebenda.

[58] BAL, R3601, 1922, Bl. 9.

tember 1942 hatte das Referat A II 16.276 Bestellungs- und 7.816 Abberufungs-
urkunden ausgestellt. Schon im Jahre 1942 wurden viele männliche Belegschaftsmitglieder in die Wehrmacht eingezogen. Dies betraf sowohl Mitarbeiter
der TP als auch kommissarische Verwalter. Hinzu kam die Verringerung des
Mitarbeiterstabes durch die Abtrennung der GVSS- bzw. der Abwicklerabtei-
lungen. Es fehlten immer mehr Arbeitskräfte beim Referat A II, um den zunehmenden Wechsel im Bestand der kommissarischen Verwalter auszugleichen. Im
Jahre 1942 befand sich das Referat A II schon im Niedergang.[59]

5.2.3 A III „Rechtsfragen"

Das Referat A III „Rechtsfragen" unter Rechtsanwalt und Notar Voigt und seinem Stellvertreter v. Gagern beschäftigte sich mit der konkreten Umsetzung
von Verordnungen und Erlassen im Einflußbereich der TP. Das Referat beschäftigte sich mit einem breiten Spektrum des Rechts: Beschlagnahmerecht
und Freigabesachen, allgemeine Rechtsfragen und Verkehr mit den Gerichten,
Vertragsangelegenheiten, Schuldenabwicklung, Aussonderungsfragen, Hypothekenlöschungen, unerledigte Grundbucheintragungen, Handelsregistersachen,
Ostrückerwerbsanträge, volksdeutsche Grundstücksgeschäfte, Preisrecht, deut-
sche Forderungen gegen Polen, polnisches Staatsvermögen, Überführung von
Grundstücken an Rechtsnachfolger, Aufwertungen, Entschädigungssachen und
Einziehungen, Grundstücksrecht, Gewinnabschöpfung, Straf- und Steuerrecht.[60]
Konkret bedeutete dies die Überprüfung und Begutachtung der durch die
Treuhandstelle Posen abgeschlossenen Kaufverträge, die praktische Durchfüh-
rung der Schuldenabwicklungsverordnung, die Löschung von Hypotheken, die
Regelung bzw. Untersuchung von Steuerfragen, die Kontrolle der Gewinnab-
schöpfung der kommissarischen Verwalter bzw. deren Abführung von Profiten
an die TP.
Die strafrechtliche Verfolgung von Wirtschaftskriminellen, die polnische
Vermögenswerte für sich beiseite schafften, bildete ein Kapitel für sich. In diesem Zusammenhang arbeitete das Referat für Rechtsfragen mit der Staatsanwaltschaft eng zusammen.
Freigabeanträge wurden auch von dem Referat A III bearbeitet: hier fand das
Beschlagnahmerecht Anwendung. In solchen Fällen, in denen Personen, deren
Besitz beschlagnahmt worden war und die in der Deutschen Volksliste umgestuft wurden, mußten die Anträge auf Freigabe von dem Referat bearbeitet werden. In vielen Fällen mußte eine Aufhebung der Beschlagnahme erwirkt werden.

---

[59] Ebenda, Bl. 17.
[60] APP, Organisationsplan TO Posen, Weißker, 1942.

Das Referat für Rechtsfragen war auch maßgeblich an den Grundbuchbereinigungen beteiligt. Diese Mitarbeit der Rechtsabteilung nahm den Gerichten und Grundbuchämtern viel Arbeit ab.[61]

In einem Aktenvermerk des stellvertretenden Referatsleiters von Gagern ist zu entnehmen, wie weit die Probleme und Reibungen des Referats im Alltag gingen. Unklarheit herrschte sogar darüber, welche Grundstücke durch die TP überhaupt verkauft werden durften. Beispielsweise durften nur gewerbliche Grundstücke verkauft werden und nur insofern sie zu Handwerksbetrieben bzw. Handelsunternehmen gehörten. (Siehe GHTO und GEWA.)

Im Vordergrund der Arbeit stand stets die Schuldenabwicklung, da es von grundsätzlicher Bedeutung für jede einzelne Firma war, zu wissen, was sie zu zahlen hatte. Sowohl die Zahlung von Sozialversicherungsbeiträgen als auch von Feuer- und anderen Versicherungsbeiträgen waren hiervon betroffen. Bei Liquidationen war es wichtig, die Rangfolge der Gläubiger festzustellen. Die Schuldenregelung war auch von grundlegender Bedeutung für die Grundbuchbereinigung.

Die Grundbuchbereinigung im ehemaligen russischen Teil des Warthegaus sorgte ebenfalls für Probleme. Wie bereits erwähnt, waren dort keine Grundbücher oder ähnliche Unterlagen basierend auf Katastervermessungen vorhanden. Statt dessen waren nach französischem Vorbild nur Hypothekenbücher verwendet worden: Bevor eine Grundbuchbereinigung vorgenommen werden konnte – Voraussetzung zum Verkauf von Grund und Boden durch die TP – mußten Katastervermessungen und entsprechende Eintragungen beim Amtsgericht bestellt werden.[62]

Anfang 1942 kam der Rest des Referats „Erfassung und Beschlagnahme" zur Rechtsabteilung. Obwohl die Erfassungsarbeit bis dahin weitgehend abgeschlossen war, mußten noch einige Beschlagnahmeverfügungen formell nachgeholt werden. Etwa 2.000 Objekte wurden noch an das Reichsland bzw. das SS-Bodenamt abgegeben.[63] (Siehe A I „Vermögenserfassung".)

Die Rechtsabteilung beschäftigte sich auch mit Regreßansprüchen und Strafangelegenheiten. In einigen Fällen veruntreuten oder unterschlugen Kommissarische Verwalter Gelder oder sonstiges beschlagnahmtes Eigentum. In solchen Fällen wurde eine strafrechtliche Verfolgung eingeleitet. Nach dem Stand von 1942 lagen etwa 300 Verstöße gegen die Polenvermögensverordnung vor. Es handelte sich meist um Unterschlagung von beschlagnahmten Vermögensgegenständen. Das Strafrechtsreferat übernahm die Ermittlungen und überreichte die Ergebnisse dann der Staatsanwaltschaft. Das Referat arbeitete auch eng mit dem Reichssicherheitshauptamt und den Strafbehörden zusammen.[64] In zahlreichen Fällen entstanden auch Zivilprozesse durch schwer nachweisbare Veruntreuungen. Dann wurde entweder wegen Fahrlässigkeit in der Buchhaltung

---

[61] APP, HTO, 101, Bl. 8 f.

[62] APP, HTO, 65, Aktennotiz von Gagern, S. 1-3.

[63] APP, HTO, 101, Bl. 19 f.

[64] Ebenda, Bl. 26.

gegen kommissarische Verwalter ermittelt, oder es wurden Regreßansprüche parallel zu den strafrechtlichen Verhandlungen im Zivilprozeß gestellt. Es kam selten zu einer außergerichtlichen Einigung. Doch waren solche ergänzenden Zivilprozesse aus Sicht des Referats A III notwendig, um alle Rechtsmittel auszuschöpfen.

Regreßansprüche und Schadensfälle, die durch die Beschlagnahme und Verwertung nichtpolnischer Vermögen entstanden waren, wurden auch im Referat bearbeitet. In solchen Fällen war es unklar, ob die Sache durch einen Zivilprozeß oder auf dem Verwaltungsweg zu erledigen war.[65]

In Vertragsangelegenheiten wurden Vertragsmuster ausgearbeitet, die bei den meisten notariellen Verhandlungen angewendet werden konnten. Mit Ausnahme von Verträgen der Grundstücksverwaltung für den Warthegau, die vom Referat B VI ausgingen, handelte die Vertragsabteilung die meisten Verträge der TP aus.[66]

Einziehungen wurden auch durch die Rechtsabteilung durchgeführt. Hier war im Kompetenzwirrwarr besondere Vorsicht geboten, um die zu diesem Zweck erforderlichen Unbedenklichkeitsbescheinigungen des Finanzamtes zu erwirken. Bei der Aussonderung von polnischen Staatsgrundstücken für den Bedarf von Behörden mußte vor allem an mögliche Nachfolgebehörden gedacht werden[67].

Schließlich leistete das Referat auch Rechtsbeistand in Steuerfragen. Am Anfang der Besatzung galten polnische und deutsche Steuergesetze gleichermaßen. Auch mit der Schaffung der Osthilfe-Verordnung herrschte Unklarheit auf dem Gebiet des Steuerrechts. Vor allem für die Umsiedler war dieses Problem sehr verwirrend. Auch in der Schuldenabwicklung tauchten Steuerfragen auf: da die Finanzämter nicht auf Zahlung alter Steuerschulden des polnischen Eigentümers verzichteten, mußte beim Verkauf eines Betriebes dieses Problem durch Anrechnung und Zahlung gelöst werden.[68]

5.2.4 A IV „Vermögensverwaltung und Geldverkehr"

Das Referat A IV verwaltete anfallende flüssige Beträge wie Warenverkaufserlöse, Pachtzahlungen, Evakuierungsgelder und frei verfügbare Betriebsmittel. Es war auch zuständig für Auszahlungen, Überweisungen sowie für die Verwaltung von Vermögenswerten im Bereich der TP. Zur Aufgabe des Referates gehörte ferner die Liquidation stillgelegter Einzelhandelsgeschäfte. Zum 18. März 1940 waren bereits 142 jüdische Einzelhandelsgeschäfte – von denen 66% auf die Textil- und Kurzwarenbranche entfielen – stillgelegt worden. Die Warenbestände waren zum größten Teil mit Zustimmung des Reichsstatthalters an die

---

[65] Ebenda, Bl. 24.
[66] Ebenda, Bl. 26.
[67] Ebenda, Bl. 31 f.
[68] Ebenda, Bl. 33-4; BAL, R3601, 1922, Bl. 10-13.

Sammellager der NSV übergeben worden. Um dies künftig zu unterbinden, war
der bisherige Komplex der Liquidation und dessen Verwaltung der Industrie-
und Handelskammer entzogen und dem Referat A IV unter der Leitung von
Rechtsanwalt Gombart und Ernst Fritze unterstellt worden.[69]
Diesbezüglich versuchte man auch nachträglich, unentgeltlich genommene
Bestände von der NSV zurückzubekommen. Solche Bestände wurden nach Milbradts Angaben an Großhandlungen zum weiteren Verkauf übertragen. Bis zum
18.3.1940 waren bereits Verkäufe in Höhe von 22.000 RM erzielt worden.[70]
Weitere Aufgaben des Referats A IV waren unter anderem die Verwaltung 1)
beschlagnahmter jüdischer und polnischer Guthaben und deren Einzahlung auf
ein Sammelkonto der TP, 2) der beschlagnahmten Guthaben aus aufgebroche-
nen Schließfächern, 3) der Eingänge aus der Liquidierung der polnischen Banken, 4) des Sonderkontos „Jüdisches Vermögen" bei der Bank für Handel und
Gewerbe, 5) der Eingänge aus dem Genossenschaftssektor bei der Landesgenossenschaftsbank.[71]
Um ein Bild von dem Umfang des Geldverkehrs, den das A IV abwickelte, zu
geben, folgen einige Statistiken aus dem Tätigkeitsbericht der TP. Bis zum
31.8.1942 waren Gesamtbareingänge einschließlich Verrechnungsscheine der
Deutschen Umsiedlertreuhand und Restkaufforderungen in Höhe von
72.000.000 RM bei der Treuhandstelle Posen und in Höhe von 73.500.000 RM
bei der Nebenstelle Litzmannstadt eingegangen. Zusammen waren 145.500.000
RM in bar bis August 1942 auf Konten der Treuhandstelle Posen eingegangen
(die Einnahmen aus den 500.000-RM-Betrieben sind der Haupttreuhandstelle
Ost direkt zugeflossen). Von der obengenannten Summe waren 16,3 Millionen
RM zu Aufbauzwecken verwendet worden. An das Reichsfinanzministerium
wurden in Form von Reichsschatzanweisungen über die HTO insgesamt
40.000.000 RM abgeführt. (Siehe Teil 4 „Verwertung".)[72]
Das Referat A IV war auch zuständig für die Verwirklichung von Krediten
nach dem „HTO-Verfahren" an kommissarisch verwaltete Betriebe oder zwecks
Verkauf eines polnischen Betriebes. Ursprünglich war geplant, eine „Ost-Fi-
nanz-Kontore GmbH" oder „Ost-Kontore" zu gründen, die 1) kommissarisch
verwaltete Betriebe mit günstigen Krediten nach Bedarf finanzieren, 2) Einlagen der Betriebe annehmen und 3) Überschüsse anlegen sollte. Weil es Widerstand seitens der Banken gab, ist es nie zur Gründung von „Ost-Kontore" gekommen.[73] Statt dessen arbeitete die HTO mit den Banken in sogenannten
„HTO-Verfahren" zusammen und setzte sich als Reichsbehörde für kommissarisch verwaltete Betriebe bei der Stellung von Kreditanträgen ein. Die Kredite
wurden zu den üblichen Bedingungen für reichsverbürgte Kredite, nämlich zu
5 Prozent und nach 1942 zu 4 ½ Prozent gewährt. Im zweiten Quartal 1942

---

[69] R3601, 1922, Bl.13; APP, HTO 2177.
[70] Ebenda.
[71] Ebenda, Bl. 13 f.
[72] APP, HTO, 101, Bl. 13.
[73] BAL, R2, BHTO, B 6155, Treuhandstellenbesprechung am 5. und 6. Februar 1940 in der HTO in Berlin, S. 99.

entschied man, das Reich von der Haftung der HTO-Verfahren-Kredite zu entlasten. Infolgedessen wurden diese Kredite auf Bankrisiko umgestellt.[74] Bis Ende September 1942 wurden insgesamt 305 Kredite mit ca. 27.000.000 RM bei der Treuhandstelle Posen und 146 Kredite mit ca. 7.000.000 RM bei der Nebenstelle Litzmannstadt gewährt.[75] Bis zum Stichtag 30.4.1943 hatte die Kreditabteilung 1.600 Kreditgenehmigungen für 150.000.000 RM zugestimmt. Davon liefen zum 30. April 1943 bereits 307 Kredite über 32.000.000 RM. Die Kreditinanspruchnahme der kommissarischen Verwalter belief sich auf 60 Prozent. Im Gegensatz zu den Fachreferaten bearbeitete das Referat A IV auch die Kreditangelegenheiten der 500.000-RM-Betriebe.[76]

Zum Stichtag 30. Juni 1942 hatte die Haupttreuhandstelle Ost Kredite im Bereich der Treuhandstelle Posen folgendermaßen vergeben:[77]

Insgesamt 351 Kredite	über insgesamt 29,5 Millionen RM:
14 Zuckerfabriken	mit 16,3 Millionen RM
103 Mühlen	mit 6,8 Millionen RM
18 Sägewerke	mit 0,8 Millionen RM
66 Handel	mit 1,5 Millionen RM
67 Industrie	mit 2,7 Millionen RM
83 Diverse	mit 1,4 Millionen RM

Auch die Wertpapiersammelaktion fiel in die Zuständigkeit von Referat A IV. Auf diesem Gebiet spielte Hugo Ratzmann nach seiner Rückkehr zur Hardy Bank als Geschäftsführer erneut eine wichtige Rolle bei der Liquidierung polnischen Vermögens.[78]

Bei Beschlagnahmeaktionen, Umsiedlungs- und Aussiedlungsaktionen, Arbeiterfangaktionen, Verhaftungen, notariell besiegeltem Aufbrechen von Schließfächern, Beschlagnahme von Konten und anderen Angelegenheiten hatte die Staatsgewalt im Warthegau die Gelegenheit, in den Besitz von Wertpapieren zu kommen. Bei den Wertpapieren handelte es sich um polnischer, deutscher und anderer, ausländischer Provenienz sowie um polnische, reichsdeutsche und andere Staatsanleihen (kurz- und langfristig), als auch um andere Anleihen, Schuldscheine und Versicherungspolicen. Das Referat A IV war an allen diesen Aktionen beteiligt.

---

[74] Rechenschaftsbericht, S. 326-329.

[75] Ebenda.

[76] APP, HTO, 102, Bl. 27ff; APP, HTO, 99, Bl. 8 ff; Siehe auch APP, HTO, 80, Bl. 13 und APP. HTO, 144, Bl. 2.

[77] APP, HTO, 99, Bl. 8.

[78] APP, HTO, 2224; Siehe auch BAL, R144, 306, Korrespondenz mit der Deutschen Bank und der Hardy Bank betreffend die Verwertung von Saturn Aktien; R144, 338, Ratzmann vom 26.3.1943 bezüglich Teilausschüttung aus der Treuhandmasse HTO-Auszahlungen an die Reichshauptkasse.

5.2.5 A V „Revision"

Spätestens Anfang 1940 erteilte die HTO der „Neuen Revisions- und Treuhand-GmbH" (NRT) unter Herrn Bürklin eine Art Generalauftrag, kommissarisch verwaltete Unternehmen nach Bedarf zu prüfen. Dieser Zusammenarbeit zwischen der HTO und der NRT lagen drei Ziele zugrunde: 1) die Verteilung der Prüfungsaufträge besser zu planen, 2) Superrevisionen gemeinsam durchzuführen und 3) Revisionsberichte auszuwerten.[79]
Solche Revisionen konnten von der HTO oder von einer Treuhandstelle veranlaßt werden. Aufträge wurden über die NRT an andere Prüfungsgesellschaften oder einzelne Prüfer im Interesse der Kostenminderung vergeben. Die NRT oder andere zusammenarbeitende Prüfungsgesellschaften bzw. freiberufliche Prüfer untersuchten die in Frage kommenden Unternehmen zu einem Tagessatz von 40 RM, statt der üblichen 60 RM, nach folgenden Gesichtspunkten:

1. eine kurze, prägnante Schilderung des Unternehmens, nach Möglichkeit auch ein Bild des Zustandes vor dem Krieg
2. Leistung und Kapazität: a) ausgenutzt oder nicht, b) wenn nicht, Gründe hierfür
3. Bedeutung des Unternehmens, a) lokale, b) für die gesamte Wirtschaft, c) wehrwirtschaftlich, d) wenn c bejaht, ob wehrwirtschaftlich erfaßt
4. Gegenüberstellung der letzten Bilanz vor dem 1.9.1939 mit der Eröffnungsbilanz des kommissarischen Verwalters sowie dem letzten eventuell von dem Prüfer selbst aufgestellten Status
5. Entwicklung seit dem 1.9.1939
6. Rohstoffversorgung und Absatz
7. Kapital-, Kredit- und Liquiditätsverhältnisse
8. Gesamtwerturteil über das Unternehmen
9. Werturteil über die Arbeit des kommissarischen Verwalters und der leitenden Personen
10. Ob die kommissarischen Verwalter alle Richtlinien beachtet hatten.[80]

Zwischenrevisionen wurden in der Regel von Beamten der einzelnen Treuhandstellen durchgeführt. Die Durchführung weiterer Revisionen wurde ihnen untersagt, weil sie nicht gleichzeitig Verwalter und Prüfer sein durften. Die Veranlassung einer Superrevision behielt die HTO sich vor.
Das Revisionsreferat A V der Treuhandstelle Posen, ursprünglich größeren Umfanges, wurde 1942 aufgelöst.[81] Aus verschiedenen Gründen war es nicht mehr möglich, den Personalstab zu halten. Man ging dazu über, vorhandene Prüfer den einzelnen Referaten zur Durchführung der Prüfungsaufgaben zuzu-

---

[79] BAL, R2, BHTO, B 6155, Treuhandstellenbesprechung am 5. und 6. Februar 1940 in der HTO in Berlin, S. 58.
[80] Ebenda, S. 60.
[81] APP, HTO, 99, Bl. 3.

teilen. Wie bereits erwähnt, wurden Schätzungen, Prüfungen sowie die Begutachtung von Rechnungen außer Haus gemacht. Die Revisoren der TP hatten die Aufgabe, Aufträge zu erteilen und auszuwerten. Die Neue Revisions- und Treuhand GmbH gab dann die Aufträge an private Prüfer oder Gesellschaften weiter, vor allem an die Posener Firma Merkator oder an die Posener Zweigniederlassung der Deutschen Treuhandgesellschaft.[82]

Einer der Hauptaufgaben der Revision bzw. der privaten Prüfer bestand darin, die Berechnung des Geschäftswertes bei Industrieunternehmungen vorzunehmen. Obwohl die Kalkulationen der verschiedenen Treuhandstellen voneinander abwichen, ging es vor allem darum, die Geschäftswerte anhand des Jahresreingewinns festzustellen, um dann deren Verhältnis zum Wert des Kaufgegenstandes zu vergleichen. Der Reingewinn setzte sich zusammen aus a) Verzinsung des betriebsnotwendigen Kapitals, b) Vergütung für das Unternehmerwagnis und c) Unternehmerlohn. Andere Faktoren wie allgemeine Geschäftsverhältnisse wurden auch berücksichtigt.[83]

Bei der TP und deren Revisoren wurde dann folgende Kalkulationsmethode angewendet, um den Geschäftswert festzulegen: Geschäftswert = normalisierter Jahresgewinn minus Zinsen, Unternehmerlohn und Steuern, multipliziert mit 2.[84]

Dabei wurde die Verzinsung des betriebsnotwendigen Kapitals mit einem Satz von 6% festgelegt. Als Vergütung für das Unternehmerwagnis wurde ein Satz von 3% des Umsatzes berechnet. Für Warenlager, die häufig viermal oder mehr umgeschlagen wurden, kam ein Satz von 1,5 bis 2% in Anrechnung.[85]

Anhand der HTO-Richtlinien für die Veräußerung von Industriebetrieben von 1942 konnte der Verkaufspreis hinsichtlich weiterer Betriebswerte festgelegt werden. Der Betriebswert setzte sich aus dem Ertrags- und dem Tageswert zusammen. Dieser wiederum wurde aus der Summe der Sachwerte berechnet. Diese Summe setzte sich aus den Werten der Grundstücke, Fabrikgebäude, Geschäfts- und Wohngebäude, Maschinen, Werkzeuge und Betriebsaustattung, Konzessionen, Patente, Lizenzen und andere Rechte, Beteiligungen, Roh-, Hilfs- und Betriebsstoffe, Halb- und Fertigerzeugnisse, Wertpapiere, Forderungen, Rechnungsabgrenzungsposten, Verbindlichkeiten, Barbestände und immateriellen Geschäftswerten zusammen.[86]

---

[82] APP. HTO, 101, Bl. 9; APP, HTO, 4217-4258.

[83] APP, HTO, 4255, Betr. Richtlinien zur Errechnung des Geschäftswertes von Betrieben.

[84] Ebenda, S. 3.

[85] Ebenda.

[86] APP, HTO, 4255.

5.2.6 A VI „Kreisvertrauensmänner"

Das Referat A VI betreute die ursprünglich 37 Kreisvertrauensmänner (KVM) der Treuhandstelle Posen. Die KVM waren für die Wahrnehmung der Aufgaben der TP in den Kreisen zuständig. Sie arbeiteten mit den Landräten und Oberbürgermeistern eng zusammen, doch wurden sie aus der Treuhandmasse der TP bezahlt.[87] Zunächst waren die KVM von großer Bedeutung bei der Erfassungs- bzw. Beschlagnahmearbeit der TP. Später widmeten sie sich dem Aufbau der Hotel- und Gaststätten GmbH bzw. der Errichtung der Auffanggesellschaft für Teilnehmerbetriebe.[88] Sie hatten auch eine wichtige Kontrollfunktion in der Überwachung der kommissarischen Verwalter zu erfüllen. Oft sind Verstöße gegen die KV-Richtlinien durch die KVM bekannt geworden, die dann an die Rechtsabteilung weitergeleitet wurden.

Zum 15. Februar 1942 waren nur noch 30 Kreisvertrauensmänner für die Treuhandstelle Posen tätig. Dies erklärt sich dadurch, daß auch die KVM aller Litzmannstädter Kreise der Nebenstelle Litzmannstadt zum 1. Mai 1941 unterstellt wurden. Hierzu eine Liste der KVM der TP[89]:

Kreis	Name
Altburgund	Horst, August Franz
Birnbaum	ter Balk, Joh.
Dietfurt	Dr. Voss, Hans
Eichenbrück	Staupe, Friedrich
Gasten	Maurice, Henry
Gnesen (komm. KVM)	Wrobel, Joh.
Gostingen	Fenner, Ernst
Gratz	Weyers, Josef
Hermannsbad	Theyßen, Peter
Hohensalza-Land und Stadt	Dau, Reinhold
Jarotschin	Juwig, Fritz
Konin	Rambow, Walter
Kolmar	Müller-Worgt
Kosten	Michaelis, Paul
Krotoschin	Schmidl, Friedr.
Kutno	Dr. Kaiser, Otto
Leslau	Moderegger, Joh.
Lissa (komm. KVM)	Kluge
Mogilno	Gräbart, Walter
Obernick	Hoppe, Walter
Posen-Stadt	Kurzeknabe, Paul

---

[87] APP, HTO, 100, Bl. 12.
[88] Ebenda.
[89] APP, HTO, 4216, Liste der Kreisvertrauensmänner der Treuhandstelle Posen. Stand vom 15. Februar 1942.

195

Posen-Land	Reussow, Hans
Rawitsch	Nitschke, Hans
Samter	Weist, Erich
Scharnikau	Voßberg, Heinrich
Schroda	Heine, Erich
Schrimm	Lindemann, Robert
Warthbrücken	Schmidt, Friedrich
Wollstein	Heimann, Julius
Wreschen	Renk, Joh.

5.2.7 B I „Banken und Versicherungen"

Das Referat B I „Banken und Versicherungen" existierte bis Anfang 1941, danach ging es auf den „Generalabwickler für Banken und Kreditinstitute im Warthegau" über. Es war die Aufgabe von B I, polnische Kreditinstitute im Reichsgau Wartheland zu erfassen und mit kommissarischen Verwaltern zu besetzen.[90] Sämtliche polnische und jüdische Banken und Kreditinstitute wurden zwecks Liquidation 1939 geschlossen. An ihre Stelle traten die vorhandenen volksdeutschen Kreditinstitute und später die zugelassenen Filialen der deutschen Banken aus dem Altreich. Es kam zu Neugründungen von Sparkassen im Sparkassen- und Giroverband. Der Generalabwickler beschränkte sich auf die Liquidierung und Schuldenabwicklung der polnischen Banken.[91]

Obwohl die Treuhandstelle Posen und die Nebenstelle Litzmannstadt in sonstigen Fragen von einander weitgehend getrennt waren, wurde die Abwicklung der polnischen Banken, Kreditinstitute und Versicherungen im gesamten Warthegau von der TP aus gelenkt. Die Verwaltungen der Banken wurden mit dem Voranschreiten der Abwicklungen systematisch immer weiter zusammengelegt, um Kosten zu sparen.[92]

Kommissarische Verwalter wurden in den Betrieben eingesetzt, um die reibungslose Liquidation der Institutionen zu realisieren. Dazu gehörte das Einsammeln von Wertpapieren und deren Versand an die Reichsbank Berlin.[93]

Es folgt ein Verzeichnis der 1940 zu liquidierenden polnischen Kreditinstitute im Reichsgau Wartheland und deren Abwickler bzw. kommissarische Verwalter:[94]

---

[90] BAL, R3601, 1922, Bl. 14.
[91] Milbradt Referat vom 12.5.43, BAL, R2101, B 6151, Bl. 215.
[92] APP, HTO, 80, Bericht des Referats B I. der Treuhandstelle Posen über die bisherige Tätigkeit. Posen, den 6. März 1941. Bö/Gr., Bl. 18.
[93] APP, HTO, 99, Bl. 11. Schreibfehler wurden belassen.
[94] APP, HTO, 2177.

Bank Polski S.A.	Gnesen Piastkowsky Str.	Bodo Panner, Direktor der Dresdner Bank, Berlin
Bank Polski S.A.	Hohensalza Krodska Str. 2/3	dto.
Bank Kwilecki Potocki & Co. AG	Hohensalza Krolowej Jadwigi Str. 24	Rudolf Stuby, Deutsche Bank, Posen
Bank Polski S.A.	Kalisch Alej. Zozefiny 27	Bodo Panner, Direktor der Dresdner Bank, Berlin
Bank Handlowy w Warszawie (Warschauer Handelsbank) Filiale Kalisch	Kalisch Pilsudski Str.	Emil Leimert, Direktor der Danziger Privat-Aktienbank, Posen
Bank Gospodarstwa Krajowego (Landeswirtschaftsbank) Filiale Leslau	Leslau Zabia Str. 2	komm. Unterverwalter Walter Draheim
Bank Handlowy w Warszawie (Warschauer Handelsbank) Filiale Leslau	Leslau Kosciuszko Str. 6	Walter Draheim
Bank Polski S.A.	Leslau Kosciuszko Str. 6	komm. Unterverwalter Alex Stecher
Bank Polski S.A.	Lissa Krasinski Str. 9	Bodo Panner, Direktor der Dresdner Bank, Berlin
Bankhaus Wl. Cianciara i Cz. Wojciechowski	Lodsch Adolf-Hitler-Str. 91	Alfred K. Langer, Prokurist der Deutschen Genossenschaftsbank in Polen AG
Bankhaus Josef Hierszberg's Erben	Lodsch Adolf-Hitler-Str. 24	Kurt Ackermann, Commerz- und Privatbank AG, Lodsch
Bankhaus S. Kassmann	Lodsch Narutowicza Str. 1	Alfred Seidel, Prokurist der Deutschen Bank, Lodsch
Bankhaus Najda Brüder Winter & Weiss	Lodsch Adolf-Hitler-Str. 77	Roman Richter, Prokurist der Dresdner Bank, Lodsch
Bankhaus Hieronim. Schiff's Erben	Lodsch Adolf Hitler tr. 78	Franz Reissenauer, Dresdner Bank, Lodsch

Bankhaus Gebr. Taub	Lodsch Adolf-Hitler-Str. 17	Hans Gütschow, Direktor der Commerz- und Privatbank AG, Lodsch
Bank Handlowy w Lodzi (Handelsbank in Lodsch AG)	Lodsch Adolf-Hitler-Str. 77	Roman Richter, Prokurist der Dresdner Bank, Lodsch
Lodzki Bank Depositowy S.A. (Lodscher Depositen- bank AG)	Lodsch Adolf-Hitler-Str. 5	Eugen Arth. Bertelmann, Bank Lodscher Indu- strieller, Lodsch
Bank Polnischer Kauf- leute und industrieller Christen AG	Lodsch Adolf-Hitler-Str. 113	Rudolf Elsner, Vorstandsglied der Städtischen Sparkasse Lodsch
Bank Dyskontowy Warszawski (War- schauer Diskontobank) Filiale Lodsch	Lodsch Adolf-Hitler-Str. 57	Heinrich Rickert, Direktor der Deutschen Bank, Lodsch
Bank Handlowy w Warszawie (Warschauer Handelsbank AG) Filiale Lodsch	Lodsch Adolf Hitlerstr. 74	Roman Richter, Prokurist der Dresdner Bank, Lodsch
Wechselstube Samuel Weinberg	Lodsch Adolf-Hitler-Str. 60	Alfred K. Langer, Prokurist der Deutschen Genossenschaftsbank in Polen AG
Bank Zachodni (West- bank) Filiale Lodsch	Lodsch Adolf-Hitler-Str. 52	Hans Gütschow, Direktor der Commerz u. Privatbank AG, Lodsch
Bank Gospodarstwa Krajowego (Landeswirt- schaftsbank) Filiale Lodsch	Lodsch Kosciuszko Str. 63	Bedo Panner, Direktor der Dresdner Bank, Berlin
Bank Polski S.A.	Lodsch Kosciuszko Str. 14	dto.
Kreditgesellschaft der Stadt Lodsch	Lodsch Mittelstr. 21	Walter Kirsch
Bank Zwiazku Spolek Zarobkowych (Bank des Verbandes der Erwerbs- genossenschaften)	Lodsch Sienkiewicz-Str. 24	Dr. Süßmann, Dresdner Bank, Lodsch

Bank Polski S.A.	Ostrowo Pol. Bankowy 1	Bodo Panner, Direktor der Dresdner Bank, Berlin
Bank Kwilecki Potocki & Co. AG, Filiale Ostrowo	Ostrowo Kaliska Str. 23	Rudolf Stuby, Deutsche Bank, Posen
Bank Polski S.A. und sämtliche Filialen im Warthegau	Posen Wilhelmstr. 12	Bodo Panner, Direktor der Dresdner Bank, Berlin
Bank Gospodarstwa Krajowego (Bank der Heimischen Wirtschaft) und sämtliche Filialen im Warthegau	Posen Wilhelmstr. 26	Bodo Panner, Direktor der Dresdner Bank, Berlin
Komunalny Bank Kredytowy (Kommunal-Kredit-Bank)	Posen Berliner Str. 8	Direktor F. Ohl, Landesbank und Girozentrale Warthegau
Bank Handlowy w Warszawie (Warschauer Handelsbank AG) Filiale Posen	Posen Wilhelmplatz 4	Emil Leimert, Direktor der Danziger Privat-Actienbank. Posen
Bank Zachodni (Westbank) Filiale Posen	Posen Berliner Str. 1	Guido Hubert, Geschäftsführer des Kreidt-Vereins GmbH
Banque Franco Polonaise	Posen Wilhelmstr. 13	Georg Kamenz, Leiter der „ Credit" GmbH
Bank Przemyslowćow Liquid.	Posen Alter Markt 73/74	Julius Polcuch, Prokurist der Kommunal-Kredit-Benk, Posen
Poznanski Bank Ziemiań (Posener Bank der Landwirte AG) in Liquidation	Posen Wilhelmstr. 13	Georg Kamenz, Leiter der „Credit" GmbH
Bank Cukrownictwa SA. (Bank der Zuckerindustrie AG)	Posen Schlageterstr. 2	Alfred Klose, Direktor der Bank für Handels & Gewerbe AG
Posener Landschaft	Posen Schlageterstr. 7	Dr. Otto Sondermann
Bank Poznanskiego Ziemstwa kredytowego (Posener Landschaftliche Bank)	Posen Schlageterstr. 7	Dir. Friedr. Merten 2) G.v. Eisenhart-Rothe

Zachodnie-Polski Towarcestwo (Westpolnischer Städt. Kreditverein)	Posen An der Paulikirche 8a	Julius Polcuch, Prokurist der Kommunal-Kredit Bank Posen
Bank Kwilecki Potocki & Co, AG	Posen Wilhelmstr. 11	Rudolf Stuby, Deutsche Bank, Posen
Bank Kratochwill und Pernaczynski, in Liquidation	Posen Berliner Str. 1	Guido Hubert, Geschäftsführer des Kreditvereins GmbH
Liquidations- & Kreditbank i. Liquid.	Posen Wilhelmstr. 19	Dr. Gustav Klusak
Bank Zwiazku Spolek Zarobkowych (Bank des Verbandes der Erwerbsgenossenschaften)	Posen Wilhelmstr. 26	Georg Kamenz, Leiter der „Credit" GmbH und Bodo Panner, Direktor der Dresdner Bank, Berlin
Deutsche Mittelstandskasse in Liquidation	Posen Schloßfreiheit	Assessor Hermann Beyse, Verband Deutscher Genossenschaften, Posen, Schloßfreiheit 12

Als das Referat B I noch existierte, bestand seine Aufgabe darin, die bleibenden Aktiva – oft Grundstücke im Wert von über 100.000 RM – zu verwerten und dabei so viel wie möglich von den Passiva einzutreiben.[95] Nach der Auflockerung der Zahlungssperre bekamen reichs- und volksdeutsche Gläubiger eine Auszahlung von 250 RM pro Einlage. Da polnische und jüdische Forderungen an Banken und Kreditinstitute im Warthegau wegfielen, wurden die Banken erheblich entlastet. Nach dem Bericht des Referats B I vom 6. März 1941 standen ca. 9.200.000 RM an frei verfügbaren Betriebsmitteln ca. 9.000.000 RM an deutschen Einlagen gegenüber.[96]

Die polnischen und englischen Versicherungsgesellschaften, die im Warthegau tätig gewesen waren, wurden von deutschen Gesellschaften übernommen. Nichtverwertbare polnische und jüdische Policen wurden im Rahmen der Schuldenabwicklung gekündigt, sie sind mit großer Wahrscheinlichkeit vernichtet worden, da sie unbezahlbare Passiva darstellten. Deutsche Kunden wurden von deutschen Versicherungsgesellschaften übernommen. Deutsche Objekte und Personen genossen weiterhin ununterbrochenen Versicherungsschutz.[97]

Nach dem Erlaß des Reichsmarschalls vom 17.2.1941 wurde das Bankenreferat in die Zuständigkeit der Haupttreuhandstelle Ost überführt, der Generalab-

---

[95] APP, HTO, 80, Bericht des Referats B I. Bl. 17.
[96] Ebenda, Bl. 18.
[97] Ebenda, Bl. 19.

wickler für die von der HTO beschlagnahmten Kreditinstitute führte die Geschäfte. Bis dahin hatte die Treuhandstelle Posen die folgenden Zahlen von Kreditinstituten und Versicherungen erfaßt und liquidiert:[98]

32   Privat- und Aktienbanken
40   Kreissparkassen
41   Stadtsparkassen
105 Gemeindesparkassen
378 Kreditgenossenschaften
25   Versicherungsgesellschaften

5.2.8 B II „Landwirtschaft"

Das Referat „Landwirtschaft" von Waldemar Kraft, dem kommissarischen Präsidenten der Landwirtschaftskammer Posen, wurde im November 1939 gegründet. Kraft arbeitete ohne Mitarbeiter einen Arbeitsplan aus, wie die Anträge der Volksdeutschen und Rücksiedler auf Rückerstattung von Landwirtschaften, Grundstücken und Betrieben bearbeitet werden sollten. Als die Zuständigkeit für Landwirtschaften bzw. Grundstücke an das SS-Bodenamt abgegeben wurde, war die Frage der Rückerstattung von Landwirtschaften weitgehend vom Tisch, da nur noch ein Ersatzanspruch galt.[99]

Das Referat B II, fortan unter Hauptreferent Netz, wurde neu gestaltet. Nunmehr ging es darum, als Verbindungsstelle zum Bodenamt, Anträge auf Wiedergutmachung, Rückerwerb, Kauf und Zukauf von Landwirtschaften zu bearbeiten und ans Bodenamt weiterzugeben. Zu diesem Zweck sollten wartheländische Landwirtschaftsbetriebe erfaßt, beschlagnahmt, stillgelegt oder verwaltet werden, um sie nach Möglichkeit zu verkaufen. Als landwirtschaftliche Betriebe galten: Landwarenhandel, Molkereien, Landwarengenossenschaften, Zuckerfabriken, Brennereien, Ölmühlen, Viehverwertungen, Dreschsätze, Imkereien, Gärtnereien.[100]

Anfang 1940 wurde die Landwarenhandels-Gesellschaft für den deutschen Osten als Sonderbeauftragte für den privaten Landwarenhandel (B II a) gegründet. Senator a.D. Batzer wurde zum Sonderbeauftragten für Molkereien (B II b) ernannt. Ristow, ein Beauftragter aus Berlin, war mit der Erfassung der landwirtschaftlichen Warengenossenschaften (Rolniks) (B II c) betraut. Referent Arnemann, der hauptsächlich mit der Verwaltung und Verwertung der Rolniks zu tun hatte, war auch für die Verwertung der Dreschsätze, Bienenstöcke und Dampfpflüge (B II i, h) zuständig. Als im Frühjahr 1941 die TP Handels-Gärtnereien in geschlossenen Stadtgebieten von der Ostlandgesellschaft übernahm, bearbeitete Referent Arnemann auch dieses Gebiet. Dr. Wessler war Sonderbeauftragter der HTO für Zuckerfabriken (B II d). Referent Pasewark unterstanden

---

[98] APP, HTO, 101, Tätigkeitsbericht der TP vom 20.10.1942, S. 7 (Bl. 9).

[99] Höpker-Aschoff: Abwicklung, S. 361.

[100] APP, HTO, 2, Organisationsplan; Siehe auch: BAL, R3601, 1922, Bl. 15.

die kartoffelverarbeitenden Betriebe, Ölmühlen und Viehverwertungsgenossenschaften (B II f, g).[101]

Zum 30. Juni 1942 waren 451 Betriebe der Ernährungswirtschaft vom Referat B II erfaßt worden, davon wurden 101 Betriebe an die Nebenstelle Litzmannstadt, an die Grundstücksgesellschaft für den Warthegau oder an andere Referate abgegeben. 160 Betriebe wurden stillgelegt und 23 Betriebe abgewickelt. 61 Betriebe waren schon verkauft worden. 106 Betriebe waren entweder verpachtet oder standen unter kommissarischer Verwaltung.[102]

70 Betriebe waren für Kriegsteilnehmer reserviert. Per 30.6.1942 waren bereits 15 Betriebe besetzt. Die Landwarenhandelsgesellschaft für den deutschen Osten wurde als kommissarischer Verwalter für diese Betriebe bestellt. Zum 18. Juni 1942 hatte die Haupttreuhandstelle Ost 300.000 RM für den Ausbau solcher Betriebe zur Verfügung gestellt. Die Aufnahme besonderer Kredite zum Ankauf von Grundstücken wurde vom Generalabwickler für die Kreditinstitute genehmigt.[103]

30 Molkereien wurden von der Treuhandstelle Posen erfaßt. Der Großteil davon wurde stillgelegt. Der Rest wurde an die Molkerei-Betriebs-Gesellschaft verkauft.[104]

79 Landwarengenossenschaften wurden bis zum 31. Dezember 1941 erfaßt. Davon waren 49 verkauft worden. Acht Betriebe wurden an die Nebenstelle Litzmannstadt übergeben. Drei Betriebe waren an den kommissarisch verwalteten Społem-Verband abgegeben worden. 1942 waren 12 Betriebe noch zu verkaufen.[105]

27 Zuckerfabriken und eine Speichergesellschaft (Cukroport) wurden von der TP erfaßt. 22 Betriebe blieben in Betrieb, fünf Zuckerfabriken wurden stillgelegt. Der Zuckerbetrieb in Wreschen, der während des Septemberfeldzuges schwer beschädigt worden war, wurde liquidiert und verkauft.[106] Sämtliche 22 noch in Betrieb befindlichen Zuckerfabriken im Einflußbereich der Treuhandstelle Posen waren 500.000-RM-Betriebe und fielen unter die Zuständigkeit der HTO. Fünf Fabriken im Kreis Hohensalza wurden an ein Konsortium – die Deutschlandkasse/Rentenbankkreditanstalt – verkauft. Sechs weitere Fabriken in Gnesen, Schroda, Samter, Oplenitza, Görchen und Kosten waren „verwertungsreif". Bei dem Rest fehlten noch die entsprechenden Unterlagen.[107]

20 Brennereien und kartoffelverarbeitende Betriebe wurden erfaßt. Sie waren bislang genossenschaftlich betrieben worden und sollten an deutsche Genossenschaften verkauft werden. Bei den Stärkefabriken handelte es sich um 500.000-RM-Betriebe, sie wurden bereits 1941 von der HTO an eine Gruppe deutscher

[101] APP, HTO, 101, Bl. 33 f.
[102] APP, HTO, 99, Tätigkeitsbericht der TP per 30.6.1942, Bl. 11.
[103] Ebenda.
[104] Ebenda, Bl. 12.
[105] APP, HTO, 2177, Tätigkeitsbericht der TP per 31.12.1941, Bl. 15.
[106] APP, HTO, 2177, Tätigkeitsbericht der TP per 31.12.1941, Bl. 17.
[107] APP, HTO, 99, Tätigkeitsbericht der TP per 30.6.1942, Bl. 13.

Landwirte verkauft.[108] Der Verkauf der Brennereien erwies sich als schwierig, da die neu gegründeten Brennereigenossenschaften die Kaufpreise nicht aufbringen konnten. So konnten von 24 erfaßten Betrieben nur vier verkauft werden.[109]

Zum 1.Juli 1942 wurden auf Anordnung der Hauptvereinigung der deutschen Milch- und Fettwirtschaft, Berlin, sämtliche Ölmühlen geschlossen, mit Ausnahme der Landwirtschaftlichen Ölgesellschaft mbH Samter. Die Mehrzahl der Ölmühlen war bereits vom Gaubeauftragten für Altmaterialerfassung „ausgeschlachtet" und verkauft worden. Von den 193 von der Treuhandstelle Posen erfaßten Betrieben waren nur fünf Betriebe verkauft worden. Der Rest war entweder schon geschlossen oder in der obengenannten Aktion (174 Betriebe) stillgelegt worden.[110]

Von den sieben Viehverwertungsbetrieben waren alle bis auf einen der in Liquidation getretenen Unternehmen verwertet worden.[111] Insgesamt 87 diverse Dampfdreschsätze, Dampfpflüge und viele landwirtschaftliche Maschinen, die polnischen Gesellschaften oder Genossenschaften gehört hatten, wurden von der TP erfaßt. 23 Objekte wurden mit einem Gesamtbetrag von 25.250 RM verwertet.

Bienen- und Imkergerätschaften polnischer Nichtlandwirte wurden, soweit bekannt, verwertet. Es gab aber 1942 immer noch neue Erfassungen seitens der Amtskommissare und der Kreisvertrauensmänner im Rahmen anderer Aktionen.[112]

Erst 1941 bekam die TP 127 erfaßte Gärtnereien von der Ostlandgesellschaft, davon mußten aber 16 Betriebe an den SS-Ansiedlungsstab abgegeben werden. 54 Betriebe wurden noch 1942 kommissarisch verwaltet, während 57 in polnischen Händen verblieben. Die Verwertungen dauerten noch 1942 an.

5.2.9 B III „Forst- und Holzwirtschaft"

Das Referat B III wurde im Januar 1940 unter der Leitung des Forst- und Holzwirtschaftsamtes beim Landesforstamt (Reichsstatthalter, Abteilung VI) eingerichtet. Da das Forst- und Holzwirtschaftsamt zuständig für Planungen in diesem Wirtschaftszweig war, war es zweckmäßig, das Referat der Nebenstelle Litzmannstadt vom B III aus zentral zu bearbeiten, um unnötige Reibungen zu vermeiden. Hauptreferent war Oberlandesforstmeister Sommermeyer. Bei seiner Abwesenheit führte sein ständiger Vertreter, Dr. Engelbrecht, die Geschäfte.[113]

---

[108] APP, HTO, 99, Tätigkeitsbericht der TP per 30.6.1942, Bl. 13.

[109] Ebenda.

[110] Ebenda, Bl. 13.

[111] Ebenda, Bl. 13.

[112] Ebenda, Bl. 12.

[113] APP, HTO, 101, Bl. 37.

Das Referat B III nahm insofern eine Ausnahmestellung ein, da sich die Holzwirtschaft vor allem im Raum Litzmannstadt in jüdischer Hand befunden hatte. Während die TP sich vorwiegend mit polnischen (staatlichen und privaten) Vermögenswerten beschäftigte, wurden in diesem Falle erhebliche jüdische Vermögenswerte von der Treuhandstelle Posen verwaltet und abgewickelt.[114]

Zunächst wurden Forsten und forstwirtschaftliche Nebenbetriebe, vor allem Sägewerke, im Auftrag der Haupttreuhandstelle Ost vom Reichsforstamt und ihren nachgeordneten Behörden erfaßt. Holzwirtschaftliche Betriebe wurden wie Betriebe der gewerblichen Wirtschaft bearbeitet.[115] Im Einvernehmen mit dem RKV beschränkte sich die Arbeit des B III später nur noch auf forstwirtschaftliche bzw. holzbearbeitende Betriebe. Insgesamt 273 polnische und jüdische Betriebe wurden beschlagnahmt. 90 weitere Betriebe, für die die TP nicht zuständig war, wurden erfaßt.[116]

Die Wirtschaftsgruppe „Sägeindustrie" stellte Sachverständige zur Verfügung, die im Frühjahr 1940 die beschlagnahmten Betriebe und deren Kapital in den Bezirken Posen und Hohensalza erfaßten. Die Erfassung der Werke im Bezirk Litzmannstadt dauerte bis in den Sommer 1940 an.[117]

Ein Großteil der Holzhandlungen, die besonders im Bezirk Litzmannstadt vorwiegend in jüdischen Händen waren, wurde stillgelegt. Der Betrieb von Sägewerken konnte nur fortgeführt werden, wenn die Belieferung mit Rundholz erfolgte. Infolge der neuen Grenzziehung mußten die meisten Litzmannstädter Sägewerke ohnehin geschlossen werden, da sie ihr Holz aus dem Generalgouvernement bezogen, wo es jedoch ein Ausfuhrverbot gab. Maschinen, Inventar und Vorräte der geschlossenen Betriebe wurden verwertet. In der ehemaligen Provinz Posen waren genügend Betriebe, an die zugeliefert werden konnte, so daß die Entscheidung leicht fiel, auf die Betriebe im Bezirk Litzmannstadt zu verzichten.[118]

Von den erwähnten 273 beschlagnahmten Betrieben im Einflußbereich der TP blieben 110 bestehen. Bis zum 19. Oktober 1942 wurden davon 43 Betriebe verkauft und 10 verpachtet. Von den 57 Betrieben, die noch unter kommissarischer Verwaltung standen, liefen in 32 Fällen Kaufverhandlungen mit kommissarischen Verwaltern.

Bis auf wenige Ausnahmen wurden kommissarische Verwalter für alle fortgeführten Betriebe gefunden. Kredite von der HTO standen ihnen zur Modernisierung der Betriebe oder zur Erhöhung des Kapitals zur Verfügung. Da Kriegsversehrte meistens nicht über das notwendige Kapital verfügten, um holzverarbeitende Betriebe zu erwerben, war nur ein Betrieb an einen reichsdeutschen

[114] APP, HTO, 101, Bl. 37.
[115] APP, HTO, 35, Arbeitsgebiet des Referats B IV a „Industrie und Energiewirtschaft" vom 18.1.1940.
[116] APP, HTO, 101, Bl. 37.
[117] APP, HTO, 101, Bl. 37 f.
[118] Ebenda.

Kriegsversehrten verkauft worden. In einem weiteren Fall war ein Kriegsversehrter als kommissarischer Verwalter eingesetzt worden.[119]

5.2.10 B IV „Industrie und Handel"

Das Referat B IV war in verschiedene Sachgruppen aufgeteilt, um eine systematische Erfassung, Planung und Einsetzung von kommissarischen Verwaltern durchführen zu können. Es gab folgende Sachgebiete: 1) Chemie, Brauereien, Spirituosen, Leder, 2) Bauunternehmen, Glas, Porzellan, Stein und Erde, 3) Papier, Druckereien, Seife, Abdeckereien, 4) Eisenverarbeitung, 5) Lebensmittelindustrie, Textil, 6) Mühlen, 7) Mineralwasser- und Bierverlage. Sonderbeauftragte wurden für die Bearbeitung der Mühlen-Industrie, der Druckereien, der Zuckerindustrie und der Brauereien eingesetzt.[120]

5.2.10.1 B IV a „Industrie"

Das Referat B IV a „Industrie" war zuständig für die Verwaltung der Betriebe samt Grundstücken, die gewerblichen oder industriellen Zwecken dienten und nicht von einem anderen Referat bearbeitet wurden. Scharf abgegrenzt von den Aufgaben der TP waren die Befugnisse der Wirtschaftskammer, die sich nur mit der beruflichen bzw. betrieblichen Planung der Unternehmer und nicht mit den Betrieben selbst befaßte. Im Gegensatz zum Reichsstatthalter, der für die Planung der Industrie (Neuerrichtung, Erweiterung, Einschränkung, Stillegung), deren Energieversorgung sowie die Ergreifung von kriegsbedingten Maßnahmen zuständig war, befaßte sich die TP nur mit der Erfassung und der Verwaltung der Betriebe.[121]

Nach der Erfassung durch das Referat A I hatte das Referat B IV a die Aufgabe, die industriellen Objekte nach folgenden Gesichtspunkten zu bewerten: 1) inwieweit waren die Betriebe in polnischem, jüdischem, deutschem oder ausländischem Besitz, 2) welche aktuellen Werte waren noch im Betrieb vorhanden. Zusätzlich übte B IV a eine Kontrollfunktion über die kommissarischen Verwalter aus. Zu diesem Zweck holte es Bilanzen für die Objekte zum 31.12.1939 ein. In der Regel waren sie angewiesen, kleinere Betriebe zu verkaufen und mittlere sowie größere Betriebe zu verpachten.[122]

Zum Stichtag am 30.6.1942 befanden sich 484 industrielle Objekte unter kommissarischer Verwaltung. Zum selben Zeitpunkt waren bereits 229 Betriebe verwertet worden. Die geringe Zahl der Betriebe ging vor allem auf die Vereinbarung betreffend die 500.000-RM-Betriebe mit der HTO Berlin, aber auch auf

[119] Ebenda, Bl. 39.
[120] BAL, R3601, 1922, Bl. 17.
[121] APP, HTO, 35, Bl. 24 ff.
[122] BAL, R3601, 1922, Bl. 17 f.

Stillegungen und Liquidierungen zurück. Insbesondere ein etwaiger künftiger Einsatz von ehemaligen Kriegsteilnehmern war im Bereich B IV a nur in geringem Ausmaß möglich. Man erwartete höchstens Neugründungen durch Kriegsteilnehmer nach dem Krieg.[123]

5.2.10.2 B IV b „Handel"

Das Referat B IV b befaßte sich mit 60.000 bis 65.000 Groß- und Einzelhandelsunternehmen jeglicher Größe. Es war in vier Sachgebiete aufgeteilt: a) Nahrungs- und Genußmittel, Tabak-Handel, Gesundheitspflege, Chemie, Optik, Drogerien, b) Bekleidung, Textil, Leder, Möbel, Kunstgewerbe, Papier, Spielwaren, Buchhandlungen, Gold, Juwelen, Silber und Galanterie, c) Rundfunk, Maschinen, Kraftfahrzeuge, Kraftstoff und Garagen, Eisenwaren, Baustoffe, Elektro- und Hausgeräte, Blumenläden, Kohle, d) Großhandel.[124]

Die Erfassungsarbeit betreffend Handel fand zum größten Teil bei der Industrie- und Handelskammer statt, wo eine Aufbaustelle des Handels die Einzel- und Großhandelsunternehmungen systematisch erfaßte.[125]

B IV b war dann in Zusammenarbeit mit der von der HTO eingesetzten Handelsaufbau Ost bzw. mit Einverständnis des Generalbeauftragten beim Reichskommissar für die Festigung des deutschen Volkstums für die Einsetzung und Überwachung der kommissarischen Verwalter zuständig. Über den Einsatz von kommissarischen Verwaltern hinaus mußte B IV b eine Auslese treffen, wonach über 1.000 meistens kleinere Lebensmittelgeschäfte stillgelegt, die restlichen Geschäfte verkauft oder verpachtet wurden. Das Referat B IV b war auch eine erste Anlaufstelle für die kommissarischen Verwalter in Sachen Steuern, Kredite, Neuanschaffungen, Umbauten etc. Es war für die Überwachung der Betriebe zuständig. Das heißt, Sachbearbeiter des Referats mußten dafür sorgen, daß die Betriebe sauber und rentabel wirtschafteten. Zuletzt war B IV b für die Verwertung der Handelsbetriebe zuständig. Zwecks Verwertung mußte das Referat folgende Informationen einholen:1) die Stellungnahme des Handelsaufbaus Ost, 2) die Zustimmung des GVSS und 3) einen Revisionsbericht, der die Überprüfung des KV bzw. eine Schlußbilanz für die Kaufpreisberechnung beinhaltete. Schließlich traf B IV b die Entscheidungen über die Stillegung und Abwicklung von unwirtschaftlichen Unternehmen. In solchen Fällen mußte B IV b die Stellungnahme der Kreisvertrauensmänner und des Handelsaufbaus Ost, das Einverständnis der Landräte sowie des Abwicklungsreferats B X einholen.[126]

[123] APP, HTO, 99, Bl. 16.
[124] BAL, R3601, 1922, Bl. 18.
[125] BAL, R3601, 1922, Bl. 18.
[126] BAL, R3601, 1922, Bl. 18; APP, HTO, 101, Bl. 42.

5.2.11 B V „Handwerk"

Ursprünglich als sehr bedeutend eingestuft, war im Handwerkssektor der Handwerksaufbau Ost geschaffen worden, um Handwerksbetriebe im gesamten Warthegau einschließlich Litzmannstadt auszubauen. Ein Fond mit zwei Millionen RM wurde zur Verfügung gestellt, um Handwerksbetriebe zu unterstützen.[127]
Es war das Ziel des Referats B V, die Ansiedlung von deutschen Handwerkern im Warthegau zu fördern. Von den etwa 60.000 Handwerksbetrieben befanden sich zum 18. März 1940 lediglich 2.400 oder vier Prozent in volksdeutschen Händen. B V war dann vor allem mit der volkspolitischen Aufgabe beauftragt, deutsche Handwerker in den Warthegau anzusiedeln. Trotz einer Werbekampagne im Altreich und von kommissarischen Verwaltungen von vielen Betrieben, war es unter den Kriegsbedingungen nicht einmal annähernd möglich, den Bedarf durch deutsche Fachkräfte zu decken. Polnische Handwerker blieben nach wie vor unersetzlich.[128]
Da es an deutschen Handwerkern von Anfang an mangelte, war das Referat B V „Handwerk" unter Hauptreferent Carl Doutiné im Geflecht mit dem Handwerksaufbau Ost hauptsächlich damit beschäftigt, die vorhandenen Betriebe mit geeigneten deutschen Handwerkern zu versorgen. Einige beschlagnahmte Betriebe blieben sogar in den Händen der polnischen Besitzer mangels Ersatz an deutschen Handwerkern. Der Ausbau der besetzten Betriebe bzw. die Schließung von einigen kleineren Betrieben war eine sekundäre Tätigkeit.[129]
Wie bereits erwähnt, wurden auch Reichsdeutsche aktiv angeworben. Trotz des Verkaufsstopps, der zugleich als eine Bremse für die ganze Bauindustrie wirkte, bestand dieser Mangel fort.[130] Zu diesem Zweck wurde die Broschüre „Das Handwerk im Reichsgau Wartheland"[131] herausgegeben, um die Möglichkeiten für deutsche Handwerker im Warthegau zu propagieren.
Nach einer Statistikaufstellung des Referats B V vom 30. April 1943 ergibt sich folgendes Bild des Handwerks zum Höhepunkt der Kolonisierung im Warthegau: Im Bezirk Posen wurden 11.765 und in Hohensalza 8.767 Handwerksbetriebe erfaßt. Das Handwerksreferat selbst erfaßte 8.559 Objekte zwecks Förderung. Von den vom Handwerksreferat erfaßten Betrieben waren 3.148 zu irgendeinem Zeitpunkt kommissarisch verwaltet worden. Davon wurden 1.829 Betriebe verkauft. Der Verkauf der Betriebe brachte einen Erlös von 4.632.638,94 RM ein. Zum 30.4.1943 befanden sich nur noch 1.319 Betriebe unter kommissarischer Verwaltung, und davon waren nur 1.050 bestellte kom-

---

[127] APP, HTO,102, Bl. 6.
[128] BAL, R3601, 1922, Bl. 19.
[129] APP, HTO, 102, Bl .6.
[130] APP, HTO, 101, Bl. 45 ff.
[131] Ulrich Schade unter Mitarbeit von Carl Doutiné: Das Handwerk im Reichsgau Wartheland. Berlin 1942. Hg. von Dr. Walter Geisler, Reichsuniversität Posen. Aus der Reihe: „Die wirtschaftlichen Entwicklungsmöglichkeiten in den eingegliederten Ostgebieten des Deutschen Reiches. Im Auftrag der Haupttreuhandstelle Ost und des Reichskommissars für die Festigung deutschen Volkstums, Stabshauptamt" Band 8.

missarische Verwalter. Wegen mangelnder Eignung mußten 131 KV abberufen werden. Schließlich wurden 2.229 Betriebe liquidiert.[132]

5.2.12 B VI „Gewerblicher Grundbesitz" und die Grundstücksgesellschaft für den Reichsgau Wartheland mbH (GEWA)

Das Referat B VI „Gewerblicher Grundbesitz" (früher „Städtischer Grund- und Hausbesitz") hatte die Aufgabe, den gesamten im Zuständigkeitsbereich der Treuhandstelle Posen befindlichen gewerblichen bzw. „gemischt-gewerblichen" Grundbesitz zu verwalten und zu verwerten, soweit andere Fachreferate (B IV a „Industrie" oder B VII „Hotel- und Gaststättengesellschaft") nicht dafür zuständig waren. Sowohl der Generalabwickler für die von der HTO beschlagnahmten Kreditinstitute im Warthegau als auch andere Dienststellen des Reiches hatten aber auch in bezug auf Gewerbegrundstücke in deren Interessensphäre besondere Vollmachten.[133]

Von besonderem Interesse war die Abgrenzung der Kompetenzen gegenüber dem SS-Bodenamt bzw. der GEWA. Dies geschah auf Grund der Anordnungen der HTO vom 26.5.1941 sowie vom 23.12.1940 (betreffend unbebaute Industriegrundstücke).[134] Theoretisch bestimmte die Nutzung des Grundstückes und nicht dessen Lage die Zuständigkeit. Das SS-Bodenamt war zuständig für Grundstücke, die für landwirtschaftliche Betriebe bestimmt waren. Das Referat B VI hatte theoretisch Ansprüche auf Grundstücke, die für industrielle Betriebe – etwa Holzbearbeitung – bestimmt waren. Um Reibungen zu vermeiden, war die Aufteilung de facto nach geographischen Gesichtspunkten organisiert worden. Das heißt, Gewerbegrundstücke in ländlichen Gemeinden fielen dem SS-Bodenamt zu. In Kreisen mit einem städtischen Charakter war das Referat B VI zuständig.[135]

Mit der GEWA war eine Abgrenzung schwieriger herbei zu führen, da es sehr viele gemischt-gewerbliche Grundstücke gab. Theoretisch bestimmte der gewerbliche oder der Wohnmietertrag die Zuständigkeit. Wenn der gewerbliche Mietertrag überwog, dann war das Referat B VI zuständig, andernfalls die GEWA. Trotzdem kam es immer wieder zu Unstimmigkeiten.[136]

Für die Verwertung von Grundstücken durch das Referat B VI und die GEWA galten die Richtlinien der HTO vom 4.7.1941. Danach durften Grundstücke und Objekte nur zu Preisen angeboten werden, die nach einem bestimmten Schätzschema begutachtet wurden. Eine Reihe geschulter Schätzer hatten

---

[132] APP, HTO, 102, Bl. 32.

[133] RA Bossart des Referats BVI an die Leitung. Betr. Rechenschaftsbericht der HTO, Posen, den 5. Oktober 1942. APP, HTO, 101, Bl. 49.

[134] Ebenda.

[135] Ebenda, Bl. 50.

[136] Ebenda, Bl. 49.

die Aufgabe, sowohl für das Referat B VI als auch für die GEWA Gutachten zu erstellen.[137]

Die Grundstücksgesellschaft für den Warthegau (GEWA) war für die Erfassung, Verwaltung und Verwertung von Wohngrundstücken im Warthegau zuständig. Ursprünglich war die GEWA eine Zweigstelle der Berliner Grundstücksgesellschaft der HTO. 1941 wurde sie eine selbständige GmbH, die jedoch im Wege der Dienstaufsicht dem Leiter der TP bzw. dem Grundstücksreferat B VI unterstand.[138] Im Rahmen einer Verwaltungszusammenlegung wurde B VI, das sämtliche gewerblichen Grundstücke im Warthegau verwaltete und verwertete, von der GEWA ab 1943 mitgeführt.[139]

Nach dem Stand von 1943 wurden 1.120 Grundstücke von der GEWA trotz des 1942 erlassenen Verkaufsstopps verkauft. Der Verkauf von insgesamt rd. 135.000 Grundstücken war trotz Reservierungen für Kriegsteilnehmer im Warthegau vorgesehen.[140] Nach dem Stand vom 30. September 1942 waren insgesamt 60.000 Wohnungen mit einem Kostenaufwand von 55.040.431 RM instand gesetzt worden. Die Mieteinnahmen bis zum Stichtag betrugen insgesamt 110.283.105 RM. Steuern, Betriebskosten, Personalkosten und allgemeine Verwaltungskosten betrugen 58.422.022 RM. Sämtliche Ausgaben beliefen sich auf 113.462.453 RM. Nach dem Stand vom 30. September 1943 blieb ein Minus von 3.179.348 RM.[141]

5.2.13 B VII „Hotel- und Gaststättengewerbe"

Die Hotel- und Gaststätten-Gesellschaft Wartheland mbH Posen wurde im Juni 1940 gegründet. Sie war schon im Sudetenland und in der Ostmark tätig. Sie übernahm das Referat BVII „Hotel- und Gaststättengewerbe" (früher „Fremdenverkehr") der TP, das bislang für die Gestaltung des Gastgewerbes im Warthegau zuständig war. Die Gesellschaft wurde mit einem Stammkapital von 500.000 RM ausgestattet. Die Gesellschaft und ihre Anteile war reichseigen vertreten durch die HTO.

Zu den Aufgaben der Gesellschaft in dem Zuständigkeitsbereich der TP gehörten a) die Erfassung der Hotels und Gaststätten im Warthegau, b) die kommissarische Verwaltung von Hotels und Gaststätten zu übernehmen bzw. Kommissarische Verwalter vorzuschlagen, c) die Verwertung der Hotels und Gaststätten, insbesondere deren Verkauf und Verpachtung, d) die Einziehung von Pachtzinsen und Verkaufserlösen bzw. die Überwachung der betreffenden Verträge, e) die Vergabe von Krediten aus den Verkauf- und Pachterlösen zwecks Instandsetzung, Bauausführungen bzw. Investition, f) die Betreuung der Hotels

[137] Ebenda, Bl. 50.
[138] APP, HTO, 100, Udo Milbradt: Tätigkeitsbericht der Treuhandstelle Posen und Nebenstelle Litzmannstadt per 31. Dezember 1941, S. 3, (Bl. 4).
[139] APP, HTO, 102, Tätigkeitsbericht der TO Posen vom 10.Mai 1943, S. 9 (Bl. 12).
[140] APP, HTO, 91, Rechenschaftsbericht der TP zum „Tag der Freiheit" 1943 mit Unterlagen, S. 2 (Bl. 4).
[141] Rechenschaftsbericht, S. 208 f.

und Gaststätten, g) der kulturelle Aufbau des Gaststättengewerbes bzw. die Neuerrichtung von Hotels und Gaststätten.[142] Ein Geflecht von Instanzen und Prozeduren war notwendig, um diese Ziele zu erreichen. Nach wie vor stand die Volkstumszugehörigkeit im Mittelpunkt der Arbeit. Bei der Einsetzung von kommissarischen Verwaltern nahm der Generalbeauftragte beim Reichskommissar für die Festigung des deutschen Volkstums 1941 der Gesellschaft die Überprüfung der Volkstumszugehörigkeit ab. In Zusammenarbeit mit den Kreisvertrauensmännern, den Landräten bzw. Amtskommissaren wurden Objekte zur Renovierung ausgesucht.

Interessant ist, daß auf Antrag der Reichsgruppe Fremdenverkehr, die kommissarischen Verwalter im Gastgewerbe auf eigene Rechnung arbeiteten und nur eine Umsatzpacht an die Gesellschaft bezahlen mußten. Das heißt, sie waren weitgehend umsatzbeteiligt. Sonst war es bei der HTO und den Treuhandstellen üblich, daß die kommissarischen Verwalter einen Lohn für ihre Arbeit erhielten, aber keineswegs Profit behalten durften. Allerdings entstanden durch die voranschreitende Rationierung von Lebensmitteln bzw. die Kontingentierung von Getränken große Konjunkturschwankungen.[143]

Es liegt der Verdacht nahe, daß die ausreichende Versorgung der Gaststätten im weiteren Verlauf des Krieges nur auf dem Schwarzmarkt zu gewährleisten war. Dies setzte nicht nur die weitgehende Autonomie der Gastwirte voraus, sondern deren Belohnung für die zusätzliche Mühe, welche eine Mangelwirtschaft ihnen abverlangte. Schließlich diente das Gastgewerbe den Kriegsbemühungen, die deutsche Bevölkerung und die Militärs bei Laune zu halten.

Beim Einmarsch der deutschen Truppen hatte es ca. 4.000 polnische Betriebe gegeben. Bis zum Verkaufs- bzw. Baustopp wurden viele Betriebe liquidiert oder umgestaltet. Zum 30. September 1942 gab es noch 3.876 Betriebe. 831 Betriebe waren inzwischen geschlossen worden. 1.096 Betriebe wurden von Volks- oder Reichsdeutschen bzw. Umsiedlern kommissarisch verwaltet. 125 Betriebe waren an Reichs- bzw. Volksdeutsche oder Umsiedler verkauft worden. Der Rest der Betriebe wurde von Polen bzw. der Auffanggesellschaft verwaltet. Insgesamt 201 Kriegsteilnehmer wurden bis dahin in die verkauften oder verpachteten Betriebe eingesetzt. 30 Betriebe wurden mit Kriegsversehrten besetzt. Einige Betriebe wurden anderen Referaten als Handels- oder Handwerksbetriebe überlassen.[144]

Bis September 1942 wurden rd. 7.000.000 RM für Umbauten ausgegeben. Einnahmen aus Verkäufen bzw. Verpachtungen betrugen bis dahin 8.231.825,72 RM.[145]

---

[142] Teilbericht der Hotel- und Gaststätten-Gesellschaft Wartheland mbH Posen für den Dreijahresbericht über die Tätigkeit der HTO Berlin. APP, HTO, 101, Bl. 53.

[143] Ebenda, Bl. 55.

[144] Ebenda, Bl. 56 f.

[145] Ebenda.

5.2.14 B VIII „Vereine, Stiftungen, freie Berufe, Apotheken und Drogerien"

Im Zuständigkeitsbereich des Referates B VIII waren insgesamt 1.864 Betriebe erfaßt. Davon standen 724 Betriebe unter kommissarischer Verwaltung, und 265 Betriebe waren schon verwertet. Das Referat B VIII war für folgende Kategorien von Betrieben zuständig: Apotheken, Drogerien, Speditionen und Fuhrbetriebe, Garagen, Handels- und technische Büros, Filmtheater, Schiffahrt, Ärzte, Zahnärzte, Genossenschaften sowie Vereinsobjekte. Die folgende Tabelle enthält die Betriebe nach Erfassung, kommissarischer Verwaltung und Verwertung:[146]

Betriebe	Erfassungen	in Betrieb von Dt. genommen	KV Betriebe	Verwertungen
Apotheken	182	132	132	-
Drogerien	361	189	93	96
Speditionen u. Fuhrbetriebe	812	436	328	108
Garagen	21	12	6	6
Handel- u. Techn. Büros	29	9	4	6
Filmtheater	69	42	28	1
Schiffahrt	7	7	-	-
Ärzte, Zahnärzte	235	71	27	44
Genossenschaften	54	16	15	1
Vereinsobjekte	94	-	91	3
Kraftfahrzeuge	688	-	-	482
Einzelobjekte	213	-	-	65

Schwerpunkt des Referats B VIII war der Ausbau der unter kommissarischer Verwaltung stehenden Betriebe bzw. die Verwertung solcher Betriebe. In einigen Bereichen, vor allem bei Speditionen, Arzt- und Zahnarztpraxen, Apotheken und Drogerien konnten zahlreiche Polen mangels Ersatz noch ihre Geschäfte fortführen. Erwähnenswert ist, daß übermäßig viele Deutschbalten und Reichsdeutsche unter den kommissarischen Verwaltern bzw. Käufern vertreten waren. Es liegt auf der Hand, daß solche Berufe fachliches Können voraussetz-

---

[146] APP, HTO, 2177, Bl. 31-35.

ten, die nicht durch Berufsfremde ersetzt werden konnten.[147] Schwierigkeiten traten vor allem auf, als im Laufe des Jahres 1941 immer mehr kommissarische Verwalter in die Wehrmacht eingezogen wurden. Damit hatte sich die Frage der Überführung aller Betriebe in deutsche Hand von allein erledigt.[148]

Zu den einzelnen Bereichen kann folgendes gesagt werden: Bei den Speditionen war es ganz und gar unmöglich, die große Zahl von kleinen polnischen Betrieben in deutsche Hand zu überführen. Es hat nicht nur an deutschen kommissarischen Verwaltern gemangelt, auch die vielen polnischen Kleinstbetriebe boten nur unzureichende Fuhrmöglichkeiten. Auch wenn 300 polnische Kleinstbetriebe im Laufe des Jahre 1942 neu erfaßt wurden, kam eine Beschlagnahme nur dann in Frage, wenn die Gründung einer Existenz für einen Deutschen erforderlich war. In etwa 15 Fällen wurden polnische Betriebe beschlagnahmt, um kommissarisch verwaltete Betriebe mit den notwendigen Pferden auszustatten. Überhaupt machte sich der Mangel an Pferden und Lastkraftwagen stark bemerkbar. Zudem gingen die Pferde häufig ein, weil nicht genügend und geeignete Futtermittel zur Verfügung standen.[149]

Die Verwertung der Apotheken war bis 1942 nicht möglich, da die Regelung der Apothekenbetriebsrechte durch den Reichsinnenminister abzuwarten war. Danach waren Anträge für den Kauf von 50 Apotheken samt Grundstücken bei den einzelnen Regierungspräsidenten eingegangen. Der Verkauf der übrigen Apotheken sollte bis zum Kriegsende zurückgestellt werden, da es an geeigneten Apothekern mangelte. Zudem erhielten einige kommissarische Verwalter im Vergleich zu ihrem früheren Besitz zu große Apotheken.

Mangels Apothekern mußten sieben Apotheken vorübergehend stillgelegt werden. 23 Apotheken befanden sich sogar noch in polnischer Hand. Etwa 50 bis 100 Apotheken sollten für Kriegsteilnehmer zur Verfügung stehen. Im Jahre 1941 wurden viele kleinere Apotheken in polnischer Hand deutschen kommissarischen Verwaltern übertragen. Oft wurden diesen Verwaltern zwei bis drei Apotheken übertragen, weil es nicht genügend Verwalter gab.[150]

Auch bei den Drogerien war ein Mangel an Fachkräften spürbar. Bis 1942 waren fast 30% der erfaßten Betriebe verwertet worden. 25% waren noch kommissarisch verwaltet, 25% schon abgewickelt, 15% stillgelegt und 10% befanden sich noch in polnischer Hand. 44 Betriebe waren für den Kriegsteilnehmereinsatz reserviert worden. Ein weiteres Problemfeld war die Warenverknappung. Wenn die Warenlager erschöpft waren, drohte die Schließung einer Reihe von Betrieben wegen Unrentabilität.[151]

---

[147] Ebenda.
[148] Ebenda.
[149] Ebenda.
[150] Ebenda.
[151] Ebenda.

Die Mehrzahl der Garagen war bis 1942 schon verwertet. Angesichts des Mangels an Betrieben konnten auch keine Betriebe für den Teilnehmereinsatz reserviert werden.[152]

Eine geringe Zahl von Handels- und technischen Büros wurde bereits 1942 verwertet.

Die Allgemeine Filmtreuhand GmbH, die als kommissarischer Verwalter aller Filmtheater fungierte, eröffnete Betriebe in fast allen Städten. Eine Verwertung war erst bei Kriegsende vorgesehen. Die Mehrzahl der Betriebe blieb für Kriegsteilnehmer reserviert.[153]

Die vom B VIII verwerteten Genossenschaften waren vor allem Wohnungsbaugenossenschaften, die über einen umfangreichen Grundbesitz verfügten. Die Heimstätte Reichsgau Warthegau fungierte hier als kommissarische Verwalterin.[154]

Mit der Abwicklung der Ärzte- und Zahnärztepraxen waren die Ärzte bzw. Zahnärztekammern beauftragt worden.

Das Vermögen der landwirtschaftlichen Vereine wurde dem Reichnährstand, und das Vermögen der polnischen Staatsbahnen der Reichsbahn übertragen. Das Vermögen der polnischen Feuerwehrvereine ging auf die Gemeinden und das Vermögen der Schulvereine ging auf die Schulabteilung des Reichsstatthalters über.[155]

Sportobjekte wurden zum Verkauf an die Stadtverwaltungen vorbereitet. Offensichtlich ging dieser Vorgang nicht reibungslos vor sich, da die Kaufbewerber nur einen Bruchteil des Schätzungswertes zahlen wollten.[156]

Insgesamt 482 Kraftfahrzeuge wurden verwertet. Sie wurden vor allem an Dienststellen verkauft.[157]

5.2.15 B IX „Energie-Wirtschaft"

Das Referat „Energiewirtschaft" war noch 1940 ein Teil des Referats B IV a „Industrie und Energiewirtschaft".[158] Doch gewann der Bereich „Energiewirtschaft" an Bedeutung, als es darum ging, die Braunkohlevorkommen im rohstoffarmen Warthegau abzubauen bzw. diese Braunkohlenlagerstätten an die Elektrizitätswerke Wartheland zu verkaufen.

Im Laufe des Jahres 1941 wurden 28 Betriebe der Elektrobranche verkauft, 20 Betriebe wurden abgewickelt. 13 weitere Betriebe befanden sich 1941 in der Abwicklung. Zwei Elektroeinzelhandelsgeschäfte, zwei Installationsgeschäfte

---

[152] Ebenda.
[153] Ebenda.
[154] Ebenda.
[155] Ebenda.
[156] Ebenda.
[157] Ebenda.
[158] APP, HTO, 35, Bl. 24.

und eine Elektrogroßhandlung wurden in Posen-Stadt zu Frontkämpferbetrieben erklärt. Außerdem wurden 12 andere Betriebe im Bereich der Treuhandstelle Posen dem Frontkämpfereinsatz zur Verfügung gestellt.[159]

5.2.16 B X „Liquidation und Schuldenabwicklung"

Die Treuhandstelle Posen hatte am 1. Oktober 1941 das Referat B X „Schuldenabwicklung" geschaffen. Das Referat war mit der Umsetzung der Schuldenabwicklungsverordnung vom 15.8.1941 befaßt. Es wurde angestrebt, eine Entlastung der Fachreferate im Zuge der zunehmenden Verwertungen von beschlagnahmten Betrieben herbei zu führen. In seinem Tätigkeitsbericht vom 12. Januar 1942 führte der ständige Vertreter des Leiters der HTO, Udo Milbradt, aus, daß er mit einer Zunahme der Liquidationsabteilungen rechne, da der Arbeitsanfall durch die Verwertungen durch die Fachreferate sonst nicht mehr zu bewältigen sei.[160]

Das Referat B X „Schuldenabwicklung" arbeitete zwar eng mit der Rechtsabteilung zusammen, doch verblieb die Hauptlast der Arbeit bei diesem Referat. Nach der Vierten Durchführungsverordnung der Schuldenabwicklung, insbesondere § 38,[161] war Klarheit in einigen wesentlichen Fragen geschaffen worden. Die Haupttreuhandstelle Ost hatte unter anderem zur Anmeldung von Forderungen aufgefordert. Zwecks der Bearbeitung solcher Forderungen aus der Treuhandmasse der Treuhandstelle Posen war dann das Referat B X gebildet worden. Die Regelung von Fragen wie die Auszahlung gemäß dem Abwicklungsstatus, der Betätigung des Verteilungs- oder Abschlußplanes bzw. der Ermächtigung zur Abschlagzahlung wurden jetzt ausschließlich vom Referat B X vorgenommen.[162] Nach dem Tätigkeitsbericht der TP vom 12. Mai 1943 waren bei ihr bis zu diesem Zeitpunkt ca. 38.000.000 RM an Forderungen zwecks Befriedigung angemeldet worden.[163]

---

[159] APP, HTO, 2177, Bl. 35 f.

[160] Tätigkeitsbericht der Treuhandstelle Posen und Nebenstelle Litzmannstadt per 31. Dezember 1941. APP, HTO, 99, Bl. 36.

[161] Anhang III zum Sonderheft Schuldenabwicklung der Haupttreuhandstelle Ost vom 8. Juni 1942. APP. HTO, 20, Bl. 1 ff; Siehe auch Mitteilungsblatt der HTO, Sonderheft Schuldenabwicklung vom 8. Juni 1942.

[162] Tätigkeitsbericht der Treuhandstelle Posen und der Treuhandnebenstelle Litzmannstadt per 30.6.1942. APP, HTO; 99, Bl. 26.

[163] Tätigkeitsbericht der Treuhandstelle Posen (einschl. Litzmannstadt) zum Besuch des Bürgermeisters Dr. Winkler und versch. Herren vom Vierjahresplan sowie des Gauleiters am 12. Mai 1943 (mit Unterlagen). APP, HTO, 102, Bl. 13.

Bilanz

Das Ziel der Treuhandstelle Posen bestand darin, polnisches Vermögen im War-thegau an Deutsche zu überführen. Der polnische Staat war aus der Sicht der Nazis zerschlagen. Die loyalen polnischen Staatsbürger waren als Schutzange-hörige des Deutschen Reiches zu diskriminieren und zu enteignen. Der Krieg hinderte jedoch die vollständige Überführung des polnischen Vermögens, vor allem den Verkauf von Wohngrundstücken.

Enteignungen bildeten eine wichtige Vorstufe bei der angestrebten Zerstö-rung der polnischen Nation: Einerseits wurde aus der Vermögensmasse der Treuhandstelle Posen geschöpft, um die Kolonisierung der eingegliederten Ge-biete voranzutreiben. Andererseits gelangten polnische Vermögenswerte in die Reichskasse oder sie wurden auf direkte oder indirekte Weise zur deutschen Kriegsfinanzierung verwendet. Durch die Nutzung und Verwertung des be-schlagnahmten polnischen Kapitals sowie deren Übereignung an andere Reichs-dienststellen wurden die polnischen Alteigentümer mittellos gemacht. Mit den geplünderten Vermögenswerten, durch Sklavenarbeit und durch Vernichtung wurde Lebensraum geschaffen. Nach der Beendigung ihrer Nützlichkeit als Sklavenarbeiter hatten Polen Platz für Wehrbauern und andere deutschen Sied-ler im Sinne des Reichskommissars für die Festigung des deutschen Volkstums machen müssen.

Durch die Treuhandstelle Posen, die Haupttreuhandstelle Ost und die übrigen Treuhandstellen wurde polnisches Vermögen beschlagnahmt, erfaßt, verwaltet und verwertet. Finanzmittel, die sich aus der Verwaltung von Betrieben und dem Verkauf von Immobilien und Betrieben ergaben, wurden zur Finanzierung von öffentlichen Projekten eingesetzt, um deutsche Steuergelder zu sparen. Überschüsse aus der Verwaltung der Betriebe und anderer Objekte wurden auf Konten der HTO geparkt oder in Reichsanleihen investiert. Bei der letzten Ge-samtbilanz der HTO vom 30. September 1944 bestand die Hälfte der zwei Mil-liarden Vermögensmasse aus flüssigen Mitteln.

Eine Besonderheit hatte die Treuhandstelle Posen aufzuweisen: sie knüpfte bewußt an preußisches Gedankengut an, dazu gehörte auch eine korrekte Dienstauffassung. Die eingegliederten Gebiete machten weitgehend die Gebiete aus, die das Reich infolge des Ersten Weltkrieges an Polen hatte abtreten müs-sen. Aus der Sicht der Nationalkonservativen, die oft aus den Abtretungsgebie-ten stammten, konnte Polen nur auf Kosten Preußens existieren. Extreme Ver-treter der nationalen Idee im Reich beanspruchten exklusive Rechte der Deut-schen auf diesem Gebiet schon vor dem Ersten Weltkrieg.

Ein Großteil der Geschäftsführung der HTO und der Treuhandstelle Posen kam aus Pommerellen oder aus Posen. Ihr Anteil an der „nationalen Bewegung" erklärt ihr Engagement in der HTO und der TP. Auf diese Weise konnte jeder an dem lang ersehnten Ziel teilhaben, die nach dem Ersten Weltkrieg abgetrete-nen Gebiete für die deutsche Nation wiederzugewinnen. Dies war keine NS-Erfindung, sondern eine Folge des „Volkstumskampfes". Die Täter waren keine Teufel, sondern Menschen, deren lange und unüberbrückbare Feindschaft gegenüber Polen sich zu einem Existenzkampf entwickelt hatte. Der Kriegsausgang mit Polen bot dann vielen jungen deutschen Akademikern und Wirtschaftsfachleuten die vorzügliche Möglichkeit, eine steile Karriere in den neu geschaffenen Reichsdienststellen zu machen. Sowohl die für die Enteignungen zuständigen Beamten bei der HTO und der TP als auch die deutschen Banken, Firmen, Geschäftsleute und Privatpersonen, die die Nutznießer der beschlagnahmten und eingezogenen Vermögen waren, kamen nach dem Krieg weitgehend straffrei davon. Zudem haben damals viele von ihnen die Sklavenarbeit von Enteigneten in Anspruch genommen. Über 50 Jahre nach Kriegsende ist es schwer, solche Täter auszumachen. Die Zeit verwischt nicht nur die Spuren der Vergangenheit, sondern auch die damaligen Konstellationen. Die meisten Beteiligten sind schon gestorben. Akten sind im Laufe der Zeit verschwunden, verschollen oder vernichtet worden. Damalige Firmen haben aufgehört zu existieren oder sind durch Beteiligungen vollständig andere Firmen geworden. Das geraubte Kapital hatte bereits während des Krieges durch Geldwäsche, Ausgaben, Deckung von Verwaltungskosten, Neuinvestitionen und Anlagen neue Bahnen der Verwertung eingeschlagen.

Die Alliierten haben bei der Verfolgung von Wirtschaftsverbrechern und der Ermittlung von erbeuteten Vermögenswerten unmittelbar nach dem Krieg versagt. Die Verantwortlichen bei der HTO und TP wurden weitgehend nicht zur Verantwortung gezogen.[1] Der Kalte Krieg spielte dabei eine nicht unwesentliche Rolle. Die realpolitische Notwendigkeit, die jeweiligen Interessensphären aufzubauen, zu stärken und zu schützen, bedeutete, daß viele Kriegsverbrecher nicht nur unbestraft davon kamen, sondern unbefleckt wieder zu Amt und Ehre in der Nachkriegszeit gekommen waren.

Ein Großteil der beweglichen Vermögenswerte, die in den eingegliederten Gebieten Polens während des Krieges erbeutet wurden, ist nie wieder nach Polen zurückgekehrt. Schon 1942 hatten die Nazis den größten Teil des beweglichen Vermögens verwertet oder vernichtet. Die Spuren der letzten Konten der HTO verlieren sich in den letzten Journals.

Die Frage von Wirtschaftsverbrechen auf polnischem Boden im Zweiten Weltkrieg muß neu gestellt werden. Diese Problematik darf nicht in die Rubrik „Ausbeutungspolitik im besetzten Polen" weggesteckt werden. Die Verbrechen, die in Polen während des Krieges begangen wurden, resultierten auch aus wirtschaftlichen Interessen. Eine besondere Rolle spielten dabei Berührungspunkte, die sich aus einer gemeinsam erlebten polnischen und deutschen Geschichte ergaben.

---

[1] Der Prozeß gegen die Hauptkriegsverbrecher vor dem Internationalen Militärgerichtshof. Nürnberg 14. Nov. 1945-1. Okt. 1946. Nürnberg 1949, 26 Bände; Zentrale Stelle der Landesjustizverwaltungen in Ludwigsburg: Übersicht über Verfahren wegen NS-Verbrechen nach dem Stand vom 20. September 1967. Reichsgau Wartheland, S. 160-193; H. M. Enzensberger (Hg.): OMGUS: Ermittlungen gegen die Dresdner Bank; Ermittlungen gegen die Deutsche Bank; Ermittlungen gegen die IG Farben. Alle drei Bände bearbeitet von der Hamburger Stiftung für Sozialgeschichte des 20. Jahrhunderts. Nordlingen 1986.

Bibliographie

Archivalische Quellen

Archiwum Panstwowe Miasta Poznania i Województwa Poznanskiego:
Haupttreuhandstelle Ost, Treuhandstelle Posen
Reichsstatthalter Posen

Bundesarchiv Lichterfelde und Außenlager Hoppegarten
R 8043   Die Deutsche Stiftung
R 2501   Die Deutsche Reichsbank
R 144   Die Haupttreuhandstelle Ost
R87   Der Reichskommissar für die Behandlung feindlichen Vermögens
R 2   Der Reichsminister der Finanzen
R 3101   Das Reichswirtschaftsministerium
R 2301   Der Rechnungshof des Deutschen Reiches
R 26   Der Vierjahresplan
R 88I   Handelsaufbau Ost

DDR Archivare-Kartei

Unterlagen des Staatssicherheitsdienstes der DDR zur NS-Vergangenheit von Bürgern

BDC Personenkartei:
Recherchen zu: Hans Casdorf, Carl Doutiné, Hermann Höpker-Aschoff, Erich Krahmer-Möllenberg, Walter Maedel, Carl Melien, Udo Milbradt, Hugo Ratzmann, Rudolf Toyka, Alexander Weißker, Max Winkler

Geheimes Preußisches Staatsarchiv zu Berlin-Dahlem (GSA):
Denkschriften des Ostmarkenvereins. 1914-1922

Instytut Zachodni, Poznań:
Bestände (Inwentarzy) I und II.

Nationalarchives at College Park:
Berliner Document Center Documents
Office of Secret Services Records

United States Holocaust Memorial Museum, Research Facilities:
Osobij Archives, Moskow, Microfilm Collection
Main Commission, Warsaw, Microfilm Collection

218

Gedruckte Quellen und Quellensammlungen

Akten zur deutschen auswärtigen Politik 1918-1945. 5 Reihen. Reihe C: Das Dritte Reich: Die ersten Jahre (1933-1937). 6 Bde. Göttingen 1971-1981; Reihe D: 1937-1941. 13 Bde. Baden-Baden/Göttingen 1950-1970; Reihe E: 1941-1945. 8 Bde. Göttingen 1969-1972.

Beauftragter für den Vierjahresplan (Hg.): Haupttreuhandstelle Ost. Materialsammlung zum inneren Dienstgebrauch. Berlin 1940.

Beauftragter für den Vierjahresplan (Hg.): Mitteilungsblatt der Haupttreuhandstelle Ost (nach Bedarf). Berlin 1940-1945.

Beauftragter für den Vierjahresplan (Hg.): Rechtsvorschriften über die Haupttreuhandstelle Ost. Berlin 1942.

Biuletyn Glownej Komisji Badania Zbrodni Hitlerowskich w Polsce. Tom 1-5: Poznań 1946-1948; Tom 6-27: Kraków 1951-1977.

Deutscher Reichsanzeiger

Dylinski, Ryszard/Marian Flejsierowicz/Stanislaw Kubiak (Hg.): Z Litera »P«. Polacy na robotach przymusowych w hitlerowskiej Rzeszy 1939-1945. Wspomnienia. Poznań 1976.

Hansen, Georg (Hg): Schulpolitik als Volkstumspolitik: Quellen zur Schulpolitik der Besatzer in Polen 1939-1945. New York 1994.

Der Prozeß gegen die Hauptkriegsverbrecher vor dem Internationalen Militärgerichtshof (IMT). Amtl. Text in deutscher Ausgabe Nürnberg (42 Bände. 1947-1949). Stichwort: Haupttreuhandstelle Ost: VIII, 14; XIII, 642f, 652f, 675f, 679; PS-3947.

Instytut Zachodni (Hg.): Documenta Occupationis. 13 Bde. Poznań 1946-1990.

Kowalski, Włodzimierz T. (Hg.): Polska w polityce międzynarodowej (1939-1945). Zbiór dokumentów 1939. Warszawa 1989.

Łuczak, Czesław: Grabież Polskiego Mienia na Ziemiach Zachodnich Rzeczpospolitej „wcielonych" do Rzeszy 1939-1945. Poznań 1969.

Ders.: Położenie ludności polskiej w Kraju Warty 1939-1945. Dokumenty niemieckie. Poznań 1987.

Michaelis, Herbert und Ernst Schraepler (Hg.): Ursachen und Folgen: Vom deutschen Zusammenbruch 1918 und 1945 bis zur staatlichen Neuordnung Deutschlands in der Gegenwart. Eine Urkunden- und Quellensammlung zur Zeitgeschichte. 27 Bde. Berlin 1958-1980.

Reichsgesetzblatt und Preußischer Staatsanzeiger

Schminck-Gustavus, Christoph (Hg.): Hungern für Hitler. Erinnerungen polnischer Zwangsarbeiter im Deutschen Reich 1940-1945. Hamburg 1984.

Żydowski Instytut Historczny (Hg.): Eksterminacja Żydów na ziemiach Polskich w okresie okupacji hitlerowskiej. Zbiór dokumentów. Zebrali i opracowali T. Berenstein, A. Eisenbach, A. Rutkowski. Warszawa 1957.

Zeitgenössische Zeitungen und Zeitschriften

Bank-Archiv
Deutsche Allgemeine Zeitung
Deutscher Volkswirt
The Economist
Krakauer Zeitung
Ostdeutscher Beobachter
The Times, London

Zeitgenössische Veröffentlichungen

Bank der deutschen Arbeit AG (Hg.): Kriegseinsatz der Wirtschaft. Berlin 1940.

Beauftragte des RKVs (Hg.): Der Warthegau in der Brieftasche. In: IZ, I-206.

Brinckmann, Carl: Die wirtschaftliche Gestaltung des europäischen Großraums. In: Bank-Archiv vom 15.1.1941, S. 29-31.

Bücherei des Steuerrechts (Hg): Karl Groth: Die Reichsfinanzverwaltung. Band I. Berlin 1944.

Denkschrift des Rassenpolitischen Amtes über „Die Frage der Behandlung der Bevölkerung der ehemaligen polnischen Gebiete nach rassenpolitischen Gesichtspunkten" vom 25.11.1939. In: IZ, I-236.

du Prel, Max: Das General-Gouvernement. Würzburg 1942.

Chef d. SP/SD: Der Rassengedanke u. seine gesetzliche Gestaltung, Berlin 1941. In: IZ, I-126 und Aufgaben des Amtes für Volkstumsfragen für die nächste Zeit vom 23.2.1943. In: IZ, I-67.

Estreichera, K.: Cultural Losses of Poland. Index of Polish Cultural Losses during the German Occupation. 1939-1944. London 1944.

Fischer, Otto Christian: Die Ordnung des Geldwesens im besetzten Gebiet. In: Bank-Archiv vom 15.10.1939, S. 495-498.

Gauamt für Volkstumsfragen im Reichsgau Wartheland: Die Aufgaben des Gauamts für Volkstumsfragen im Reichsgau Wartheland. In: IZ, I-4.

Gauleitung Wartheland - Gauorganisationsamt in Zusammenarbeit mit dem Gauamt für Volkstumsfragen (Hg.): Die Dienstausrichtung. Ausgabe Nr. 2 vom 1.7.1944. In: IZ, I-254.

Gauleitung Wartheland (Hg.): Richtlinien für die politischen Leiter vom 21.10.1944. In: IZ, I-257; ferner „Antrag auf Aufnahme in der Deutschen Volksliste", In: IZ, I-280.

Henckel, Hans: Der Geldverkehr der von der HTO kommissarisch verwalteten Betriebe. In: Bank-Archiv 24, vom 15.12.1939. S. 466-468.

Himmler, Heinrich: Das Ahnenerbe. 1935.

Höpker-Aschoff, Hermann: Die Abwicklung der Forderungen und Schulden polnischer Vermögen. In: Bank-Archiv, Zeitschrift für Bank- und Börsenwesen vom 15.9.1941, Nr.18, S. 359-361.

Ders.: Das Schicksal des Goldes. In: Bank-Archiv 17, vom 1.9.1940, S. 321-323.

Inter-Allied Information Committee London (Hg.): The Penetration of German Capital into Europe. Conditions in Occupied Territories, Report Nr. 5. London, 1942.

Kanzlei der NSDAP: Nationalsozialistische Wirtschaftspolitik. München 1943, Nr. 1. Insbesondere S. 2-7. (BAL-NSD 3).

Kasten, Helmut: Die Neuordnung der Währung in den besetzten Gebieten und die Tätigkeit der Reichkreditkassen während des Krieges 1939/40. Diss. Berlin 1941.

Keiser, Günther: Die Erfassung der freien Kaufkraft. In: Bank-Archiv, 24, vom 15.12.1939.

Ders.: Die Kreditwirtschaft in den eingegliederten Ostgebieten. In: Bank-Archiv, 24, vom 15.12.1940. S. 466.

Ders.: Kriegssparen und Anlagedrang. In: Bank-Archiv, 2, vom 15.1.1940. S. 17-20.

Ders.: Eine Emissionsbank und eine Bankenaufsichtsstelle für das besetzte Gebiet. In: Ebenda, S. 27-29.

Kraft, Adolf: Die Preußische Polenpolitik. Folge 6. 1944. In: IZ, I-138.

Kretschmann, Max: Deutsche Währungshilfe in den besetzten Gebieten. In: Bank-Archiv vom 1.1.1941, S. 1-3.

Krieger, Karl: Der Reichskommissar für die Behandlung feindlichen Vermögens. I. In: Bank-Archiv, Zeitschrift für Bank- und Börsenwesen vom 15.3.1940, Nr. 6, S. 93.

Milbradt, Udo: Grundstücksrecht in Westpolen (ohne Datum und Erscheinungsjahr).

Ders.: Grundstücksrecht in Westpolen. In: Deutsche Zukunft vom 17. 9.1939.

NSDAP. Gau Wartheland: Die Kreiseinteilung. In: IZ, I-266.

Opitz, Georg: Wertrechte und Wertpapiere. In: Bank-Archiv, vom 15.1.1941. S. 36-42.

Pfennig, Bruno: Rechenschaftsbericht der Haupttreuhandstelle Ost über ihre Tätigkeit in den Jahren 1939-1942. In: BAL, R144, 337; Grabież Polskiego Mienia na Ziemiach Zachodnich Rzeczpospolitej „Wcielonych" do Rzeszy 1939-1945. Wydawnictwo Źródłowe. Przygotowany przez Czesław Łuczak. Poznań 1969.

Ratzmann, Hugo: Die Wirtschaft im Reichsgau Wartheland. Posen 1940.

Ders.: Wesen und Aufgabe der Treuhandstelle Posen. Vortrag gehalten am 28. Januar 1940 anläßlich der ersten großen nationalsozialistischen Führertagung des Warthegaus in der Gauhauptstadt Posen. (Gedruckt 1940).

Schade, Ulrich unter Mitarbeit von Carl Doutiné: Das Handwerk im Reichsgau Wartheland. Berlin 1942. Hg. von Dr. Walter Geisler, Reichsuniversität Posen.

Aus der Reihe: „Die wirtschaftlichen Entwicklungsmöglichkeiten in den eingegliederten Ostgebieten des Deutschen Reiches. Im Auftrag der Haupttreuhandstelle Ost und des Reichskommissars für die Festigung deutschen Volkstums,
Stabshauptamt" Band 8.

Schade, Ulrich: Industrie und Handel im Reichsgau Wartheland. Berlin 1942.
In: Ebenda, Band 9.

Schmidt, E.W.: Die Kriegsausgaben im Kreislauf der Geld- und Güterwirt-
schaft. In: Bank-Archiv, vom 23.2.1941.

Stucken, Rudolf: Kriegsfinanzierung und Kreditausweitung. In: Bank-Archiv,
vom 1.9.1940. S. 394f.

Tewaag, Carl: Der Bankeinsatz in den rückgegliederten Ostgebieten. In: Bank-
Archiv, Berlin 1939, S. 557-559.

Verlag für Rechts- und Staatswissenschaften (Hg.): Das neue Grundbuchrecht.
Die Grundbuchordnung vom 5. August 1935 mit Einleitung, sämtlichen Durch-
führungs- und Ergänzungsbestimmungen und den amtlichen Mustern. Mannheim 1935.

Winkler, Max: Treuhänderische Vermögensverwaltung. In: Ostdeutscher Beobachter vom 20.12.1941, Nr. 354.

Ders.: Treuhänderische Vermögensverwaltung in den eingegliederten Ostgebieten: Vorsorge für Kriegsteilnehmer und Rücksiedler, im übrigen schnelle Verwertung durch die Haupttreuhandstelle Ost. In: Der Vierjahresplan vom
13.12.1941. In: BAL, R2501, 5527, Bl. 195ff.

**Gedruckte Informationen politischer Institutionen
in der Bundesrepublik Deutschland**

Das Bundesfinanzministerium in Zusammenarbeit mit Walter Schwarz (Hg.):
Die Wiedergutmachung nationalsozialistischen Unrechts durch die Bundesrepublik Deutschland. Bd. 1-6. München 1974-1985.

Deutscher Bundestag, Referat Öffentlichkeitsarbeit (Hg.): Wiedergutmachung
und Entschädigung für nationalsozialistisches Unrecht. Bonn 1987. Insbesondere: Bericht des Innenausschusses des Bundestages vom 24. Juni 1987. „Wiedergutmachung".

Die Grünen im Bundestag/Fraktion der Alternativen Liste (Hg.): Anerkennung
und Versorgung aller Opfer nationalsozialistischer Verfolgung. Berlin 1986.

Handbücher und Nachschlagwerke

Boruszczak, Peter Klaus: Das Kleine Wörterbuch für die Geschichte Polens 1918-1945. Das polnische Alphabet mit Aussprache, Personenregister, Regierungen, Parteien-Verzeichnis mit Übersetzung, Karten. Tuttlingen, Konstanz 1989.

Braunbuch. Kriegs- und Naziverbrecher in der BRD. Berlin (Ost) 1965. S. 361-368.

Das Deutsche Führerlexikon 1934/35. Berlin 1934.

Erdmann, Karl Dietrich: Der Zweite Weltkrieg. München 1985.

Główna Komisja Badań Zbrodni Hitlerowskich w Polsce. Rada ochrony pomników Walki i Meczenstwa (Hg.): Obozy hitlerowskie na ziemiach polskich 1939-1945. Informator encyklopedyczny. Warszawa 1979.

Halecki, O.: A History of Poland. (Henry Regnery Co.) Chicago 1966.

Hailbronner, Kay und Günter Renner: Staatsangehörigkeitsrecht. Kommentar. (unter Mitarbeit von Markus Lang) München 1991.

Hillgruber, Andreas und Gerhard Hümmelchen: Chronik des Zweiten Weltkrieges: Kalendarium militärischer und politischer Ereignisse 1939-1945. Düsseldorf 1978.

Hellmann, Manfred: Daten der polnischen Geschichte. München 1985.

Jäckel, Eberhard, Peter Longerich und Julius H. Schoeps (Hg.): Enzyklopedia des Holocaust. Die Verfolgung und Ermordung der europäischen Juden. 3 Bände. 1993.

von Jena, Kai /Wilhelm Lenz: Die deutschen Bestände im Sonderarchiv in Moskau. In: Der Archivar: Mitteilungsblatt für deutsches Archivwesen. Juli 1992, Heft 3, S. 457-468.

Laun, Rudolf (Hg.): Die Haager Landkriegsordnung: Das Übereinkommen über die Gesetze und Gebrauch des Landkriegs. Textausgabe mit einer Einführung. (HLO) Hannover 1950, S. 141-169.

Leitende Männer der Wirtschaft. Berlin 1951, 1953, 1961, 1969.

Łuczak, Czesław: Pod niemieckim Jarzmem (Kraj Warty 1939-1945). Poznań 1996.

Munzinger Archiv. Internationales Biographisches Archiv. Ravensburg.

NS Gauverlag und Druckerei Wartheland GmbH Posen (Hg.): Ortsverzeichnis des Reichsgaus Wartheland mit Übersichtskarte. 1. Ausgabe. Stand 1. Oktober 1941. Posen 1941.

Rada Ochrony Pomników Walki i Meczenstwa (Hg.): Przewodnik po upamiet-nionych miejscach walk i meczenstwa lata wojny 1939-1945. Warszawa 1988.

A.G. Ploetz (Hg.): Geschichte des Zweiten Weltkrieges. Würzburg 1960, S. 28-30.

Roeske, Ulrich: Der Bestand R 2107 OFP Berlin-Brandenburg: Funktion, Inhalt und Quellenwert. In: Mitteilungen des Bundesarchivs, 1/1993. Heft 3, S. 121-123.

Wer ist wer? Das deutsche Who's who. Berlin 1951, 1958.

Wer leitet? Die Männer der Wirtschaft und der einschlägigen Verwaltung. Berlin 1940 und 1941/42.

Wistrich, Robert: Wer war wer im Dritten Reich? Ein biographisches Lexikon: Anhänger, Mitläufer, Gegner aus Politik, Wirtschaft und Militär, Kunst und Wissenschaft. Frankfurt am Main 1987.

Wojewódzkie Archiwum Państwowe w Poznaniu: Skorowidz Historyczny. Nazw Dzielnic i Ulic miasta Poznania. Poznań 1983.

Literatur

1) Allgemein

Albert, Andrzej: Najnowsza Historia Polski. 1918-1980. (Polonia) London 1989.

Bade, Klaus (Hg.): Deutsche im Ausland. Fremde in Deutschland. Migration in Geschichte und Gegenwart. München 1992.

Broszat, Martin: Zweihundert Jahre deutscher Polenpolitik. München 1963.

Ders.: Der Staat Hitlers. München 1969.

Cassier, Siegfried C.: Unternehmerbank zwischen Staat und Markt 1924-1995. Der Weg der IKB Deutsche Industriebank. Frankfurt/Mn. 1996.

Łuczak, Czesław: Od Bismarcka do Hitlera. Polsko-niemieckie stosunki gospodarcze. Poznań 1988.

Jaworski, Rudolf und Marian Wojciechowski (Hg.): Deutsche und Polen zwischen den Kriegen. Minderheitenstatus und „Volkstumskampf" im Grenzgebiet. Amtliche Berichterstattung aus beiden Ländern 1920-1939. Herausgegeben im Auftrag des Instituts für Zeitgeschichte und der Generaldirektion der Polnischen Staatsarchive. München 1997.

Messerschmidt, Manfred: Militärgeschichtliche Aspekte der Entwicklung des deutschen Nationalstaates. Düsseldorf 1988.

Albrecht Ritschl: Die deutsche Zahlungsbilanz 1936-1941 und das Problem des Devisenmangels vor Kriegsbeginn. In: VfZ, 39, Heft 1, Januar 1991, S. 103-122.

Ritschl, Albrecht und Mark Spoerer: Das Bruttosozialprodukt in Deutschland nach den amtlichen Volkseinkommens- und Sozialproduktstatistiken 1901-1995. In: Jahrbuch für Wirtschaftsgeschichte. Volkswirtschaftliche Gesamtrechnungen im internationalen Vergleich, 1997/2, S. 27-54.

Sakson, Andrzej (Hg.): Polska – Niemcy – Mniejszość Niemiecka w Wielkopolska. Przeszłość i Teraźniejszość. Poznań 1994.

Studnicki, Wladyslaw: Irrwege in Polen. Göttingen 1956.

Wette, Wolfram: Militarismus und Pazifismus. Auseinandersetzung mit den deutschen Kriegen. Bremen 1991.

2) Die Provinz Posen und Preußen

Bade, Klaus: „Billig und willig" – die „ausländischen Wanderarbeiter" im kaiserlichen Deutschland. In: Klaus Bade (Hg.): Deutsche im Ausland. Fremde in Deutschland: Migration in Geschichte und Gegenwart. München 1992, S. 311-323.

Balzer, Brigitte: Die Preußische Polenpolitik 1894-1908 und die Haltung der deutschen Konservativen und liberalen Parteien (unter besonderer Berücksichtigung der Provinz Posen). Frankfurt am Main 1990.

Bruchhold-Wahl, Hannelore: Die Krise des Großgrundbesitzes und die Güterankäufe der Ansiedlungskommission in der Provinz Posen, in den Jahren 1886-1898. Münster 1980.

Conze, Werner: Polnische Nation und deutsche Politik im Ersten Weltkrieg. Köln 1958.

Dworecki, Zbigniew: Mniejszość niemiecka w Poznaniu w latach II Rzeczypospolitej. In: Kronika Miasta Poznania. Poznań 1992.

Gentzen, F. H.: Der Posener Schulstreik 1906/7. In: Jahrbuch für Geschichte der deutsch-slawischen Beziehungen. Bd. II. Halle/Saale 1958.

Gill, Arnon: Eine tragische Staatsgrenze. Geschichte der deutsch-polnischen Grenze von 1918-1945. Frankfurt am Main 1997.

Grót, Zdzislaw (Hg.): Wydarzenia Wrzesinskie w Roku 1901. Poznań 1964.

Hagen, William W.: Germans, Poles and Jews. The Nationality Conflict in the Prussian East 1772-1914. Chicago 1980.

Haustein, Ulrich: Die Assimilation der Posener Juden. In: Joachim Rogall (Hg.): Deutsche Geschichte im Osten Europas. Land der großen Ströme. Von Polen nach Litauen. Berlin 1996, S. 263-280.

Jaworski, Rudolf: Handel und Gewerbe im Nationalitätenkampf: Studien zur Wirtschaftsgesinnung der Polen in der Provinz Posen (1871-1914). Göttingen 1986.

Kleßmann, Christoph: Einwanderungsprobleme im Auswanderungsland: das Beispiel der „Ruhrpolen". In: Bade (Hg.): Deutsche im Ausland, S. 303-311.

Korth, Rudolf: Die preußische Schulpolitik und die polnischen Schulstreiks: Ein Beitrag zur preußischen Polenpolitik der Ära Bülow. Würzburg 1963.

Krische, Paul: Die Provinz Posen. Ihre Geschichte und Kultur unter besonderer Berücksichtigung ihrer Landwirtschaft. Strassfurt 1907.

Jablonowski, Horst: Die preußische Polenpolitik von 1815 bis 1914. Würzburg 1964.

Jakobczyk, Witold: Pruska Komisja Osadnicza 1886-1919. Poznań 1976.

Kulczycki, John: Strajki szkolne w zaborze pruskim 1901-1907. Poznań 1993.

Lawaty, Andreas: Das Ende Preußens in polnischer Sicht. Berlin 1986.

Lemke, Heinz: Allianz und Rivalität. Die Mittelmächte und Polen im Ersten Weltkrieg. Berlin 1977.

Mai, Joachim: Die preußisch-deutsche Polenpolitik 1885 bis 1887. Eine Studie zur Herausbildung des Imperialismus in Deutschland. Berlin 1962.

Nitsche, Peter (Hg.): Preußen in der Provinz. Frankfurt am Main 1991.

Rogall, Joachim: Die Geistlichkeit der Evangelisch-Unierten Kirche in der Provinz Posen 1871-1914 und ihr Verhältnis zur preußischen Polenpolitik. Marburg an der Lahn 1990.

Roos, Hans: Geschichte der polnischen Nation 1918-1978: Von der Staatsgründung im Ersten Weltkrieg bis zur Gegenwart. Stuttgart 1979.

Steglich, Wolfgang und Wilhelm Winterhager: Die Polenproklamation vom 5. November 1916. In: Militärgeschichtliche Mitteilungen 23 (1978).

Trzeciakowski, Lech: Pod pruskim zaborem 1850-1918. Warszawa 1973.

von Unruh, Georg Christoph: Provinz (Großherzogtum) Posen. In: Gerd Heinrich, Friedrich-Wilhelm Henning, Kurt G. A. Jeserich: Verwaltungsgeschichte Ostdeutschlands 1815-1945. Organisation – Aufgaben – Leistungen der Verwaltung. Stuttgart 1992, S. 366-474.

Wehler, Hans-Ulrich: Von den Reichsfeinden zur Reichskristallnacht. Polenpolitik im Deutschen Kaiserreich 1871-1918. In: H.-U. Wehler (Hg.): Krisenherde des Kaiserreiches 1871-1918. Göttingen 1970.

Wereszycki, Henryk: Historia Polityczna Polski 1864-1918. Wrocław 1990.

Tims, Richard Wonser: Germanizing Prussian Poland. The HKT Society and the Struggle for the Eastern Marches in the German Empire, 1894-1919. New York 1941.

Zernack, Klaus: Preußen – Deutschland – Polen: Aufsätze zur Geschichte der deutsch-polnischen Beziehungen. Hg. von Wolfram Fischer und Michael G. Müller. Berlin 1991.

Zielinski, Henryk: Historia Polski 1864-1939. Warszawa 1968.

3) Das Dritte Reich und der Zweite Weltkrieg

Akademie der Wissenschaften der DDR (Hg.): Deutschland im Zweiten Weltkrieg. Bd. 1. Berlin 1975, S. 473-475.

Bankier, David: The Germans and the Final Solution. Public Opinion under Nazism. Oxford 1992.

Benz, Wolfgang: Herrschaft und Gesellschaft im nationalsozialistischen Staat. Studien zur Struktur- und Mentalitätsgeschichte. Frankfurt am Main 1990.

Broszat, Martin: Nationalsozialistische Polenpolitik 1939-1945. Stuttgart 1961.

Buchheim, Hans: Die SS – das Herrschaftsinstrument: Befehl und Gehorsam. In: H. Buchheim, M. Broszat, H. Jacobsen, H. Krausnick: Anatomie des SS-Staates. Bd. I. München 1967, S. 15-30, 215-318.

Buchheim, Hans/Martin Broszat/Hans-Adolf Jacobsen/Helmut Krausnick: Anatomie des SS-Staates. Band 1 und 2. München 1967.

Deist, Wilhelm/Manfred Messerschmidt/Hans-Erich Volkmann/Wolfram Wette: Ursachen und Voraussetzungen des Zweiten Weltkrieges. Frankfurt am Main 1989.

Feldman, Gerald D.: German Private Insurers and the Politics of the Four Year Plan. Hg. von Gerald D. Feldman. Arbeitspapier des Arbeitskreises „Unternehmen im Nationalsozialismus" der Gesellschaft für Unternehmensgeschichte e.V. 4/1998.

Franke, Gisa: Die Entziehung jüdischen Vermögen beim Oberfinanzpräsidenten Berlin-Brandenburg 1933-1945. Diplomarbeit, Fachhochschule Potsdam, eingereicht am 20.12.1994, S. 6, Verordnung zur Behandlung des feindlichen Vermögens vom 15.1.1940.

Frei, Norbert/Hermann Kling (Hg.): Der nationalsozialistische Krieg. Frankfurt 1990.

Gall, Lothar und Manfred Pohl (Hg.): Unternehmen im Nationalsozialismus. München 1998.

Grahm, Gerlinde: Die Enteignung des Vermögens der Arbeiterbewegung und der politischen Emigration 1933-1945. In: Zeitschrift für Sozialgeschichte des 20. und 21. Jahrhunderts 3/1997. S. 13-38

Herbert, Ulrich: Arbeit und Vernichtung: Ökonomisches Interesse und Primat der „Weltanschauung" im Nationalsozialismus. In: Ulrich Herbert: Europa und der „Reichseinsatz": Ausländische Zivilarbeiter, Kriegsgefangene und KZ-Häftlinge in Deutschland 1938-1945. Essen 1991, S. 384-426.

Ders.: „Ausländer-Einsatz" in der deutschen Kriegswirtschaft, 1939-1945. In: Bade (Hg.): Deutsche im Ausland, S. 354-366.

Herbst, Ludolf: Das nationalsozialistische Deutschland 1933-1945. Frankfurt am Main 1996, S. 210-217, 279-292.

Heiber, Helmut: Der Generalplan Ost. In: VfZG 1957.

Jansen, Christian und Arno Weckbauer: Der „Volksdeutsche Selbstschutz" in Polen 1939-40. München 1992.

Kleßmann, Christoph: Die Selbstbehauptung einer Nation. Nationalsozialistische Kulturpolitik und polnische Widerstandsbewegung im Generalgouvernement 1939-1945. Düsseldorf 1971.

Ders.: September 1939. Krieg, Besatzung, Widerstand in Polen. Acht Beiträge. Göttingen 1989.

Kopper, Christopher: Zwischen Marktwirtschaft und Dirigismus. Bankenpolitik im Dritten Reich 1933-1939. Bonn 1995.

Krausnik, Helmut: Kommissarbefehl und „Gerichtsbarkeitserlaß barbarossa". In: VfZG 25, 1977.

Krüger, Wolfgang: Entnazifiziert! Zur Praxis der politischen Säuberung in Nordrhein-Westfalen. Wuppertal 1982. Insb. S. 9-72 u. 142-160.

Ladwig-Winters, Simone: Anwalt ohne Recht. Das Schicksal jüdischer Rechtsanwälte in Berlin nach 1933. Berlin 1998.

Madajczyk, Czeslaw: Die Okkupationspolitik Nazideutschlands in Polen 1939-1945. Berlin 1987.

Messerschmidt, M.: Die Wehrmacht im NS-Staat. Zeit der Indoktrination. Hamburg 1969.

Militärgeschichtliches Forschungsamt (MGFA) (Hg.): Das Deutsche Reich und der Zweite Weltkrieg. 6 Bände. Stuttgart 1979 und folgend.

MGFA (Hg.): Die Zukunft des Reiches: Gegner, Verbündete und Neutrale (1943-1945). Herford 1990.

Milward, Ian S.: Die deutsche Kriegswirtschaft 1939-1945. Stuttgart 1966.

Mommsen, Hans: Die Realisierung des Utopischen: Die Endlösung der Judenfrage im Dritten Reich. In: Geschichte und Gesellschaft 9/1983. S. 381-420.

Müller, Rolf-Dieter: Hitlers Ostkrieg und die deutsche Siedlungspolitik: Die Zusammenarbeit von Wehrmacht, Wirtschaft und SS. (Mit Dokumentenanhang). Frankfurt am Main 1991.

Ders.: Das Scheitern der wirtschaftlichen „Blitzkriegstrategie". In: Das Deutsche Reich und der Zweite Weltkrieg. Bd. 4, Stuttgart 1983, S. 936-1029, insbesondere S. 1022-1029.

Muszkat, Marian: Polish charges against German War Criminals (Excerpts of some of those). Submitted to the United Nations War Crimes Commission by Dr. Marian Muszkat with an introduction by the Minister of Justice Prof. Henryk Światkowski. Główna Komisja Badania Niemieckich Zbrodni Wojennych w Polsce. Warsaw 1948.

Overy, Richard: The Four Year Plan. Hg. von Gerald D. Feldman. Arbeitspapier des Arbeitskreises „Unternehmen im Nationalsozialismus" der Gesellschaft für Unternehmensgeschichte e.V., 1/1998.

van Renselaar, Corry: Expropriation and Restitution of Jewish Assets in the Netherlands 1940-1999. Findings of recent investigations. Hg. von Gerald D. Feldman. Arbeitspapier des Arbeitskreises „Unternehmen im Nationalsozialismus" der Gesellschaft für Unternehmensgeschichte e.V., 1/2000. (http://www.unternehmensgeschichte.de/aknspapiere.htm.)

Reschwann, Dorothea: Die Vertreibung und Vernichtung der Juden im Spiegel der Akten des Finanzamtes Nordhausen. In: Geschichte, Erziehung, Politik 7-8/1996, S. 404-413.

Ritschl, Albrecht: Die deutsche Zahlungsbilanz 1936-1941 und das Problem des Devisenmangels vor Kriegsbeginn. In: Vierteljahreshefte für Zeitgeschichte (VfZ), 39, Heft 1, Januar 1991, S. 103-122.

Ritschl, Albrecht und Mark Spoerer: Das Bruttosozialprodukt in Deutschland nach den amtlichen Volkseinkommens- und Sozialproduktstatistiken 1901-1995. In: Jahrbuch für Wirtschaftsgeschichte. Volkswirtschaftliche Gesamtrechnungen im internationalen Vergleich. 1997/2, S. 27-54.

231

Roehr, Werner (Hg.): Europa unterm Hakenkreuz. Die faschistische Okkupationspolitik in Polen (1939-1945). Dokumentenauswahl und Einleitung. Berlin (Ost) 1989. Nachdruck unter dem Titel: Nacht über Europa. Dok. Ed. Köln 1989.

Schneider, Andrea H.: Die Vereinigte Industrieunternehmungen AG (VIAG) und der Vierjahresplan. Hg. von Gerald D. Feldman. Arbeitspapier des Arbeitskreises „Unternehmen im Nationalsozialismus" der Gesellschaft für Unternehmensgeschichte e.V., 3/1998.

Schubert, Gunther: Das Unternehmen „Bromberger Blutsonntag". Köln 1989.

Skubiszewski, Krzysztof: Pieniądz na terytorium okupowanym. Studium prawnomiędzynarodowe ze szczególnym uwzględnieniem praktyki niemieckiej. Poznań 1960.

Umbreit, Hans: Auf dem Weg zur Kontinentalherrschaft. In: Das Deutsche Reich und der Zweite Weltkrieg. Organisation und Mobilisierung des deutschen Machtbereichs. Band 5/1. Stuttgart 1988, S. 3-264, insbes. S. 28-45, 136-165, 210-264.

Vogler, Robert: Die Wirtschaftsverhandlungen zwischen der Schweiz und Deutschland 1940 und 1941. Basel 1997, S. 60-68.

Volkmann, Hans-Erich: Die NS-Wirtschaft in Vorbereitung des Krieges. In: W. Deist/M. Messerschmidt/H.-E. Volkmann/W. Wette: Ursachen und Voraussetzungen des Zweiten Weltkrieges. Stuttgart 1989, S. 211-435.

Wandel, Eckhard: Banken und Versicherungen im 19. und 20. Jahrhundert. München 1998.

Ders.: Das deutsche Bankwesen im Dritten Reich (1933-1945). In: Deutsche Bankengeschichte. Bd. 3. Frankfurt am Main 1988, S. 163-167.

Wojak, Irmtrud und Peter Hayes im Auftrag des Fritz Bauer Instituts (Hg.): „Arisierung" im Nationalsozialismus. Volksgemeinschaft, Raub und Gedächtnis. Jahrbuch 2000 zur Geschichte und Wirkung des Holocaust. Jahrbuch des Fritz Bauer Instituts, Bd. 4. Frankfurt am Main, New York 2000.

Żydowski Instytut Historyczny (Hg.): Eksterminacja Żydów na Ziemiach Polskich w okresie okupacj hitlerowskiej. Zbiór dokumentów. Zebrali i Opracowali T. Berenstein, A. Eisenbach, A Rutkowski. Warszawa 1957.

4) Der „Warthegau"

Chudzinski, Franciszek Jan: Poznań w Kraju Warty w latach 1939-1945. Ost-rzeszów 1969.

Dingell, Jeanne: The Question of the Polish Forced Labourers during and in the Aftermath of World War II: The Example of the Warthegau Forced Labourers. In: Cybrary of the Holocaust (remember.org) 1998

Dies.: Polish Forced Labourers. In: Intermarium (http://sipa.columbia.edu/REGIONAL/ECE/intermar.html) 1998.

Gröning, Gert und Joachim Wolschke-Bulmahn: Die Liebe zur Landschaft. Teil III: Der Drang nach Osten. Zur Entwicklung der Landespflege im Nationalso-zialismus und während des Zweiten Weltkrieges in den „eingegliederten Ostge-bieten". München 1987.

Gürtler, Paul: Nationalsozialismus und evangelische Kirchen im Warthegau: Die Trennung von Staat und Kirche im nationalsozialistischen Weltan-schauungsstaat. Göttingen 1958.

Hillgruber, Andreas: Die „Endlösung" und das deutsche Ostimperium als Kern-stück des rassenideologischen Programms. In: VfZ 2/1972. S. 133-153.

Hohenstein, Alexander: Wartheländisches Tagebuch aus den Jahren 1941/42. Stuttgart 1961.

Kneifel, Eduard: Die evangelische Kirche im Wartheland-Ost (Lodz). Ihr Auf-bau und ihre Auseinandersetzung mit dem Nationalsozialismus. 1939-1945. Mit Anhang. München 1976.

Loose, Ingo: Deutsche Kreditinstitute im „Reichsgau Wartheland" 1939-45. Magisterarbeit an der Humboldt Universität zu Berlin. 2000.

Łuczak, Czesław: „Kraj Warty" 1939-45. Studium Historyczno-Gospodarcze okupacji hitlerowskiej. Poznań 1972.

Ders.: Pod niemieckim Jarzem (Kraj Warty 1939-1945). Poznań 1996, S. 92-101.

Ders.: Arthur Greiser. Poznań 1997.

Maas, Walther: Der Osten des Warthelandes oder Westkongreßpolen. Braun-schweig 1968.

Marchewski, Jerzy: The nazi Nationality Policy in the Warthegau 1939-1945 (an Outline). In: Polish Western Affairs I/1989.

Nawrocki, Stanislaw: Hitlerowski Okupacja Wielkopolski w Okresie Zarządu Wojskowego. Wrzesień-Październik 1939 r. Poznań 1966.

Nawrocki, Stanislaw: Policja hitlerowska w tzw. Kraju Warty. Poznań 1973.

Pospieszalski, K. M.: Niemiecka lista narodowa w „Kraju Warty". Doccumenta Occupationis. Tom IV. Poznań 1949.

Smigiel, Kazimierz: Die katholische Kirche im Reichsgau Wartheland. 1939-1945. Dortmund 1984.

Thomson, Erik: Meine 960 Tage im „Reichsgau Wartheland". Lüneburg 1985.

Volkmann, Hans-Erich: Zwischen Ideologie und Pragmatismus. Zur nationalsozialistischen Wirtschaftspolitik im Reichsgau Wartheland. In: Haustein, Ströbel und Wagner (Hg.): Ostmitteleuropa. Berichte und Forschungen. Stuttgart 1981. S. 422-441.

Wittek, Erhard/Karlheinz Gehmann/Hanns von Krannbals (Hg.): „Wir von der Weichsel und Warthe": Heimat im Herzen. Frankfurt am Main 1982.

Zorn, Gerda: Nach Ostland geht unser Ritt. Deutsche Eroberungspolitik zwischen Germanisierung und Völkermord. Berlin 1980.

5) Haupttreuhandstelle Ost

Barkai, Avraham: Das Wirtschaftssystem des Nationalsozialismus. Der historische und ideologische Hintergrund 1933-1936. Köln 1977.

Broszat, Martin: Kompetenzen und Befugnisse der Haupttreuhandstelle Ost (HTO). In: Gutachten des Instituts für Zeitgeschichte, Band II. Stuttgart 1966.

Jeanne Dingell: Die Haupttreuhandstelle Ost, Treuhandstelle Posen: Staatliche Raubzüge, „deutsche" Kolonisierungsbestrebungen. Hg. von Gerald D. Feldman. Arbeitspapier des Arbeitskreises „Unternehmen im Nationalsozialismus" der Gesellschaft für Unternehmensgeschichte e.V., 2/2000. (http://www.unternehmensgeschichte.de/aknspapiere.htm.).

Dingell, Jeanne: Die Haupttreuhandstelle Ost und ihre Tätigkeit als Reichsdienststelle im Zweiten Weltkrieg: Zwischen Kolonisierung und wirtschaftlicher Ausbeutung der eingegliederten Gebiete. Konferenzbeitrag auf der Tagung Deutsch-Polnische Nachbarschaft und Grenzregionen im 19. und 20. Jahrhundert (organisiert vom Institut für Geschichte der Universität Poznań sowie von der Stiftung für Deutsch-Polnische Zusammenarbeit), 2000.

Dingell, Jeanne: The *Haupttreuhandstelle Ost,* the *Treuhandstelle Posen* and the Expropriation of Property during the Second World War (WWII). In: Studia Historiae Oeconomica 1999.

Ditz, Karl Heinrich: Die Haftung der Bundesrepublik Deutschland für Rückgriffsansprüche nach Artikel 39 des britischen Rückerstattungsgesetzes unter besonderer Berücksichtigung der Rechtslage hinsichtlich der sogenannten Haupttreuhandstelle Ost. Diss. Universität Kiel 1954.

Długoborski, Wacław (red.): Położenie ludnośći w rejencji Katowickiej w latach 1939-1945. (Documenta Occupationis Teutonicum XI) Poznań 1983.

Gerber, Berthold: Staatliche Wirtschaftslenkung in den besetzten und annektierten Ostgebieten während des Zweiten Weltkrieges unter bes. Berücksichtigung der treuhänderischen Verwaltung von Unternehmungen und Ostgesellschaften. Tübingen 1959.

Heim, Susanne und Götz Aly: Die Ökonomie der „Endlösung": Menschenvernichtung und wirtschaftliche Neuordnung. In: Beiträge zur nationalsozialistischen Gesundheits- und Sozialpolitik. Bd. 5. Sozialpolitik und Judenvernichtung. Gibt es eine Ökonomie der Endlösung? Berlin 1987, S. 11-90.

Herbst, Ludolf: Der totale Krieg und die Ordnung der Wirtschaft. Die Kriegswirtschaft im Spannungsfeld von Politik, Ideologie und Propaganda 1939-1945. Stuttgart 1983.

Hilberg, Raul: Die Vernichtung der europäischen Juden. Die Gesamtgeschichte des Holocaust. Berlin 1961, 1982. S. 338-378.

Koehler, Otto: Die große Enteignung. Wie die Treuhand eine Volkswirtschaft liquidierte. München 1994. S. 88-121.

Konieczny, Alfred: Die Zwangsarbeit der Juden in Schlesien im Rahmen der „Organisation Schmelt". In: Beiträge zur nationalsozialistischen Gesundheits- und Sozialpolitik. Bd. 5. Sozialpolitik und Judenvernichtung. S. 91-110.

Lindner, Stefan H.: Das Reichskommissariat für die Behandlung feindlichen Vermögens im Zweiten Weltkrieg. Eine Studie zur Verwaltungs-, Rechts- und Wirtschaftsgeschichte des nationalsozialistischen Deutschlands. Diss. Stuttgart 1991.

235

Majer, Diemut: „Fremdvölkische" im Dritten Reich. Ein Beitrag zur nationalsozialistischen Rechtsetzung und Rechtspraxis in Verwaltung und Justiz. Boppard/Rhein. 1993.

Müller, Rolf-Dieter: Hitlers Ostkrieg und die deutsche Siedlungspolitik. Die Zusammenarbeit von Wehrmacht, Wirtschaft und SS. Frankfurt am Main 1991, S. 51-53.

Petzina, Heinz Dietmar: Der nationalsozialistische Vierjahresplan von 1936. Entstehung, Verlauf, Wirkungen. Mannheim 1965.

Röhr, Werner (Hg.): Europa unterm Hakenkreuz. Die faschistische Okkupationspolitik in Polen (1939-1945). Dokumentenauswahl und Einleitung. Berlin 1989. Auch unter: Nacht über Europa. Dok. Ed. Köln 1989.

Sulik, Alfred: Przemysł ciężki rejencji katowickiej w gospodace Trzeciej Rzeszy (1939-1945). Katowice 1984.

6) Wiedergutmachung

Ammerweller, Hermann und Hans Wilden: Gesundheitliche Schäden in der Wiedergutmachung. Ärztliche und rechtliche Beurteilung. Stuttgart 1953.

Asmussen, Nils: Der kurze Traum von der Gerechtigkeit. Wiedergutmachung in Hamburg. Hamburg 1987.

Bauer-Hack, Susanne: Die jüdische Wochenzeitung Aufbau und die Wiedergutmachung. Diss. Düsseldorf 1994.

Chwalewika, E: Zbiory polskie archwiwa, biblioteki, gabinety, galerie, muzea i inne zbiory pamiątek przesłości w ojczyznie i na obczyżnie w zestawieniu alfabetycznym według miejscowości. Warszawa 1927.

Czachowski, Kazimierz: Lista Strat Kultury Polskiej 1.IX.1939-1946. Kraków 1947.

Deutscher Bundestag - Referat Öffentlichkeitsarbeit (Hg.): Innenausschuß des Bundestages vom 24. Juni 1987: Wiedergutmachung und Entschädigung für NS-Unrecht. III/87.

Dingell, Jeanne: The Expropriation of Property by the Third Reich during the Second World War, the Reparations Question and Property Restitution following the End of the Cold War. In: Polish History Internet Journal 1998 (http://userpage.fu-berlin.de/~dingell/hto.html)

Drechsel, Wiltrud, Heide Gerstenberger, Christian Marzahn (Hg.): Arbeit, Teil 1: Zwangsarbeit, Rüstung, Widerstand 1931-1945. Bremen 1982.

Feaux de la Croix, Ernst: Der Werdegang des Entschädigungsrechts unter nationalem Völkerrecht und politischen Aspekten. München 1985.

Ferencz, Benjamin: Less than Slaves. Jewish Forced Labourers and the Quest for Compensation. Cambridge 1979.

Ders.: Lohn des Grauens. Die verweigerte Entschädigung für jüdische Zwangsarbeiter. Ein Kapitel deutscher Nachkriegsgeschichte. Frankfurt am Main 1981.

Fischer-Hübner, Helga und Hermann (Hg.): Die Kehrseite der „Wiedergutmachung": Das Leiden von NS-Verfolgten in den Entschädigungsverfahren. Gerlingen 1990.

Funk, Hugo: Entschädigungsverfahren. Entschädigungsregelungen. München 1987.

Gesellschaft für interkulturelle Bildung, Begegnung und Supervision e.V. (Hg.): Bericht über die internationale Begegnungstagung: Zwangsarbeit 1939-1945. Begegnungen – Erinnerungen – Konsequenzen. Frankfurt am Main, 14.-19. September 1992.

Giessler, Hans: Schaden an Eigentum und Vermögen. In: Schwarz, Wiedergutmachung. S. 1-68.

Głównej Komisji BZHW w Warszawie: Wykaz muzeów i zbiorów istniejących w Polsce przed 1. Września 1939 roku, opracowany przez Stanisława Brztowskiego w r. Warszawa 1971.

Główna Komisja badania Zbrodni hitlerowskich w Polsce: Ekspertyzy i Orzeczenia przed najwyższym trybunałem narodowym IX, przygotowany przez Czesława Pilichowskiego. Warszawa 1982.

Goschler, Constantin: Wiedergutmachung: Westdeutschland und die Verfolgten des Nationalsozialismus (1945-1954). München 1992.

Hamburger Stiftung zur Förderung von Wissenschaft und Kultur (Hg.): „Deutsche Wirtschaft": Zwangsarbeit von KZ-Häftlingen für Industrie und Behörden. Hamburg 1991.

Harndt, Raimund: Völkerrechtliche Haftung für die schädlichen Folgen nicht verbotenen Verhaltens. Schadensprävention und Wiedergutmachung. Typologische Betrachtungen der völkerrechtlichen Haftungstatbestände mit einem rechtsvergleichenden Überblick über die des innerstaatlichen Zivilrechts in ausgewählten Rechtsordnungen. Berlin 1992.

Henry, Marilyn: The Restitution of Jewish Property in Central and Eastern Europe. American Jewish Committee Publications 1998.

Herbert, Ulrich (Hg.): Europa und der Reichseinsatz. Ausländische Zivilarbeiter, Kriegsgefangene und KZ-Häftlinge in Deutschland 1938-1945. Essen 1991.

Herbert, Ulrich: Fremdarbeiter. Politik und Praxis des „Ausländer-Einsatzes" in der Kriegswirtschaft des Dritten Reiches. Bonn 1985.

Herbst, Ludolf und Constantin Goschler (Hg.): Wiedergutmachung in der Bundesrepublik Deutschland. München 1989.

Kraus, Gerhard: Entschädigung für Nationalgeschädigte. In: Schwarz, Wiedergutmachung. S. 172-204.

Küster, Otto: Wiedergutmachung und Rehabilitierung. In: Evangelische Akademie Bad Boll (Hg.): Die Bundesrepublik Deutschland und die Opfer des Nationalsozialismus. Protokolldienst 14/1984.

Łoś, Robert: Łupy wojenne: Polskie reparacje z Niemiec w latach 1945-1956. In Dziś 9/1997, S. 44-49.

Łuczak, Czesław: Polscy robotnicy przymusowi w Trzeciej Rzeszy podczas II Wojny Światowej. Poznań 1974.

Lutz, Thomas und Alwin Meyer (Hg.): Alle NS-Opfer anerkennen und entschädigen. Berlin 1987.

Mazur, Zbigniew: Zachodnia Granica Polski w Koncepcjach Department Stanu podczas II Wojny Światowej. In: Przegląd Zachodni, 5-6/1979.

Mendel, Annekatrein: Sklavinnen oder Entwicklungshelferinnen? Über die emotionalen Beziehungen und über die interkulturelle Kommunikation zwischen sogenannten Ost-Arbeiterinnen und deutschen Kindern und Jugendlichen während des Zweiten Weltkrieges. In: Studien zur Kinderpsychoanalyse 1990. Jahrbuch X. Hg. von der Österreichischen Studiengesellschaft für Kinderpsychoanalyse. Salzburg 1990.

Rutkowska, Marie: Straty osobowc i materialne Kultury w Wielkopolsce w Latach II. Wojny Światowi. Warszawa-Poznań 1984.

Schwarz, Walther: Rückerstattung und Entschädigung: Eine Abgrenzung der Wiedergutmachungsformen. München 1952.

Tappert, Wilhelm: Die Wiedergutmachung von Staatsunrecht der SBZ /DDR durch die Bundesrepublik Deutschland nach der Wiedervereinigung. 1995.

Terry, Sarah Meiklejohn: Poland's Place in Europe. General Sikorski and the Origins of the Oder Neisse Line, 1939-1943. Princeton 1983.

Traßl, Michael: Die Wiedergutmachung von Menschenrechtsverletzungen im Völkerrecht. Diss. Berlin 1994.

Vaupel, Dieter: Spuren, die nicht vergehen. Eine Studie über Zwangsarbeit und Entschädigung. Kassel 1990.

Abkürzungsverzeichnis

AA	Auswärtiges Amt
Abt.	Abteilung
ADAP	Akten zur deutschen auswärtigen Politik
AO	Anordnung
APP	Archiwum Panstwowe w Poznaniu
BA	Bundesarchiv
BAL	Bundesarchiv Lichterfelde
BDC	Berliner Document Center
BFM	Bundesministerium der Finanzen
BHTO	Beauftragter für Fragen der HTO beim RFM
BVPL	Beauftragter für den Vierjahresplan
DAF	Deutsche Arbeitsfront
DAO	Durchführungsanordnungen
DOT	Documenta Occupationis Teutonicum
DUT	Die Deutsche Umsiedlungstreuhand GmbH
DV	Deutsche Vereinigung
DVL	Deutsche Volksliste
EWZ	Einwanderungszentrale
GBO	Grundbuchordnung
GEDEWE	Grundstücksgesellschaft für den Gau Danzig-Westpreußen
GEOPE	Grundstücksgesellschaft für den Gau Ostpreußen
GEOS	Grundstücksgesellschaft für den Gau Oberschlesien
Gestapo	Geheime Staatspolizei
GEWA	Grundstücksgesellschaft für den Warthegau
GG	Generalgouvernement
GHTO	Die Grundstücksgesellschaft der HTO
GmbH	Gesellschaft mit beschränkter Haftung
GVSS	Generalbeauftragter beim Reichskommissar für die Festigung des Deutschen Volkstums SS
HLO	Die Haager Landkriegsordnung
HTO	Haupttreuhandstelle Ost
IfZ	Institut für Zeitgeschichte
IMT	Der Prozeß gegen die Hauptkriegsverbrecher vor dem Internationalen Militärgerichtshof (IMT), Amtl. Text in deutscher Ausgabe (42 Bände. 1947-1949).
IZ	Instytut Zachodni
JDP	Jungdeutsche Partei
Jh.	Jahrhundert
KV	kommissarischer Verwalter
KVM	Kreisvertrauensmann
MB	Mitteilungsblatt der HTO
MGFA	Militärgeschichtliches Forschungsamt

Mio.	Million
Mrd.	Milliarde
NO(L)	Nebenstelle Litzmannstadt
NRT	Neue Revisions- und Treuhand GmbH
NS	nationalsozialistisch
NSDAP	Nationalsozialistische Deutsche Arbeiterpartei
OB	Ostdeutscher Beobachter
OFP	Oberfinanzpräsident
OKH	Oberkommando des Heeres
OKW	Oberkommando der Wehrmacht
ORR	Oberregierungsrat
Ostland	Ostdeutsche Landbewirtschaftungsgesellschaft
PolVermVO	Polenvermögensverordnung
RA	Rechtsanwalt
RAPS	Deutscher Reichsanzeiger und Preußischer Staatsanzeiger
RdF	Reichsminister der Finanzen
RFM	Reichsministerium der Finanzen
RFSS	Reichsführer SS
RGBl	Reichsgesetzblatt
RH	Rechnungshof des Deutschen Reiches
RHO	Reichshaushaltsordnung
RKV	Reichskommissar für die Festigung des deutschen Volkstums
RM	Reichsmark
RMI	Reichsminister des Innern
RR	Regierungsrat
RSH	Reichsstatthalter
RSHA	Reichssicherheitshauptamt
RWM	Reichswirtschaftsministerium
SchuAbVO	Schuldenabwicklungsverordnung
SD	Sicherheitsdienst
SS	Schutz-Staffel der NSDAP
TO	Treuhandstelle
TP	Treuhandstelle Posen
UK	Unabkömmlichkeitsstellung
UWZ	Umwanderungszentrale
VDM	Volksdeutsche Mittelstelle
VfZ	Vierteljahreshefte für Zeitgeschichte
VJP	Vierjahresplan
VO	Verordnung
VVG	Vermögens und Verwertungsgesellschaft
Wifo	Wirtschaftliche Forschungsgesellschaft GmbH

Liste der Publikationen

Jeanne Dingell: Property Seizures from Poles and Jews: The Activities of the, Haupttreuhandstelle Ost, Sonderabteilung Altreich. Text of Paper given at the US Holocaust Memorial Museum's Symposium on March 22, 2001 on the „Confiscation of Jewish Property in Europe, 1933-45: New Sources and Perspectives.

Jeanne Dingell: Die Haupttreuhandstelle Ost, Treuhandstelle Posen: Staatliche Raubzüge, „deutsche" Kolonisierungsbestrebungen. Hg. von Gerald D. Feldman. Arbeitspapier des Arbeitskreises „Unternehmen im Nationalsozialismus" der Gesellschaft für Unternehmensgeschichte e.V., 2/2000. (http://www.unternehmensgeschichte.de/aknspapiere.htm.)

Jeanne Dingell: Die Haupttreuhandstelle Ost und ihre Tätigkeit als Reichdienststelle im Zweiten Weltkrieg: Zwischen Kolonisierung und wirtschaftlicher Ausbeutung der eingegliederten Gebiete. Konferenzbeitrag auf der Tagung Deutsch-Polnische Nachbarschaft und Grenzregionen im 19. und 20. Jahrhundert (organisiert vom Institut für Geschichte der Universität Poznań sowie die Stiftung für Deutsch-Polnische Zusammenarbeit), 2000.

Jeanne Dingell: The Haupttreuhandstelle Ost, the Treuhandstelle Posen and the Expropriation of Property during the Second World War (WWII). In: Studia Historiae Oeconomica 1999.

Jeanne Dingell: The Question of the Polish Forced Labourers during and in the Aftermath of World War II: The Example of the Warthegau Forced Labourers. In: Cybrary of the Holocaust (remember.org) 1998.

Jeanne Dingell: The Expropriation of Property by the Third Reich during the Second World War, the Reparations Question and Property Restitution following the End of the Cold War. In: Polish History Internet Journal 1998 (http://userpage.fu-berlin.de/~dingell/hto.html).

Jeanne Dingell: Polish Forced Labourers. In: Intermarium (http://sipa.columbia.edu/REGIONAL/ECE/intermar.html) 1998.

Jeanne Dingell: Michael C. Steinlauf: Bondage to the Dead. Poland and the Memory of the Holocaust. (Syracuse University Press) New York 1997. Book Review in: Polish History Internet Journal 1998 (http://userpage.fu-berlin.de/~dingell/steinlauf_review.html).

Jeanne Dingell: Wartheländische Zwangsarbeiter. 1939-1945. Magisterarbeit.
Freie Universität Berlin 1994.

Translations of Scientific Articles (German-English)

Raime Pullat: An Outline of the History of Smuggling. In: Studia Historiae
Oeconomicae 23, 1998.

Gerhart Hass und Werner Röhr: World War II in the Historiography of the
GDR: An Introduction to Margarete Piesche's Selected Bibliography. In: Bulletin of the International Committee for the History of the Second World War,
2000.

Peter Lang · Europäischer Verlag der Wissenschaften

Monika Riess

Die deutsch-französische industrielle Kollaboration während des Zweiten Weltkrieges am Beispiel der RENAULT-Werke (1940–1944)

Frankfurt/M., Berlin, Bern, Bruxelles, New York, Oxford, Wien, 2002.
389S., 25 Abb., 4 Tab.
Europäische Hochschulschriften:
Reihe 3, Geschichte und ihre Hilfswissenschaften. Bd. 929
ISBN 3-631-38815-2 · br. € 50.10* / US $ 43.95 / £ 30.-

Am herausragenden Beispiel der RENAULT-Automobilwerke gibt diese Arbeit Aufschluss über die deutsch-französische Kollaboration im industriell-unternehmerischen Bereich. Ausgewählte Problembereiche der rüstungswirtschaftlichen Ausbeutung französischer Industriebetriebe während der Besetzung Frankreichs (1940–1944) werden sowohl aus deutscher als auch französischer Sicht untersucht. Vor allem die deutschen Zielsetzungen und deren Umsetzung sowie die deutsch-französischen Verhandlungen und die Rolle der Vichyregierung hinsichtlich der Produktion und des Arbeitseinsatzes rücken ins Zentrum der Untersuchung. Die Studie soll letztlich Rückschlüsse über die Eigenverantwortung Louis Renaults als vermeintlicher Hauptakteur der Kollaboration zulassen.

Aus dem Inhalt: Die Frankreichpolitik Deutschlands während des 2. Weltkrieges · Die RENAULT-Werke während der deutschen Okkupation (1940–1944) · Die rüstungswirtschaftliche Kollaboration (1940–1944) in Frankreich · Die Geschichte der RENAULT-Werke: Kollaboration und Verstaatlichung (1940–1945)

Frankfurt/M · Berlin · Bern · Bruxelles · New York · Oxford · Wien
Auslieferung: Verlag Peter Lang AG
Moosstr. 1, CH-2542 Pieterlen
Telefax 00 41 (0) 32 / 376 17 27

*inklusive der in Deutschland gültigen Mehrwertsteuer
Preisänderungen vorbehalten
Homepage http://www.peterlang.de